MAGUS

TRATADO COMPLETO DE ALQUIMIA E FILOSOFIA OCULTA

MAGUS

TRATADO COMPLETO DE ALQUIMIA E FILOSOFIA OCULTA

EM TRÊS LIVROS:
Contendo a Prática Antiga e Moderna da Arte Cabalística, Magia Natural e Celeste etc.,
mostrando os efeitos maravilhosos que podem ser produzidos pelo conhecimento das

Influências Celestes, as Propriedades Ocultas dos Metais, Ervas e Pedras

E A

APLICAÇÃO DOS PRINCÍPIOS ATIVO E PASSIVO.

EXIBINDO

AS CIÊNCIAS NA MAGIA NATURAL,

Alquimia ou Filosofia Hermética.

TAMBÉM

A CRIAÇÃO DA NATUREZA E A QUEDA DO HOMEM,
seus poderes naturais e sobrenaturais, o poder mágico inerente à alma etc.,
com grande variedade de experimentos raros na Magia Natural.

A PRÁTICA CONSTELATÓRIA OU MAGIA TALISMÂNICA,
a natureza dos elementos, astros, planetas, signos etc. E a Construção e Composição
de todos os tipos de Selos Mágicos, Imagens, Anéis etc.
A virtude e eficácia dos Números, Caracteres e Imagens dos bons e maus espíritos.

MAGNETISMO

E MAGIA CABALÍSTICA E CERIMONIAL,
explicando os Mistérios secretos da Cabala, as Operações dos bons e maus espíritos, todos
os tipos de Figuras Cabalísticas, Tabelas, Selos e Nomes e respectivo uso.

AS OCASIÕES, LIGAÇÕES, ENCARGOS E CONJURAÇÃO DOS ESPÍRITOS,

AO QUE SE ACRESCENTA

Biografia Antiga, ou a vida dos mais eminentes filósofos, magos etc.

Ampla variedade de

ILUSTRAÇÕES EXÓTICAS, FIGURAS MÁGICAS E CABALÍSTICAS.

Por Francis Barret, F.R.C.

Professor de Química, Filosofia Natural e Oculta, Cabala etc.

ANÚBIS

1ª edição | abril de 2022 | 1.000 exemplares

Distribuição exclusiva
Aquaroli Books
Rua Curupá, 801 | Vila Formosa
São Paulo | SP | 3355-010 | Brasil
Tel.: (11) 2673-3599

Editores responsáveis: Marcelo Aquaroli e Milena Lago
Tradução: Rosemarie Giudilli
Revisão: Sandra Scapin
Projeto gráfico e capa: Edinei Gonçalves
Apoio cultural: Rádio Sensorial FM web
www.sensorialfm.com.br

Dados Internacionais de Catalogação na Publicação (CIP)
Angélica Ilacqua CRB-8/7057

Barret, Francis
Magus : tratado completo de alquimia e filosofia oculta / Francis Barret. – 1. ed. - São Paulo : Anubis, 2022.
320 p.

ISBN 978-65-88661-03-1

1. Ciências ocultas 2. Magia natural 3. Magia antiga
4. Alquimia 5. Magnetismo 6. Cabala I. Título

22-1682 CDD 133

Índices para catálogo sistemático:

1. Ciências ocultas

São Paulo/SP – República Federativa do Brasil
Printed in Brazil – Impresso no Brasil

Este livro segue as novas regras do Acordo Ortográfico da Língua Portuguesa.

SUMÁRIO

MAGUS

MAGUS
ou
OS MISTÉRIOS SECRETOS

LIVRO II – PARTE I

A CABALA
ou
OS MISTÉRIOS SECRETOS
ou
MAGIA CERIMONIAL

A PERFEIÇÃO E A CHAVE DA CABALA
ou
MAGIA CERIMONIAL

LIVRO II – SEGUNDA PARTE

SOBRE A COMPOSIÇÃO ESPECÍFICA
do
CÍRCULO MÁGICO

SEGUNDO LIVRO – TERCEIRA PARTE

A MAGIA E A FILOSOFIA
do
TRITHEMIUS DE SPANHEIM

QUARTA PARTE

LIVRO III

BIOGRAFIA
de
MAGOS, CABALISTAS E FILÓSOFOS ANTIGOS E MODERNOS

PREFÁCIO

Neste trabalho, que dedicamos àqueles ávidos por conhecimento, curiosos e insaciáveis em seus questionamentos dentro da sabedoria oculta, coletamos exaustivamente tudo que possa ser considerado inusitado ou raro em relação ao assunto de nossas especulações quanto a Magia Natural, Cabala, Magia Celestial e Cerimonial, Alquimia e Magnetismo, material este que dividimos em dois livros, os quais foram subdivididos em partes. E acrescentamos um terceiro livro, contendo um relato biográfico da vida de homens famosos, reconhecidamente valorosos por seu saber, com o objetivo de enfatizar quais autoridades e princípios sedimentam a Ciência da Magia. Nas extensas notas observamos imparcialmente a probabilidade da existência da *Magia*, tanto benigna quanto maligna, em épocas recentes e mais antigas.

As ciências ocultas da Natureza eram pouco pesquisadas no século XVIII. Contudo, o homem, à medida que se tornou mais esclarecido, passou a valorizar os efeitos prodigiosos elaborados pelos filósofos antigos. Porém, sem o devido entendimento, para distinguir entre o tempo e a natureza, as causas e os efeitos, muitos são levados a considerar que, aliando seu conhecimento da Natureza às artes mecânicas, podem operar efeitos extraordinários, sem se ater às dificuldades em obter as ferramentas de sustentação de pesquisa, ou seja, as obras necessárias a esse caminho de descobertas. O intuito de ultrapassar tamanho obstáculo levou o Autor a empreender o trabalho de compor e publicar *Magus – tratado completo de alquimia e filosofia oculta*.

Na abordagem desta obra, na Primeira Parte de nosso Primeiro Livro, apresentamos experiências raras, muitas balizadas na simples aplicação de ativos aos passivos; outras na esfera da especulação mais avançada, o que permite ao pesquisador dedicado encontrar neste livro um aliado completo, capaz de revelar a essência das Ciências Ocultas. Aconselho, entretanto, não se deter demais na sabedoria humana, mas na Sabedoria de Deus, pois qualquer outro meio de obtenção de sabedoria, fora do âmbito de Deus, é mero engano.

A Segunda Parte de nosso Primeiro Livro destina-se à arte denominada *Prática Constelatória*, ou *Magia Talismânica*. Nela em que demonstramos o poder e a eficácia dos talismãs, o modo de confecção para diferentes propósitos, ocasião apropriada, constelações e aspectos referentes aos planetas e sua época de maior poder de ação.

Na sequência, abordamos um aspecto de relevância – a atuação de nosso espírito como veículo por meio do qual atraímos as virtudes celestes e espirituais e as transportamos para dentro dos selos, imagens, amuletos, anéis, papéis, vidros etc., a fim de obter a cura. Também estão acessíveis na Segunda Parte uma explicação racional e objetiva a respeito de simpatia e antipatia – atração e repulsa, formas de comunicação com pessoas a distância e melhor ocasião e hora para esta se concretizar.

Métodos de previsão do futuro por meio de sonhos e meios de invocação de espíritos astrais pelos círculos, cristais etc., suas formas de exorcismo, encantamentos, votos, orações e conjurações igualmente compõem nosso trabalho. Para esse estudo, nos apoiamos nas obras de Zoroastro, Hermes, Apolônio de Tiana, Simão do Templo, Trithemius, Agrippa, Porta (o Napolitano), Dee, Paracelso, Roger Bacon e tantos outros, anexando nossas próprias notas com o intuito de realçar as diferenças entre cada uma dessas artes a fim de liberar o nome *Magia* de qualquer conotação negativa, visto que a origem do vocábulo não carrega nenhuma implicação relacionada ao mal. Consiste, antes, em uma ciência louvável, da qual o homem pode tirar proveito, tornando-se um sábio.

Sua prática não representa ofensa a Deus ou ao homem, porque o fundamento de toda magia se assenta nas Sagradas Escrituras. O temor a Deus é o início de toda sabedoria, e a caridade é o objetivo. Assim, se o temor a Deus é o início da magia, a magia é sabedoria; logo, os homens sábios eram denominados *Magi*.

Os Reis Magos foram os primeiros cristãos, e pelo conhecimento sabiam do nascimento do Salvador prometido – que o Cristo era nosso Redentor, Defensor e Mediador, pois foram eles os primeiros a reconhecer sua glória e grandiosidade. Sendo assim, o venerável e sagrado título de Mago não deve, em hipótese alguma, ser considerado ofensivo, desde que pautado pelos caminhos Crísticos, ou melhor, embasado em humildade, caridade, piedade, jejum, oração etc., pois o verdadeiro mago é o mais genuíno Cristão e o discípulo mais próximo de Senhor Deus, que estabeleceu o exemplo que devemos seguir: "Se tiverdes fé", uma condição que não se obtém pelo jejum nem pela oração, o homem poderá operar milagres: "Vós podereis andar sobre escorpiões"; "Sedes sábios como as serpentes e inocentes como as pombas" – ensinamentos presentes nas Sagradas Escrituras que atestam o poder de realizar feitos prodigiosos pela fé em nome de Jesus Cristo, e que toda sabedoria se consegue por meio Dele, pois que ensina: "Eu sou a luz do mundo!"

Ainda neste Primeiro Livro, consideramos pertinente a investigação do poder dos números, sua relação com os nomes divinos de Deus. A eficácia dos números é abrangente, pois toda a criação do universo se restringe a números, pesos e medidas. De acordo com o limitado entendimento humano, nada é mais representativo da Essência

Divina do que os números. Curiosamente, todos os santos nomes divinos estão em conformidade com os números; desse modo, na conclusão de nosso Primeiro Livro foi elaborado um sistema completo de magia matemática pela recolha de quantidade razoável de selos do famoso mago Agrippa e de Paracelsus, distinguindo-os conforme critérios da verdadeira ciência, acrescidos de nossas considerações.

O Segundo Livro é um tratado sobre os Mistérios da Cabala e Magia Cerimonial. O seu estudo, associado a um comportamento reto (distanciamento do mundo material pelo entorpecimento dos apetites sensuais – abstinência de álcool, glutonaria e demais paixões instintivas), e a um estilo de vida simples e moderado, livre de ações que venham prejudicar o próximo, pode tornar o adepto um beneficiário da sabedoria e da luz Divina, por meio da qual ele poderá prever acontecimentos no âmbito familiar, bem como relacionados a reinos, estados, impérios, batalhas, vitórias etc. De modo similar, será capaz de fazer o bem indistintamente: curar todos os males e prestar ajuda aos desafortunados e aflitos.

Quanto à Magia Cabalística, abordamos sonhos proféticos e visões, disponibilizando as tabelas completas da Cabala para serem utilizadas por pessoas sensatas. Alguns dos segredos foram reservados apenas para os alunos do Autor, pois que não devem ser ensinados publicamente.

O Terceiro Livro é uma completa Biografia da Magia, balizada nos mais antigos autores e em alguns manuscritos raros, fruto de muita investigação. Dedicado àqueles que desejam verdadeiramente viver uma vida isenta de vaidades, indolência e luxo.

Portanto, caso você realmente deseje alcançar as benesses trazidas pela Ciência da Magia, rogue à Sabedoria Divina que lhe conceda o entendimento, para depois alcançar o conhecimento. Certamente, não se arrependerá de ter escolhido caminho tão louvável, e ainda desfrutará de alegria e serenidade, algo que o mundo jamais poderá lhe roubar.

Desejo-lhe sucesso nos estudos e experimentos, acreditando que os benefícios recebidos serão empregados em favor da honra de nosso Criador e em proveito de seu próximo, e sempre com a satisfação pela oportunidade de servir. E mantenha silêncio: converse apenas com aqueles que merecem ouvir. Não lance pérolas aos porcos. Seja amigável com todos, mas íntimo com poucos, pois segundo as Sagradas Escrituras, muitos são lobos em pele de cordeiro.

FRANCIS BARRET

NOTA

Para a introdução dos estudos de Magia Natural, consideramos apropriado fazer uma breve abordagem à Influência dos Astros e à Magia Natural, salientando quanto a influência dos corpos celestes é relevante para nossos propósitos e em que medida podemos admitir tais influências, rejeitando as especulações referentes às inclinações dos planetas ou, ainda, aquelas baseadas em quaisquer princípios filosóficos sem legitimação ou cujo fundamento não esteja de acordo com as Sagradas Escrituras e a Filosofia Natural.

Este estudo está sedimentado tão somente nos princípios compreendidos pela Natureza, pela Verdade e pelo Experimento.

Introdução

ao

ESTUDO DA MAGIA NATURAL

SOBRE A INFLUÊNCIA DOS ASTROS

A discussão acerca da influência dos astros na vida do homem, como causa secundária, não é algo novo. É bastante discutível afirmar que os astros governam o homem, imprimindo em sua natureza certas emoções, virtudes, propensões etc., desde o seu nascimento, e se o local e a configuração desse momento podem revelar os propósitos e interesses futuros. Igualmente se discute se os astros, por meio de suas revoluções, movimentações, translações e direções, apontam os eventos pertinentes à vida física (casamento, doença, trabalho etc.).

Há muito tempo, a astrologia tem sido objeto de minhas reflexões, o que tenho defendido com afinco. Imperioso, então, nesta oportunidade, analisarmos quanto essa influência afeta o ser humano, posto que este nasceu dotado de livre-arbítrio, um aspecto que não deve ser desconsiderado.

O ser humano é passível de aprender tudo o que se refere a adivinhação, profecia e fatos prodigiosos. Há um completo sistema dentro de nós que nos permite ser denominados microcosmo, ou pequeno mundo, pois, feitos à imagem e semelhança de Deus, trazemos dentro de nós a inteligência mais desenvolvida, o que nos diferencia das demais espécies. Não obstante, o homem estabelece conexão com esse mundo de acordo com os astros, que, conforme as Sagradas Escrituras, existem para marcar as horas e as estações, não para desencadear o mal a quem quer que seja. "Tudo isso para que, ao levantardes vossos olhos em direção ao céu e observardes o sol, a lua, as estrelas e todos os demais corpos celestes, não vos deixeis seduzir por esses astros para adorá-los e a eles servir! Porquanto são apenas coisas que Yahweh, vosso Deus, distribuiu entre todos os povos que vivem debaixo do céu."[1] (Deuteronômio 4:19).

---

1. Disponível em: https://bible.knowing-jesus.com/Portuguese/words/Astros. Acesso em: 22 de outubro de 2020.

Ainda que os astros nos sugestionem, eles não nos governam. Logo, perante a afirmação “Os astros regem os homens, mas o homem sábio rege os astros”, o meu entendimento se distancia daquele da maioria das pessoas. Os astros não governam os homens de modo a incitá-los à prática do mal (motins, tumultos, luxúrias, fornicações, adultérios, embriagues etc.), o que muitos astrólogos tomam por verdadeira doutrina ao afirmar que, em conjunção, Marte e Saturno causam desfortúnios, assim como outras configurações e confluências desses dois grandes infortúnios (como eles são denominados) quando os planetas benéficos Júpiter, Vênus e o Sol estão desfavorecidos ou enfraquecidos.

Segundo os astrólogos, nessas ocasiões, as pessoas influenciadas por Marte e Saturno ficam propensas a cometer transgressões. Todavia, pela vontade, um sábio pode anular tais paixões e tendências, o que os astrólogos denominam “Governar os astros”. É imprescindível ressaltar que não é da natureza do homem sábio resistir ao mal, mas que o faz mediante a graça de Deus; logo, a ninguém chamamos sábio, a não ser àquele dotado de graça, destacando que toda sabedoria natural proveniente do homem “não agrada a Deus”. Portanto, um homem naturalmente sábio está sujeito à escravidão do pecado tanto quanto os mais ignorantes, ainda que os astros não o influenciem a pecar.

Considerar Criação Divina uma obra perfeita não é justificativa para admitir certas inclinações dos astros. Sabemos que as más tendências surgem pelo pecado, partem do coração do homem. As Sagradas Escrituras nos ensinam: “O que sai do homem, isso é que contamina o homem. Porque do interior do coração dos homens saem os maus pensamentos, os adultérios, as prostituições, os homicídios, os furtos, a avareza, as maldades, o engano, a dissolução, a inveja, a blasfêmia, a soberba, a loucura. Todos estes males procedem de dentro e contaminam o homem”.[2] (Marcos 7:20-23).

O ser humano, então, criado à semelhança de seu Criador, carrega dentro de si a centelha divina, ou seja, as virtudes celestes. Todavia, ao transgredir as leis de Deus pelo pecado (más paixões, luxúria), ele entra em consonância com os Poderes Infernais. Assim, sermos cautelosos é relevante quanto a atribuir qualquer efeito da influência dos astros além do meramente natural.

Nossos astrólogos, na maioria de suas especulações, acreditam que tudo possa ser revelado pelos astros ou lido neles. Até perante certas frivolidades, os astros são obrigados a dar um parecer. Nesse sentido, a nossa legislação age justamente ao condenar certos impostores que abusam da credulidade popular, respondendo a qualquer questionamento e/ou fazendo previsões, supostamente com base nos astros, como se lhes coubesse o cargo de representantes de Deus na Terra.

---

2. Disponível em: https://dailyverses.net/pt/pensamentos. Acesso em: 23 de outubro de 2020.

Um exemplo peculiar ocorrido recentemente – trata-se de dois mendigos franceses, que inventaram um telescópio ou lente ótica de onde várias letras e figuras eram refletidas de forma obscura, mostrando imagens de homens e mulheres etc. Então, ao serem consultados, mediante o pagamento da taxa habitual e de acordo com a urgência da pergunta, os supostos sábios produziam respostas por meio daquelas figuras ou letras, o que impressionava tanto o consulente, que este presumia estar diante de algo diabólico. E impressionado com a ideia preconcebida, este saía animadamente a relatar ser testemunha de um milagre.

Relato aqui outra manobra passível de acontecer somente àqueles que se deixam enganar. Como seria possível a uma criatura adulta entrar em uma garrafa de um litro? Foi o que um pseudossábio, certa vez, tentou apresentar a um público de mais de 600 pessoas. Em meio à apresentação, o público, plenamente convicto do prodígio, surpreendeu-se com a perspicácia do rapaz que, diante da expectativa da plateia, pronunciou: "Atenção, agora! Olhem! Agora! Olhem! Ele vai pular". – "De fato", disse o mágico, "senhoras e senhores, eu não o farei; se vocês foram suficientemente tolos de acreditar em tamanho absurdo, eu não sou sábio o suficiente para fazê-lo". Então, curvando-se perante o público, ele desapareceu, para grande desconforto de todos, que se retiraram cabisbaixos.

Nossa intenção em sustentar essa reflexão não é negar a influência dos astros. Afirmamos aqui que há simpatia e antipatia natural entre tudo no universo, polaridades que se perfazem em variados efeitos. Da mesma forma sustentamos que os astros, na qualidade de signos, anunciam grandes transformações, revoluções, a morte de homens notáveis, governadores, reis e imperadores, ocorrências relativamente ao tempo (tempestades, terremotos, dilúvios), e tudo em conformidade com as Leis Divinas. O destino do ser humano pertence ao Senhor, pois Ele é início e o fim de todas as coisas.

Frivolidades à parte, salientamos a respeito das influências dos astros que Ptolomeu, ao abordar em seu quadripartido[3] sobre generalidades, muito se aproxima de nosso conceito acerca da influência planetária na vida do homem. Indubitavelmente, todo movimento que fazemos (aflições, sorte, acidentes) não obedece à regência dos planetas, visto que procede de nós mesmos. Entretanto, admito que nossos pensamentos, ações, ideias se harmonizam com os astros segundo o princípio geral da harmonia. Se existe afinidade entre pessoas de mesma constituição e temperamento,

3. Tetrabiblos, ou Tratado Matemático Quadripartido, de Claudio Ptolomeu, autor do séc. II, é um livro que descreve alguns aspectos da filosofia aristotélica e tece algumas considerações adicionais relacionadas com tópicos característicos daquele momento, nomeadamente Astronomia. Disponível em: http://forum.wind-cam.pt/showthread.php?tid=17528. Acesso em: 26 de outubro de 2020.

porque cada criatura mortal possui um Sol e um Sistema em si, igualmente, de acordo com a harmonia universal, somos afetados pela influência do espírito universal do mundo, como um princípio vital que percorre o Universo.

Por essa razão, não devemos buscar nas configurações dos astros as causas para justificar as tendências pouco apuradas do homem, pois cada animal recebe suas tendências próprias pela hereditariedade, jamais pelo signo do zodíaco. A alma, essencialmente imortal e dotada de livre-arbítrio, age sobre o corpo, o que significa que não pode ser influenciada por qualquer configuração dos astros. Inclinada ao mal, deixa-se seduzir pelo pecado; iluminada por Deus, promove o bem. Mas enquanto estagia em um corpo frágil, a alma oscila entre as duas polaridades (bem e mal), segundo sua tendência. Esse assunto será investigado pormenorizadamente ao abordarmos a magia natural da alma, provando pelos experimentos científicos que o "sopro divino" presentifica a alma humana desde a sua criação.

Nesta obra, no que se refere à Astrologia, selecionaremos apenas o que for pertinente ao nosso propósito, para o entendimento e ensaio de vários experimentos no curso de nossos trabalhos, ignorando cálculos tediosos de nascimento, controversas entre várias práticas, comprovando que tudo a respeito de mudanças pessoais, de caráter nacional, e acidentes podem ser obtidos por meio da Cabala – um método rápido e eficaz, sem desvio, ilusão ou conspiração.

Esta Cabala foi extraída da Fonte do Conhecimento, com toda simplicidade, humildade e verdade. Glorificamos Aquele que nos ensina pela misericórdia divina, cuja bondade traz luz às coisas espirituais a fim de que possamos vê-las. E esse conhecimento nos traz confiança em meio à maldade humana (ódio, malícia, orgulho, inveja, hipocrisia, leviandade, pobreza, prisão ou qualquer outra circunstância externa). E confiantes em Deus, louvando seu nome, nada nos falta, de modo a aproveitarmos plenamente as benesses que garantem o nosso sustento e a nossa vida. Amém.

Tudo o que publicamente declaramos ao mundo é pela glória de Deus Pai, sempre prontos a praticar a bondade –, promovendo o bem ao próximo (confortando, sustentando, amparando) sem nada pedir, apenas o suficiente para continuar a fazê-lo, nos tornando assim, quem sabe, bons aos olhos daquele que diz: "Sou a luz do mundo", a quem, junto com o Pai e o Espírito Santo, é conferido todo poder, glória, majestade e domínio, pelos séculos e séculos. Amém.

Ao fiel e discreto Estudioso da Sabedoria

Saudações:

Siga nossas instruções e peça conselho a Deus, e Ele o dará. Ofereça diariamente a oração a seguir, para que seu entendimento seja iluminado. Sustente-se em Deus, causa primeira, com quem, por quem e em quem está todas as coisas. Cuide para que a sua prioridade seja o autoconhecimento e, então, direcione com humildade sua prece.

Uma Oração a Deus

Deus todo poderoso, nós, vossos servos, nos aproximamos de Vós com temor e tremor, e com toda humildade e, o mais cordialmente possível, imploramos de todo coração o perdão de nossas ofensas. Concedei-nos, Ó Pai Misericordioso, que nossas mentes sejam iluminadas com a radiação divina de Vossa sabedoria sagrada. Ó Senhor da força, do poder, da majestade e da dominação, que por causa dos nossos corpos materiais e brutos estamos pouco aptos a receber as instruções espirituais que tão sinceramente e de todo coração desejamos. Abra, ó Espírito abençoado, o olho espiritual de nossa alma, para que possamos ser libertados dessa escuridão, nos inundando pelos delírios dos sentidos externos, e para que possamos perceber e entender as coisas espirituais. Oramos a Vós, ó Senhor, para que, acima de tudo, fortalecei nossa alma e nosso corpo contra nossos inimigos espirituais, pelo sangue e justiça do nosso abençoado Redentor, teu filho, Jesus Cristo. E através dele e em Seu nome imploramos que ilumine as faculdades de nossas almas, a fim de ouvirmos clara e compreensivamente com os nossos corações; e afaste de nós toda hipocrisia, negociação enganosa, profanações, inconstâncias e leviandade. Para que possamos, por palavras e atos nos tornar Vossos servidores fiéis e resistir firmes e inabaláveis contra todos os ataques de nossos inimigos corpóreos, e igualmente sermos testemunhas contra todas as ilusões dos espíritos malignos, com quem não desejamos qualquer comunicação ou interesse. Que sejamos instruídos no conhecimento das coisas, naturais e espirituais, assim como agradou a Vós conceder a Salomão toda sabedoria humana e divina, pois ele, desejando esse conhecimento, agradou tanto a Vossa Divina Majestade que, em sonho, Vós o inspirastes com toda sabedoria e conhecimento, o que Salomão preferiu sabiamente às riquezas desta vida. Que nossos desejos e preces sejam graciosamente aceitas por Vós, para que, confiando firmemente em Vossa palavra, não sejamos levados pelas perseguições vãs e ridículas de satisfações e delícias mundanas, que não são duráveis nem pertencem à nossa felicidade imortal. Concedei-nos, Senhor, poder e força intelectual para prosseguirmos com esse trabalho, pela honra e glória de Vosso Santo Nome, e para o conforto de nosso próximo, e para que, sem a intenção de machucar ou prejudicar ninguém, possamos seguir em nossos esforços, através de Jesus Cristo, nosso Salvador: Amém.

SOBRE A MAGIA NATURAL EM GERAL

Magia Natural compreende o conhecimento de toda Natureza, conhecimento este que não pode ser adquirido sem a devida investigação. Pelo estudo árduo, muito trabalho e prática, descobrimos vários segredos e experimentos raros, desconhecidos ainda pela maioria. Os antigos sábios sabiam da existência de tesouros e de extraordinárias forças ativas ocultas pela Natureza, aguardando ser reveladas pela força mental humana. Mas devido aos vícios de toda ordem (obscuridade e estupidez pela preguiça, intemperança ou apetites sensuais) a que o homem tem se entregado nos últimos tempos, seu entendimento tornou-se pouco perceptivo às contemplações divinas e às profundas especulações na Natureza.

Para os Pitagóricos, o silêncio era essencial, assim como uma dieta vegetariana, o que mantinha o corpo em estado saudável e moderado, livre de humores brutos. Esta conduta qualificava-os para assuntos espirituais, de modo que conseguiam penetrar em mistérios grandiosos sem deixar de exercer a caridade e todas as virtudes morais. Os Pitagóricos exigiam o silêncio porque eram cautelosos e conscientes da frivolidade do palavreado vão. Eles se aprofundavam ao máximo ao estudo do poder dos números. No entanto, por serem pagãos, não alcançaram as luzes elevadas e inspiradas da sabedoria e do conhecimento concedidos aos Apóstolos e a outros após a vinda de Jesus Cristo. Ainda assim, mortificavam suas paixões e viviam de forma honesta, virtuosa e casta, diferentemente da prática dos cristãos modernos, que vivem como se a palavra de Deus viesse à Terra para lhes conceder o privilégio de pecar.

Deixemos, pois, os Pitagóricos, para seguir com o nosso trabalho. Inicialmente, explicaremos a base da Magia Natural de forma bastante objetiva.

LIVRO I - PARTE I

Princípios

da

MAGIA NATURAL

CAPÍTULO I

DEFINIÇÃO DE MAGIA NATURAL. SOBRE A CRIAÇÃO DO HOMEM. VIRTUDE MÁGICA E ESPIRITUAL DA ALMA

A Magia Natural consiste no conhecimento abrangente de toda a Natureza, por meio do qual pesquisamos suas vertentes mais sutis em todo o seu amplo laboratório e alcançamos o entendimento de suas partes integrantes, de suas qualidades, e do valor e das peculiaridades dos metais, pedras, plantas e animais. E após criar o mundo, ou o macrocosmo, Deus criou o homem à sua imagem e semelhança. Tudo foi preparado para a soberania deste aqui na Terra, e isso agradou ao Deus onipotente.

Descreveremos aqui a compleição notável do homem, em quem podemos reconhecer a exata semelhança ou cópia do universo, o que nos permite mais fácil entendimento acerca de tudo o que venhamos a esclarecer quanto ao conhecimento dos reinos animal, vegetal e mineral. Atentar para suas nuances, propriedades e qualidades é a chave para acionarmos os segredos do macrocosmo.

Ademais, falaremos da transgressão no Jardim do Éden e consequente castigo e da descontinuidade da ira do Criador pelas graças de Jesus Cristo.

CRIAÇÃO, DESOBEDIÊNCIA E QUEDA DO HOMEM

De acordo com a palavra de Deus que tomamos por guia, em Gênesis 1:26 está escrito: "Façamos o homem à nossa imagem, conforme a nossa semelhança. Domine ele sobre os peixes do mar, sobre as aves do céu, sobre os grandes animais de toda a terra e sobre todos os pequenos animais que se movem rente ao chão".[4] Esta é a origem e o início da frágil natureza humana. De acordo com as Sagradas Escrituras, cada alma é fruto da Luz, da Fonte Divina, semelhante em imortalidade, beleza e soberania sobre a natureza. "E ordenou o Senhor Deus ao homem, dizendo: De toda a árvore do jardim comerás livremente, mas da árvore do conhecimento do bem e do mal, dela não comerás; porque no dia em que dela comeres, certamente morrerás."[5]

Entretanto, Adão foi criado pelo dedo de Deus, que é o Espírito Santo (semelhante a um anjo de voz melodiosa e doce). Tivesse ele permanecido no estado de inocência em que foi criado, a fragilidade do homem mortal, em seu estado vil, não teria sido capaz de suportar a virtude e a ressonância celestial de sua voz.

Mas o opositor, na figura da serpente que representa a mente, a dualidade do bem e do mal, a corrupção e a tentação, ao descobrir que o homem buscava uma parceira, em cuja inspiração de Deus havia sido criada, passou a engendrar um plano para envolver o casal na desobediência ao seu Criador, pelo qual seria motivo de escárnio.

Van Helmont,[6] químico e fisiologista do século XVI, em sua obra *Oriatrike*, cap. XCII, ao abordar a questão da morte na natureza humana também menciona aspectos da Criação e da desobediência do homem e explica claramente o texto das Sagradas Escrituras, com base em sua fé e convicção.

De acordo com Helmont, o homem, criado à imagem de Deus e prefigurado a gerar sua imagem divina, desviara-se do caminho das virtudes celestes ao corroborar com a desobediência de Eva, um fato que marcaria as gerações futuras na forma do pecado original, sujeitando-as a miséria, doenças e morte. Apesar da transgressão, o Senhor, em sua infinita bondade, concedeu a Adão gerar sementes que receberiam do Criador alma sensível, racional e ativa.

A Bondade Divina os advertira para não provarem daquela árvore, todavia eles desobedeceram, e no mesmo dia puderam sentir todo o pesar que acompanharia a morte. E, dessa forma, o Senhor privou os pais da humanidade do benefício da imortalidade. Após a concupiscência e até o fim dos tempos, o homem, isento do espírito do Senhor, passaria a ser tão somente carne.

---

4. Disponível em: https://www.bibliaon.com/versiculo/genesis_1 26. Acesso em 16 de novembro de 2020.

5. Disponível em: https://www.bibliaonline.com.br/acf/gn/2. Acesso em 16 de novembro de 2020.

6. Jean Baptista van Helmont (Bruxelas, 12 de janeiro de 1580 — Vilvoorde, Flandres, 30 de dezembro de 1644) foi um médico, alquimista, e fisiologista belga.[...] Grande defensor da abiogênese (geração espontânea) e da hipótese de Aristóteles, que afirmava a existência de um "princípio ativo" (capacidade de originar seres vivos), Van Helmont acreditava que conseguiria formar um ser vivo por meio da matéria bruta. Disponível em: https://pt.wikipedia.org/wiki/Jan_Baptista_van_Helmont Acesso em: 30 de novembro de 2020.

O fruto proibido, representado pela maçã, continha a virtude feminina da concupiscência, ou seja, algo oculto, proibido, em oposição ao estado de inocência, de ignorância do homem antes da copulação. De acordo com a interpretação de Helmont, as Sagradas Escrituras afirmam que o homem nem ao menos percebia que estava nu ou se sentia incomodado por "seus genitais". Na verdade, todo o seu "conhecimento do bem e do mal" está incluído em sua genitália. Em Levítico e em demais passagens das Sagradas Escrituras, as partes privadas são denominadas "vergonhas".

Para Adão, o ato de comer a maçã simboliza "abrir os olhos", ou seja, renunciar à sua essência divina e inaugurar, oficializar a tentação e o pecado, tornando-se mortal e submisso à lei de outras causas. Com isso, a geração adâmica foi estigmatizada com o pecado original que teve início pela concupiscência da carne velada no fruto proibido, cujo único remédio para tão grande impureza é a lavagem, a fé e a esperança, meios estes representados pelo batismo.

E ao constatar que havia gerado, pelo desejo da carne, uma descendência fratricida (Caim e Abel), Adão, prevendo as consequências futuras de seu erro, arrependeu-se de suas próprias misérias.

E na tentativa de se autopenitenciar e de aplacar a fúria do Senhor, Adão absteve-se totalmente de sua esposa pelo período de cem anos, quando, de acordo com seu entendimento, recuperaria o antigo esplendor e a majestade de sua inocência e pureza primitivas, anseio que se concretizaria com o advento de Cristo, que trouxe aquilo que Adão havia perdido – a essencialidade divina, a conexão com o mundo espiritual –, elevando a humanidade a um estado mais sublime e eminente de bênçãos e confundindo, dessa forma, o Satanás.

Após cem anos de abstinência sexual, Adão reconheceu Eva sua esposa e, a partir de então, o casal passou a povoar a Terra. E disse Deus: "Sede férteis e multiplicai-vos! Povoai e sujeitai toda a terra; dominai sobre os peixes do mar, sobre as aves do céu e sobre todo animal que rasteja sobre a terra!" (Gênesis 1:28).[7]

Ao considerarmos que nossos primeiros pais, após a transgressão da lei sentiram-se envergonhados, embora cientes de que o ato significara a mais pura inocência, podemos conceder a tal constrangimento dupla interpretação: injustiça contra a intenção do Criador e contra sua própria natureza. Contudo, ao predizer que a terra produziria arbustos e espinhos, e que o homem ganharia o seu pão com o suor de seu rosto, Deus, em sua infinita bondade, não o estava amaldiçoando, mas advertindo-o quanto à irrefutável realidade que a geração de Adão enfrentaria na Terra. Da mesma forma, Eva, pela desobediência, sofreria a dor do parto e a subordinação ao marido.

7. Disponível em https://bibliaportugues.com/genesis/1-28.htm Acesso em 2 dezembro de 2020.

Mas por que, afinal, punir com as dores do parto os genitais das mulheres, se os meios para cortar e comer a maçã foram outros? As doenças e a morte porventura não seriam punições suficientes?

E Satanás, figuradamente representado por uma serpente, foi amaldiçoado para sempre pelo Senhor e condenado a ser uma criatura medíocre e desprezível: "Então, o Senhor Deus disse à serpente: 'Visto que isso fizestes, maldita és entre todos os animais domésticos e o és entre todos os animais selváticos; rastejarás sobre o teu ventre e comerás pó todos os dias da tua vida'" (Gênesis 3:14),[8] o que significa vitória sobre o espírito infernal.

A despeito de Adão ter violado uma regra divina e por consequência gerado uma raça de natureza animal e mortal, sua herança espiritual (simbolizada por Jesus Cristo) está assegurada, dado que foi concebido pelo poder de Deus, imortal, para viver uma vida espiritual, o que não coaduna com a adjetivação (rude, bruta) conferida aos seus descendentes, posto que em sua constituição há mente e alma. Logo, nem mesmo o espírito maligno, por mais negativa seja sua influência sobre o homem, pode alterar a sua essência divina herdada do Criador.

CAPÍTULO II

SOBRE A AÇÃO DA MAGIA NATURAL (OPERAÇÕES SIMPÁTICAS E OCULTAS) NOS REINOS ANIMAL, VEGETAL E MINERAL

Neste capítulo, apresentamos as maravilhas da Magia Animal sob o título de Magnetismo. E nos apressamos a investigar por quais meios, instrumentos e efeitos devemos aplicar os ativos e passivos para produzir efeitos raros e incomuns, seja por ações, amuletos, suspensões, anéis, papéis, sufumigações, feitiços, forças, unções, encantamentos, bruxarias, feitiços, imagens, luzes, sons etc. Iniciemos, então, pelo mais simples: se alguém, ao cortar um limão em pedaços, usar palavras que expressem ódio, desprezo ou antipatia contra qualquer indivíduo, a pessoa em questão, apesar de estar distante, sentirá angústia profunda e inexpressível, juntamente com calafrios e abatimento físico. De modo similar, em relação a animais vivos: caso cortemos o coração de um pombo vivo, essa ação refletirá no coração da pessoa que se pretende

8. Disponível em: https://www.gotquestions.org/Portugues/Satanas-serpente.html Acesso em 3 dezembro de 2020.

afligir, causando uma parada cardíaca súbita; se pendurarmos a imagem mágica de um homem por um único fio, induzimos ao medo, à morte e à destruição por meios semelhantes; tudo isso pela força da atração que aproxima os diferentes corpos.

O mesmo ocorre com as propriedades de animais comuns e com as operações manuais, que discutiremos oportunamente. Exemplificando: a aplicação da gordura de lebre facilita a extração de espinhos; o emprego de uma pequena glândula de aspecto sólido encontrada na cabeça do sapo cura dor de dente; cuspir na boca de uma rã, antes do nascer do sol, cura asma. Olhos de rã revertem cegueira, e da gordura da cobra extrai-se o óleo de cobra, remédio amplamente utilizado para acalmar dores em geral, assim como para aliviar os efeitos da picada da própria serpente.[9] Para aliviar dor de cabeça, aconselha-se aplicação de heléboro negro[10] diretamente sobre a cabeça, ou aspiração do pó da planta, de forma moderada. O coral é um aliado contra os vários feitiços e venenos; usado principalmente em crianças, previne as doenças características dos primeiros anos de vida. A experiência me permite confeccionar amuletos ou talismãs de coral que, atados a um fio ou corrente (sob as bênçãos de Deus), protegem contra acidentes e lesões trazidos por fogo ou água.

Paracelso e Helmont concordavam que o sapo, embora de aparência asquerosa e adverso ao sangue humano, possui propriedades extraordinárias para a cura de muitas doenças que a Providência Divina nos disponibiliza. Pode ser empregado no preparado de um remédio para várias doenças, dentre elas peste, malária, epilepsia e outros males que afetam o organismo humano.

A aversão natural do sapo em relação ao ser humano é expressa através dos olhos e de todo o seu movimento corporal. O medo do sapo é tão grande, que se direcionarmos a ele olhar furioso, por quinze minutos que seja, sem que possa evitá-lo, ele morre fascinado pelo terror e espanto.[11]

A fim de potencializar tal reação, o operador deve pendurá-lo pelas pernas no alto de uma chaminé e, sob ele, colocar um recipiente para recolher todas as secreções eliminadas pela boca do anfíbio. O processo requer um período de três a quatro

---

9. Óleo de cobra é um remédio tradicional chinês que utiliza gordura extraída da cobra d'água chinesa (*Enhydris chinensis*). É um rubefaciente e/ou pomada, e é aplicado topicamente para aliviar a dor física menor. Ele tem sido usado na medicina tradicional chinesa por muitos séculos, e é um medicamento relativamente comum de ser prescrito pelos médicos que prescrevem a prática da medicina tradicional chinesa. Disponível em: https://pt.wikipedia.org/wiki/%C3%93leo_de_cobra. Acesso em: 3 de dezembro de 2020.

10. Planta venenosa pertencente à família das ranunculáceas. Disponível em: https://pt.wikipedia.org/wiki/Ac%C3%B4nito#:~:text=O%20ac%C3%B4nito%20(PT%2DBR),na%20forma%20de%20um%20elmo. Acesso em: 3 de dezembro de 2020.

11. Essa experiência com o sapo também realizei com outros anfíbios, e os resultados foram muito satisfatórios. (N. do A.)

dias, ao fim do qual se obterá um remédio altamente eficaz para cura de milhares de infecções por vírus e bactérias.

Para confeccionar um amuleto preventivo contra peste, Van Helmont seguiu o protocolo descrito a seguir.

"No mês de julho, na lua minguante, capturei sapos velhos, com olhos tomados por vermes esbranquiçados de cabeça negra. Após pendurar os sapos pelas pernas, os mantive nessa posição, por três ou quatro dias, a fim de recolher os insetos e demais substâncias expelidas no recipiente. Reduzi a carcaça dos sapos a pó, acrescentei à substância colhida e moldei a massa com goma, em forma de trociscos.[12] Essa mistura, que eu apliquei do lado esquerdo do peito de uma pessoa, eliminou a infecção, e aplicada depois ao local afetado, drenou completamente a inflamação.

Os trociscos tornaram-se mais potentes à medida que foram seguidamente utilizados. Constatei, então, que consistiam em um poderoso amuleto contra peste."

De acordo com a filosofia iniciática, o ódio (aversão) que o sapo carrega contra o homem é tão intenso, que consegue infectar algumas ervas a ele benéficas, com o intuito de o matar. Mas pela magia natural, contrariamente, o terror imprime no anfíbio certo efeito natural contra as imagens do amedrontado *archeus*,[13] presente no homem. Em outras palavras, o veneno do sapo, ao erradicar o processo infeccioso no organismo, devolve ao homem a vitalidade, preservando assim a sua vida.

Pela força magnética, o que convencionalmente seria nocivo opera em sentido ambíguo; a repulsa transforma-se em atração, ou melhor, a forte aversão impregnada no veneno extingue no homem a fragilidade trazida pela doença. O *archeus* (o sopro de vida) potencializa-se, porque percebe o agente infeccioso perder força, ou seja, pelo "terror", pela incompatibilidade energética, os micro-organismos (elemento inferior) são automaticamente consumidos.

Outro amuleto eficaz contra peste é usar um pedaço de âmbar vermelho junto ao corpo. A safira é uma pedra igualmente eficiente. Ungir certos tumores com safira, ou com uma pedra de cor azul-profundo elimina o quadro infeccioso.

---

12. Farmacologia. Medicamento composto de substâncias secas reduzidas a pó e reunidas por mucilagem, suco vegetal, miolo de pão etc. (Apresenta ordinariamente a forma de pastilhas redondas ou cônicas.). Disponível em: https://www.dicio.com.br/trocisco/#:~:text=Significado%20de%20Trocisco,pastilhas%20redondas%20ou%20c%C3%B4nicas.). Acesso em: 4 de dezembro de 2020.

13. Na alquimia, Archeus ou arqueia é um termo usado geralmente para se referir ao aspecto mais baixo e mais denso do plano astral, que preside o crescimento e a continuação de todos os seres vivos. O termo foi usado por Paracelso e por aqueles após ele, como Jan Baptist van Helmont. Para defini-lo, os filósofos sustentavam que o Archeus era o segmento do quadrante mais próximo dos mundos superiores, que combina com alguma semelhança com as vibrações mais altas do nosso mundo físico. Disponível em: https://educalingo.com/pt/dic-en/archeus. Acesso em: 4 de dezembro de 2020.

Óleo de âmbar, ou âmbar dissolvido em vinho puro, combate dores abdominais. Muitos distúrbios dessa natureza são do mesmo modo curados mediante vaporização com verrugas de flancos de cavalo.

Fígado e vesícula de enguia desidratados e reduzidos a pó, misturado a um copo com vinho morno acelera o trabalho de parto. Remédio similar pode ser obtido com fígado de serpente.

O ruibarbo,[14] devido à sua incompatibilidade com a bactéria *Vibrio cholerae,* causadora da cólera, maravilhosamente arrefece o processo infeccioso. A música é conhecida especificamente por curar mordida de tarântula ou de qualquer aranha venenosa;[15] da mesma forma, a água cura hidrofobia ou raiva. Verrugas são curadas aparando-as ou enterrando (secretamente) tantos pedregulhos quanto verrugas a pessoa tiver.

Escrófula[16] pode ser erradicada usando-se no pescoço um amuleto feito de coração desidratado de sapo. O Hippomane,[17] devido à afinidade com o ser humano, excita o desejo ao simples toque, ou pendurando-o na própria pessoa que se deseja estimular. Passar ao redor do pescoço a corda utilizada no enforcamento de um malfeitor traz alívio à amigdalite. Uma folha de potentilla,[18] colhida antes do nascer do sol, recupera de febre; três folhas, curam malária e quatro folhas, curam febre quartã.[19]

---

14. Planta comestível utilizada como hortaliça e para fins fitoterápicos. Disponível em: https://www.tuasaude.com/ruibarbo/ Acesso em: 6 de dezembro de 2020.

15. Desconhecendo as causas das doenças, e principalmente as bases do tratamento, o homem medieval lançava mão de verdadeiros desatinos terapêuticos para a cura dos males que o afligiam. Assim, na esperança de que um tipo especial de música e de dança pudessem curar os enfermos picados pelas terríveis tarântulas, nasceu na Itália a atualmente folclórica "tarantella". A forma empírica de tratamento não resistiu ao tempo e aos avanços do conhecimento científico, ao contrário da música e da dança hoje tradicionais. Disponível em: https://www.google.com/search?q=m%C3%BAsica+cura+picada+de+tar%C3%A2ntula+antiguidade&oq=m%C3%BAsica+cura+picada+de+tar%C3%A2ntula+antiguidade&aqs=chrome..69i57.21989j0j7&sourceid=chrome&ie=UTF-8. Acesso em: 6 de dezembro de 2020.

16. Escrófula é o termo vulgar da patologia Linfadenite Cervical Microbacteriana, referindo-se a uma linfadenite cervical dos linfonodos associados à tuberculose, assim como às não tuberculosas (em casos atípico) microbacterianas. Disponível em: https://pt.wikipedia.org/wiki/Escr%C3%B3fula. Acesso em: 6 de dezembro de 2020.

17. Gênero botânico pertencente à família Euphorbiaceae. Disponível em: https://pt.wikipedia.org/wiki/Mancenilheira. Acesso em: 6 de dezembro de 2020.

18. Gênero de cerca de 500 espécies de ervas anuais, bianuais e perenes da família Rosaceae, nativa na maior parte do Hemisfério Norte. Conhecida popularmente como potentilha, cinco-em-rama, tormentila e morango estéril.

19. Denominação dada ao paludismo, em que os acessos febris surgem de quatro em quatro dias e que surge, mais frequentemente, no paludismo provocado pelo Plasmodiummalariae. Disponível em: https://www.infopedia.pt/dicionarios/termos-medicos/febre+quart%C3%A3#:~:text=Denomina%C3%A7%C3%A3o%20dada%20ao%20paludismo%20em,no%20paludismo%20provocado%20pelo%20Plasmodiummalariae. Acesso em: 6 de dezembro de 2020.

Sementes da colza[20] cultivadas ao som de maldições e imprecações tornam-se plantas mais viçosas; cultivadas ao som de orações as sementes arrefecem. O suco destilado de Beladona ingerido em quantidade moderada causa letargia, estagnação. Para garantir a lealdade de alguém basta friccionar erva-gatária (erva-de-gatos) na mão, guardar a erva consigo e, após, tocar a mão de quem se espera dedicação e paixão. Erva-de-bicho, confrei, linária, estragão e língua-de-serpente imersas em água fria e aplicadas sobre uma úlcera aquecem o local, amenizando a dor. Após a aplicação, enterrar as ervas em local lodacento.

Colher folhas de erva-bicha em sentido vertical purifica o organismo humano por meio de vômito, mas se colhidas de modo que toquem a terra, a depuração será feita através de severa diarreia.

As experiências aqui descritas são exemplos comprovados de operações alquímicas (para a obtenção do verdadeiro elixir da longa vida na forma de remédios), que muito têm contribuído para o bem da humanidade e a preservação da vida.

SOBRE A SERPENTE

Hipócrates[21] tornou-se muito famoso ao empregar fragmentos de cobras no combate à peste, a tuberculose e a tantas outras infecções. O método baseava-se na purificação da carne do réptil. As partes extremas da cauda e da cabeça eram desprezadas. O coração e o fígado eram reservados. O restante, após a drenagem do sangue, era triturado e desidratado em forno em alta temperatura, até ser transformado em pó, o qual era misturado ao mel clarificado e fervido. Em seguida, Hipócrates adicionava a essa mistura as especiarias típicas de seu país a fim de camuflar o segredo. Todavia, essa cura pela serpente contém um grande mistério, pois, de acordo com as Sagradas Escrituras, a morte que fora indiretamente introduzida pela serpente deveria ser aplacada pela sua própria morte. (Mateus 26:52). [22, 23]

---

20. Planta de cujas sementes se extrai o óleo de colza, utilizado na produção de biodiesel. As folhas da planta servem também de forragem para o gado, por seu alto conteúdo em lipídios e conteúdo médio em proteínas. Disponível em: https://pt.wikipedia.org/wiki/Colza. Acesso em: 7 de dezembro de 2020.

21. Hipócrates (...) (* 460 a.C. em Cós; † 370 a.C. em Tessália) é considerado por muitos uma das figuras mais importantes da história da Medicina, frequentemente considerado "*pai da medicina*", apesar de ter desenvolvido tal ciência muito depois de Imhotep, do Egito antigo. Disponível em: https://pt.wikipedia.org/wiki/Hip%C3%B3crates. Acesso em: 7 de dezembro de 2020.

22. Então Jesus disse-lhe: Embainha a tua espada; porque todos os que lançarem mão da espada, à espada morrerão. Disponível em: https://www.bibliaonline.com.br/acf/mt/26/52,53. Acesso em: 7 de dezembro de 2020.

23. Para mais esclarecimento a respeito de lei de causa e efeito, ver: https://www.ibccoaching.com.br/portal/motivacao-pessoal/como-a-lei-da-causa-e-efeito-influencia-em-nossas-vidas/ Acesso em: 7 de dezembro de 2020. (N. do T.)

CAPÍTULO III

SOBRE AMULETOS, TALISMÃS E ENCANTAMENTOS

O instrumento mais valioso dos feiticeiros pode ser considerado um espírito de sangue, uma espécie de vínculo oculto que vivifica, liga ou atrai coisas, pessoas, anseios... Tudo começa a partir de um propósito firme, de forte confluência da mente, tal qual o efeito de certos vinhos, que obscurecem a razão e o bom-senso daqueles que o ingerem. Palavras de efeito, quando pronunciadas, podem operar transformações; são capazes de submeter a natureza, causar terremotos, trovões e tempestades. Diante disso, encantar é vincular com palavras, o que representa grande virtude, como canta o poeta:

"Pronunciadas três vezes, as palavras levaram a doce sono;
Apaziguaram as águas revoltas e as profundezas retumbantes."[24]

Assim, a maioria dos encantamentos sem palavras prenunciam sem efeito, pois, para a realização do querer, o poder do espírito deve ser veementemente soprado, ou seja, para a concretização de algo, a vontade é imprescindível. As palavras representam uma espécie de vínculo oculto com a imagem concebida, emitidas pela alma por meio do corpo. Pessoalmente, sei levar palavras até o ouvinte a uma grande distância, sem a interferência de qualquer outro corpo.

Durante o sono, igualmente, fazemos uso da palavra, parecemos conversar, interagir com o interlocutor, sem que resulte em qualquer efeito físico, apenas espiritual. Particularmente, alguns espíritos me têm revelado singularidades durante o sono, as quais, em estado de vigília, eu jamais pensaria, até que a convicção da verdade me ensinou a usar a credulidade em assuntos semelhantes. No entanto, nem tudo é igualmente manifestado a todos da mesma forma, mas somente àqueles afeitos à contemplação da natureza oculta.

Em relação aos encantamentos testados por mim, referentes a ocorrências comuns da vida, há uma espécie de conexão ao efeito que desejamos: para o amor ou o ódio; para aquilo que amamos ou odiamos. Em tudo há certa magia simpática, acima do poder da lógica. Toda nossa crença, seja em questões de ordem espiritual e/ou sobrenatural, reflete sobre os amuletos e o benefício que deles extraímos. A seguir,

24. Não foi possível apurar o autor dos versos citados por F. Barrett. (N. da T.)

apresento um amuleto muito poderoso para estancar hemorragia, que, usado adequadamente e com fé, garante cura total.

Amuleto para estancar hemorragia

"No sangue de Adão surgiu a morte – no sangue de Cristo a morte se extinguiu. No mesmo sangue de Cristo, eu te ordeno, ó sangue, que pare de fluir".[25]

Nesse virtuoso encantamento, o leitor encontrará um remédio pronto, acessível e altamente eficaz para combater hemorragia. Basta que a pessoa pronuncie, com intenção verdadeira de cura, palavra por palavra, na ordem em que foram escritas, para que o pedido seja alcançado.

As quatro letras יהוה formam poderoso amuleto contra febre comum. Escritas em papel limpo e pronunciadas com fé promovem cura imediata. Considero esse amuleto mais efetivo do que a palavra Abracadabra, igualmente, empregada no combate à febre. Disponibilizo aqui a forma correta de escrevê-la.[26]

CAPÍTULO IV

SOBRE UNGUENTOS, POÇÕES, FILTROS E SUA VIRTUDE MÁGICA

Unguentos, colírios ou filtros multiplicam, transmutam suas propriedades naturais, operando verdadeiras transformações não apenas no espírito e no corpo físico, mas por todo o ambiente onde estiverem presentes. Devido à sutilidade de nosso espírito, as virtudes do unguento, ou mesmo as propriedades de colírios, são mais facilmente absorvidas, proporcionando bem-estar e leveza. Nada melhor do que vapores para compor colírios, que, por serem substâncias mais adequadas ao nosso espírito, ativam, atraem e os transformam com mais intensidade. Os unguentos e

25. A pessoa que pronunciar essas palavras deverá segurar a mão da outra. (N. do A.)

26. Lembramos que encantamento ou amuleto algum terá êxito caso a alma do operador não manifeste empenho nem imprima a imagem da ideia no encantamento ou amuleto. Na falta desse fator essencial, todas as observações de ocasiões, constelações, horas surtirão sem efeito.

ABRACADABRA
BRACADABRA
RACADABRA
ACADABRA
CADABRA
ADABRA
DABRA
ABRA
BRA
RA
A

Agora

preparados são dotados da mesma força. Untando-se as mãos, ou mesmo as roupas, com toque suave, pode-se provocar doenças, envenenamentos e até atração sexual. Frequentemente, o ato de beijar com certas "coisas" dentro na boca, igualmente estimula o desejo sexual.

Porém, dos cinco sentidos, é pela visão que percebemos o mundo de forma mais pura e clara. É bem mais pela visão do que pela audição que nos fazem revelações durante os sonhos, ou aquelas trazidas sob os demais sentidos. Nessa perspectiva, os colírios, cujo poder incide na purificação de energias, separaria os sonhos negativos dos sonhos positivos. Há colírios que nos fazem ver imagens de espíritos no ar ou em outros ambientes, com clareza de detalhes. Eu, particularmente, sei como preparar esses colírios com a bílis humana ou com olhos de gato preto; o mesmo pode ser feito com sangue de quero-quero, de morcego e de bode. Uma placa de aço lisa, untada com suco de artemísia e devidamente defumada, igualmente traz à aparição os espíritos invocados.

Existem perfumes, ou sufumigações, unguentos, que levam os homens, durante o sono, a se expressar, caminhar e tomar certas ações que jamais ousariam em estado de vigília. Do mesmo modo, tais elementos mágicos proporcionam aos homens ouvir recomendações próprias ou impróprias, ou captar ruídos e sons agradáveis, o que pode levá-los a lamentáveis ilusões.

É por essa razão, até certo ponto, que pessoas alienadas e depressivas acreditam ouvir e ter visões ou ainda presenciar situações improváveis, visto que têm os delírios mais lamentáveis e sentem medo, raiva, sem causa aparente. Essas emoções podem ser provocadas por meio de vapores mágicos, preparados, perfumes, colírios, unguentos, poções, venenos, lamparinas e luzes, ou pela influência de espelhos, imagens, encantamentos, amuletos, sons, músicas, diferentes ritos, observações, cerimônias, religião etc.

CAPÍTULO V

SOBRE SUSPENSÕES E LIGAÇÕES MÁGICAS

Os objetos de consagração, (amuleto, talismã, filtro, defumação, unguento etc.) devidamente imantados com as virtudes celestes surtem efeitos surpreendentes. Convenientemente atados, amarrados, usados junto ao corpo, ou de qualquer forma aplicados, desde que facilmente acessíveis, imprimem sua força sobre aqueles que os portam expressando-se na forma de doença ou saúde, coragem ou medo, tristeza ou alegria, amor ou ódio, de acordo com a simbologia que carregam.

Acredita-se que tais emoções, despertadas pelos portadores de objetos consagrados, são infundidas de modo similar ao enxerto em árvores, cuja força vital e características são transmitidas do tronco para os galhos enxertados por meio de contato ou amarração. Exemplificando: é comum a palmeira fêmea inclinar seus galhos em direção à palmeira macho mais próxima. O jardineiro, por sua vez, amarra uma corda ligando-as entre si, e em pouco tempo a palmeira se endireita. Diz-se também que, se uma mulher envolver uma agulha em esterco, espetá-la na terra da sepultura de um homem e depois carregá-la junto ao corpo, envolta em um pedaço de pano usado no funeral do mesmo indivíduo, homem algum poderá pervertê-la enquanto carregar o talismã.

O exemplo acima confirma que, por certos encantamentos e fundamentos, nós podemos receber virtudes; porém, para compreender a arte mágica, a regência de tais fundamentos e encantamentos deve-se atentar à diversidade de práticas e à cultura a que pertencem. Assim, as práticas devem ser efetuadas sob uma constelação adequada, e os talismãs, confeccionados com materiais apropriados, que podem variar entre arame, fios de seda ou pelos de certos animais; para aqueles que requerem embalagem, folhas de ervas, peles de animais ou pergaminhos membranosos são os mais apropriados. Para a obtenção de propriedades de natureza solar, o talismã deve ser envolvido em folhas de louro ou de dente-de-leão. Deve-se portar ao pescoço por meio de fios de ouro, de seda, ou fio de tonalidade roxa ou amarela. E enquanto o sol reinar nos céus, o usuário estará dotado com a virtude do referido talismã.

Caso deseje qualidade ou algo de Saturno, deverá embrulhar o talismã em pele de asno ou em tecido previamente usado em funeral, enquanto Saturno reina, especialmente se a intenção for induzir à melancolia, e trazer ao pescoço em fio de seda na tonalidade cinza ou preta.

CAPÍTULO VI

SOBRE ANTIPATIAS

É oportuno, neste momento, falar das antipatias naturais, pois que é relevante, à medida que avançamos, conhecer mais detalhadamente essa obstinada contrariedade da Natureza, em que qualquer coisa evoca o seu contrário pelo simples fato de estar presente.

Nesse estudo, antipatia (aversão) refere-se à atuação de plantas e pedras capazes de reverter certas situações e doenças. Essa antipatia irrita a raiz de ruibarbo, planta asiática, contra cólera, febre e doenças dos olhos; a safira contra o mal humor; o melado contra o veneno; a ametista contra a embriaguez; o jaspe contra o fluxo sanguíneo intenso, além de imaginações hostis; a esmeralda e o agnocasto (árvore da castidade) contra a lascívia; ágatas contra veneno; a peônia contra a epilepsia; diamante não interage com magnetita, em cuja presença não permite que seja feita a extração do ferro; o coral e a agitação da cólera negra e dores de estômago; o topázio contra as paixões – cobiça e lascívia e todos os desejos em excesso.

A aversão natural está presente entre animais e plantas que, ao menor contato, se afastam. As cabras, por exemplo, odeiam manjericão. Ovelhas evitam o sapo verde, como se não houvesse nada mais pernicioso. A mesma incompatibilidade pode ser constatada entre as formigas e o orégano; o coração de quero-quero e a asa do morcego, cuja presença assusta. O orégano, do mesmo, modo afugenta a mosca venenosa, que não resiste ao sol, mas resiste às salamandras; contudo, impele o repolho para longe. Acredita-se que os pepinos são avessos ao óleo, e o fel do corvo amedronta até os homens, afastando-os do local onde é colocado. E um fato muito peculiar é que a Natureza desenhou a imagem da salsa no fígado do carneiro, em sinal de incompatibilidade.

Há, igualmente, repulsa dentre os próprios animais. Determinadas espécies de aves fogem de certos micro-organismos que se alojam debaixo de suas asas. Ratos e doninhas discordam; o camaleão é de natureza contrária à do escorpião. Em um conflito entre ambos, escorpiões são sempre abatidos pelo óleo mortal expelido pelos camaleões, que é utilizado na cicatrização de feridas causadas por picadas de escorpiões. Caranguejos são inimigos mortais de cobras, do mesmo modo que o crocodilo e o escorpião matam um ao outro. E crocodilos são imobilizados pelo pássaro íbis apenas com o toque de sua pena.

O Sol em Câncer perturba serpentes. Raposas são inimigas de corvos e cisnes, cavalos temem camelos, não há proximidade entre tartaruga e lêmure de calda anelada; touros não suportam gralhas. O pássaro abetarda foge de cavalos; cervos repelem carneiros e víboras; elefantes tremem ao ouvir o grunhido de porco e o leão, ao ouvir o canto de um galo. A pantera não se aventura a tocar aqueles que estejam ungidos com gordura de galinha, especialmente se temperada com alho. Existe ainda certa incompatibilidade entre a raposa e o cisne, entre o touro e a gralha. E entre a gralha e a coruja não há interação, assim como entre o milhafre e o corvo, a rola e o falcão, o veado e o dragão.

O cordeiro repudia o lobo. Se qualquer parte de um lobo (cabeça, carne, pele, cauda) for colocada em um abrigo de carneiros, sua carne deixa de ser comestível em razão do medo. E Plínio (naturalista romano) menciona o pássaro chamado espertalhão, que quebra os ovos do corvo, cujos filhotes são incomodados pela raposa.

O espertalhão, por sua vez, bica os filhotes da raposa e a própria raposa. O corvo, então, auxilia a raposa contra o espertalhão. O pintarroxo vive entre os cardos e os come; contudo, ele odeia o burro, porque este come os cardos e as flores.

De acordo com a cultura oral, o leão teme tochas acesas, o lobo não teme espada ou lança, mas foge de uma pedrada. A presença de um galo aplaca a fúria de um elefante, enquanto a ira de um touro é combatida amarrando-o ao pé de uma figueira. O cavalo teme tanto o camelo que não suporta sua imagem. Um touro enfurecido se acalma quando amarrado a uma figueira. As cobras têm medo de homem nu, mas perseguem homem vestido. A pedra âmbar atrai muitas coisas, exceto manjericão de jardim e preparados temperados com óleo, dentre os quais há aversão natural. Há, ainda, antipatia natural entre a oliveira e a prostituta. Dizem que se uma prostituta plantar uma oliveira, esta não cresce nem floresce.

Dentre os animais aquáticos, há grande animosidade entre a tainha e o lúcio; a lampreia e o congro, o polvo e a lagosta, embora a lagosta derrote o congro. O gato-da-algália não resiste à pantera. Pendurando-se as peles de ambos, uma junto à outra, o pelo da pantera cai. Nos hieróglifos de Apolo consta que o hábito de usar pele de gato-da-algália em volta da cintura torna o portador imune a qualquer inimigo.

CAPÍTULO VII

SOBRE AS VIRTUDES OCULTAS DOS ELEMENTOS (VIVOS E MORTOS)

De forma geral, tudo o que é empregado para fins mágicos relacionado a animais (músculos, membros, cabelo, excrementos, unhas etc.) deve ser usado ainda vivo e, se possível, que possa ser mantido vivo após a magia. Todavia, alguns conservam suas virtudes mesmo após a morte. E há animais que, após o emprego nas magias, não resistem e morrem. Em caso de cólica, por exemplo, se um pato vivo for aplicado na barriga do paciente, suas propriedades aliviam a dor, porém a ave sucumbe. Amarrar o coração de qualquer animal, ainda quente, ao corpo combate a febre. Engolir coração de quero-quero, de andorinha ou de toupeira aprimora a capacidade de cognição e de memória.

Segundo Demócrito, filósofo pré-socrático, ao se extrair a língua de um sapo (tendo o cuidado de mantê-lo vivo) e colocá-lo sobre o coração de uma mulher, esta ficará à mercê da pessoa que o fez para responder a qualquer tipo de pergunta. Além disso, extrair os olhos de uma rã antes do nascer do sol, devolvendo-a à água, e amarrá-la a uma pessoa doente faz baixar a febre. Para disposição física, olhos de rã embrulhados em pele de cervo junto com carne de rouxinol.

Retirar as ovas do peixe-garfo, devolvê-lo ao mar, e atar as ovas ao umbigo de uma gestante facilita o trabalho de parto. A extração de um dente de toupeira viva alivia dor de dente em humanos. Assim, o olho direito de serpente cura doenças oculares, caso sua vida seja preservada. Um cachorro jamais ladra para quem carrega consigo a cauda de uma doninha que tenha escapado.

Demócrito ainda ensina que língua de cameleão extraída com o animal vivo conduz ao sucesso em processos e em trabalhos de parto, porém adverte que esta deve ser pendurada em alguma parte do lado de fora da casa; caso contrário, pode ser muito perigosa.

Existem muitas propriedades, independentemente do elemento que as contém, que permanecem após a morte; por serem imortais, operarão algumas maravilhas: o tambor falante feito de pele de peixe é um exemplo que, conforme a História, afugenta animais rastejantes a distância.[27] Contrariamente, esticar cordas feitas de tripa de lobo em uma harpa ou alaúde, juntamente com cordas feitas de tripa de cordeiro, não produz harmonia.

CAPÍTULO VIII

SOBRE AS VIRTUDES EXTRAORDINÁRIAS DE CERTAS PEDRAS PRECIOSAS

É consenso dentre a maioria dos mágicos que as pedras herdam grandes virtudes, as quais são captadas pelas influências celestes, por meio da alma ou espírito do mundo. Porém, há certos autores que discordam muito a respeito da probabilidade de as pedras realmente apresentarem tais virtudes em potencial. Alguns debatem calorosamente contra qualquer virtude oculta ou secreta das pedras; outros, igualmente, mostram as causas e efeitos dessas propriedades simpáticas.

No entanto, no que me diz respeito, assevero que tais virtudes ocultas estão dispostas em todos os reinos – animal, vegetal e mineral e são alimentadas pela Mente Divina e por espíritos de inteligência superceleste continuamente operando, conforme os desígnios do Espírito Universal, e pela simpatia e antipatia, propriedades estas

27. Disponível em: https://pt.wikipedia.org/wiki/Tambor_falante#:~:text=5%20Liga%C3%A7%C3%B5es%20externas-,Hist%C3%B3ria,faces%20uma%20com%20a%20outra. Acesso em 11 dezembro de 2020.

estabelecidas pelas leis da Natureza. Dentre uma variedade de exemplos, a magnetita é uma prova notável de polaridade de que falamos.

Dentre as pedras, aquelas que se assemelham aos raios do sol por seu dourado cintilante (aetitas reluzentes ou popularmente conhecidas por pedra-de-águia), se usadas no dedo, evitam epilepsia e envenenamentos. A pedra denominada *oculis solis,* ou olho do sol, protege os olhos contra os raios solares. O carbúnculo, que brilha à noite, possui propriedades contra todos os venenos aéreos e vaporosos. A crisólita, de cor verde-claro, que posicionada contra o sol brilha como se fosse uma estrela dourada, combate problemas pulmonares. Caso a pedra seja perfurada e o orifício preenchido com crina de asno e amarrada ao braço esquerdo, afugenta medos, melancolia e recupera o vigor das funções psíquicas.

A íris, pedra de seis ângulos, de cor semelhante ao cristal, quando exposta ao sol projeta no ar um arco-íris, pois possui efeito amplificador da luz. Além da proteção que traz, essa pedra é indicada para equilibrar nossos corpos físico, mental, emocional e espiritual. O heliotrópio é uma pedra preciosa de tonalidade verde, semelhante ao jaspe ou à esmeralda, com nuances de vermelho. Suas propriedades conduzem à longevidade e trazem confiança e visibilidade ao usuário. Ademais, tem uma propriedade prodigiosa; a de confundir o olhar das pessoas, a ponto de o usuário tornar-se invisível. Nesse caso, deve-se aplicar na pedra a erva do mesmo nome – o heliotrópio. Tais virtudes atribuídas a essa pedra constam dos escritos do autor desta obra e de William de Paris (filósofo).

O jacinto é outra pedra que sustenta a virtude do sol. É indicada ao combate de certos males e traz prosperidade e visibilidade ao seu portador. Mantida na boca, a pedra traz alegria ao coração e fortalece a mente.

O piróforo, pedra de aspecto avermelhado, foi teoricamente citada por Esculápio em uma de suas epístolas a Otávio César: "Há determinado veneno tão frio, que impede que o coração humano, se retirado do corpo, seja incinerado; de modo que se for levado ao fogo por qualquer período, transforma-se em uma pedra denominada a árvore Piróforo". A virtude dessa pedra torna o usuário respeitado e temido pelos inimigos. Conta-se que Apolônio (filósofo grego) teria encontrado uma pedra chamada pantaura (que atrai outras pedras, como a magnetita atrai o ferro), altamente eficaz contra todos os venenos. Essa pedra apresenta manchas similares às da pantera, por isso o nome "pantherus" por alguns naturalistas. Aaron[28] a chama "evanthum" e alguns, devido à sua variedade, a denominam "pantochras".

---

28. No Antigo Testamento, Aaron é irmão mais velho de Moisés e foi o primeiro sumo-sacerdote dos judeus. Disponível em: https://bebe.abril.com.br/nomes-de-bebes/aaron/. Acesso em: 13 de dezembro de 2020.

CAPÍTULO IX

SOBRE OS COMPOSTOS NATURAIS E A CRIAÇÃO PELA MAGIA NATURAL

Magos, estudantes e observadores das aplicações das forças da natureza sabem que, pela utilização de elementos ativos e pelos meios adequados de realização, obtêm-se efeitos mágicos extraordinários sobre ambientes e destino de pessoas, por vezes considerados pouco comuns à compreensão científica. No entanto, faz-se oportuno destacar que as virtudes não estão contidas em apenas um elemento, mas dispersas em muitos compostos existentes na natureza. Por isso, torna-se necessário reunir as centenas de virtudes solares dispersas em animais, plantas, metais ou pedras em uma forma na qual possam ser identificadas todas as virtudes ali reunidas.

Para a realização de uma magia, faz-se necessária a combinação do componente espiritual associado a componentes naturais, desde que haja similitude entre eles, ou seja, atração entre o elemento ativo e o passivo. Assim, a partir da inalação de certa composição de vapores de ervas e similares, feita de acordo com as regras da Magia Natural e Celeste, obtém-se resultados satisfatórios, cujos detalhes descreveremos em nosso Segundo Livro.

Devemos, da mesma forma, compreender que por mais nobres e excelentes sejam os atributos inerentes a certos agentes da natureza, eles podem, por meio da magia, sofrer transformações, aspecto que corrobora seu poder de ação. Isso significa que as virtudes, ao ser combinadas e preparadas nas épocas adequadas e associadas à força da vontade do espírito praticante, potencializam-se em força e vida. Contudo, é essencial destacar a supremacia das forças celestes – fases da lua, marés e influência dos astros – determinantes de sucesso ou não da magia. Em outras palavras, quando em uníssono o desejo material e o espiritual, tudo conspira para a realização.

O tema metamorfose, fenômeno produzido em discordância com as leis da Natureza, é abordado em *Um Livro das Leis de Plutão*. Estamos falando de Quimera, operação alquímica possível de ocorrer. Trata-se de formas atípicas, produção de seres híbridos a partir de seres animais distintos, totalmente em desacordo com a Natureza. Sabemos que certas larvas geram mosquitos, cavalo, vespas, bezerro e boi, abelhas etc.). As pernas extraídas de um caranguejo vivo, devidamente enterradas, geram um escorpião.

A carne de um pato, desidratada e triturada e espalhada na água, tem a propriedade de gerar rãs; a mesma carne, incorporada ao assado de uma torta, cortada em pedaços e colocada em lugar úmido sob o solo, tem o poder de gerar sapos. Folhas de manjericão de jardim maceradas e acomodadas entre duas pedras geram escorpiões, e, os pelos da cauda de um cavalo dispostos na água ganham vida e se transformam em um verme altamente pernicioso.

E há um artifício pelo qual uma galinha, ao chocar seus ovos, pode gerar a forma de um homem, operação que eu mesmo sei fazer, a qual os magos denominam mandrágora, e que possui[29] virtudes maravilhosas. (Humúnculo)[30]

É imperioso saber distinguir entre matéria artificial e matéria natural e saber quais influências celestes cada matéria é capaz de receber. A equivalência das coisas naturais é suficiente para captar as influências celestes em sua aplicação e efeito, salientando que apenas a matéria pura está afinada com as potências celestes, estabelecendo-se assim ligação e continuidade entre a matéria e a alma do mundo, que flui ininterruptamente para as coisas naturais.

CAPÍTULO X

SOBRE A ARTE DA FASCINAÇÃO, FEITIÇOS, CONFECÇÕES MÁGICAS, LUZES, VELAS, LAMPARINAS

Até o momento, nós falamos sobre as grandes virtudes e a comprovada eficácia dos recursos naturais. Resta abordar acerca de uma propriedade inerente ao homem – seu poder de encantamento ou magia oculta para influenciar, alterar ou obter determinado resultado (que se perfaz na forma de amuletos, talismãs, unguentos, poções, encantamentos, imprecações, talismãs, números, palavras, nomes, invocações, imagens, juramentos, conjurações, consagrações) no âmbito do amor ou do ódio, da doença ou da saúde, para banir pessoas e que igualmente abrange todas as questões referentes aos interesses da vida prática, anseios, intenções e proteção do homem.

29. Planta da família das solanáceas, adepta das regiões quentes, cujas raízes, tuberosas e bifurcadas, assumem a forma do corpo humano. Acreditava-se antigamente ser ela dotada de numerosas virtudes. Era muito usada pelos feiticeiros. Disponível em: https://www.dicio.com.br/mandragora/. Acesso em: 14 de dezembro de 2020.

30. O conceito do homúnculo parece ter sido usado pela primeira vez pelo alquimista Paracelso para designar uma criatura que tinha cerca de 12 polegadas de altura e que, segundo ele, poderia ser criada por meio de sêmen humano posto em uma retorta hermeticamente fechada e aquecida em esterco de cavalo durante 40 dias. Então, segundo ele, se formaria o embrião. [...] No entanto, também é possível que o homúnculo seja uma alegoria, uma interpretação muito literal das imagens alegóricas alquímicas respeitantes à criação, pela arte, de novas entidades minerais, sejam elas objetivos finais ou intermediários. Essas imagens comportam, muitas vezes, a representação de um ser emblemático, humano, animal ou quimérico, numa retorta. Disponível em: https://pt.wikipedia.org/wiki/Hom%C3%BAnculo. Acesso em: 14 de dezembro de 2020.

Assim, há encantamentos para deter pessoas mal-intencionadas e/ou situações que provoquem danos, ou feitiços para impedir ações de ladrões e/ou promover sua captura, feitiços para aquecer ou arrefecer o mercado etc. Existe magia para domesticar animais: cães, pássaros e animais selvagens são totalmente submetidos à vontade do homem. Certos conjuros tornam o solo estéril, impedem os cachorros de latir, inibem a propagação do fogo em regiões específicas, assim como a queda de relâmpagos, e há trabalhos para aplacar fortes tempestades tanto na terra quanto no mar. São abundantes os ritos mágicos ao alcance do homem capazes de mudar até o destino de uma pessoa.

SOBRE A FEITIÇARIA

As práticas mágicas, de modo geral, são muito poderosas, a ponto de confundir, subverter, mudar o meio e até mesmo suspender virtudes de homens e de animais. Elencamos, a seguir, exemplos de feitiços que podem contribuir com mais entendimento a respeito do assunto.

De acordo com o imaginário medieval, a menstruação era um fenômeno intrigante, mal compreendido. O sangue de menstruação era considerado um fluido impuro, principalmente na Idade Média. Acreditava-se que o contato com o sangue menstrual causava danos: ao ser misturado ao vinho, este azedava; ao menor toque com plantas e árvores, as tornava estéreis; em contato com recém-nascidos, implicava a morte da criança; mulheres grávidas evitavam-no, com risco de aborto.

Acrescenta-se o ofuscamento do marfim e a oxidação de instrumentos de corte e de espelhos ao contato com sangue menstrual. A cultura popular relata a influência do odor desse sangue na alteração de humor em cães, tornando-os extremamente agressivos, e no afastamento de abelhas. Para a cultura mágica, entretanto, ao sangue de menstruação é atribuído poder de ação no âmbito sexual e afetivo, especialmente em feitiços de atração amorosa, comumente denominados "poções do amor", e no campo da fertilidade.

Outros benefícios trazidos pelo sangue menstrual são relatados: um recorte de lã de um carneiro negro embebido em sangue e preso a uma pulseira de prata afasta as dores provenientes da sífilis. O mesmo efeito se obtém se a planta dos pés do paciente for ungida com sangue, especialmente se a unção for feita pela própria mulher, sem que o paciente conheça o seu uso. O sangue menstrual auxilia ainda em casos de fraqueza muscular, cura fobias relacionadas à água e beneficia aqueles que beberem água após serem atacados por um cão raivoso, se um pano umedecido em sangue for colocado sob o copo.

As propriedades mágicas do sangue de menstruação podem ser observadas no ritual que consiste na caminhada de uma jovem virgem, nua e menstruada sobre campos de cultivo de milho ou jardins para exterminar pragas, antes do nascer do sol. O cerimonial, porém, não deve ser realizado após o nascer do sol, nas fases minguante e crescente da lua, com risco de destruição da plantação, além da precipitação de fortes tempestades no local. E caso seja realizado durante o eclipse solar ou lunar os efeitos são devastadores.

De outro modo, apenas uma gota de sangue de uma jovem virgem menstruada na soleira de uma casa anula qualquer feitiço ali existente. Os cabelos de uma mulher menstruada geram serpentes, se colocados sob esterco; se forem queimados, a fumaça afastará serpentes. Estômago de cervo assado com perfume feito de uma peça de pano menstruado anula qualquer amarração mágica. Sêmen de cavalos é igualmente utilizado em bruxedos amorosos. Observou-se, igualmente, que uma raiz de peônia untada com sangue menstrual e ministrada com óleo de rícino cura epilepsia.

A doninha, animal de pelagem negra e manchas brancas, cujas glândulas anais produzem uma secreção acre e oleosa, conhecida como almíscar, também é amplamente utilizada em feitiços. A unção de óleo fervido com cinzas do osso do tornozelo do animal, mais o seu sangue, torna a pessoa odiada por todos. Um talismã confeccionado com vísceras e olhos de doninha macerados, amarrado ao braço esquerdo de um homem, submete qualquer mulher aos seus desejos. A tripa desse animal enrolada no braço esquerdo de um homem serve de amuleto, o que atrai qualquer mulher. A pele da testa desse animal protege contra bruxaria.

Abordemos agora o "hippomanes", substância venenosa do tamanho de um figo localizada na testa de potros recém-nascidos, que, se não for comida pela própria égua, ela jamais se importará com a sua cria nem a deixará mamar. Transformada em pó e misturada ao sangue daquele que está apaixonado, é o filtro do amor mais poderoso. Segundo a História, Jasão teria dado uma poção dessas a Medeia. Dá-se também o nome de "Hippomanes" ao líquido afrodisíaco excretado pela égua quando sexualmente excitada.

Simpatias com sangue de basilisco,[31] denominado sangue de Saturno, traz prosperidade, sucesso e proteção contra doenças.

A cultura popular apregoa que saliva de cachorro raivoso misturada a bebidas causa discórdia; e se alguém portar a língua de um cachorro, desidratada ou em pó, dentro do sapato, desencorajará qualquer cachorro de latir para o portador do amuleto. A adição da erva língua-de-cão à mistura potencializa a magia. Efeito similar obteremos ao utilizar membrana da placenta de uma cadela. Os cães não latirão para aquele que carregar o coração de um cachorro no bolso.

---

31. O basilisco é conhecido principalmente por ser um monstro com presença marcante em vários bestiários medievais. Conhecido como o rei das serpentes, o monstro tem forma de uma cobra gigante capaz de matar somente com um olhar. [...] A origem do basilisco nos relatos mitológicos diz que a criatura nascia do ovo de uma serpente. No entanto, não bastava uma serpente comum, visto que o ovo deveria ser chocado por um galo. Por outro lado, um ovo de galinha chocado por um réptil também poderia gerar o terrível monstro. Disponível em: https://segredosdomundo.r7.com/basilisco/ Acesso em: 14 de dezembro de 2020.

O sapo vermelho (segundo Plínio) que vive em sarças e espinheiros é bastante usado em bruxarias e é capaz de feitos maravilhosos: há um pequeno osso no lado esquerdo de seu corpo que, em contato com a água fria, produz o seu aquecimento. Ao ser adicionada em bebidas torna dóceis os cães. Em contato com o corpo de uma mulher, desperta desejo sexual. Contrariamente, o osso do lado direito do corpo do anfíbio esfria a água. É recomendado para reverter quadros de febre, principalmente se atado ao doente dentro de uma pele de cobra. Erradica até mesmo todos os tipos de febre. O baço e o coração do sapo agem como antídotos contra o seu próprio veneno.

Dentro do universo mágico, o feitiço realizado com espada previamente usada em ferimento mortal possui poder de ação. Se o freio de uma rédea ou esporas forem confeccionados com esse material, um cavalo selvagem é domesticado. Se mergulhada em uma taça de vinho, uma espada usada em degolação cura malária. É possível fazer um licor com vinho novo, miolos e coração de urso, um feitiço que torna os homens que o ingerirem furiosos, a ponto de assumirem características de urso.

Para curar dores de cabeça basta, colher erva que cresça acima da cabeça de uma imagem e amarrá-la ou pendurá-la na pessoa com um fio vermelho.

SOBRE LUZES MÁGICAS, VELAS, LAMPARINAS

Produzidas artificialmente com materiais e soluções apropriadas, oportunamente recolhidas para esse fim, alguns tipos de lamparinas, tochas, velas, quando acesas, brilham e produzem efeitos inusitados.

A secreção produzida por éguas após a copulação, se iluminada por archotes cujo elemento de combustão seja composto de sua gordura e ossos, resulta na projeção, nas paredes, de figuras de cabeças de cavalo deformadas – um experimento fácil e agradável de fazer. O mesmo pode ser feito com asno e moscas.

E a pele de uma serpente ou cobra, iluminada por uma lâmpada verde, produz a imagem do réptil nas paredes. Em relação às flores, as de uvas produzem efeito similar. Em um frasco cheio de óleo, coloque as flores amarradas e as deixe até que estejam maduras. Esse azeite, uma vez queimado, projetará a imagem de uvas em quantidade prodigiosa; a mesma experiência pode ser realizada com outras frutas.

A centáurea-menor, um gênero de plantas herbáceas, misturada com mel e sangue de quero-quero e colocada sob uma luz produzirá figuras de características gigantescas; e se a operação for realizada em noite clara, causará a ilusão de que os astros estão espalhados ao redor.

Tinta de choco usada em lamparina faz aparecer imagem de pessoas negras. E vela feita de gordura e ossos humanos, gordura de gato preto e cérebro de corvo, apagada na boca de um homem morto recentemente, sempre que for acesa em lugar sem iluminação trará terror a quem estiver no entorno.

SOBRE A ARTE DA FASCINAÇÃO PELO OLHAR

Chamamos fascinação um feitiço realizado pela força do olhar, do relance ou da observação. Para tanto, tomamos como veículo de nossa vontade a força de nosso espírito para fascinar ou subjugar. Assim, o olhar, um instrumento de fascinação, atento a qualquer movimento, pode afetar ou amarrar um espírito, enfraquecendo-o em sua vontade de modo a ser dominado. Os raios emitidos pelos olhos levam todo o magnetismo pessoal do emissor. É por essa razão que as bruxas conseguem mais eficácia quando olham demoradamente, dirigindo o canto do olho para o canto do olho daqueles a quem desejam enfeitiçar ou fascinar. Por isso a expressão "mau-olhado".

Os enfeitiçados, por sua vez, muitas vezes reconhecem o magnetismo do olhar do encantador por quem foram enfeitiçados, visto que seus olhares estão reciprocamente inclinados, unidos pela mesma atração, o que significa que o espírito de um está conectado ao espírito do outro. Dessa forte ligação podem surgir amores violentos por meio de um olhar repentino, porém avassalador, por assim dizer, a penetrar o corpo e a alma do amante e do encantador.

Sintonia semelhante pode ser observada entre assassinos e assassinados, quando a vítima passa a exercer forte influência sobre o assassino, que, ficando próximo ao cadáver, consegue que o sangue flua novamente naquele corpo, fenômeno testado em repetidos experimentos.

O poder de fascinação pelo olhar é intenso, especialmente quando o magnetismo pessoal está a serviço da afeição. Entretanto, poções, unguentos e alegações são bastante usados para elevar ou prejudicar um espírito, não obstante o modo que são confeccionados. Para induzir o amor, usam-se colírios de propriedades eróticas, como o "hippomanes", sangue de pombas. Para induzir o medo, são empregadas poções aniquiladoras, confeccionadas com olhos de lobos, gordura de urso e gato-de-algália. Para causar miséria ou doença, são utilizados colírios saturninos etc.

Assim, encerramos esse primeiro bloco, em que abordamos alguns aspectos da Magia Natural, uma modesta face da prodigalidade da Natureza. Igualmente, descrevemos alguns experimentos, não apenas os de cunho pessoal, mas aqueles de teor prático de autores mágicos consagrados (Hermes, Tritemius, Paracelsus, Bacon, Dee, Porta, Agrippa), que muito contribuíram com sua sabedoria, cujos experimentos relativos a essa arte são considerados pouco comuns.

O
VERDADEIRO SEGREDO
DA PEDRA FILOSOFAL

ou

JOIA DA ALQUIMIA

ARTE HERMÉTICA

VALIOSO E SECRETO REMÉDIO DOS FILÓSOFOS, PARA TORNAR OS HOMENS SAUDÁVEIS SENSATOS E FELIZES

EPÍSTOLA A MUSEUS

"Tu, ó, Museus! cuja mente está nas alturas;
"Observa as minhas palavras e as lê com os teus olhos;
"Que esses segredos repousem em teu sagrado seio,
"E em tua jornada pense somente em Deus;
"O Autor de todas as coisas, que não pode morrer;
"De quem agora falaremos"

Recomendo-te, Museus, observar nossas palavras e lê-las com o olho do teu entendimento. Saibas que muitos ouvem nossas palavras, mas não as entendem. Por que tu deverias contemplar atentamente esses mistérios se não percebesses neles um grande bem muito desejável? Então, presta atenção e ouve nossas palavras! Mostraremos que há uma linha muito tênue entre as virtudes e o precipício perigoso da vaidade e do desejo sem limites pela posse. Ser governado pela satisfação que a riqueza material traz, por meio da qual geralmente mansos e pobres são derrotados, é levantar a bandeira do Orgulho, da Inveja e da Opressão. E até com lágrimas de arrependimento e compaixão sincera por tua inexperiência, nós te conduziremos pela mão aos labirintos do vício que te cercam diariamente. E, tenha certeza, ainda por maior que seja o teu preconceito contra a nossa doutrina, possuímos a mágica virtude e o poder de te comprometer com os nossos princípios, fazendo-te feliz mesmo contra a tua vontade. Eis um grande segredo! Tu dirás: Todos desejam ser felizes – o que confirmo. Mas respondo: A maioria das pessoas impede sua própria felicidade.

A insistente e fatal vontade das paixões frequentemente leva o homem a acreditar que, além do alto de sua prepotência e poder, nada há. Cego pela ilusão de que as riquezas que herda são meramente dadas a ele nesta vida, priva-se de viver as virtudes herdadas dos céus, o que lhe garante acumular para si os tesouros eternos e incorruptíveis. A experiência cotidiana confirma essas verdades. Aliás, há pessoas ricas tão cegas que não enxergam além de sua imensa riqueza. Por isso, elas se rejubilam na *luxúria*, na *opressão*, na *vingança* e na *injúria*. Tu dirias: como é que o homem, sendo um ser racional, poderia tão facilmente desistir do domínio de si mesmo? Digo, quando o homem permite que sua parte irracional e animalesca o domine, torna-se imediatamente escravo (a pior das escravidões é aquela que destitui o homem de suas virtudes sociais). Aquele que muito possui de bens materiais torna-se instrumento imediato do Príncipe deste mundo e dos poderes das trevas. Caso soubesse que as riquezas herdadas devem proporcionar aos outros e a si os confortos e o necessário, poderia garantir para si um tesouro eterno e indestrutível.

E aquele que possui tesouros e é destituído de misericórdia, generosidade, bondade e caridade nega ao Sublime Autor do bem a honra que lhe é devida, e consequentemente prepara a destruição de sua própria alma. Suas riquezas, em vez de beneficiarem, tornam-se uma maldição. Enquanto viver, o indivíduo avarento e egoísta será um castigo para a sociedade. E após deixar esta vida, a situação e condição em que se encontrará está claramente expressa em o *Novo Testamento*.

Desse modo, ó jovem, estuda com afinco como obter a pedra a respeito da qual temos ensinado. Ela prolongará tua juventude, mesmo que vivas durante séculos. Ela te proverá meios para confortar os que sofrem. Ao conseguires esse talismã desejável e perfeito, tua vida se tornará suave e agradável, e a consciência jamais te incomodará. A ti não faltarão os meios para ser feliz. Posse de bens, tu terás em abundância. A fonte e como essa riqueza chegará em tuas mãos, o estudo o mostrará.

Teu amigo,
F. B.

CARTA AO LEITOR

Caro leitor, sem a pretensão de esgotar o assunto, conseguimos, pelo trabalho e experiência dispendiosos, algo digno de ser transmitido para instruir tanto os menos afeitos aos estudos quanto o estudioso sério, observador da Natureza.

Nesse nosso Trabalho, concentramos em um foco, que é, por assim dizer, uma essência espiritual extraída de grande quantidade de matéria; podemos, pois, dizer com propriedade, que este pequeno Tratado é verdadeiramente espiritual e essencial para a felicidade do homem.

Para aqueles que desejam ser felizes, com todas as boas intenções recomendamos esta Obra para ser sua companheira e estudo constante, na qual, ao perseverarem, não falharão em seus propósitos na obtenção da verdadeira Pedra Filosofal.

PRIMEIRA PARTE

SOBRE A ALQUIMIA E SUA ORIGEM DIVINA. SOBRE O MODO DE EXTRAÇÃO DA MATÉRIA-PRIMA DA PEDRA FILOSOFAL

Não é necessário entrar em muitos detalhes aqui acerca dos méritos de autores e filósofos alquímicos. Basta dizer que a Alquimia, a grande pedra de toque da sabedoria natural, é de origem divina: foi trazida do Céu pelo Anjo Uriel.

Zoroastro foi o pai da Alquimia; iluminado divinamente, ele sabia tudo, mas parecia não saber nada; seus preceitos de arte foram deixados em hieróglifos, mas guardados secretamente, de modo que ninguém, exceto os favoritos do Céu, jamais colheram benefícios deles.

Representante do rito do fogo sagrado, Zoroastro foi o primeiro a transformar metais de menor valor em ouro puro por meio da devida combinação entre os sete metais. De acordo com a linguagem alquímica, era comum associar-se os planetas da astrologia aos elementos químicos.

Assim, Zoroastro teria promovido a conjunção entre a Lua (prata) e Saturno (chumbo).[32] Ele foi, igualmente, o primeiro a gravar em ouro puro a Cabala genuína. E, ao morrer, ele a transmitiu a seu Pai que vive eternamente, mas não o gerou. E esse Pai a transmite para os filhos que seguem os preceitos da Sabedoria com vigilância, dedicação, inocência e com a mente pura e casta.

Hermes Trismegisto, Geber, Artephius, Bacon, Helmont, Lully e Basilio Valentim, também alquimistas, escreveram a respeito do experimento de Zoroastro, de forma mais profunda, embora abstrata, sem confirmar a concretização do processo de transmutação dos metais. Há informações de que teriam sido proibidos de revelar tal feito; outros de que os referidos alquimistas em seus escritos teriam declarado de forma óbvia e inteligível a possibilidade de transmutação, sem, contudo, apresentar detalhes do fato. Independentemente de terem dito a verdade ou não, o fato é que cada um, de acordo com seu conhecimento, deixou a sua contribuição ao mundo.

---

32. Disponível em: https://pt.wikipedia.org/wiki/Alquimia. Acesso em 21 de dezembro de 2020.

Geber é bom, Artephius é melhor, porém Flamel supera os dois primeiros. Mas ainda melhor são nossos ensinamentos, que dizem que ao homem equilibrado jamais faltará ouro, se primeiramente buscar "[...] o Reino de Deus e a sua justiça, e todas essas coisas vos serão acrescentadas".[33] Esta é a verdade incontestável, e aqui reside ainda outro ensinamento básico: "Peçam, e será dado; busquem, e encontrarão",[34] contudo "[...] onde estiver o seu tesouro, aí também estará o seu coração" (Mateus 6:19-21).[35]

A Cabala, em sua pureza máxima, está contida nos muitos preceitos dados neste livro. "A Cabala é um conjunto de ensinamentos que engloba Deus, o universo, o homem, a criação do mundo, a vida e a morte".[36] A Cabala permite alcançar a compreensão de como funciona a vida, e tal verdade torna seus seguidores virtuosos aos olhos de Deus.

A nobre e virtuosa irmandade da Rosa-cruz considera a seguinte verdade sagrada: "a virtude não foge de ninguém". A virtude é algo desejável – ela nos ensina sabedoria, caridade, amor, misericórdia, fé e confiança: tudo isso é atributo da Virtude. Logo, é humanamente possível a qualquer homem bem-intencionado tornar-se um iniciado, desde que abdique de seu orgulho, obstinação, hipocrisia, incredulidade, superstição, engano etc.

Um iniciado é, então, aquele que não apenas se empenha em fazer a vontade de Deus na Terra, quanto aos seus deveres morais e religiosos, mas aquele que estuda e ora ardentemente ao seu Criador benevolente para lhe conceder sabedoria acerca da plenitude espiritual; e ele medita dia e noite para obter a *acqua vita*, como ser repletado pela graça de Deus e se tornado tão completo, tendo aberto seus olhos para uma visão gloriosa das riquezas mortais e imortais, sem sentir falta de alimento, vestuário, alegria ou demais necessidades básicas, preenchido que está pelo maná celestial, de modo a trilhar não o caminho da ira, mas o da misericórdia de Deus e viver para a glória de Deus e morrer dizendo "Santo, santo, santo Senhor de Sabah! Bendito é o teu nome, agora e para sempre! Amém."

Ser verdadeiramente um iniciado, então, significa conhecer a si mesmo, amar a Deus e ao seu próximo como a si mesmo. É dessa forma que o iniciado tem a alma embriagada pelo divino néctar ambrosíaco[37] (popularmente conhecido por manjar

---

33. Disponível em: https://bibliaportugues.com/matthew/6-33.htm Acesso em 21 de dezembro de 2020.

34. Disponível em: https://www.bibliaon.com/versiculo/mateus_7_7-8/ Acesso em 21 de dezembro de 2020.

35. Disponível em: https://domtotal.com/noticia/1269003/2018/06/onde-esta-o-seu-tesouro-ai-esta-o-teu-coracao/ Acesso em 23 de dezembro de 2020.

36. Disponível em: https://osegredo.com.br/a-cabala-e-seus-ensinamentos-o-que-ensina-e-como-funciona/ Acesso em 27 de dezembro de 2020.

37. [Mitologia] Adjetivo que se refere ou é próprio a ambrosia, alimento com qualidades mágicas que era degustado pelos deuses da mitologia greco-romana. Disponível em: www.dicio.com.br. Acesso em: 27 de dezembro de 2020.

dos deuses do Olimpo, que concedia a imortalidade a quem o degustasse)[38]; é quando seu entendimento se desvela mais claro que o sol do meio-dia e sua mente torna-se forte e espiritualizada; então, poderá ele apreciar o grande tesouro da Natureza e louvar a Deus com todo o seu coração, e, de modo singular, enxergará a loucura do mundo. E de alma alimentada, certamente, conseguirá a verdadeira Pedra Filosofal em proveito de seu próximo.

Van Helmont, autor de renome, declarou ter visto e manuseado um pequeno fragmento da pedra que transforma metais de menor valor em ouro, contrariando a opinião de Kircher,[39] que descartou qualquer possibilidade de obtê-lo, afirmando ainda ser a alquimia façanha de impostores e malabaristas. A explicação de Kircher para o processo de transmutação consiste no emprego de um cadinho onde é colocado chumbo ou qualquer metal de menor valor; então, em ponto de fusão, agita-se o metal com um bastão de ferro ao mesmo que se deixa cair, por entre os dedos, um pouco de ouro no cadinho. Após misturar, analisa-se o material e o ouro é encontrado. A falta de consistência na explicação da experiência o levou a perder credibilidade dentre os mais experientes no assunto.

Consideremos, então, a declaração de Jean Baptista Van Helmont, filósofo e iniciado da alquimia, que afirmou ter, igualmente, manuseado a pedra, atestando a verdadeira transmutação de mercúrio em ouro. "Era da cor do açafrão, de relativo peso e brilhava feito vidro polido, quando deveria ter a superfície semelhante ao metal laminado". Segundo relatos, Helmont teria obtido um quarto de um grão (seis centésimos de uma onça – aproximadamente 31,10 gramas) em pó e envolvido em cera e gravado nela certa letra, temendo que, ao jogá-la no cadinho, se dispersaria na fumaça do carvão. A mesma fração de cera foi lançada em um cadinho triangular sobre uma libra de mercúrio quente, que se solidificou. Contudo, a temperatura desse *argent vive* era suficiente para impedir o chumbo fundido de recoagular. Mas o fogo, ao ser aumentado logo em seguida, fundiu o metal. Ao quebrar o recipiente de fundição, obteve-se oito onças do mais puro ouro. De acordo com cálculos, um grão desse pó converte mil e duzentos grãos de metal impuro e volátil em ouro genuíno. A partir desse relato, constata-se que um filósofo respeitado, tal qual Van Helmont, não poderia ter sido persuadido tão facilmente acerca da possibilidade de transmutação de metais inferiores em ouro sem a devida comprovação.

---

38. Disponível em: https://pt.wikipedia.org/wiki/Elixir_da_Longa_Vida. Acesso em: 27 de dezembro de 2020.

39. Athanasius Kircher (Geisa, Alemanha, 2 de maio de 1601 — Roma, Itália, 27 de novembro de 1680) foi um jesuíta, matemático, físico e inventor alemão [...] famoso por sua versatilidade de conhecimentos e particularmente sua habilidade para o conhecimento das ciências naturais. Disponível em https://pt.wikipedia.org/wiki/Athanasius_Kircher. Acesso em 27 de dezembro de 2020.

De acordo com declarações de Helmont, certo irlandês, de nome William Butler,[40] que passara um período na prisão do Castelo de Vilvorde (Bélgica), teria curado um monge franciscano inglês (Baillus), prisioneiro, de erisipela no braço esquerdo. Uma noite em que o monge sentia muita dor, Butler mergulhara uma pequena pedra em uma colherada de leite de amêndoas, retirando-a logo em seguida. E disse ao guarda: "Ofereça esta bebida àquele monge. Se beber, ficará curado dentro de uma hora". O que ocorreu em seguida, para grande admiração tanto do agente penitenciário quanto do próprio doente, foi a melhora repentina, a ação da pedra da saúde sobre a ulceração. O braço, inicialmente inchado e avermelhado, recuperou seu aspecto de normalidade. "Na manhã seguinte, eu, Helmont, requisitado como testemunha do fato, visitei Vilvorde e comprovei a cura do ferimento no braço de Baillius. Foi desse modo que conheci e me tornei amigo de Butler."

Pouco tempo depois, Helmont testemunhou outro momento de cura – uma pobre senhora, uma lavadeira de aproximadamente 60 anos que sofria de enxaqueca, foi curada em sua presença. Dessa vez, a pedra foi mergulhada levemente um uma colher de azeite, limpa com a língua de Butler e cuidadosamente guardada em sua caixa de rapé. Em seguida, ele derramou a porção de óleo em pequeno frasco, do qual apenas uma gota foi utilizada para ungir a cabeça da referida senhora, que imediatamente se curou da terrível enxaqueca. Diante de tamanha perplexidade perante o fato, Helmont concluiu tratar-se de outro Midas.[41] Butler, após o procedimento, disse: "Meu querido amigo, veja que esse remédio, além de curar todas as doenças, ainda traz longevidade. Por mais velho que você se torne, sempre estará na flor da juventude. Eu aprendi isso nos segredos de Paracelso e, com o passar do tempo, comprovei o ensinamento."

Face a todas as evidências de cura ali apresentadas, Helmont solicitou a Butler que tratasse do Visconde de Gaunt, que sofria de gota. Butler segurou na mão direita de Helmont e disse: "Tu desejas que eu cure o jovem, então o farei por ti, porque ele é tão teimoso que prefere morrer a tomar qualquer poção medicinal". Mas, apesar da advertência, recomendou que todas as manhãs o Visconde tocasse rapidamente a pequena pedra com a ponta de sua língua. E, após três semanas, que tratasse das articulações inflamadas, lavando-as com sua própria urina, o que resultaria na recuperação de sua saúde.

---

40. *William Butler Yeats* (1865-1939), um famoso alquimista irlandês, membro da Ordem Hermética da Golden Dawn. Disponível em: https://www.olegcherne.ru/personas/74-william-yeats/. Acesso em: 27 de dezembro de 2020.

41. Midas é um nome de origem grega e tem como significado 'Rei da Frígia, que, segundo a lenda, tudo que ele tocasse viraria ouro'. Disponível em: https://www.sonhos.com.br/significado-dos-nomes/midas#.XNNDNhKjIU. Acesso em: 28 de dezembro de 2020.

Helmont, então, animadamente, voltou a Bruxelas a fim de comunicar ao Visconde a possibilidade de cura para o mal que o afligia. Mas, em resposta à recomendação de Butler, o soberano argumentou: "Vá e diga a Butler que se ele me restaurar como tu disseste, eu darei a ele tanto quanto ele exigir."

"Esse Visconde é louco, espirituoso ou miserável, e, portanto, nunca irei ajudá-lo: não estou em necessidade de seu dinheiro nem sou inferior a ele", redarguiu Butler.

Outro relatado de cura testemunhado por Helmont e que merece destaque refere-se a um amigo, supervisor de fornalha de vidro em Antuérpia, obeso, que solicitou a Butler que o livrasse daquela gordura, a quem Butler ofereceu um pequeno pedaço daquela pedra, advertindo quanto ao uso: lamber ou tocar a pedra com a ponta da língua todas as manhãs por um período de três semanas. Após o tempo determinado de tratamento, o homem apresentava outra compleição física. De modo similar, de acordo com a afirmação de Helmont, o Visconde de Gaunt poderia ter sido curado, se não fossem seu orgulho e sua prepotência.

Nesse ínterim, Helmont solicitou a Butler um remédio para reverter o efeito de um café supostamente envenenado. Com as articulações comprometidas e a pulsação muito baixa, sentia-se mentalmente confuso e sem forças. "Butler, da prisão, enviou-me, por um de meus empregados que eu enviara ao presídio para lhe pedir ajuda, uma pequena garrafa de azeite de oliva matizado pela pequena pedra, acima mencionada, recomendando-me que usasse apenas uma gota do óleo, ungindo os locais de dor, e o resultado seria satisfatório. Nesse intervalo, meu inimigo, arrependido de seu pecado, solicitou o meu perdão. Naquele momento, certifiquei-me de que havia realmente ingerido veneno, do qual suspeitava, e tomei as devidas providências a fim de extinguir todo o fluxo de veneno de meu corpo, recuperando assim a minha saúde."

Após esse episódio, Helmont testemunhou outras curas realizadas principalmente em mulheres. Destacamos a cura de uma abadessa que, por dezoito anos, sofria de inchaço em seu braço direito. Apenas pelo toque de sua língua à pedra admirável a religiosa obteve a cura, o que levou Helmont a questionar Butler. "Por que tantas mulheres estão sendo curadas, e eu não consegui êxito em relação às minhas dificuldades e na reversão de minhas fortes dores articulares"? Conforme o entendimento de Butler, sendo o veneno o desencadeador da doença, ou seja, como a origem da doença era interna, o óleo deveria ter sido ingerido, introduzido no corpo, ou a pedra ter sido tocada com a língua. Butler ainda observou que o óleo, aos poucos, perdera seu potencial de cura porque a pedrinha não o havia matizado de forma vigorosa, a ponto de efetivar a cura, do corpo todo, mas apenas o impregnado de suas propriedades. Por essa razão é que o contato da pedra com a língua seria fundamental para a cura de Helmont, levando-se em conta o seu teor de sal.

Muitas testemunhas desses episódios de cura suspeitaram de alguma força oculta ou arte diabólica. Para a maioria, era mais comum tratar o fenômeno como malabarismo de um espírito maligno do que admitir total ignorância no assunto.

Outro fato que testemunha a existência da possibilidade da transmutação diz respeito a Nicolas Flamel, alquimista francês, que teria produzido a pedra filosofal e, por meio de suas propriedades, curado todas as doenças da época, inclusive a peste, beneficiando amplamente a sociedade parisiense.

Particularmente, eu jamais colocaria em pauta a eficácia do remédio, considerado natural, desprovido de qualquer palavra, cerimônia ou algo suspeito que pudesse ser empregado no momento de sua aplicação, visto que, segundo o poder de entendimento do homem, a glória de Deus refletida na Natureza não compatibiliza com as coisas do diabo.

Não obstante, nenhum daqueles que suspeitavam da eficácia da pedra precisou da ajuda de Butler nem de seus conhecimentos em necromancia. A suspeita, no entanto, permanecerá na mente do homem ainda por muito tempo, dada a inconstância da sagacidade do vulgo a acreditar bem mais em uma recompensa de cunho diabólico do que aquela atribuída à bondade divina, ao Criador, Salvador, Renovador da natureza humana e Pai dos pobres.

Tais preconceitos não são inerentes apenas às pessoas comuns, mas principalmente aos eruditos, que buscam precipitadamente a cura, sem se ater à adequada instrução ou observação profunda de todo o processo. Eles se assemelham mais a crianças inocentes, que, sem se apartar da "saia da mãe", temem certos vilões de fábulas. Meus estudos, ao serem apreciados por tais indivíduos destituídos do conhecimento necessário acerca das doenças, se apresentarão vagos e céticos, o que despertará certos preceitos dos humoristas[42] desprovidos da devida seriedade, gerando o seu afastamento de minhas ideias e constatações e, consequentemente, a estagnação ao fanatismo arraigado e às antigas opiniões das escolas tradicionais.

Na sequência, apresentamos a preparação necessária, que capacita um homem a receber esses dons sublimes.

Dez regras de ouro para obtenção da matéria-prima (Prima Matéria) da Pedra

LIÇÃO 1

A primeira lição consiste em aprender a rejeitar todas as afeições enganosas, assim como toda leviandade e inconstância mentais. Que todas suas ações sejam livres de engano e hipocrisia. Evite a companhia de jovens vaidosos e repudie toda devassidão e fala profana.

---

42. O termo humorista refere-se aos humores ou fluidos do corpo, que, de acordo com o entendimento da época, respondiam por todas as doenças do corpo humano.

LIÇÃO 2

Aprenda a guardar segredos. Não valorize em demasia os feitos dos ricos em detrimento aos do pobre, com risco de se tornar o mais pobre dentre todos.

LIÇÃO 3

Dê aos necessitados e desafortunados o pouco que tiver, pois aquele que partilhar de seu pouco será por Deus recompensado em dobro.

LIÇÃO 4

Seja misericordioso com aqueles que lhe ofenderem. Sem se importar com a gravidade da falta, perdoe seu irmão até setenta vezes sete.

LIÇÃO 5

Não faça julgamentos precipitados, dado que poderá incidir no mesmo erro. Diante do escândalo, seja comedido nas palavras.

LIÇÃO 6

Multiplique os talentos que o Criador lhe concedeu, de modo que Ele se agrade em lhe agraciar com conhecimento e compreensão. E que os espíritos puros possam lhe abençoar e proteger.

LIÇÃO 7

Não se deixe vencer pela embriaguez, pois grande parte dos males que acometem a humanidade tem sua origem na embriaguez que entorpece os sentidos e priva os homens de sua razão. Vulneráveis, comparados a cataventos, impelidos de um lado para outro por qualquer rajada de vento, e sem senso crítico, eles se tornam o recipiente de todas as más influências. A embriaguez conduz aos vícios – dos mais leves aos mais grosseiros, que os ministros das trevas não perdem a oportunidade de infundir na mente e no coração dos homens em estado de embriaguez. Rogo que evite este terrível vício.

LIÇÃO 8

Evite a gula e todo o excesso, porque são perniciosos. Tudo que atenta o homem vem da parte do demônio, e pelo qual ele cai vítima de seu adversário espiritual, o que o afasta das graças divinas. Os poderes ou essências divinas e angelicais não coadunam com mentes contaminadas pela libertinagem e pelos excessos.

LIÇÃO 9

Não ambicione muito ouro; antes, aprenda a viver com o suficiente, pois desejar mais do que o necessário é ofender o Criador.

LIÇÃO 10

Leia frequentemente as lições anteriores a fim de se tornar apto a receber as dádivas superiores, pois quanto mais puro forem seu coração e sua mente, mais rapidamente perceberá os grandes segredos que ensinamos, estes inteiramente velados ao discernimento dos viciosos e devassos, porque tal fonte de tesouro não pode ser alcançada meramente para satisfazer nossos desejos e inclinações mais grosseiros, exceto para o cumprimento de bons propósitos.

Quando seu coração estiver purificado, seu olho espiritual será aberto a ponto de compreender o homem integralmente, conforme compreende os nossos livros. Porém, esteja vigilante, pois ao pensarmos que nossos corações estão seguros, o demônio e seus ministros nos arrebatam em momentos de descuido e fragilidade, levando-nos a cometer algum deslize, quer excitando nosso apetite por luxúria e concupiscência, quer por qualquer outro pecado mortal. Portanto, usando das palavras de nosso Redentor Divino: "Os que têm olhos para ver, que vejam" (Mateus 13-1, 17).[43]

Certamente, pela retidão e obediência às leis divinas, talvez você seja rotulado por alguns de pregador estúpido, que nada acrescenta ao que então se conhece. Deixe-os à própria sorte e seguramente serão pouco lembrados.

E, para concluir, podemos dizer que acreditamos que a matéria-prima (*Prima Matéria*), Adão a trouxe consigo do Paraíso, deixando-a de herança para nós, seus sucessores. Tivesse ele permanecido em sua pureza original, teria tido permissão para usá-la. Mas, de acordo com a Vontade Divina, ele deveria, devido à desobediência, "ganhar seu pão com o suor de sua testa"; portanto, ele não pôde concretizar certos feitos que seus descendentes oportunamente realizaram.

Hermes Trismegisto, filósofo antigo, escreveu a respeito da obtenção da pedra filosofal, atribuindo-lhe uma das maiores bênçãos para a humanidade. Embora seus escritos contenham muito da excelência da verdade, estão velados pela simbologia, o que os torna extremamente difíceis de ser compreendidos, pois, indubitavelmente, contêm segredos muito valiosos.

Inicialmente, nosso propósito consiste em saber de onde extrair a matéria-prima dessa pedra, para termos material para trabalhar. Os filósofos não comungam quanto a essa questão: Onde ela pode ser encontrada? Eu digo que tal valor deve ser encontrado

43. Disponível em https://arcanjo-rafael.webnode.com/abra-seus-olhos. Acesso em 4 de janeiro de 2021.

em nós mesmos. Todos nós, a despeito de raça, cor ou posição social, possuímos essa matéria-prima. Caso nossos engenhosos químicos encontrassem um processo de extração, certamente estariam milionários.

A próxima pergunta consiste nos meios de extração ou de atração da matéria secreta da pedra para fora de nós. Seguramente, não será pelos meios convencionais. Então, meu amigo, olhe para dentro de si e se esforce para descobrir em que parte de sua composição está a matéria-prima do *Lapis Philosophorum*, ou em que parte de sua substância ela se insere. Estaria no *cabelo*, no *suor* ou no *excremento*? Eu afirmo que em nenhum desses poderá ser encontrada, ainda assim, está dentro de si.

Não obstante, muitos filósofos e químicos, meus contemporâneos, afirmam que, ao admitir a possibilidade de transmutação, a matéria-prima deve ser extraída do ouro mais puro, uma hipótese por mim rejeitada. Eles dirão que o ouro puro pode ser extraído do próprio ouro. Talvez obtenham êxito, mas então eu perguntaria se eles poderiam produzir mais ouro além da capacidade de extração da gema, porque tal feito significaria descobrir um segredo muito além dos poderes de nossa compreensão.

Trata-se de disputas infundadas, pois qualquer experimento prodigioso advindo dos reinos mineral, animal ou vegetal não se compara ao poder de transformação que o Criador Supremo tem, em sua infinita misericórdia, implantado em nossas almas, das quais deve ser extraída a matéria-prima, a verdadeira *fonte argenta*, ouro vivo espiritual, ou mercúrio líquido, ou matéria primária, que, por ser purificada, é passível de transmutar metal impuro em ouro bom e perfeito, resistente ao fogo e à alta temperatura do cadinho.

SEGUNDA PARTE

SOBRE A FORMA DE EXTRAÇÃO DA *PRIMA MATERIA* PARA A PEDRA FILOSOFAL E SUA UTILIZAÇÃO

LIÇÃO 11

Primeiramente, considere as informações anteriores como seu principal instrumento e saiba que a nossa alma tem poder quando o corpo está livre de qualquer impureza e o coração vazio de malícia e ofensa. Eu sempre digo que a alma é um agente livre e tem poder espiritual e mágico para agir sobre qualquer assunto. O primeiro passo, então, é trazer à tona o poder adormecido de nosso espírito vivo e puro, da alma eterna em ação. Observe bem que cada agente exerce poder de ação sobre o seu reagente. Do mesmo modo que no processo alquímico cada essência extraída é recebida em um recipiente previamente limpo, a alma e o coração do homem devem estar purificados, caso deseje realmente prosseguir em seu trabalho.

LIÇÃO 12

Para iniciar o trabalho, você precisa de apenas três instrumentos: um cadinho, um ovo filosófico[44] e uma retorta (recipiente de gargalo estreito utilizado no processo de destilação). Complete seu ovo filosofal com cerca de 5 pennyweight[45] de ouro fino, despeje sobre ele o dobro do peso de mercúrio húngaro, feche hermeticamente o ovo, coloque por três meses em esterco de cavalo. Ao final desse tempo, retire-o e veja a forma que adquiriram o ouro e o mercúrio. Em seguida, retire do ovo e despeje um pouco mais da metade do seu peso de extrato de sal amoníaco, coloque em um recipiente cheio de areia sobre o fogo da retorta, deixe

44. Forno de alquimista. (N. do T.)

45. Pennyweigh – unidade de massa utilizada para metais e pedras preciosas. "Medida de peso de Troy equivalente a 24 grãos ou à vigésima parte de uma onça Troy (há 12 onças numa libra Troy)." Disponível em: https://www.metric-conversions.org/pt-br/peso/pennyweights-em-gramas.htm#:~:text=Medida%20de%20peso%20de%20Troy,Pennyweight%20%C3%A9%20normalmente%20abreviado%20dwt. Acesso em: 6 de janeiro de 2121.

destilar até se tornar essência pura. Acrescente à quantidade obtida desse mercúrio duas partes de tua água da vida, ou *prima matéria*, preencha o ovo filosófico

LIÇÃO 13

e coloque sob esterco de cavalo por mais três meses. Após, veja o resultado – essência etérea, licor espiritual puro sobre um dracma de ouro fino derretido. Leve-o a uma joalheria e deixe o ourives apreciar a joia em sua presença e terá motivos para bendizer a Deus por sua misericórdia. Mas, para conseguir tal êxito, cumpra seu dever como Ele lhe ordenou e use todos os benefícios recebidos em ações dignas de sua natureza.

LIÇÃO 14

Ao se voltar para as verdades espirituais, compreenda o objetivo maior de Deus – a sua transformação e a sua felicidade. Para tanto, cumpra as regras que prescrevemos no início deste pequeno Tratado: a) amar a Deus e ao próximo como a si mesmo; b) não usar de arrogância, mas sim de humildade perante o conhecimento que venha adquirir, se realmente deseja a orientação e a proteção dos bons espíritos que diuturnamente se aprazem em auxiliar e revelar mais conhecimento aos corações despretensiosos e de boa vontade. Não se engane ao acreditar nas vantagens trazidas pelos títulos acadêmicos. O conhecimento, a informação, desprovidos da vontade sincera de compartilhar e de fazer multiplicar não se alinham com a luz. Assim, em primeiro lugar, venha a Deus; em segundo lugar, purifique seu próprio coração; em terceiro lugar, submeta-se à vontade do Espírito Santo, para guiá-lo e dirigi-lo em toda a verdade, para a obtenção de todo conhecimento humano e sabedoria divina, e nada arrogando ao nosso próprio poder ou força, mas referindo tudo à bondade de Deus. Amém.

MAGUS

CONTENDO

A PRÁTICA CONSTELATÓRIA,

ou

MAGIA TALISMÂNICA

MOSTRANDO

AS VERDADEIRAS PROPRIEDADES DOS ELEMENTOS, ASTROS, PLANETAS; A NATUREZA DAS INTELIGÊNCIAS; CONSTRUÇÃO E COMPOSIÇÃO DOS NÚMEROS, FÓRMULAS MATEMÁTICAS E FIGURAS DOS ESPÍRITOS BONS E MAUS.

CAPÍTULO I

SOBRE OS QUATRO ELEMENTOS E SUAS QUALIDADES NATURAIS

É primordial conhecer e entender a natureza e a qualidade dos quatro elementos, para sermos assertivos nos princípios e no embasamento de nossos estudos em Encantamento ou Arte Mágica. Os quatro elementos – água, fogo, terra e ar – consistem as bases originais das quais todos os corpos inferiores são compostos; uma vez destruídos, são decompostos em elementos. Não se trata de elementos puros, mas amalgamados, o que lhes permite transformar-se um no outro: assim, à terra umedecida acrescentam-se outras propriedades gerando, por exemplo, a argila, encontrada com frequência nas margens de rios. Exposta a altas temperaturas, a terra expulsa grande quantidade de ar, e, ao modificar suas propriedades, inicia o processo de compactação do solo, o que resulta em erosão.

Cada um desses elementos naturais, essenciais à vida humana na Terra, possui duas propriedades, uma própria e a outra absorvida do outro elemento: o fogo é quente e seco; a terra é fria e seca. A água é fria e úmida e o ar é quente e úmido. E assim, os elementos, de acordo com as duas qualidades, são opostos um ao outro: como o fogo em relação à água e a terra em relação ao ar. Há, contudo, outro motivo que justifica a oposição dos elementos: a terra e a água são pesados, enquanto o fogo e o ar são leves, os primeiros denominados de passivos e os últimos, de ativos.

Platão, por sua vez, atribui a cada um deles três qualidades: ao fogo, brilho, fluidez e movimento; à terra, escuridão, densidade e imobilidade, peculiaridade que torna os dois elementos naturais diversos quanto às suas qualidades. Por outro lado, o ar toma emprestado as qualidades do fogo que são fluidez e mobilidade. Da mesma forma, a água recebe duas qualidades da terra – escuridão e densidade, e o fogo absorve uma qualidade da água que a mobilidade. Mas, o fogo, por sua vez, é duas vezes mais sutil que o ar, apresenta três vezes mais mobilidade e é quatro vezes mais claro; em contrapartida, o ar é duas vezes mais claro, três vezes mais fluido e tem quatro vezes mais mobilidade. Então, como o fogo está para o ar, o ar está para a água e a água para a terra e, novamente, como a terra está para a água, assim é a água para o ar e o ar para o fogo. E essa é a fonte e o fundamento de todos os corpos, natureza e possíveis associações e transformações.

E somente aquele que conhece e compreende as propriedades dos elementos e suas combinações estão aptos a realizar feitos surpreendentes na Arte da Magia. Isso significa, igualmente, conhecer a própria constituição orgânica, pois os elementos são intrínsecos à natureza humana. O elemento água está presente na forma de líquidos no corpo humano (saliva, sangue, suor). O elemento terra é a base da existência física e fonte de sustento. É a terra que permite o represar das águas e consequentemente a sobrevivência de todas as espécies do globo. O fogo aquece o corpo e representa, em oposição à rigidez, flexibilidade, vitalidade, ação. O elemento ar é o sopro de vida que anima a matéria pelo movimento incessante da respiração, cujo benefício é a ativação da mente.

Cada um desses elementos tem três aspectos a considerar, de modo que o número quatro possa compor o número doze, e, passando pelo número sete para o dez, possa haver progressão rumo à unidade suprema da qual dependem toda a virtude e as coisas prodigiosas.

À primeira ordem pertencem os elementos puros, incorruptíveis, não compostos, modificados ou misturados. As virtudes de todas as coisas não provêm deles, mas são acionadas por meio deles. Não é possível definir totalmente as virtudes dos elementos, pois sua ação é vasta e abrange tudo o que existe. Aquele que ignora esse fato jamais estará apto a realizar um fenômeno prodigioso.

À segunda ordem pertencem os elementos compostos, mutáveis e impuros. São passíveis de ser reduzidos ao estado de pureza por meio de artifícios e, uma vez reduzidos, sua virtude aperfeiçoa todas as operações ocultas e comuns da Natureza. Essas virtudes representam o fundamento de toda Magia Natural.

À terceira ordem pertencem os elementos que originalmente e por si só não são realmente elementos. Trata-se de compostos duplamente diversificados e passíveis de fusão um no outro. Constituem o infalível *médium* e são denominados de natureza média ou alma da natureza média. E poucos entendem tais mistérios saturados de perfeição, trazidos por meio de certos números, graus e ordens de cada fenômeno natural, celeste ou supraceleste. Diante disso, que ninguém se julgue capacitado a realizar qualquer operação no âmbito da Ciência Oculta ou da Magia Natural sem o conhecimento desses três tipos de elementos.

Conhecer os elementos e suas propriedades é ter a habilidade de transmutar, de operar transformações, de expulsar o mal e obter a proteção dos bons espíritos. Saber reduzir os elementos de uma ordem em outra, o impuro em puro, o composto em simples, sem dividir a substância, e compreender a distinção entre a natureza, a virtude e o poder inerente aos elementos quanto ao número, grau e ordem significa obter o conhecimento para operar todas as coisas naturais, inclusive os segredos celestiais. É por isso que a Cabala é perfeita.

CAPÍTULO II

SOBRE AS PROPRIEDADES E DA NATUREZA PRODIGIOSA DO FOGO E DA TERRA

De acordo com Hermes, o fogo e a terra constituem dois elementos imprescindíveis à realização de operações prodigiosas. O primeiro é ativo e o segundo, passivo. O fogo, em todas suas expressões, apresenta-se de forma brilhante, mas, ao mesmo tempo, oculto e desconhecido. Na manifestação de sua ação é ilimitado e invisível. Por si próprio, adentra todas as coisas e se espalha pelos céus, mas igualmente alcança lugares estreitos, escuros e atormentadores, estagiando de um polo ao outro, interagindo de modo fluido, perfeito.

O fogo está presente nas rochas magmáticas, localizadas no interior da terra, e responde pelo aquecimento da água de fontes e poços. Há fogo nas profundezas do mar, e, a depender dos ventos, o ar torna-se quente. Assim, toda forma de vida na Terra, animal e vegetal, garante sua preservação graças ao calor advindo do elemento fogo em suas diferentes manifestações.

Simbolicamente, as propriedades do fogo vão além de sua função de condutor de calor, para se tornar um meio abundante, fértil, uma luz celestial que concede vida. De outro modo, as propriedades do fogo infernal representam calor abrasador, aquele que obscurece, sombreia, entristece trazendo, consequentemente, a esterilidade.

Contrariamente, o fogo celestial é brilhante, afasta os espíritos das trevas. O fogo produzido por certas madeiras, igualmente, cumpre sua função de afugentar espíritos malignos, pois é análogo à luz superior, sendo seu veículo. Aquele que disse: "Eu sou a luz do mundo", o verdadeiro fogo – o Pai das luzes, fonte de todo bem, que envia a luz de seu fogo, transmitindo-a primeiramente ao sol e aos demais corpos celestes, e por meio desses instrumentos mediadores a luz para o nosso fogo. A considerar que os espíritos das trevas são mais fortes no escuro, os bons espíritos, os anjos da luz, são fortalecidos não apenas por essa luz divina, mas por meio da luz de nosso fogo comum para realizar seu trabalho junto aos espíritos das sombras. Por essa razão, as primeiras instituições religiosas e de cerimônias ordenavam que orações e todo tipo de adoração divina deveriam ser realizadas com velas acesas ou tochas. Apropriado nesse momento citar Pitágoras: "Não fales de Deus sem uma luz!".

Em certas culturas, com o intuito de afastar os espíritos maus, luzes e fogueiras eram acesas ao lado dos cadáveres, que eram removidos e sepultados somente após as expiações, de acordo com os costumes sagrados.

E o próprio Jeová, como parte de sua legislação, ordenava que todos os sacrifícios fossem oferecidos com fogo, e que o fogo deveria queimar constantemente sobre o altar, costume que os Sacerdotes do Altar, responsáveis por essa tarefa, observavam com critério e mantinham entre os romanos.

A terra, base e fundamento de todos os elementos, é objeto, sujeito e receptáculo de toda radiação e energia produzidas pelos corpos celestes. Na terra estão contidas as sementes e as virtudes femininas de todas as expressões de vida: animal, vegetal e mineral. A terra, fertilizada pelos outros elementos e pelos céus, é capaz de produz por si mesma em abundância. Considerada, por assim dizer, a primeira fonte de onde tudo brota, a terra é o centro, o fundamento e a mãe de todas as coisas.

A terra, plenificada de virtudes celestes, fará brotar micro-organismos, plantas, além de conter pedras e filetes brilhantes de *metais* – que carregam grandes segredos. Purificada com a ajuda do fogo[46] e reduzida à sua natureza simples, por meio de uma lavagem apropriada, é a primeira matéria por nós criada e o verdadeiro remédio que garante a preservação das espécies.

CAPÍTULO III

SOBRE A ÁGUA E O AR

Os elementos água e ar estão no mesmo nível de relevância que o fogo e a terra. A necessidade de água é imprescindível para a manutenção da vida no planeta. A água é a virtude germinal de todas as coisas, especialmente dos animais, cujo sêmen é de natureza aquosa.

A umidade da terra, por meio do orvalho, da chuva, dos rios e de seus afluentes, garante a sobrevivência de centenas de milhares de espécies de árvores e plantas, além de assegurar a germinação de novas espécies.

Segundo o profeta Moisés, somente a água pode produzir uma alma vivente. Tudo o que está na terra, na água e voando pelos céus existe porque há água na terra. As Sagradas Escrituras atestam que onde Deus não fez chover, plantas e ervas não cresceram nem floresceram.

Tal é a eficácia do elemento água para a Terra, que a regeneração espiritual não pode ser operada sem a água, como o próprio Cristo testificou a Nicodemos. “Em

46. De acordo com o filósofo Agripa, a purificação pelo fogo consiste no primeiro e principal ingrediente para a produção da pedra filosofal.

verdade, em verdade te digo: Quem não nascer da água e do Espírito não pode entrar no reino de Deus" (João 3.1-15).[47]

A importância do elemento água é igualmente percebida nos cultos religiosos, especificamente em rituais de expiações e purificações (batismo), transformações (água em vinho) e curas. Infinitos são os benefícios trazidos pela água, virtude que permite a vida em abundância. A partir desse raciocínio é que tanto o filósofo Tales de Mileto quanto o poeta Hesíodo concluíram que a água foi o começo de tudo e constitui o primeiro de todos os elementos e o mais eficaz, dada sua importância sobre os demais. De acordo com o naturalista romano Plínio "Águas engolem a terra, extinguem as chamas, sobem ao alto e, ao se estenderem das nuvens, desafiam os céus e, caindo, tornam-se a causa de todas as coisas que crescem na terra".

Conta-se que determinado rio entre Arcea e Rafanea, cidades da Síria, mantinha o leito alto durante todo o dia de sábado, mas repentinamente interrompia o fluxo de água nos seis dias seguintes, o que permitia o caminhar sobre seu leito. Porém, no sétimo dia, sem qualquer explicação que justificasse o fenômeno, as águas voltavam abundantes. Por essa razão, os habitantes da região o denominaram rio do Dia de Sábado.

Em outra narrativa, em uma montanha da Arcádia, havia uma nascente denominada Agria, para a qual, sempre que a seca ameaçava as plantações da região, eram ofertados sacrifícios e orações. Parte do ritual consistia em mergulhar um galho de carvalho no fundo da fonte sagrada. As águas, ao se agitarem, produziam certo vapor que, ao se dispersar no ar, formavam nuvens, resultando em chuva abundante. Os evangelhos narram também acerca de certo bebedouro de ovelhas, onde a pessoa que adentrasse após as águas serem agitadas pelo anjo obtinha cura para certas doenças. Rufus, um médico de Éfeso, e inúmeros autores ao longo da História escreveram a respeito das propriedades extraordinárias da água, elemento transformador, fonte de vida de todos os seres viventes.

O elemento ar é o espírito vital que passa por todos os seres, conferindo-lhes vida e subsistência. É por isso que os sábios hebraicos não o reconhecem tal qual um elemento, mas sim um meio, ou aglutinador, que une todas as coisas, o espírito ressonante do instrumento do mundo. Recebe a influência de todos os corpos celestes, comunicando aos demais elementos e a todos os corpos mistos. Além disso, recebe em si, como se fosse um espelho divino, o germe de todo organismo vivo. Penetra no corpo dos homens e dos animais através de seus poros. Influencia os homens em estado de vigília e fornece matéria para diversos sonhos e adivinhações.

---

47. Disponível em: https://ultimato.com.br/sites/estudos-biblicos/assunto/evangelizacao/regeneracao-ou-novo-nascimento/. Acesso em 7 de janeiro de 2021.

Pelo acervo popular, confirma-se uma pessoa ser acometida de medo e terror ao passar por um lugar onde um homem foi morto ou um cadáver foi escondido, pois o ar naquele lugar, repleto da essência tenebrosa do assassino, perturba o espírito da pessoa que o aspira. Princípio que teria dado origem à opinião de muitos filósofos acerca de o ar representar a causa dos sonhos e de outras impressões da mente por meio do prolongamento de imagens ou essências (que procedem de tudo que está suspenso no ar: objetos, vozes, gritos, choro, riso, dor) e captados durante o sono, instigando a fantasia daquele que os recebe.

Durante o sono, as essências (energias) das coisas, ainda que pertençam à própria natureza, ao serem levadas aos sentidos dos homens, podem, não obstante, sofrer alguma influência dos céus enquanto estão no ar. Por isso, dependendo da aptidão e da disposição daquele que as recebe, elas podem ser passíveis de certa interpretação, considerando-se que, quando certas aparências (não apenas espirituais, mas também naturais) fluem das coisas, ou melhor, a partir de certos corpos que expressam luz no ar, elas se manifestam a nós tanto pela luz quanto pelo movimento – tanto pela visão quanto pelos demais sentidos e, às vezes, operam feitos maravilhosos sobre nós.

É igualmente possível a um homem, nesse estado de adormecimento, comunicar-se com outra mente desconhecida, mesmo a distância, e obter informação ou se sentir atemorizado.

É ainda pela condensação do ar, principalmente pelo vento sul, que podemos apreciar, refletidas nas nuvens como em um espelho, representações de castelos, montanhas, cavalos, homens e tantas outras imagens que, com rapidez, se desvanecem. Segundo Aristóteles, é possível a formação de um arco-íris tanto em uma nuvem quanto em um espelho. O filósofo ainda relata que certo homem, devido a uma dificuldade visual, via sua própria imagem, independentemente do lugar que estivesse, porque o ar próximo a ele se tornara um espelho, fazendo o feixe óptico voltar-se sobre si mesmo. Sabe-se que por meio de artifícios e de certo tipo de espelho é possível produzir no ar, a certa distância, a imagem que quisermos. Para o homem leigo nesse assunto, trata-se da aparição de um espírito, quando, em verdade, pode ser a imagem dele próprio. A técnica, bastante conhecida, é realizada em ambiente totalmente escuro, com um pequeno orifício pelo qual penetra um raio de sol que incide sobre um papel branco ou sobre um simples espelho que refletirá a imagem selecionada que estiver banhada pela luz solar. Outro "truque" igualmente conhecido é tomar imagens ou letras coloridas que, expostas aos raios da Lua cheia, multiplicam-se no ar e se espalham ao redor.

Todas essas práticas estão alicerçadas na própria natureza do ar, cujas causas e razões são esclarecidas pela matemática e pela óptica. Acrescentamos que, de modo similar, tais imagens são refletidas para a audição, pela "repetição de um som que se dá pela reflexão de uma onda sonora", ou seja, pelo eco.[48]

CAPÍTULO IV

SOBRE OS ELEMENTOS PUROS E COMPOSTOS E SUA RELAÇÃO COM A NATUREZA HUMANA

Na sequência, vamos analisar as características dos quatro tipos de corpos perfeitos – metal, pedra, planta e animal –, compostos a partir dos elementos base que acabamos de estudar. Embora na geração de cada um deles todos os elementos se combinem na composição, ainda assim, cada um deles segue o elemento predominante e se assemelha a ele. Por exemplo, as rochas carregam aspectos da terra – são compactas, densas; metais são aquosos e podem ser fundidos. A afinidade entre as plantas e o ar garante sua sobrevivência. E a vida animal, apesar de brotar da força celestial, carrega em sua natureza força ígnea; o fogo é para a espécie animal algo intrínseco à sua natureza, senão a causa de sua existência. De acordo com o Poeta: "Possuem, em sua natureza, uma força fogosa, [...] também provêm de uma fonte celeste [...]."

Dentre as pedras, há aquelas escuras e pesadas, denominadas terrosas; as transparentes, que carregam propriedades do elemento aquoso, tais quais cristal, berilo e as pérolas; as aquáticas de aspecto esponjoso, como pedra-pomes; aquelas cuja extração é feita pelo fogo (pedra-de-raio, pedra-fogo) – as piritas e os asbestos são atribuídos ao elemento fogo. No reino vegetal, as raízes se parecem com a terra; as folhas, com a água; as flores, com o ar. Em relação aos animais, estes são classificados em terrestres (vermes, toupeiras, répteis); aquáticos (peixes, crustáceos); aéreos; ígneos (salamandras, grilos e os que têm calor ígneo, como pombos, avestruzes, águias, leões e panteras).

Nos animais, os ossos se assemelham à terra; o espírito vital, ao fogo; a carne, ao ar; os humores, à água. Os humores assemelham-se aos elementos: a bílis amarela, ao fogo; o sangue, ao ar; a fleuma, à água; a bílis negra, ou melancolia, à terra. Por fim, o entendimento se assemelha ao fogo; a razão, ao ar; a imaginação, à água; os sentidos, à terra. Os sentidos, por sua vez, dividem-se de acordo com os elementos: a visão traz propriedades do fogo; a audição é aérea, pois o som é produzido pelo golpe de ar;

48. Disponível em: https://www.sinonimos.com.br/eco/ Acesso em: 7 de janeiro de 2021.

o olfato e o paladar estão em relação com a água, pois sem a umidade não há gosto nem odor. Finalmente, o tato é totalmente terreno, porque toma corpos como objeto.

As ações dos homens são governadas pelos elementos primordiais, pois a terra significa movimento vagaroso, mas firme; a água, medo, displicência, apatia no trabalho; o ar significa alegria e disposição amável; o fogo, porém, disposição enérgica, ativa, rápida e suscetível. Os elementos são a fonte inaugural de todos os reinos existentes na Terra em perfeita sintonia com sua origem. Logo, expandem suas virtudes em todas as coisas e por meio delas.

CAPÍTULO V

A PRESENÇA DOS ELEMENTOS NOS CÉUS, NOS ASTROS, NOS ANJOS E DEMÔNIOS, NAS INTELIGÊNCIAS E EM DEUS

Os elementos essenciais sempre estiveram contidos em tudo – sua virtude presentifica os céus, os anjos, o próprio Deus e os demônios.

Os elementos, nos corpos inferiores, são densos e perecíveis. Nos céus, suas naturezas e virtudes seguem um padrão celeste e mais perfeito que no mundo terrestre, pois a terra celeste é firme sem a densidade da água; o ar é ágil; o calor do fogo não queima, apenas brilha, conferindo luz e vida. Em relação aos astros e planetas, alguns são ígneos (Marte e o Sol); aéreos (Júpiter e Vênus); aquáticos (Saturno e Mercúrio) e terrestres, ou seja, os que residem no oitavo orbe e a Lua (muitos a consideram aquática), que, por ser terrestre, atrai para si e absorve as águas celestes, e por estar próxima a nós, transfere essas águas para o planeta Terra.

No âmbito da Astrologia, há os signos ígneos, os aéreos, os aquáticos e os terrestres. Os elementos também respondem pela regência dos signos nos céus, por meio da distribuição das quatro combinações ternárias de cada elemento, conforme sua triplicidade, ou seja: começo, meio e fim.

Os demônios, especificamente, são diferenciados de acordo com os elementos que os influenciam. Podem ser denominados terrestres, ígneos, aéreos e aquáticos. Então, temos os quatros rios infernais: Flegetonte (ígneo), Cócito (aerado), Estige (aquoso) e Aqueronte (terrestre).

Nas Sagradas Escrituras é possível extrair relatos sobre as comparações dos elementos como o fogo eterno do inferno, lugar de pecadores sem remissão. No Apocalipse, há menção sobre certo lago de fogo e de enxofre, local reservado aos condenados após a morte. Isaías, ao se referir aos condenados, assevera que o Senhor os castigará com o ar fétido.

E em relação aos anjos do céu e às inteligências abençoadas, há menção da influência dos elementos essenciais atestada em Hebreu 1:7: "Quanto aos anjos, Ele afirma: 'Ele faz dos seus anjos ventos, e dos seus servos, labaredas de fogo'".[49] O alento sutil desses seres é ar e seu amor é fogo reluzente, por isso, segundo as Sagradas Escrituras, são denominados de "Asas de Vento". Acrescenta-se que, de acordo com as diferentes ordens de espíritos ou anjos, alguns são ígneos (serafins, potestades), outros terrosos (querubins). Classificados de aquáticos temos os tronos e os arcanjos, e, finalmente os aéreos, que são os domínios e os principados.

E o Criador de todas as coisas não disse que a Terra seria aberta e geraria um Salvador? De modo similar, que seria uma fonte de água viva a limpar e regenerar, espírito que sopra o sopro da vida e, segundo Moisés e Paulo, "um fogo devorador". Outras designações aos elementos essenciais podem ser encontradas na literatura religiosa: fonte de água viva, respirar o fôlego de vida etc. Logo, os elementos são inerentes a tudo e a todos, quer em sua expressão mais densa, quer na celestial, e homem algum ousará contestar.

CAPÍTULO VI

DEUS – CAUSA PRIMEIRA E SUA GOVERNANÇA

Deus é a causa primeira de todas as coisas e de todas as virtudes: aos seus servos "o Senhor dá a sabedoria; da sua boca procedem o conhecimento e o entendimento" (Provérbios 2:6).[50] Os céus e os astros agem feito instrumentos a preparar a matéria para que possa receber formas que consistem na Majestade Divina. E Deus, Doador de formas, as distribui pelo ministério da inteligência humana, para que o homem, a quem tal poder é conferido, zele por sua obra e garanta que todas as virtudes divinas expressas por meio dos reinos animal, vegetal e mineral sejam governadas, de modo a serem preservadas e multiplicadas.

A forma e a virtude de tudo vêm inicialmente das ideias em seguida, das inteligências governadoras; depois dos aspectos ordenadores dos céus; finalmente, do amálgama dos elementos preparados, respondendo às influências dos céus. Essas

49. Disponível em: https://bibliaportugues.com/hebrews/1-7.htm Acesso em: 8 de janeiro de 2021.

50. Disponível em: https://bibliaportugues.com/proverbs/2-6.htm Acesso em: 9 de janeiro de 2021.

operações são realizadas no mundo inferior por suas variadas expressões; nos céus, pelas virtudes reguladoras; nas inteligências, pelas regras mediadoras; na causa original, pelas ideias e formas modelares, e tudo em consonância com a execução do efeito e da virtude de cada coisa.

Isso significa que a forma e a virtude começam na Causa Primeira (Deus), inteligência Suprema que tudo rege, desde as estrelas até a menor expressão de vida contida nas entranhas da Terra, cuja ação é marcada pela perfeita cadência e originalidade que ordenam e dispõem em cada forma o seu Sopro Divino. Cabe ao homem, então, dotado de inteligência, orquestrar essa obra prima com apuro e louvor.

CAPÍTULO VII

SOBRE O ESPÍRITO DO MUNDO

A alma, forma essencial, inteligível e incorruptível, anima o corpo, dotando-o de vigor e movimento. A alma, denominada quintessência, foi concebida para ser o médium de Deus na Terra. Composta pelos quatro elementos essenciais, é uma enviada de Deus ao mundo para habitar corpos grosseiros e fazer soar toda sua beleza e glória. À medida que os poderes de nossas almas são comunicados aos membros de nosso corpo, por intermédio do espírito de Deus, a virtude do espírito universal se faz presente. A centelha divina presentifica os reinos mineral, vegetal, animal e hominal, por meio do Sol, da Lua, dos planetas e dos astros acima dos planetas.

A virtude de Deus poderia nos ser muito mais vantajosa, caso soubéssemos extrair mais de suas propriedades em benefício do mundo. Esse é o exato pensamento do espírito alquimista; a sua elevação consciencial, espiritual, não exclusivamente a transformação de metais de pequeno valor em ouro e prata.

CAPÍTULO VIII

SOBRE OS SELOS E SINAIS DOS SERES CELESTES IMPRESSOS NA NATUREZA

Todos os astros têm propriedades e condições peculiares; os selos e os sinais que eles produzem por meio de seus raios ficam impressos em toda a Natureza, seja na composição do mundo rochoso, da fauna e da flora, seja na genética humana. Cada elemento existente na Terra é passível de receber caracteres particulares inerentes aos astros que atuam sobre o nosso planeta. Esses caracteres contêm a natureza específica de cada astro e operam em outras coisas sobre as quais são refletidos. Os caracteres ativam e ajudam as influências de seus astros, que podem ser astros fixos, planetas ou constelações celestes.

Os sábios da antiguidade catalogaram as imagens dos astros, os números, os selos, as marcas e os caracteres, segundo o que a própria Natureza atribuía a esses corpos inferiores por intermédio dos raios emitidos pelos astros que incidam nas pedras, nas plantas, nos diversos membros dos animais, em nervuras de árvores, em seus galhos mais altos. O loureiro, a calêndula e o lótus são, por exemplo, ervas solares, pois no corte de suas raízes e nervuras estão contidos os caracteres do Sol, sem os quais não sobrevivem.

A influência astral pode ser igualmente verificada nos segmentos rochosos e nos cursos dos rios. Considerando-se que a diversidade é muito grande, o conhecimento tradicional humano a respeito desse tema é de pequeno alcance. Para nós, contudo, se trata propriedades conhecidas, alcançadas pelos antigos filósofos e quiromantes, em parte pela inteligência, em parte pela experiência. Todavia, há muito do tesouro da Natureza a ser revelado, que o estudante diligente e o pesquisador sábio buscam e devem descobrir com o tempo.

CAPÍTULO IX

SOBRE A VIRTUDE E EFICÁCIA DAS SUFUMIGAÇÕES E VAPORES E SEUS RESPECTIVOS PLANETAS

É necessário, antes de chegarmos à parte prática da operação ou Magia Talismânica, falarmos a respeito das composições de gases ou vapores inerentes aos astros. Esses vapores conferem grande força, a fim de que as dádivas celestes sob os raios dos astros sejam apropriadamente recebidas à medida que influenciam vigorosamente o ar e a nossa respiração. Como esses vapores modificam o ar, dotando-o de qualidades de seres inferiores ou celestes, submetem-nos prodigiosamente àquelas influências. Comparativamente, mas em grau menor, algumas práticas de sufumigações realizadas por homens de experiência e conhecimento podem atestar a sua eficácia. Vapores exalados de certas sufumigações despertam espíritos aéreos, trovões e relâmpagos;

o fígado de um camaleão, queimado no topo da casa, provocará chuvas e raios; o mesmo efeito é produzido queimando-se a cabeça e o pescoço do camaleão, juntamente com madeira de carvalho.

Existem algumas sufumigações que, sob a influência dos astros, provocam o aparecimento de espíritos. A fumaça obtida pela queima de folhas de coentro, de aipo silvestre, de meimendro e de cicuta *(Conium maculatum)*, seguida de evocações, atrai espíritos em harmonia com tais ervas, denominadas ervas dos espíritos.

Outra prática bastante popular é a mistura de raízes de aspem vermelho, suco de cicuta e meimendro, cravina barbutus, dracena sanderiana e papoula preta, o que provoca a aparição de formas estranhas no ar. Para afugentá-las, usa-se aipo silvestre.

Por outro lado, um perfume preparado à base de poejo, hortelã, peônia e palma-de-cristo é indicado para afastar espíritos malignos e imaginações vãs. Da mesma forma, certas fumaças provocam a fuga de animais. Plínio menciona que a fumaça do liparis[51] atrai todos os animais selvagens. Ossos da parte superior da garganta de cervo queimados atrai serpentes; contrariamente, feita com chifres de cervo, afugenta serpentes. Em acréscimo: com a fumaça obtida de penas de pavão obtém-se resultado similar.

A fumaça produzida pela queima de pulmões de asno repele animais venenosos; a fumaça proveniente da queima de casco de cavalo ou de mula afasta ratos. E se uma casa, ou qualquer lugar, for defumada com preparo de bílis de choco (marisco), bálsamo vermelho, rosas e aloés, um pouco de água do mar ou sangue, toda a casa parecerá estar cobèrta de água ou sangue.

Sufumigações podem ser obtidas graças à combinação de alguns elementos, que podem impregnar um corpo de modo a infundir nele a essência daquela combinação por tempo prolongado, semelhante aos teores bacterianos da peste, impregnados por dois anos nas paredes de uma casa infectada pelos seus habitantes contaminados, cujo contágio pode se dar também por meio de roupas.

Determinadas sufumigações são empregadas em quase todos os nossos instrumentos de magia (imagens, anéis etc.). Alguns mágicos asseveram que, se alguém esconder ouro ou prata, ou qualquer outra pedra preciosa vaporizada com um preparado de coentro, açafrão, meimendro e papoula preta devidamente macerados e temperados com suco de cicuta, e sob a conjunção do Sol e da Lua, o objeto escondido jamais será encontrado.

---

51. *Liparis* (em português: *Lípare* ou *Lípara*) é um gênero botânico pertencente à família das orquídeas (Orchidaceæ). Disponível em: https://pt.wikipedia.org/wiki/Liparis_(orqu%C3%ADdea). Acesso em: 15 de janeiro de 2021.

E Hermes Trismegisto diz que não há nada mais eficaz que a fumaça do espermacete para evocar espíritos. Fumaça feita de aloé, mastruço-ordinário, almíscar, açafrão e bálsamo vermelho, temperada com sangue ou gordura de quero-quero ou morcego atrairá espíritos aéreos para o local da defumação; realizada sobre sepulturas, atrairá espíritos e fantasmas.

Em relação ao uso de fumaça em talismãs, imagens ou similares sob a influência de qualquer astro ou planeta, a fumaça produzida deve ser apropriada ao referido planeta ou constelação sob o qual desejamos operar qualquer efeito. Por exemplo: ao direcionarmos qualquer trabalho ao Sol, plantas solares devem ser focadas; o mesmo vale para a Lua e demais astros e planetas. É prudente observar que, como há incompatibilidade entre as naturezas dos astros e planetas e seus espíritos, há igualmente incompatibilidade entre as sufumigações. Há aversão entre aloés, olíbano de enxofre e mercúrio. Desse modo, os espíritos instigados pelo vapor de aloés são apaziguados pela queima de enxofre. O erudito Proclo[52] dá um exemplo de um espírito que apareceu na forma de um leão furioso e ameaçador. Porém, a visão desapareceu ao ser defrontada com um galo branco, pois há notória discordância entre galo e leão. Prosseguiremos, mostrando distintamente a composição dos vários vapores apropriados aos sete planetas.

CAPÍTULO X

SOBRE A COMPOSIÇÃO DE ALGUNS PERFUMES ATRIBUÍDOS AOS SETE PLANETAS

O SOL ⊙

Para o Sol, nós fazemos uma sufumigação à base de açafrão, âmbar cinzento, almíscar, aloés, bálsamo, fruto de loureiro, cravo, mirra e olíbano. Em quantidades iguais, os componentes devem ser macerados, até se conseguir aroma adocicado, que poderá ser incorporado a cérebro de águia ou sangue de galo branco. Em seguida, faça pequenas pílulas ou pastilhas.

52. Disponível em: https://pt.wikipedia.org/wiki/Proclo. Acesso em: 17 de janeiro de 2021.

A LUA ☽

Para a Lua, nós fazemos uma sufumigação à base de cabeça de rã seca, olhos de touro, sementes de papoula branca, olíbano e cânfora, que devem ser incorporados a sangue menstrual ou sangue de ganso.

SATURNO ♄

Para Saturno, misture ao cérebro de gato e ao sangue de morcego sementes de papoula negra, meimendro, raiz de mandrágora, magnetita e mirra.

JÚPITER ♃

Faça um composto de sementes de feixo, aloés, estoraque, goma de benjoim, lápis-lazúli e extremidades de penas de pavão e incorpore a sangue de cegonha ou andorinha ou, ainda, a cérebro de cervo.

MARTE ♂

Prepare um composto de raízes de eufórbio (espécie de cacto) e de bdélio (goma aromática), raiz de heléboro, magnetita e um pouco de enxofre e incorpore-os completamente a cérebro de cervo, sangue humano e sangue de gato preto.

VÊNUS ♀

Misture almíscar, âmbar cinzento, aloés, rosas vermelhas e coral-vermelho e incorpore-os a cérebro de pardal e sangue de pombo.

MERCÚRIO ☿

Forme um composto de lentisco, olíbano, cravo-da-índia, erva cinco-em-rama e pedra ágata e incorpore todos os ingredientes a cérebro de raposa ou doninha e sangue de pega-rabuda.

SUFUMIGAÇÕES GERAIS DOS PLANETAS

Para Saturno, raízes aromáticas como raiz de mastruço-ordinário e de olíbano, são as mais apropriadas. Para Júpiter, todas as frutas aromáticas: noz-moscada, cravo etc. Para Marte, todas as madeiras aromáticas: sândalo, cipreste, guaiaco e aloés. Para o Sol, todas as resinas: olíbano, mastique, lentisco benjoim, estoraque,[53] ládano, âmbar cinzento e almíscar. Para Vênus, flores: rosas, violetas, açafrão. Para Mercúrio, todas as cascas ou raspas de madeira ou fruta: canela, cássia, flor de noz-moscada, loureiro, casca de limão e sementes aromáticas. Para a Lua, as folhas de todos os vegetais: folha indiana, folha de louro e de murta. A maioria dos mágicos está de acordo que, se o assunto é amor, boa vontade etc., deve haver sempre o componente aroma ou perfume agradável na fumaça. Em contrapartida, em assuntos considerados de teor negativo (ódio, raiva, miséria), deve haver fumo malcheiroso.

Os doze signos do zodíaco também têm suas sufumigações próprias. Assim, para Áries usa-se mirra; para Touro, mastruço-ordinário; Gêmeos, lentisco; Câncer, cânfora; Leão, olíbano; Virgem, sândalo; Libra, gálbano; Escorpião, opopânace; Sagitário, aloés; Capricórnio, benjoim; Aquário, eufórbio (cacto); e Peixes, estoraque vermelho. Segundo Hermes T, o vapor mais poderoso é aquele composto pelos sete aromas, de acordo com os poderes dos sete planetas. Desse modo, de Saturno, o mastruço-ordinário; de Júpiter, a noz-moscada; de Marte, aloés; do Sol, lentisco; de Vênus, açafrão; de Mercúrio, canela; e da Lua, murta.

Lembramos que a ordem das sufumigações, aqui explicadas, juntamente com outros elementos necessários à realização da Magia Talismânica (a serem abordados posteriormente) trazem efeitos prodigiosos, principalmente se for observado o conteúdo explanado na primeira parte de nossa Magia. Instrumentos de magia – sufumigação, sinais, anéis, imagens e espelhos –, todavia, resultarão em vão se não houver intenção sincera do operador no ato da magia, pois não basta apenas disposição, mas firme e poderosa intenção de fazer acontecer – esse ingrediente é que traz o efeito.

53. Estoraque – "Arbusto exótico, do qual se extrai o bálsamo do mesmo nome e o benjoim. (Família das estiracáceas.)" Disponível em: https://www.dicio.com.br/estoraque/ Acesso em: 20 de janeiro de 2021.

CAPÍTULO XI

SOBRE A COMPOSIÇÃO E A VIRTUDE MÁGICA DOS ANÉIS

Os anéis mágicos imprimem suas virtudes sobre o usuário, sejam elas de alegria, tristeza, ousadia, temor, amor ou ódio, além de proteger contra doenças, substâncias venenosas, inimigos, espíritos malignos e tudo o que pode implicar dano. Muitas vezes, em situações em que a lei se apresenta ineficaz, anéis mágicos afetam grandemente e corroboram com o espírito do portador, ajudando-o, de forma bem-sucedida, a vencer seus adversários, enquanto eles se perguntam como é possível tal empreitada.

Os anéis mágicos representam grandes aliados contra homens de má índole, de mentalidade materialista e perversa, à medida que aterrorizam, incomodam e tornam inválidas as artimanhas empregadas em favor da miséria ou da destruição. A prudência, porém, recomenda que guardemos em segredo o poder do talismã que estivermos portando, com risco de chegar às mãos dos ímpios e profanos, ainda que não possam extrair deles os mesmos benefícios.

Quanto à elaboração dos talismãs, por mais ampla seja a descrição de alguns experimentos, até então não conseguimos detalhar certas operações. De modo geral, para a confecção de anéis deve-se, primeiramente, observar o período em que determinado planeta transita pelo horóscopo do portador do anel, em conjunção com a Lua. Em seguida, toma-se a pedra e a erva que estão sob a influência daquele planeta, confecciona-se um anel do metal correspondente e no anel, sob a pedra, coloca-se a erva ou raiz, não se esquecendo de inferir o efeito, as virtudes do planeta regente e o próprio perfume.

Salientamos que, para a confecção de anéis mágicos, essas orientações devem ser rigorosamente observadas. Para aquele que deseja qualquer efeito ou experimento em magia, negligenciar o passo a passo de todo processo resulta experiência malsucedida e sem valor.

Há inúmeros relatos acerca dos poderes mágicos dos anéis, desde aqueles concebidos para buscar amor e honra, repelir picadas de serpentes, desfazer feitiços, destruir inimigos, até os que afugentam espíritos malignos e torna o seu portador invisível. Adiante, falaremos mais a respeito disso quando abordarmos os sinais e imagens.

CAPÍTULO XII

OS BONS PROPÓSITOS DEFINEM A EFICÁCIA DO TRABALHO

O homem de objetivos nobres, alinhado aos propósitos de Deus, torna-se ainda mais poderoso, pois conta com as virtudes do céu. De acordo com Ptolomeu (cientista grego), aquele que escolhe o que é melhor parece não diferir em nada daquele em quem tal atributo lhe chega de forma natural. Para o recebimento do benefício dos céus, qualquer que seja a obra, é preciso estar conectado às benesses divinas pelo pensamento e sentimento, por atos e palavras, pois semelhante atrai semelhante. Se nossos propósitos são dignos e afinados com as verdades celestiais, nossa mente pode ser conformada, por meio da imaginação ou da razão, a qualquer astro, a ponto de ser subitamente preenchida com as virtudes daquele astro, como se fôssemos um receptáculo adequado da influência dela.

A mente concentrada, à medida que coloca todas suas expectativas de desenvolvimento pessoal e social na fé, potencializa o trabalho a ser executado e obtém resultados significativos. Devemos, então, em todo trabalho e ou atividade acreditar veemente no sucesso de sua realização, pois que representa vantagem para o operador.

A medicina tem comprovado que fé, confiança, esperança e amor pelo médico são de grande importância para a recuperação do paciente, às vezes, mais do que o próprio remédio. E a eficácia do medicamento equipara-se à força mental do médico, à sua intenção em ver o paciente recuperado.

Aquele que trabalha com magia deve, pois, ter crença constante, não duvidar da obtenção do efeito. Uma crença imutável opera grandes feitos, desde que a discórdia e a dúvida não afastem a virtude, a influência divina da mente do trabalhador, causando-lhe desapontamento pela operação malsucedida.

CAPÍTULO XIII

SOBRE AS OPERAÇÕES MÁGICAS E A CONEXÃO COM AS INTELIGÊNCIAS CELESTES

Os filósofos, especialmente os árabes, dizem que a mente do homem, quando voltada a um forte propósito ou a qualquer objetivo engrandecedor, associa-se à mente dos astros e de certas inteligências, que dotam nossas obras e intenções desse poder, isso porque tudo é regido por uma ordem natural. Se há desejo e virtude na mente, a sintonia com o universo é inevitável. E na arte da magia, a mente devidamente focada na elaboração de encantamentos, talismãs e tantos outros experimentos é condição imprescindível para o sucesso da operação. A mente que trabalha em amor, por exemplo, impregna de amor tudo que diz e faz por meio de caracteres, palavras, discursos, gestos e figuras, o que significa que qualquer elemento de magia, ao ser confeccionado pela mente de propósitos nobres, adquire certas virtudes da alma do operador. Contrariamente, aquele que vibra ódio tem o poder de ferir e destruir.

Então, muitas virtudes maravilhosas causam certas operações admiráveis em razão da vontade sincera da alma do operador. Quanto à eficácia de certas operações, o maior beneficiado é o seu autor ou aqueles inclinados a adotar conduta similar. É regra geral que toda mente possuidora de determinação e confiança em suas aspirações e afeições torna-os mais adequados e eficazes para si. Resumidamente, todo aquele que anseia trabalhar com magia deve conhecer a *virtude*, a *medida*, a *ordem* e o *grau* de sua própria alma no poder do universo.

CAPÍTULO XIV

A IMPORTÂNCIA DA MATEMÁTICA E DO PODER E EFICÁCIA DOS NÚMEROS NA CONSTRUÇÃO DE OBJETOS MÁGICOS

Os fundamentos da matemática são tão necessários e articulados com a magia que seus praticantes, se desprovidos de tais princípios, estão totalmente deslocados do caminho, pois que trabalham em vão, e de forma alguma obterão o efeito desejado. Toda ação pertinente ao mundo físico toma por base *número, peso, harmonia, movimento* e *luz*. Sem os atributos naturais pertinentes à matemática, somente resultados similares aos naturais poderão ser produzidos. Citamos aqui a referência feita por Platão – as imagens trípodes de Vulcano (ainda que se movam, falta a faculdade animal). Para Homero (poeta grego), tais imagens moviam-se por vontade própria, e há relatos de que teriam atestado tal peculiaridade na festa de Hiarba, instrutor de filosofia.

A união entre a matemática e a filosofia natural, no mundo da magia, aponta para um relato de certo efeito prodigioso obtido graças a uma lente específica trazida do Oriente para Roma, por Pompeu, o Grande, por meio da qual seria possível enxergar exércitos de homens armados. Há, igualmente, vidros transparentes que, mergulhados em sucos de ervas especiais e irradiados pela luz artificial, produzem visões. Sabemos como trabalhar com lentes inversas. A incidência da luz solar sobre determinado objeto causa a falsa impressão que de o objeto está distante do local onde fisicamente se encontra.

Caso o mago seja especialista em filosofia natural e matemática, e conhecendo música, geometria, óptica, astronomia e outras ciências que se baseiam em peso, medida, proporção e artes mecânicas, pode se sobressair a outros homens da arte mágica e realizar operações inusitadas e admiradas por todos.

Existem algumas relíquias remanescentes dos antigos, como os Pilares de Hércules e de Alexandre; o Portão de Cáspia, feito de bronze e fechado com vigas de ferro inquebráveis; as montanhas edificadas no meio do mar; as pirâmides de Júlio César, construídas em Roma, perto da Colina do Vaticano; e tantas outras obras construídas com habilidade extraordinária. Segundo o vulgo, tais obras, que seriam atribuídas ao diabo ou a um milagre, consistem realmente expressões de beleza imensurável, obras da filosofia natural ou da matemática.

É fundamental salientar que das virtudes naturais coletamos virtudes naturais, enquanto das abstratas, das matemáticas e das celestiais, recebemos virtudes celestiais tais quais: movimento, sentido, vida, fala, adivinhação, predição e mesmo o que não é obra da natureza, mas apenas da arte, como as imagens que falam e predizem o futuro, por exemplo, a cabeça de bronze, construída sob a ascensão de Saturno, que, segundo William de Paris (membro do Parlamento Escocês), falava com voz humana.

Assim, quem decidir trabalhar com uma matéria predeterminada e estiver apto a receber a sua virtude, certamente, produzirá efeitos poderosos em suas operações. Os integrantes ou simpatizantes da escola de Pitágoras, uma vez que as matemáticas são mais formais do que naturais, são mais eficazes.

Acrescentamos que dentre todas as peculiaridades da matemática, os *números*, munidos de grandes e suaves virtudes e por terem mais forma, são mais eficazes, tanto na realização do bem quanto na do mal. E a natureza, comprovadamente regida pela proporção dos números, obedece ao padrão estipulado pela mente do Criador. Decorre, então, o número dos elementos, o curso dos tempos, o movimento dos astros, a revolução dos céus. O estado de todas as coisas subsiste pela união dos números que contêm virtudes sublimes.

É por essa razão que as virtudes dos números são maiores e ocultas, visto que favorecem a obtenção de dádivas espirituais. Essa combinação de ideias de Deus possibilita encontrar muitas virtudes divinas ocultas na natureza, algumas de operações manifestas, outras presentes nos elementos naturais, e ainda aquelas que, de acordo com certa compatibilidade, venham a sofrer transmutações. Dos números procedem todas as coisas, naturais e artificiais que subsistem por causa deles e deles recebem suas virtudes. O tempo traduz-se em números, assim como todo movimento e ação. O poder existente na harmonia e nas vozes advém dos números e consiste nos números e suas proporções. Por sua vez, as proporções numéricas, pelas linhas e pontos, formam figuras e caracteres apropriados às operações mágicas, deduzindo-se o meio entre os dois extremos, no caso de uso de letras.

De acordo com Pitágoras, o número é aquilo que faz todas as coisas subsistirem, e existe uma virtude para cada número. Para Proclo, o número tem uma existência na voz, outra na proporção entre as vozes, outra na alma e na razão e outra ainda nas coisas divinas. Para Platão, Temístio, Boécio e Averróis (o babilônio) não há filósofo sem o conhecimento dos números. Os números representam um caminho de descoberta e compreensão de tudo o que pode ser conhecido, ou melhor, eles dão acesso à premonição natural. Era por meio dos números que o abade Joaquim fazia suas profecias.

CAPÍTULO XV

A VIRTUOSIDADE DOS NÚMEROS

Ilustres filósofos – Agostinho, Austin, Orígenes, Ambrósio, Gregório de Nazianzo, Atanásio, Basílio Valentim, Hilário, Beda – têm ensinado que os números são portadores de virtudes e eficácia prodigiosa, tanto para o bem quanto para o mal. Hilário, em seus comentários, atesta que os setenta anciãos ordenaram os Salmos baseados na eficácia dos números. O número, aqui, não deve ser considerado no sentido natural, mas sim como princípio formal. Salientamos que esses números não se restringem aos números vocais, usados rotineiramente para movimentar o mundo material, mas são de natureza abstrata. Assim, atendendo a essa classificação (de racionais, formais e naturais), os números representam os mistérios distintos de Deus e da Natureza. Logo, quem souber como unir os números vocais e naturais aos divinos e ordená-los de forma harmônica será capaz de trabalhar e obter resultados extraordinários por meio deles, porque, caso houvesse algum mistério decifrável envolvendo os números, João não teria dito em Apocalipse 13:18: "Aquele que tem entendimento, que calcule o número do nome da besta, que é o número de um homem"[54] – e esta é a forma mais famosa de cálculo dos hebreus e cabalistas.

54. Disponível em: https://bruxariasemdogmas.blogspot.com/2018/12/numeros-na-magia.html Acesso em: 23 de janeiro de 2021.

Quanto aos números, é necessário destacar que as unidades representam tudo no âmbito do divino; as dezenas referem-se ao mundo celeste; as centenas representam o mundo terrestre; e os milhares falam de previsões, de revelações futuras. Ademais, as partes da mente obedecem a uma média aritmética; o corpo, apesar da espécie, também é composto conforme certa média geométrica. Ao reputarmos, entretanto, que um animal comporta alma e corpo, significa que há harmonia entre as duas polaridades (aritmética e geométrica).

Para concluir: os *números* produzem bastante efeito sobre a *alma*, os *cálculos aritméticos* exercem influência sobre o *corpo* e a *harmonia* rege todo o conjunto.

CAPÍTULO XVI

SOBRE A ESCALA DA UNIDADE

Números, propriamente ditos, nada mais são do que uma repetição da unidade. Às unidades, dependendo de suas combinações, são atribuídos valores em peso, altura, massa etc. O número um está contido em si mesmo, é o que dá origem aos demais números. Imutável, indivisível e multiplicado por ele mesmo é igual ao próprio número. Nada há antes de um, e todas as coisas procedem de um, tudo está contido no número um.

O número um refere-se ao Deus Altíssimo, posto que Ele é um, ser único, individualidade que cria o inumerável. Há, por conseguinte, um Deus – um mundo do único Deus; um sol do único mundo; também uma fênix do mundo; um rei dentre as abelhas; um líder dentre os rebanhos; garças azuis seguem seu maior (enquanto unidade superior) e muitos outros animais honram a unidade.

Segundo a teoria de Pitágoras, os números são sinônimo de harmonia, visto que são constituídos em pares e ímpares "[...] expressando as relações que se encontram em permanente processo de mutação, [...] considerado como a essência das coisas, criando noções opostas"[55] (bem e mal; claro e escuro; criador e criatura; lua e sol).

O princípio de unidade está igualmente presente entre os membros do corpo animal, pelo qual todos os demais são guiados, seja pela cabeça, seja pelo coração. A ideia de unidade que presentifica a criação de Deus no Céu e na Terra, quer pela verdade animal, quer pela vegetal ou mineral, constitui objeto de toda indagação do homem. Nem a Alquimia, nem mesmo a Magia Natural, pode compreender o

55. Disponível em: https://pt.wikipedia.org/wiki/Pit%C3%A1goras Acesso em: 23 de janeiro de 2021.

princípio de unidade que rege as obras de Deus em sua perfeição, velada ainda ao raciocínio humano por figuras e enigmas. De um homem chamado Adão todos os homens procederam e se tornaram mortais. Por meio de Jesus Cristo, filho único de Deus, a raça humana foi redimida de seus pecados.

De acordo com São Paulo, a fé no batismo e em Jesus Cristo, como Mediador entre Deus e o homem, é o único meio de se chegar ao Pai, altíssimo Criador, que está acima de tudo, por tudo e em todos nós. Pois que "[...] há um único Deus, o Pai, de quem tudo procede e para quem vivemos; um só Senhor, Jesus Cristo, por intermédio de quem tudo o que há veio a existir, e por meio de quem também vivemos" (1 Coríntios 8:6).[56]

ESCALA DA UNIDADE

No Mundo Modelar	Yod י	Uma Essência Divina, fonte de todas as virtudes e poder, cujo nome se expressa com uma única letra simples
No Mundo Intelectual	A Alma do Mundo	Uma Inteligência Suprema, a primeira criatura, fonte de vida
No Mundo Celeste	O Sol	Um Rei dos astros, a fonte de vida
No Mundo Elementar	A Pedra do Filósofo	Um objeto e instrumento de todas as virtudes naturais e sobrenaturais
No Mundo Inferior	O Coração	Um primeiro ser vivo e um último a morrer
No Mundo Infernal	Lúcifer	Um Príncipe da Rebelião, dos Anjos e das Trevas

CAPÍTULO XVII

SOBRE O NÚMERO DOIS E A ESCALA

O primeiro número é dois, porque compreende a primeira multiplicidade; nenhum outro pode medi-lo além da unidade, a medida de todos os números. O dois não é um número primo, mas um numeral não composto. Enquanto o número três é denominado primeiro número primo, o dois é chamado o número da ciência e da memória, da luz e de número do homem, o outro mundo inferior. Esse numeral

56. Disponível em: https://bibliaportugues.com/1_corinthians/8-6.htm Acesso em: 23 de janeiro de 2021.

representa o primeiro ramo da unidade e corresponde à primeira procriação. E assim disse o Senhor: "[...] o homem deixará pai e mãe e se unirá à sua mulher, e os dois se tornarão uma só carne" (Marcos 10:1-12).[57] Para Salomão: "Melhor é serem dois do que um, porque há melhor paga do seu trabalho. Porque, se um cair, o outro levanta o seu companheiro; mas ai do *que* estiver só; pois, caindo, não haverá outro que o levante. Também se dois dormirem juntos, eles se aquentarão; mas um só como se aquentará? E se alguém quiser prevalecer contra um, os dois lhe resistirão; e o cordão de três dobras não se quebra tão depressa" (Eclesiastes 4:9-12).[58]

O numeral dois carrega a simbologia do casamento e do sexo, pois são dois os sexos – masculino e feminino. Outros significados são atribuídos ao número dois: meio, aquele que é capaz, a dualidade bem e mal, (Deus e o Demônio); aquele que partilha; o início da divisão, da diferença; indica matéria; representa discórdia, confusão, desgraça, impureza. Segundo os pitagóricos, o dois não é um número, mas determinada confusão de unidades.

A História registra outros exemplos que atestam a presença do numeral dois: duas tábuas da lei no Sinai; Moisés teve duas aparições de Deus; duas as naturezas em Cristo – a divina e a humana; dois os querubins na Arca da Aliança; dois ramos de oliveira a derramar azeite em dois frascos de ouro (Zacarias); dois solstícios; dois equinócios; dois polos; dois Testamentos; duas criaturas intelectuais: anjo e alma. O número dois ainda remete à dualidade terra e água, dois elementos responsáveis pela procriação (alma viva).

ESCALA DO NÚMERO DOIS

No Mundo Modelar	יה Yah אל El		Os nomes de Deus, expressos por duas Letras
No Mundo Intelectual	Um Anjo	A Alma	Duas substâncias Inteligentes
No Mundo Celeste	O Sol	A Lua	Duas grandes Luzes
No Mundo Elementar	A Terra	A Água	Dois Elementos que produzem uma Alma viva
No Mundo Inferior	O Coração	O Cérebro	Duas Sedes principais da Alma
No Mundo Infernal	Beemoth, choro	Leviatã, ranger de dentes	Dois Chefes dos Demônios. Duas coisas com as quais Cristo ameaça os amaldiçoados

57. Disponível em: https://www.bibliaon.com/versiculo/marcos_10_1-12/ Acesso em: 23 de janeiro de 2021.

58. Disponível em: https://www.estudosgospel.com.br/estudo-biblico-familia-pais-filhos-marido-esposa-jovens-teen/melhor-e-serem-dois-do-que-um.html Acesso em: 23 de janeiro de 2021.

CAPÍTULO XVIII

SOBRE O NÚMERO TRÊS E A ESCALA

O número três é um número primo. Entendido como número sagrado, número da perfeição, é dotado de muito poder, pois há três pessoas em Deus (a trindade), três virtudes teológicas na religião. Esse numeral conduz às cerimônias de Deus e da religião, em cujas solenidades, orações e sacrifícios são empregadas três repetições. Tudo o que existe, seja de natureza corpórea ou não material, é constituído em três partes: começo, meio e fim.

Segundo H. Trismegisto, o número três representa a perfeição do mundo em sua completude (harmonia, necessidade e ordem). O tempo cíclico é mensurado em passado, presente e futuro; toda magnitude está contida em três: linha, superfície e corpo, e cada corpo configura-se em três intervalos, que são comprimento, largura e espessura. Em relação à harmonia, esta abrange três consonâncias no tempo: diapasão, (intervalo de oitava); *hemiolion* (intervalo de dois tons, semitom); e *diatessaron* (intervalo de quarta). Há, igualmente, três tipos de almas – a vegetativa, a sensível e a intelectual. Deus ordena o mundo por número, peso e medida, pois o número três responde por suas formas ideais, visto que o número dois é a matéria procriadora, e a unidade a Deus, o Criador.

No universo da magia, três são os príncipes do mundo – Oromásis, Mítris e Aramínis, ou melhor: Deus, a mente e o espírito. Pelo triângulo ou sólido está a representação de três grupos de nove, que correspondem aos seres supercelestes, hierarquicamente em nove ordens de inteligência; os celestes em nove orbes e os inferiores em nove tipos de matéria criativa e perecível. Esse orbe eterno de vinte e sete inclui todas as proporções musicais, assunto que Platão e Proclo discorrem com propriedade. O numeral três, na harmonia da quinta, tem a beleza da primeira voz. Na esfera das inteligências há três hierarquias de espíritos angelicais; memória, mente e vontade constituem os três poderes das criaturas intelectuais. Há três classes distintas de abençoados: os mártires, os confessores e os inocentes.

A roda zodiacal é composta de três quaternidades de signos celestes – fixos, móveis e comuns –, assim como de casas – centrais, ascendentes e descendentes. Há três faces e cabeças em cada signo e três senhores em cada triplicidade. São três sortes entre os planetas.

Segundo a Mitologia Grega, a tripulação infernal é composta de três juízes, três fúrias e o Cérbero (cão de três cabeças). Em conformidade com a História, o profeta Jonas ficara três dias na barriga da baleia, e Cristo, conforme a Bíblia, permaneceu três dias no sepulcro.

ESCALA DO NÚMERO 3

No Mundo das Origens	O Pai	Adai, o Filho	O Espírito Santo	O Nome de Deus com três Letras
No Mundo Intelectual	Inocentes do mais alto Grau	Mártires do Meio	Cristãos do Grau inferior	Três hierarquias de Anjos. Três classes dos Abençoados
No Mundo Celeste	Móveis, Cantos, Diurnos	Fixos, Progressivos, Noturnos	Comuns; Cadentes; Partilhantes	Três quaternidades de Signos. Três quaternidades de casas. Três Senhores das triplicidades
No Mundo Elementar	Simples	Composto	Composto triplo	Três classes de elementos
No Mundo Inferior	A cabeça, onde cresce a inteligência, correspondendo ao mundo intelectual	O peito, onde está o coração, sede da vida, correspondendo ao mundo celeste	O ventre, onde está a capacidade reprodutiva, e os órgãos genitais, correspondendo ao mundo elementar	Três partes, correspondendo ao mundo tríplice
No Mundo Infernal	Alecto, Minos, os Maus	Megera, Acacus, os Apóstatas	Ctesifone; Radamanto; os Infiéis	Três Fúrias infernais. Três Juízes infernais. Três classes de amaldiçoados

CAPÍTULO XIX

SOBRE O NÚMERO QUATRO E A ESCALA

Segundo a filosofia pitagórica, o número quatro é denominado Tétrade, pois é o alicerce, a raiz de todos os demais números em âmbito material, natural e divino. O número quatro traz a ideia de fonte perpétua da natureza, pois simboliza o equilíbrio e a harmonia: estar no mundo e saber viver é uma arte que leva à sensatez e à compreensão da vida. Conforme a Física desenvolvida por Aristóteles, todos os corpos na natureza são constituídos de água, terra, fogo e ar e obedecem a quatro movimentos:

ascendente, descendente, retilíneo e circular. As condições atmosféricas são também quatro: frio, calor, seca e umidade, de onde se originaria a teoria dos humorais. Além disso, o ano é dividido em quatro ciclos – primavera, verão, outono e inverno. São ainda quatro os pontos cardeais: leste, oeste, norte e sul.

Representado por uma figura de quatro ângulos, o número quatro significa solidez, o que é demonstrado por uma figura quadrangular, balizada por duas proporções das quais a primeira é de um a dois e a última de dois a quatro, começando em uma unidade e terminando em uma quaternidade. Tais proporções, pela aritmética, são desiguais entre si, mas iguais segundo a geometria.

O número quatro é atribuído a Deus Pai e contém o mistério de toda a Trindade: pois, por sua proporção angular, a saber, pelo primeiro de um para um, a unidade da substância paterna é significada, da qual procede um Filho, igual a Ele; o próximo segmento de dois para dois é representado pelo Espírito Santo. Assim, o Filho, conforme o primeiro segmento, é igual ao Pai; e o Espírito Santo, em concordância com o segundo segmento angular, é igual a ambos.

Em complemento, o nome da Divina Trindade em Deus é escrito em quatro letras, *Yod, He* e *Van. He* tem o "h" aspirado, o que indica que o Espírito procede de ambos; o *He* duplicado termina cada uma das sílabas, e o nome inteiro é pronunciado *Iohvah*. Isso explica o Yove dos pagãos ser retratado pelos antigos com quatro orelhas.

O numeral quatro representa a fonte e a cabeça do todo, da Divindade, razão que levou os pitagóricos a denominá-lo fonte perpétua da Natureza: pois há quatro graus na escala da Natureza, a saber: *ser, viver, sentir, compreender*. Na Natureza, são quatro os movimentos: ascendente, descendente, progressivo e circular. Há quatro cantos no Céu: elevação, inclinação, o meio e o fundo. Há quatro elementos sob os Céus: fogo, ar, terra e água, segundo os quais há quatro triplicidades no Céu. Existem ainda quatro qualidades básicas sob os Céus: frio, calor, umidade e aridez, de onde se originam os quatro humores: sangue, fleuma, bílis e bílis negra. O ano se divide em quatro estações: primavera, verão, outono e inverno. O vento se classifica em leste, oeste, norte e sul.

O numeral quatro compõe todo o conhecimento. Primeiramente, contém cada progressão numérica com quatro termos: um, dois, três e quatro constituindo o número dez; contém cada diferença de números; o primeiro par e o primeiro ímpar. Na música, contém o instrumento de quatro cordas. O quatro delimita a escala pitagórica pela qual se chega aos acordes musicais e a toda harmonia musical. A Matemática toda está contida no número quatro: ponto, linha, superfície e profundidade.

Toda Natureza é compreendida em quatro termos: substância, qualidade, quantidade e movimento. A filosofia moral é compreendida em quatro virtudes: *prudência, justiça, fortaleza* e *temperança*. O quatro também incide no poder da justiça, pelos quatro aspectos da lei a saber: de *providência*, de Deus; *fatal*, da alma do mundo; da *Natureza*, do Céu; da *prudência*, do homem.

Além disso, existem quatro rios do Éden: Pison, Giom, Hidequél e Eufrates.[59] Os quatro Evangelhos foram recebidos de quatro Evangelistas em toda a Igreja. Os espartanos costumavam pintar Júpiter com quatro asas. Na Divindade de Orfeu, as carruagens de Netuno eram puxadas por quatro cavalos. São quatro as fúrias divinas, procedentes de quatro divindades (Musas, Dionísio, Apolo, Vênus). Além disso, o Profeta Ezequiel viu quatro bestas junto ao rio Chobar e quatro querubins em quatro círculos. No *Livro de Daniel*, há a descrição das quatro feras (bestas)[60] que teriam saído do mar. E em *Apocalipse*, fala-se de quatro bestas, cuja intenção era destruir a terra, mas foram impedidas por quatro anjos que, de mãos dadas sobre os quatro cantos da terra, segurando os quatro ventos, para que não soprassem sobre a terra, nem sobre o mar, nem sobre qualquer árvore, a protegeram da fúria das quatro bestas.

ESCALA DO NÚMERO 4

<table>
<tr><td>O nome de Deus com quatro letras</td><td colspan="4">י ח ו ה</td><td>No mundo das origens, donde a lei da Providência</td></tr>
<tr><td>Quatro triplicidades, ou hierarquias inteligentes</td><td>Serafins, Querubins, Tronos</td><td>Dominações, Poderes, Virtudes</td><td>Potestades, Arcanjos, Anjos</td><td>Inocentes, Mártires, Cristãos</td><td>No mundo intelectual, donde a lei fatal</td></tr>
<tr><td>Quatro anjos governando os quatro cantos do mundo</td><td>טיבאל
Michael</td><td>רפאל
Rafael</td><td>נברואל
Gabriel</td><td>איריאל
Uriel</td><td rowspan="4"></td></tr>
<tr><td>Quatro regentes dos elementos</td><td>שרפ
Seraph</td><td>ברוב
Cherub</td><td>חרשיט
Tharsis</td><td>אריאל
Ariel</td></tr>
<tr><td>Quatro animais consagrados</td><td>O Leão</td><td>A Águia</td><td>Homem</td><td>Um Bezerro</td></tr>
<tr><td>Quatro triplicidades das tribos de Israel</td><td>Dã, Aser, Neftali</td><td>Judá, Issacar, Zabulon</td><td>Manassés, Benjamim, Efraim</td><td>Rubem, Simeão, Gad</td></tr>
</table>

continua

59. Disponível em: https://www.rhportal.com.br/artigos-rh/as-fase-dos-quatros-rios/#:~:text=Em%20seguida%20no%20livro%20de,celestial%20seu%20lugar%20de%20prop%C3%B3sito. Acesso em: 8 de março de 2021.

60. Disponível em: https://pt.wikipedia.org/wiki/Profecia_dos_quatro_animais#:~:text=O%20primeiro%20era%20um%20le%C3%A3o,de%20ferro%20e%20dez%20chifres. Acesso em: 10 de março de 2021.

Quatro triplicidades dos Apóstolos	Matias, Pedro, Tiago, filho de Zebedeu	Simão, Bartolomeu, Mateus	João, Filipe, Tiago, filho de Alfeu	Tadeu, André, Tomé	
Quatro Evangelistas	Marcos	João	Mateus	Lucas	
Quatro triplicidades de signos	Áries, Leão, Sagitário	Gêmeos, Libra, Aquário	Câncer, Escorpião, Peixes	Touro, Virgem, Capricórnio	No mundo celeste, onde está a lei da Natureza
Os astros e os planetas relacionados aos elementos	Marte e o Sol	Júpiter e Vênus	Saturno e Mercúrio	Os Astros fixos e a Lua	
Quatro qualidades dos elementos celestes	Luz	Diafaneidade	Agilidade	Solidez	
Quatro elementos	Fogo, אש	Ar, ריח	Água, בוים	Terra עפר	No mundo elementar, onde está a lei da reprodução e do perecimento
Quatro qualidades	Calor	Umidade	Frio	Secura	
Quatro estações	Verão	Primavera	Inverno	Outono	
Quatro cantos do mundo	Leste	Oeste	Norte	Sul	
Quatro tipos perfeitos de corpos compostos	Animais	Plantas	Metais	Pedras	
Quatro tipos de animais	que andam	que voam	que nadam	que rastejam	
O que nas plantas corresponde aos elementos	Sementes	Flores	Folhas	Raízes	
O que nos metais corresponde aos elementos	Ouro e ferro	Cobre e estanho	Mercúrio	Chumbo e prata	
O que nas pedras corresponde aos elementos	Brilhante e abrasador	Leve e transparente	Claro e solidificado	Pesado e escuro	
Quatro elementos do homem	A Mente	Espírito	Alma	Corpo	No mundo inferior, o homem, de quem procede a lei da prudência
Quatro poderes da alma	O Intelecto	Razão	Fantasia	Sentido	
Quatro poderes de julgamento	Fé	Ciência	Opinião	Experiência	
Quatro virtudes morais	Justiça	Temperança	Prudência	Fortaleza	

continua

Os sentidos correspondentes aos elementos	Visão	Audição	Paladar e Olfato	Tato	
Quatro elementos do corpo humano	Espírito	Carne	Humores	Ossos	
Um espírito quádruplo	Animal	Vital	Reprodutivo	Natural	
Quatro humores	Bílis (Cólera)	Sangue	Fleuma	Bílis Negra (Melancolia)	
Quatro tipos de caráter	Violência	Vivacidade	Embotamento	Lentidão	
Quatro príncipes de demônios, ofensivos nos elementos	סמאל Samael	עזאזל Azazel	עזאל Azael	מחזאל Mahazael	No mundo infernal, onde está a lei da ira e do castigo
Quatro rios infernais	Flegeton	Cócito	Estige	Aqueronte	
Quatro príncipes dos espíritos, sobre os quatro anjos do mundo	Oriens	Paymon	Egyn	Amaymon	

CAPÍTULO XX

SOBRE O NÚMERO CINCO E A ESCALA

O número cinco, referencial de quantidade ou medida, é compatível tanto com números pares quanto com números ímpares, por isso considerado o número das probabilidades. Ao cinco é atribuído, simbolicamente, o elemento masculino, e ao número par o elemento feminino, o que os aritméticos chamam, respectivamente, de pai e mãe. De aspecto versátil, o cinco apresenta múltiplas possibilidades. Somado a ele mesmo obtém-se uma dezena, que pode ser dividida em diferentes operações: nove e um, oito e dois, sete e três ou seis e quatro, sendo a metade sempre o número cinco, e por isso denominado pelos pitagóricos de número do casamento, do mesmo modo da justiça, porque divide o número dez em uma escala uniforme.

O numeral cinco remete aos cinco sentidos do homem: paladar, olfato, tato, visão e audição; aos cinco poderes da alma: vegetativo, sensível, concupiscível, irascível e racional. São cinco os dedos da mão humana; são cinco as estrelas errantes nos céus: Saturno, Júpiter, Marte, Vênus e Mercúrio. Há cinco elementos no planeta: terra, água, ar, fogo e corpos mistos. Em relação a este último, existem cinco tipos de corpos mistos: homens, animais quadrúpedes, rastejantes, aquáticos e voadores. São cinco os sabores: ácido, amargo, doce, picante, salgado, e cinco os odores: rançoso, aromático, queimado, podre e odor de peixe.

São cinco os meios pelos quais Deus cria todas as coisas: essência, igualdade, diferença, sentido e movimento. A andorinha, por exemplo, gera apenas cinco filhotes, que alimenta igualmente, partindo do mais velho para o mais novo. Em algumas culturas, o cinco carrega a simbologia do equilíbrio, tanto do bom quanto do mau.

Noé, por meio do número cinco, encontrou graça aos olhos de Deus, e foi preservado por conta do dilúvio que invadiu a Terra. Pela virtude do número cinco, Abraão, aos cem anos, gerou um filho com Sara, de noventa e anos, do qual adveio grande nação. É por essa razão que, na época da graça, o nome da Onipotência Divina era evocado usando-se cinco letras.

Na época da Natureza, o nome de Deus era evocado usando-se três letras שרי, Sadai. Na época da lei, o nome de Deus era expresso por quatro letras יהוה, que os hebreus expressam ארני, Adonai. Na época da graça, o nome infalível de Deus era escrito com cinco letras יהשוה, Yhesu, igualmente evocado com o mesmo critério que o nome composto de três letras ישך.

ESCALA DO NÚMERO CINCO

Os Nomes de Deus com cinco letras. O Nome de Cristo com cinco letras		אליון אלהים יהשוה	Elohi, Elohim, Yhesu			No mundo modelar
Cinco substâncias inteligentes	Espíritos da primeira hierarquia, chamados Deuses ou filhos de Deus	Espíritos da segunda hierarquia, chamados Inteligências	Espíritos da terceira hierarquia, chamados Anjos, que são enviados	Almas dos corpos celestes	Heróis e almas abençoadas	No mundo intelectual
Cinco astros errantes, senhores dos termos	Saturno	Júpiter	Marte	Vênus	Mercúrio	No mundo celeste
Cinco tipos de coisas perecíveis	Água	Ar	Fogo	Terra	Um corpo misto	No mundo elementar
Cinco tipos de corpos mistos	Animal	Planta	Metal	Pedra	Planta-animal	
Cinco sentidos	Paladar	Audição	Visão	Tato	Olfato	No mundo inferior
Cinco tormentos corpóreos	Amargura mortal	Lamento medonho	Escuridão terrível	Calor inextinguível	Mau cheiro lancinante	No mundo infernal

CAPÍTULO XXI

SOBRE O NÚMERO SEIS E A ESCALA

Ao número seis atribui-se a ideia de perfeição, pois a soma de seus divisores resulta sempre seis.

Dentro do conceito pitagórico, o número seis está associado à geração e ao casamento, é a representação do equilíbrio, pois, ao final da criação do mundo "[...] Deus viu tudo o que havia feito, e tudo havia ficado muito bom [...] Assim foram concluídos os céus e a terra, e tudo o que neles há".[61]

O número seis faz referência ao homem. Pelas Sagradas Escrituras Deus criou o homem no sexto dia de sua Criação. O numeral seis carrega ainda a simbologia da redenção humana (Crucificação de Cristo). Para a cultura judaica, a colheita do maná a ser trabalhado acontecia sempre no sexto dia da semana. E por seis dias a glória do Senhor apareceu no Monte Sinai, cobrindo-o com uma nuvem.

Os querubins, seres sobrenaturais, considerados os mensageiros de Deus, tinham seis asas. No campo astronômico, são seis as esferas celestes: Ártico, Antártica, os dois trópicos, Equinócio e Eclíptico; seis planetas em giro circular: Saturno, Júpiter, Marte, Vênus, Mercúrio, Lua, percorrendo a latitude do Zodíaco em ambos os lados da eclíptica.

Os elementos possuem seis qualidades substanciais: agudez, sutileza e movimento e os seus contrários que são: embotamento, espessura e repouso. Há seis diferentes posições: para cima, para baixo, à frente, atrás, à direita e à esquerda. Existem seis dimensões naturais, sem as quais nada pode existir: magnitude, cor, forma, intervalo, repouso e movimento.

Conforme os princípios da geometria, um polígono de quadro lados possui seis faces. E no âmbito da música, o número seis tem a sua importância no que diz respeito à harmonia musical.

61. Disponível em: https://www.oaltouruguai.com.br/coluna?id=1220#:~:text=Quando%20vamos%20para%20a%20B%C3%ADblia,(G%C3%AAnesis%201%3A31). Acesso em: 13 de março de 2021.

ESCALA DO NÚMERO SEIS

No Mundo Modelar	אל נבוראלוהים						Nomes de seis letras
No Mundo Intelectual	Serafins	Querubins	Tronos	Dominações	Poderes	Virtudes	Seis ordens de Anjos, que não são enviados para os inferiores.
No Mundo Celeste	Saturno	Júpiter	Marte	Vênus	Mercúrio	A Lua	Seis planetas movendo-se pela latitude do Zodíaco no círculo Eclíptico
No Mundo Elementar	Repouso	Sutileza	Agudez	Embotamento	Grossura	Movimento	Seis qualidades substanciais dos elementos
No Mundo Inferior	O Intelecto	Memória	Sentido	Movimento	Vida	Essência	Seis graus da mente
No Mundo Infernal	Acteus	Megalesius	Ormenus	Lycus	Nicon	Mimon	Seis Demônios, autores de todas as calamidades

CAPÍTULO XXII

SOBRE O NÚMERO SETE E A ESCALA

O número sete permite variadas operações matemáticas: um somado a seis, ou dois somados a cinco, ou três somados a quatro. A força do número sete incide no fato que, somado a números opostos, resulta sempre sete. Ao lado do número três, o numeral sete é o mais importante dos números sagrados, pois está presente desde a criação do mundo. Intitulado pelos pitagóricos *veículo da vida do homem*, pois nele estão contidos simbolicamente o corpo e a alma, o sete exprime harmonia, equilíbrio entre elementos dessemelhantes.

Considerado místico em muitas culturas, o número sete está intimamente relacionado à procriação humana (ciclo menstrual de sete dias) e aos seus ciclos de evolução. Ao sétimo dia após o nascimento de uma criança, realiza-se o ritual do umbigo, o que significa romper a interdependência com o corpo materno. Sete anos é a idade de aprender a ser observador, perspicaz. Aos 14 anos é o período do aflorar da sexualidade, e quando as crianças crescem em estatura. Aos 21 anos, percebe-se certa maturidade e a meta de independência financeira, social, profissional. Aos 28 anos, as preocupações relacionadas à segurança tornam-se reais; aos 35, passa-se a pensar na dualidade vida e morte e, então, surgem os medos. As etapas seguintes, sempre no período de sete em sete anos, correspondem ao despertar para o significado da vida, a relevância na esfera do espiritual, do vislumbre do divino. Setenta anos, número completo, é a etapa da compreensão da vida, da transformação e, consequentemente, da autoiluminação.

A altura máxima de um homem corresponde a sete pés. Segundo a concepção grega, há no corpo humano sete órgãos denominados membros negros: língua, coração, pulmões, baço, fígado e rins. O corpo humano possui sete glândulas endócrinas; muda seu composto celular a cada sete anos, e, são sete os nossos chacras.

Deus cria a alma a partir de sete porções, e a alma recebe o corpo em sete estágios. As veias e as artérias, para a medicina, são movidas pelo sétimo número, e as doenças são avaliadas com mais precisão no sétimo dia. No universo da música, são sete as notas musicais. Sete são os dias da semana e sete as cores do arco-íris.

Na doutrina cristã, são sete os dons do Espírito Santo: conselho, entendimento, força, sabedoria, ciência, piedade e temor a Deus, e sete o número de anjos: Miguel, Jofiel, Gabriel, Rafael, Uriel, Ezequiel, Samuel. O número sete é a base da oração "Pai Nosso". "São sete as virtudes: Fé, Esperança, Caridade, Prudência, Justiça, Fortaleza e Temperança, e sete os pecados capitais: Soberba, Ira, Inveja, Luxúria, Gula, Avareza e Preguiça."[62]

O dia consagrado ao descanso é o sétimo dia da semana, culturalmente, o dia em que Deus descansou após concluir a Criação.

O número sete está associado à grande comunhão com a cruz. O solstício e o equinócio diferenciam-se pela mesma radiação e mesmo número, e tudo é feito por sete sinais.

São sete os círculos nos Céus, conforme as longitudes do eixo da esfera celeste. Existem sete estrelas em torno do Polo Ártico; são sete estrelas denominadas Plêiades.

De acordo com a cultura de certos povos primitivos, eram sete os astros mais conhecidos: Lua, Sol, Marte, Mercúrio, Vênus, Saturno, Júpiter. As quatro fases da Lua se alternam a cada sete dias e muito influenciam os períodos de marés. Em Salmos 119 podemos ler: "Sete vezes por dia eu te louvo, por causa de teus julgamentos justos."[63]

O Velho Testamento assegura muitas referências à simbologia do número sete. Em Gênesis 4:24-26 lemos: "Porque sete vezes Caim será vingado; mas Lameque, setenta vezes sete."[64]

Em Levítico 25, o sétimo dia é também seriamente observado. "Quando vocês entrarem na terra que o Senhor Deus lhes vai dar, deixem que de sete em sete anos a

62. Disponível em: https://www.recantodasletras.com.br/artigos-de-educacao/2961271 Acesso em: 20 de março de 2021.

63. Disponível em: https://www.bible.com/pt/bible/211/PSA.119.164.NTLH. Acesso em: 20 de março de 2021.

64. Disponível em: https://www.biblegateway.com/passage/?search=G%C3%AAnesis%204%3A24-26&version=ARC Acesso em: 20 de março de 2021.

terra descanse, em honra do Senhor [...] Contem sete semanas de anos, isto é, sete anos vezes sete, o que dá um total de quarenta e nove anos. Então, no dia dez do sétimo mês, que é o Dia do Perdão, mandem um homem tocar trombeta por todo o país. Pois esse ano, que vem depois de cada quarenta e nove anos, é o ano sagrado da libertação, em que vocês anunciarão liberdade a todos os moradores do país."[65]

Em Deuteronômio encontramos mais uma alusão ao número sete: "Quando o Senhor, vosso Deus, vos trouxer para a terra prometida, destruirá as seguintes sete nações, todas maiores e mais poderosas do que vocês. São elas: os hititas, os girgaseus, os amorreus, os cananeus, os perizeus, os heveus e os jebuseus."[66]

Em Josué 6:1-27 ("A queda de Jericó"), "Jericó estava completamente fechada por causa dos israelitas. Ninguém saía nem entrava. Então, o Senhor disse a Josué: 'Saiba que entreguei nas suas mãos Jericó, seu rei e seus homens de guerra. Marche uma vez ao redor da cidade, com todos os homens armados. Faça isso durante seis dias. Sete sacerdotes levarão cada um uma trombeta de chifre de carneiro à frente da arca. No sétimo dia, marchem todos sete vezes ao redor da cidade, e os sacerdotes toquem as trombetas'."[67] Em Apocalipse[68] há menção ao número sete: sete anjos, sete taças, sete flagelos, sete trombetas.

Sete está intrinsicamente relacionado à passagem de Jesus Cristo pelo planeta Terra. "[...] a cruz onde Cristo morreu possuía quatro pontas e três cravos, cuja soma representa sete."[69]

De acordo com João (Jo 20:31, NVI), há "sete declarações de Jesus: 'Eu Sou' o pão da vida, a luz do mundo, a porta das ovelhas, o bom pastor, a ressurreição e a vida, o caminho, a verdade e a vida, a videira verdadeira'."[70]

O número sete, igualmente, simboliza a conta do perdão: "Então, Pedro, aproximando-se dele, disse: 'Senhor, até quantas vezes pecará meu irmão contra mim, e eu lhe perdoarei? Até sete? Jesus lhe disse: 'Não te digo: Até sete; mas, até setenta vezes sete'" (Mateus 18:21-35).[71]

---

65. Disponível em: https://www.biblegateway.com/passage/?search=Lev%C3%ADtico%2025&version=NTLH Acesso em 20 de março de 2021.
66. Disponível em: https://www.biblegateway.com/passage/?search=Deuteron%C3%B4mio%207&version=OL Acesso em: 20 de março de 2021.
67. Disponível em: https://www.biblica.com/america-latina/biblia/biblia-online/?osis=nvi-pt:Joshua%205%3A13-15%2C%20Joshua%206%2C%20Joshua%207 Acesso em 20 de março de 2021.
68. Disponível em: https://estudosdabiblia.net/b09_27.htm Acesso em: 20 de março de 2021.
69. Disponível em: https://www.migalhas.com.br/quentes/49623/simbologia-do-n--7---homenagem-ao-aniversario-de-migalhas Acesso em: 20 de março de 2021.
70. Disponível em: https://voltemosaoevangelho.com/blog/2016/03/os-7-eu-sou-de-cristo-no-evangelho-de-joao-infografico-teologia-visual/ Acesso em: 20 de março de 2021.
71. Disponível em: https://www.churchofjesuschrist.org/bible-videos/videos/forgive-70-times-7?lang=por Acesso em: 20 de março de 2021.

ESCALA DO NÚMERO SETE

No Mundo das Origens	Ararita	אראריהא			Asser Eheie	אשד אהיה		O nome de Deus com sete letras
No Mundo Intelectual	צפקאיל Zafkiel	צרקיאל Zadkiel	בטאל Camael	בטאל Rafael	האביאל Haniel	מיבאל Michael	נביאל Gabriel	Sete anjos postados na presença de Deus
No Mundo Celeste	שבתאי Saturno	צרק Júpiter	מאדים Marte	שמש O Sol	בוגה Vênus	בובב Mercúrio	לבבה A Lua	Sete Planetas
No Mundo Elementar	A ventoinha, O choco, A toupeira, Chumbo, O ônix	A águia, O golfinho, O cervo, Zinco, A safíra	O abutre, O lúcio, O lobo, Ferro, O diamante	O cisne, O peixe-boi, O leão, Ouro, O carbúnculo	O pombo, O rouxinol, O bode, Cobre, A esmeralda	A cegonha, A mugem, O macaco, Mercúrio, As ágatas	A coruja; O peixe-gato; Gato; Prata; Cristal	Sete pássaros dos planetas. Sete peixes dos planetas. Sete animais dos planetas. Sete metais dos planetas. Sete pedras dos planetas
No Mundo Inferior	O pé direito, O ouvido direito	A cabeça, O ouvido esquerdo	A mão direita, A narina direita	O coração, O olho direito	Os órgãos genitais, A narina esquerda	A mão esquerda, A boca	O pé esquerdo; O olho esquerdo	Sete membros integrais correspondentes aos planetas. Sete orifícios da cabeça correspondentes aos planetas
No Mundo Infernal	Inferno, ניחבם	Os portões da morte, רצלטוח	A sombra da morte, ירעשחום	O abismo da destruição, באדשחת	A argila da morte, טיטהיון	Perdição, אבון	A profundidade da terra, שאול	Sete habitações dos infernais, as quais o rabi José de Castilha, o Cabalista, descreve no jardim das nozes.

CAPÍTULO XXIII

SOBRE O NÚMERO OITO E A ESCALA

No conceito pitagórico, oito é o número da justiça e da plenitude, visto que é divisível por números igualmente pares, em quatro, cuja divisão resulta dois. E devido a essa igualdade de divisão agregou para si o nome de justiça. A denominação plenitude foi atribuída pelo contexto de solidez corpórea, visto que o primeiro (quatro) compõe um corpo sólido. Por esse motivo o hábito de Orfeu, que tinha de jurar pelas oito divindades quando invocava a justiça divina, cujos nomes são: Fogo, Água, Terra, o Céu, Lua, Sol, Templo (Phanes) e a Noite.

Existem apenas oito esferas visíveis do céu (Horizonte, Zênite, Nadir, Equador Celeste, Polo Celeste Norte, Polo Celeste Sul, Círculo Horário ou Meridiano.[72]

Na lei antiga, oito eram os ornamentos sacerdotais: um peitoral, chamado racional, uma túnica, uma faixa, uma mitra, um manto, um éfode, uma faixa de éfode e uma lâmina dourada. A prática da circuncisão masculina israelense dava-se no oitavo dia após o nascimento. Convencionalmente, o algarismo oito na posição horizontal representa o infinito, a eternidade.

Na Bíblia, ao número oito cabe o seguinte valor simbólico: "As bem-aventuranças em Mateus são sete mais uma".[73]

Ao oito atribui-se o número da segurança e da preservação.

---

72. A Esfera Celeste seria uma superfície esférica imaginária que envolve a Terra. Nesta superfície localizamos os corpos celestes. Note que esfera celeste é uma "projeção" da superfície da Terra no espaço. Esta abordagem geocêntrica desenvolvida pelos gregos antigos ainda é utilizada até hoje para localizar os astros. Disponível em: http://www.virtual.ufc.br/solar/aula_link/SOLAR_2/Curso_de_Graduacao_a_Distancia/LFIS/I_a_P/Introducao_a_Astronomia/aula_03/01.html#7 Acesso em: 20 de março de 2021.

73. Disponível em: https://www.abiblia.org/ver.php?id=1170 Acesso em: 20 de março de 2021.

ESCALA DO NÚMERO OITO

O nome de Deus com oito letras	Eloa Vadaath אלוה ךדעת Yehova Vedaath יהוה ךהעה								No mundo das origens
Oito recompensas para os abençoados	Herança	Imperecibilidade	Poder	Vitória	A visão de Deus	Graça	Um reino	Alegria	No mundo intelectual
Oito céus visíveis	O céu estrelado	O céu de Saturno	O céu de Júpiter	O céu de Marte	O céu do Sol	O céu de Vênus	O céu de Mercúrio	O céu da Lua	No mundo celeste
Oito qualidades específicas	A secura da terra	O frio da água	A umidade do ar	O calor do fogo	O calor do ar	A umidade da água	A secura do fogo	O frio da terra	No mundo elementar
Oito tipos de homens abençoados	Os pacificadores	Aqueles que tem sede e fome de justiça	Os mansos	Aqueles que são perseguidos porque buscam a justiça	Os puros de coração	Os misericordiosos	Os pobres de espírito	Os que choram	No mundo inferior
Oito castigos dos amaldiçoados	Aprisionamento	Morte	Julgamento	A ira de Deus	Trevas	Indignação	Tribulação	Angústia	No mundo infernal

CAPÍTULO XXIV

SOBRE O NÚMERO NOVE E A ESCALA

Segundo a teoria pitagórica, tudo pode ser transformado em números e todas as experiências da vida estão contidas nos números de um a nove. São nove números básicos que servem para formar todos os outros."[74]

A Alta Idade Média foi marcada por grande interesse pela angeologia, ramo da teologia que estuda os anjos.[75] A filosofia/teologia da época apregoava a existência de nove ordens de anjos abençoados: Serafins, Querubins, Tronos, Dominações, Poderes, Virtudes, Principados, Arcanjos e Anjos e suas respectivas pedras: safira, esmeralda, carbúnculo, berilo, ônix, crisólito, jaspe, topázio e sárdio. Os astrólogos atribuem ao número nove, nas idades dos homens, o mesmo significado conferido ao sete, nomeados anos climatéricos, pautados por mudanças acentuadas. No que diz respeito ao caminhar evolutivo do homem, o período gestacional tem a duração de nove meses.

Na esfera da simbologia numérica, "O número nove simboliza o fim de um ciclo e o começo de outro. É um algarismo associado ao altruísmo, à generosidade, à fraternidade e à espiritualidade."[76] O número nove está ainda relacionado às tríades sagradas, pela força do número três (Pai, Filho e Espírito Santo).[77]

Equivalente ao sete, o número nove carrega forte relação com Jesus Cristo, especialmente no que concerne a detalhes de sua crucificação. O apóstolo Marcos advoga que Jesus fora crucificado na hora terça (horas canônicas), ou seja, às nove horas da manhã.

O quinto livro da Torá (Antigo Testamento), atesta que Ogue, rei de Basão, teria uma cama de nove côvados (medida de comprimento antiga)[78] devido ao seu tamanho descomunal.

---

74. https://www.eusemfronteiras.com.br/numerologia-pitagorica/ Acesso em: 20 de março de 2021.

75. Disponível em: https://pt.wikipedia.org/wiki/Angelologia Acesso em: 20 de março de 2021.

76. O número 9 simboliza realização. "[...] é o mais alto que um ser humano pode alcançar; depois de ultrapassar o seu ego ele é capaz de amor universal e incondicional. A sua espiritualidade é elevada e por isso ele possui muita sabedoria. Disponível em: https://www.wemystic.com.br/significado-do-numero-9/#:~:text=O%20n%C3%BAmero%209%20simboliza%20o,%2C%20realiza%C3%A7%C3%A3o%2C%20universalidade%20e%20compaix%C3%A3o. Acesso em: 21 de março de 2021.

77. Disponível em: https://www.dicionariodesimbolos.com.br/numero-9/ Acesso em: 21 de março de 2021.

78. O côvado era usado regularmente por vários povos antigos, entre eles os babilônios, egípcios e hebreus. O côvado real dos antigos egípcios media 50 cm. O dos romanos media 45 cm. Disponível em: https://pt.wikipedia.org/wiki/C%C3%B4vado#:~:text=C%C3%B4vado%20foi%20uma%20medida%20de,dedo%20m%C3%A9dio%20at%C3%A9%20o%20cotovelo.&text=O%20c%C3%B4vado%20real%20dos%20antigos%20eg%C3%ADpcios%20media%2050%20cm. Acesso em: 21 de março de 2021.

ESCALA DO NÚMERO NOVE

O nome de Deus com nove letras	Yehovah Sabbaoth יהוה צבאוה			Yehovah Zidkenu יהוהצדקבו			Elohim Gibor אלוהים ניפוד			No mundo das origens
Nove coros de anjos, Nove anjos regendo os céus	Serafins Metatron	Querubins Ofaniel	Tronos Zafkiel	Dominações Zadkiel	Poderes Camael	Virtudes Rafael	Potestades Haniel	Arcanjos Michael	Anjos Gabriel	No mundo intelectual
Nove esferas móveis	O primum mobile	O céu estrelado	A esfera de Saturno	A esfera de Júpiter	A esfera de Marte	A esfera do Sol	A esfera de Vênus	A esfera de Mercúrio	A esfera da Lua	No mundo celeste
Nove pedras representando os nove coros de anjos	Safira	Esmeralda	Carbúnculo	Berilo	Ônix	Crisólito	Jaspe	Topázio	Sárdio	No mundo elementar
Nove sentidos, para dentro e para fora ao mesmo tempo	Memória	Cogitativo	Imaginativo	Juízo	Audição	Visão	Olfato	Paladar	Tato	No mundo inferior
Nove ordens de demônios	Espíritos falsos	Espíritos da mentira	Instrumentos de iniquidade	Vingadores da maldade	Impostores	Poderes volúveis	Fúrias semeando a injúria	Investigadores ou examinadores	Tentadores ou enganadores	No mundo infernal

"Na mitologia chinesa é o número das esferas celestiais. Isso porque havia nove passos até o trono do imperador".[79] E na tradição asteca, o nove era um algarismo temido, pois referenciava a morte e o inferno.

CAPÍTULO XXV

SOBRE O NÚMERO DEZ E A ESCALA

Classificado de composto, ou número universal, o dez encerra a ideia de completude, todos os números dentro de si (1 a 9) cuja soma é dez. Trata-se do número da totalidade. De caráter circular, o dez carrega a simbologia de unidade, pois flui de volta para a unidade, retorna ao ponto de origem. É o fim e a perfeição de todos os números, e o início das dezenas. Desse modo, a água volta ao mar, o corpo torna à terra, o tempo retorna à eternidade, o espírito regressará a Deus. O número dez, de sentido religioso, remete aos dez mandamentos revelados a Moisés e à remissão das almas, cuja correlação pode ser reconhecida pelas cerimônias de Denários, cultuadas pelos antigos, ocasião em que se submetiam a expiações e ofertavam sacrifícios visando à purificação dos pecados.

A constituição humana possui dez partes vitais: menstruação, esperma, ectoplasma (energia espiritual), massa, humores, corpo orgânico, parte vegetativa, parte sensível, razão e mente. São dez as partes integrais constituintes no ser humano: ossos, cartilagens, nervos, fibras, ligamentos, artérias, veias, membranas, carne e corpo. Há, também, dez partes com as quais o homem se liga intrinsicamente: espírito, cérebro, pulmões, coração, fígado, bílis, baço, rins, testículos e útero. São dez os dedos das mãos humanas.

Existem dez cortinas no templo e dez fios no saltério, dez instrumentos musicais com os quais se cantavam os Salmos, cujos nomes eram: neza, nablum, mizmor, sir, tehila, beracha, habel, holaia, asre, aleluia. São dez os cantores de Salmos: Adão, Abraão, Melquisedec, Moisés, Asaf, Davi, Salomão e os três filhos de Coroa. São dez os mandamentos. E foi no décimo dia que o Espírito Santo desceu, após a ascensão de Cristo.

---

79. Disponível em: https://medium.com/@nomeruz.nc/a-simbologia-do-n%C3%BAmero-9-eec199134e36 Acesso em: 21 de março de 2021.

Pelo número dez, Jacó lutou com o Anjo do Senhor durante toda noite, vencendo--o, e ao nascer do sol foi abençoado e chamado pelo nome de Israel.[80] Por esse número, Josué venceu trinta e um reis; e Davi venceu Golias e os filipinos; e Daniel escapou do perigo dos leões.

Para a metafísica pitagórica, o dez era um número místico, sagrado, "pois continha em si os quatro elementos que tudo formam: a terra, o fogo a água e o ar. Cada um desses elementos é representado por um número e a sua soma (1+2+3+4) forma o dez, que é a base do nosso sistema numérico decimal."[81]

Deus, portanto (primeira unidade), comunicou-se a princípio com os inferiores, difundiu-se no primeiro número, ou seja, no número três; depois, no número dez: os hebreus nomearam dez atributos e enumeram dez nomes divinos, o que justifica a importância do número dez.

Consequentemente, todas as dezenas têm em si algo divino, juntamente com as primícias, por representarem a origem de tudo e o início dos números.

ESCALA DO NÚMERO DEZ

80. Para mais informações: https://sites.google.com/site/expositivocom3/jaco-lutou-com-um-anjo. Acesso em: 22 de março de 2021.

81. Disponível em: http://www.filosofia.com.br/historia_show.php?id=12 Acesso em: 22 de março de 2021.

ESCALA DO NÚMERO DEZ

No mundo das origens	י ח ו ה י ה ו י ה י O nome de Yehovah num conjunto de dez letras			ואו הא O nome de Yehovah de dez letras		יוד הא Ampliado		אלהימצבאות O nome Elohim Sabaoth			O nome de Deus com dez letras
	אהיה Eheie כתר Kether	ויהוה Yod Yehovah חכמה Hochmah	יהוהאלהימ Yehovah Elohim בינה Binah	אל El הבר Hesed	אלהימגיבר Elohim Gibor בנורה Geburah	אליה Eloha תפארת Tifereth	יחוהצבאות Yehovah Sabaoth נצה Nezah	אלהימצבאות Elohim Sabaoth הוד Hod	שדי Sadai יסוד Yesod	אדני Adonai melech מלבות Malchuth	Dez nomes de Deus. Dez Sefiroth
No mundo intelectual	Serafins Haiothhacados Metatron	Querubins Orphanins Yophiel	Tronos Aralins Zafkiel	Dominações Hasmallins Zadkiel	Poderes Serafins Camael	Virtudes Malaquins Rafael	Potestades Elohim Haniel	Arcanjos Ben Elohim Michael	Anjos Querubins Gabriel	Almas abençoadas Issins A alma do Messias	Dez ordens dos abençoados, de acordo com Dionísio. Dez ordens dos abençoados, de acordo com a tradição dos homens. Dez anjos soberanos
No mundo celeste	Reschith hagallalim, o primum mobile	Masloth, a esfera do Zodíaco	Sabbathi, a esfera de Saturno	Zedeq, a esfera de Júpiter	Madim, a esfera de Marte	Schemes, a esfera do Sol	Noga, a esfera de Vênus	Cochab, a esfera de Mercúrio	Levanah, a esfera da Lua	Holom Yesodoth, a esfera dos elementos	Dez esferas do mundo
No mundo elementar	Uma pomba	Um lagarto	Um dragão	Uma águia	Um cavalo	Leão	Homem	A raposa	Touro	Cordeiro	Dez animais consagrados aos deuses
No mundo inferior	Espírito	Cérebro	Baço	Fígado	Vesícula biliar	Coração	Rins	Pulmões	Genitais	Útero	Dez partes intrínsecas do ser humano
No mundo infernal	Falsos deuses	Espíritos mentirosos	Instrumentos de iniquidade	Vingadores da maldade	Impostores	Poderes volúveis	Fúrias, as instigadoras do mal	Investigadores ou examinadores	Tentadores ou enganadores	Almas maldosas que governam	Dez ordens dos amaldiçoados

CAPÍTULO XXVI

SOBRE O NÚMERO ONZE E DOZE COM A ESCALA CABALÍSTICA

Em várias culturas o número onze representa pecado, penitência, imperfeição, pois "[...] excede o número dos mandamentos, mas é inferior ao doze, número associado ao poder e à autoridade de Deus".[82]

Para Santo Agostinho, "[...] existem doze apóstolos, porque o Evangelho deve ser pregado 'aos quatro cantos do mundo em nome da Trindade' e 4 x 3 = 12. Em relação ao número onze, Santo Agostinho considera-o um símbolo dos excessos humanos e do pecado: se o número dez compreende a totalidade da Criação de Deus, representando o Universo propriamente dito, aquilo que vem imediatamente a seguir ao dez está fora do Plano Divino, para além da 'Vontade que tudo rege' (a Providência Divina)."[83]

Por outro lado, o número doze é divino, é aquele por meio do qual os seres celestes são mensurados. Nesse sentido, o uso da Escala Cabalística na composição de talismãs, sinais, anéis é indispensável para a produção de qualquer efeito que o operador possa propor, pois, como observado, a Criação tem sua base sólida na proporção dos números. Desse modo, qualquer trabalho ou experimento de Magia Celeste deve estar sedimentado em regra de números e proporções. Por exemplo, para obter a influência celestial de qualquer astro, deve-se, inicialmente, atentar para o dia, a hora e o local que esse astro exerce sua influência sobre o planeta, e que inteligências, ou espíritos, governam o planeta naquele dado momento.

Pela Escala Cabalística, é possível averiguar quais números são atribuídos aos espíritos, às ordens das inteligências, às esferas celestes, seus elementos e propriedades (animais, metais e pedras, poderes da alma, sentidos do homem, virtudes, os príncipes dos espíritos malignos, lugares de punição, graus das almas condenadas e graus de tormentos no futuro), enfim, tudo o que engloba céu, terra ou inferno.

A vida humana – nossos sentidos, movimentos, qualidades, virtudes, palavras ou obras –, tudo está submetido às proporções dos números, demonstrado nas Escalas dos Números. Grande é o conhecimento e a sabedoria derivados dos números. Por

---

82. Disponível em: https://cienciapatodos.webnode.pt/news/numeros-curiosos-os-intrigantes-11-17-e-23/ Acesso em: 22 de março de 2021.

83. Idem.

isso, a importância de o operador considerar atentamente o conteúdo da Tabela, a base e o fundamento de todas as nossas operações na ciência, visto que representa um caminho aberto para o conhecimento e a compreensão de todas as coisas. Diante, então, da intenção de confeccionar qualquer experimento, seja imagem, anel, espelho, amuleto, deve-se observar primeiramente lugar, ordem, número e regência da inteligência correspondente e seu planeta, sua medida de tempo e seus períodos nos céus.

Recomenda-se ainda gravar ou escrever no objeto mágico o número, a inteligência ou o espírito, a constelação e o astro, independentemente do efeito desejado (bom ou mau), com os caracteres das tabelas adequadas. É imprescindível ter em mente que, quanto mais aperfeiçoado estiver o objeto mágico, mais poderoso ele será.

Ademais, quando o planeta ou a constelação (sob a qual foi construído o objeto) é regente, significa que naquele momento a vontade será impregnada naquele talismã, tal qual um meio de concretização. Contrariamente, todo objeto mágico desprovido do poder e da influência das forças divinas e do poder, virtude, extensão e harmonia dos números não possui qualquer efeito.

O número doze está, igualmente, presente na soma dos signos do Zodíaco, sobre os quais há a regência de doze anjos, sustentados pela Graça Divina. Em relação aos ciclos planetários, Júpiter leva doze anos para percorrer todo o zodíaco, enquanto a Lua passa diariamente pelos doze graus.

O poder do número doze está ainda presente nos mistérios divinos. Narra-se em Gênesis, "A origem das doze tribos de Israel [...], cuja autoria é atribuída a Moisés. As doze tribos recebem este nome por serem decorrentes do nascimento dos doze filhos de Jacó (neto de Abraão e filho de Isaque), que teve um encontro com Deus, vindo a ter seu nome trocado para Israel."[84] E são doze o número de apóstolos de Cristo que receberam a missão de substituir os doze chefes das tribos de Israel, a fim de guiar Israel "[...] para um futuro renovado, definido pela redenção.[85]

Em complemento à representatividade do número doze, reportamos as seis principais articulações do corpo humano: mãos, cotovelos, ombros, quadril, joelhos e vértebras dos pés, que remetem ao doze.

---

84. Disponível em: https://www.infoescola.com/biblia/as-doze-tribos-de-israel/ Acesso em: 23 de março de 2021.

85. Disponível em: https://blog.israelbiblicalstudies.com/pt-br/jewish-studies/doze-novos-lideres-para-doze-tribos-antigas-joao-131-20/ Acesso em: 23 de março de 2021.

ESCALA DO NÚMERO DOZE

O nome de Deus com doze letras			הוא Santo	בריך Abençoado	הקדש Ele	
O grande nome devolvido em doze estandartes	יהוה	יההו	יוהה	הוהי	הויה	ההוי
Doze ordens dos espíritos abençoados	Serafins	Querubins	Tronos	Dominações	Poderes	Virtudes
Doze anjos regendo os doze signos	Malchidial	Asmodel	Ambriel	Muriel	Verchiel	Hamaliel
Doze tribos	Gad	Efraim	Manassé	Isacar	Judá	Neftali
Doze profetas	Malaquias	Ageu	Zacarias	Amós	Oséias	Miquéias
Doze apóstolos	Matias	Tadeu	Simão	João	Pedro	André
Doze signos do Zodíaco	Áries	Touro	Gêmeos	Câncer	Leão	Virgem
Doze meses	Março	Abril	Maio	Junho	Julho	Agosto
Doze plantas	Ginseng	Verbena ereta	Verbena inclinada	Consolda-maior (confrey)	Selo-de-salomão	Calaminta
Doze pedras	Sárdio	Cornalina	Topázio	Calcedônia	Jaspe	Esmeralda
Doze órgãos ou partes principais	Cabeça	Pescoço	Braços	Peito	Coração	Ventre
Doze graus dos amaldiçoados e dos demônios	Falsos deuses	Espíritos mentirosos	Instrumentos de iniquidade	Vingadores da maldade	Impostores	Poderes volúveis

continua...

ESCALA DO NÚMERO DOZE

		אבבןורותהקרש Pai, Filho, Espírito Santo				No mundo das origens
והיה	וההי	ויהה	היהו	הויה	ההיו	
Potestades	Arcanjos	Anjos	Inocentes	Mártires	Fiéis	No mundo intelectual
Zuriel	Barbiel	Adnachiel	Hanael	Gabriel	Barchiel	
Aser	Dá	Benjamim	Zabulon	Rúbem	Simeão	
Jonas	Abdias	Sofonias	Naum	Habaquq	Joel	
Bartolomeu	Filipe	Tiago, filho de Zebedeu	Tomé	Mateus	Tiago, filho de Alfeu	
Libra	Escorpião	Sagitário	Capricórnio	Aquário	Peixes	No mundo celeste
Setembro	Outubro	Novembro	Dezembro	Janeiro	Fevereiro	No mundo elementar
Miosótis	Artemísia	Morrião	Labaça	Serpentária	Aristoloquia	
Berilo	Ametista	Zirconita (jardão)	Crisópraso	Cristal	Safira	
Rins	Genitais	Coxas	Joelhos	Pernas	Pés	No mundo inferior
Fúrias, as semeadoras do mal	Investigadores ou examinadores	Tentadores ou enganadores	Bruxas	Apóstatas	Infiéis	No mundo infernal

CAPÍTULO XXVII

SOBRE OS SINAIS (HEBREUS, CALDEUS E OUTROS MAGOS)

O alfabeto hebraico possui caracteres representativos bem mais elaborados do que qualquer outra língua, visto que sustentam os maiores mistérios, como é tratado na Escala Cabalística.

"O sistema de numeração hebraica é muito semelhante ao sistema decimal e usa como numerais as letras do alfabeto hebraico. Neste sistema não há o número zero, e o valor representado é obtido pela soma do valor que cada letra representa. Por exemplo, o número 177 é representado pelas letras קעז, pois é a soma do valor que cada uma representa. Para ter uma representação completa, o alfabeto precisaria possuir vinte e sete letras, porém esta limitação é contornada com combinações da última letra com ela mesma ou outras para formar novos múltiplos".[86] Assim, o alfabeto é composto por vinte e dois caracteres, que correspondem à categoria numérica de: unidades, dezenas e centenas. Contudo, grafado em tipo maior correspondem a mais de um milhar. Assim:

3000	2000	1000
ג	ב	א

As classes dos números hebraicos são as seguintes:

9	8	7	6	5	4	3	2	1
ט	ח	ז	ו	ה	ד	ג	ב	א
90	**80**	**70**	**60**	**50**	**40**	**30**	**20**	**10**
צ	פ	ע	ם	ג	מ	ל	ב	י
900	**800**	**700**	**600**	**500**	**400**	**300**	**200**	**100**
ץ	ף	ן	ם	ך	ת	ש	ר	ק

Às vezes, as letras finais não são usadas, mas são assim grafadas:

1000	900	800	700	600	500
א	קתת	תת	שת	רת	קה

"Notadamente, os números 15 e 16 não são escritos nas formas *10 + 5* e *10 + 6,* pois a palavra resultante é uma das formas de se referir ao nome de Deus. Neste caso pode-se escrever 15 como טו ou seja, 9 + 6, e 16 como טז, ou seja, 9 + 7."[87]

Da mesma forma, egípcios, etíopes, caldeus e árabes atribuem aos seus números significados mágicos; os caldeus marcam seus números com as letras de seu alfabeto, à maneira dos hebreus. Em um livro antigo de magia encontramos ainda símbolos de aspecto apurado, cuidadosamente desenhados, e que retratam os numerais.

1 2 3 4 5 6 7 8 9

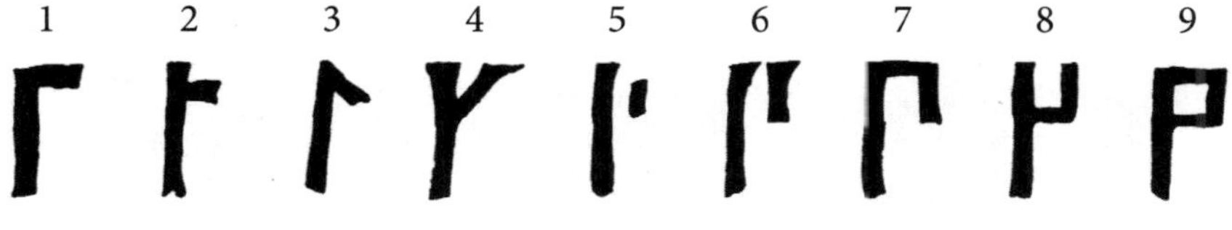

86. Disponível em: https://pt.wikipedia.org/wiki/Numera%C3%A7%C3%A3o_hebraica Acesso em: 23 de março de 2021.

87. Idem. Acessom em: 23 de março de 2021.

Esses caracteres, voltados para a esquerda, exprimem dezenas.

10 20 30 40 50 60 70 80 90

Os mesmos caracteres, voltados para a direita e virados para baixo, representam as centenas, e aqueles escritos também virados para baixo e voltados para a esquerda simbolizam os milhares.

100 200 300 400 500 600 700 800 900

1000 2000 3000 4000 5000 6000 7000 8000 9000

E pela composição e combinação de seus caracteres, outros números compostos são elaborados, como descritos a seguir:

1510 1511 1471 1486 2121 1801

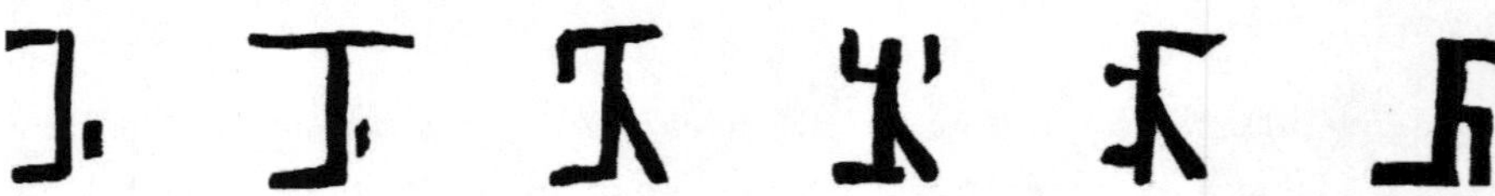

CAPÍTULO XXVIII

AS TABELAS MÁGICAS DOS PLANETAS – FORMA E VIRTUDE – OS NOMES DIVINOS, AS INTELIGÊNCIAS E OS ESPÍRITOS REGENTES

Há certas tabelas mágicas de números atribuídos aos sete planetas, intituladas tabelas sagradas dos planetas. Corretamente elaboradas, são dotadas de muitas virtudes sagradas, que expressam a ordem divina dos números celestiais, impregnados pelas ideias da mente divina, por meio da alma do mundo e da doce harmonia dos raios celestiais.

Ilustração 01

As tabelas, selos e caracteres mágicos dos planetas, suas inteligências e seus espíritos

A tabela de Saturno no seu compasso ♄ *A mesma tabela em hebraico*

4	9	2
3	5	7
8	1	6

ד	ט	ב
ג	ה	ז
ח	א	ו

O selo de Saturno — *Da inteligência de* ♄ — *Do espírito de* ♄

A tabela de Júpiter ♃ *Em hebraico*

4	14	15	1
9	7	6	12
5	11	10	8
16	2	3	13

ד	יד	טו	א
ט	ז	ו	יב
ה	יא	י	ח
יו	ב	ג	יג

O selo de Júpiter — *Da inteligência de* ♃ — *Do espírito de* ♃

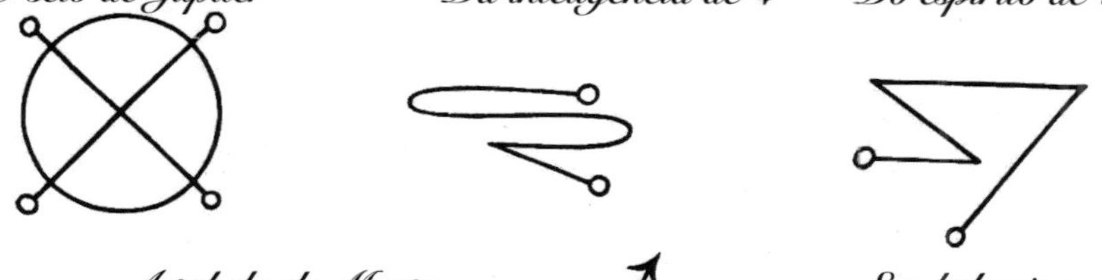

A tabela de Marte ♂ *Em hebraico*

11	24	7	20	3
4	12	25	8	16
17	5	13	21	9
10	18	1	14	22
23	6	19	2	15

יא	כד	ז	כ	ג
ד	יב	כה	ח	יו
יז	ה	יג	כא	ט
י	יח	א	יד	כב
כג	ו	יט	ב	יה

O selo de Marte — *Da sua inteligência*

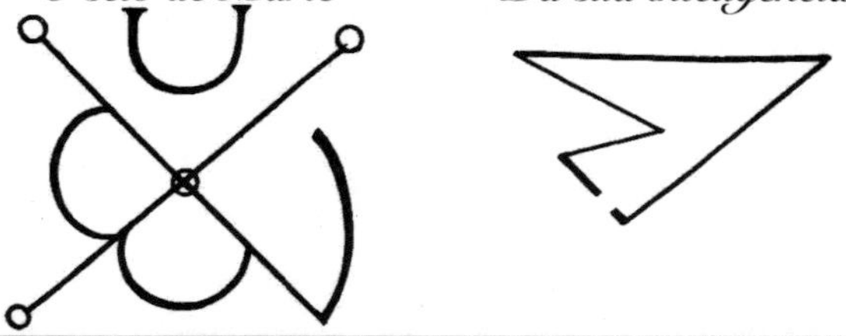

Do seu espírito

Desenhado por F. Barret — *Publicado por Lackington Allen & Co.* — *Gravado por R. Griffith*

Em conformidade com a proporção, significa a presença das inteligências supercelestes, que não podem ser anunciadas senão pela representação dos números, das letras e dos sinais, pois números e algarismos materiais não podem interferir nos mistérios, a não ser por representação de números e algarismos formais, sob a governança das inteligências e enumerações divinas, cuja função é unir os extremos da matéria aos extremos do espírito conforme o anseio da alma elevada, recebendo o operador (devidamente sintonizado com o divino) virtude e poder de Deus, aplicados por meio da alma do Universo e pela observação das constelações para certo propósito, desde que o ambiente onde o trabalho for realizado esteja devidamente preparado pela habilidade do mago a receber a influência celestial.

Iniciemos a nossa abordagem pela primeira tabela, referente ao planeta Saturno. Trata-se de uma figura retangular, de três linhas por três colunas, contendo em cada linha um número. A soma dos nove números em diferentes ângulos (horizontal, vertical, diagonal) da figura é sempre 15. A soma total, não obstante o ângulo, é 45, o que configura os nomes divinos, com inteligência para o bem e para o mal. Desse numeral são extraídos os atributos de Saturno e de seus espíritos, como pode ser observado na tabela ao final deste capítulo.

A tabela, estampada sobre uma placa de chumbo, com Saturno favorável, facilita o parto e traz sucesso a qualquer homem de poder. A mesma operação, realizada em Saturno desfavorável, impede a concretização de empreendimentos, causa danos à lavoura, discórdias e perda de cargos de alto escalão.

A segunda é a tabela de Júpiter. Trata-se de um retângulo de quatro linhas por quatro colunas, que resultam 160 números inteiros, os quais somados, totalizam sempre 34. Na soma total dos números temos 136, numeral que carrega nomes divinos, com inteligência para o bem e para o mal; dele são extraídos os atributos de Júpiter e de seus espíritos.

A tabela, gravada sobre uma placa de prata, no período de regência de Júpiter, confere prosperidade, riqueza, amor, união, paz e concórdia e apazigua inimigos. Gravada em coral, a tabela tem o poder de dissolver encantamentos.

A terceira tabela pertence a Marte. A figura retangular, dividida em cinco linhas por cinco colunas, contém 25 números, os quais, somados, resultam 35, totalizando 325, centena que aponta para os nomes divinos com inteligência para o bem e para o mal. Do numeral são extraídos os atributos de Marte e de seus espíritos.

Estampada em uma placa de ferro ou em uma espada, a tabela, durante o período de regência de Marte, traz vitória em qualquer disputa, êxito em julgamentos e petições. Gravada em uma cornalina, estanca o sangue e a menstruação.

No período desfavorável de Marte, a tabela estampada em latão vermelho, embarga empreendimentos e põe em questão a dignidade, a honra e a riqueza de poderosos.

Causa discórdia e ódio entre homens e animais (afasta abelhas, pombos, peixes); impede o funcionamento de moinhos. Causa esterilidade a homens e mulheres, além de trazer terror aos inimigos, obrigando-os à rendição. Período inapropriado a caça e lutas.

A quarta tabela diz respeito ao Sol. No retângulo de seis linhas por seis colunas há 36 números; somando-os obtém-se 111. A soma total dá 666, número este que remete aos nomes divinos com inteligência para o bem e para o mal. Desse numeral são extraídos os atributos do Sol e de seus espíritos.

A tabela gravada em uma placa de ouro, durante a regência do Sol, torna o seu portador um ser renomado, amável, bem-sucedido em qualquer empreendimento. No período desfavorável do Sol, predispõe o homem ao orgulho, à ambição, ao despotismo e, consequentemente, à derrota.

A quinta tabela compreende a Vênus. Divido em sete linhas por sete colunas, o retângulo contém 49 números, os quais, somados, totalizam 175. A soma total da operação compreende 1.225, milhar que faz menção aos nomes divinos, com inteligência para o bem e para o mal. Desse número são extraídos os atributos de Vênus e de seus espíritos.

Estampada em uma placa de prata, no período de regência de Vênus, a tabela traz prosperidade, riqueza. Favorece o campo amoroso, promove a concórdia entre os casais e a concepção, favoritismo este que se estende ao reino animal no tocante à procriação das espécies, principalmente do gado. A influência de Vênus facilita a dissipação de encantamentos e proporciona alegria e bem-estar. Mas gravada em latão, com Vênus desfavorável, a tabela predispõe à tristeza, à carência e ao distanciamento.

A sexta tabela corresponde ao planeta Mercúrio. Trata-se de um retângulo, de oito linhas por oito colunas, contendo 64 números, os quais, somados, totalizam 260. A soma total da operação é de 2080, o que corresponde aos nomes divinos, com inteligência para o bem e para o mal. Desse numeral são extraídos os atributos de Mercúrio e de seus espíritos.

Impressa em prata, estanho, latão amarelo ou, ainda, escrita em um pergaminho virgem, durante o período de regência de Mercúrio, a tabela torna o seu portador próspero e feliz; favorece a memória, a compreensão por meio de sonhos e a adivinhação, além de evitar a pobreza e a indigência. Com Mercúrio desfavorável, traz penúria, falta de lucidez, insânia.

A sétima e última tabela corresponde à Lua. Dividida em nove linhas por nove colunas, a figura apresenta 81 números, os quais, somados, totalizam 369. Da soma total obtém-se 3321, número este que alude aos nomes divinos, com inteligência para o bem e para o mal. Desse numeral são extraídos os atributos da Lua e de seus espíritos.

A tabela, estampada em prata, durante o período de regência da Lua, brinda o portador com saúde e bem-estar, amabilidades, alegria, dignidade, prosperidade e segurança, principalmente em viagens. Afasta injustiças, ofensas, maldades em geral.

Ilustração 02

As tabelas, selos e caracteres mágicos dos planetas, suas inteligências e seus espíritos

A tabela do Sol no seu compasso

6	32	3	34	35	1
7	11	27	28	8	30
19	14	16	15	23	24
18	20	22	21	17	13
25	29	10	9	26	12
36	5	33	4	2	31

O mesmo em hebraico

ו	לב	ג	לד	לה	א
ז	יא	כז	כח	ח	ל
יט	יד	יו	יה	כג	כד
יח	כ	כב	כא	יז	יג
כה	כט	י	ט	כו	יב
לו	ה	לג	ד	ב	לא

O caractere do selo do Sol

Sua inteligência

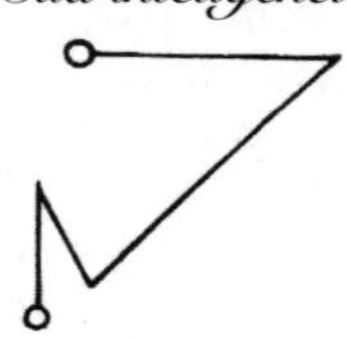

Seu espírito

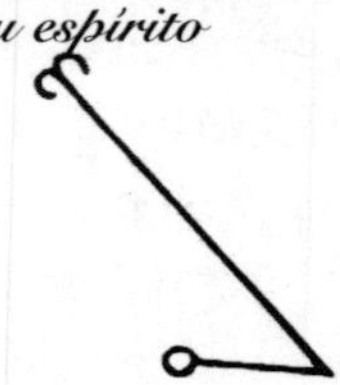

A tabela de Vênus no seu compasso

22	47	16	41	10	35	4
5	23	43	17	42	11	29
30	6	24	49	81	36	12
13	31	7	25	43	19	37
38	14	32	1	26	44	20
21	39	8	33	2	27	45
46	15	40	9	34	3	28

Em hebraico

כב	מז	יו	מא	י	לה	ד
ה	דג	מח	יז	מב	יא	כט
ל	ו	כד	מט	יח	לו	יב
יג	לא	ז	כה	מג	יט	לז
לח	יד	לב	א	כו	מד	כ
כא	לח	ח	לג	ב	כז	מה
מו	יה	מ	ט	לד	ג	כח

O selo de Vênus

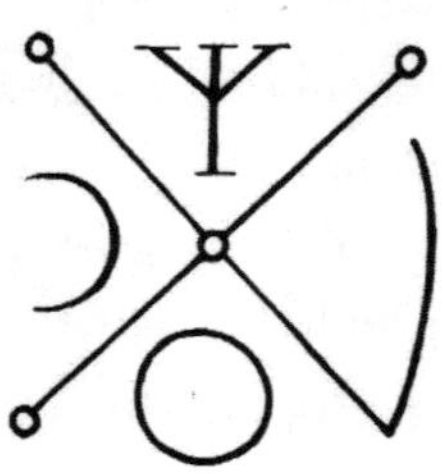

Sua inteligência

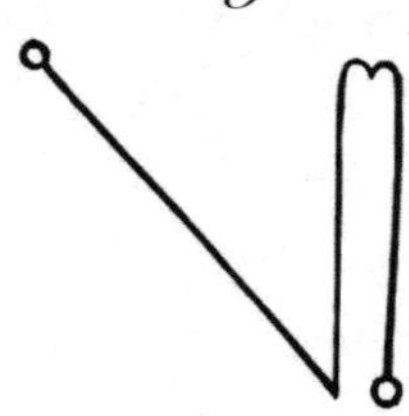

Seu espírito

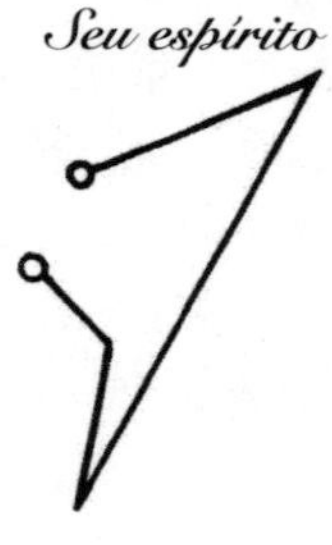

Sua inteligência

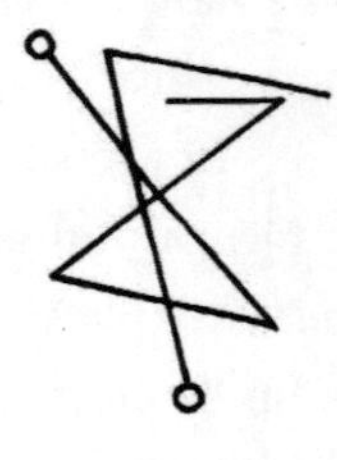

Desenhado por F. Barret *Publicado por Lackington Allen & Co.* *Gravado por R. Griffith*

Ilustração 03

As tabelas, selos e caracteres mágicos dos planetas, suas inteligências e seus espíritos

A tabela de Mercúrio em seu compasso

8	58	59	5	4	62	63	1
49	15	14	52	53	11	10	56
41	23	22	44	48	19	18	45
32	34	38	29	25	35	39	28
40	26	27	37	36	30	31	33
17	47	46	20	21	43	42	24
9	55	54	12	13	51	50	16
64	2	3	61	60	6	7	57

O mesmo em hebraico

ח	נח	נט	ה	ד	סב	סג	א
מט	יה	יד	נב	נג	יא	י	נו
מא	כג	כב	מד	מה	יט	יח	מח
לב	לד	לח	כט	כה	לה	לט	כח
מ	כו	כז	לז	לו	ל	לא	לג
יז	מז	מו	כ	כא	מג	מב	כד
ט	נה	נד	יב	יג	נא	נ	יו
סד	ב	ג	סא	ס	ו	ז	נז

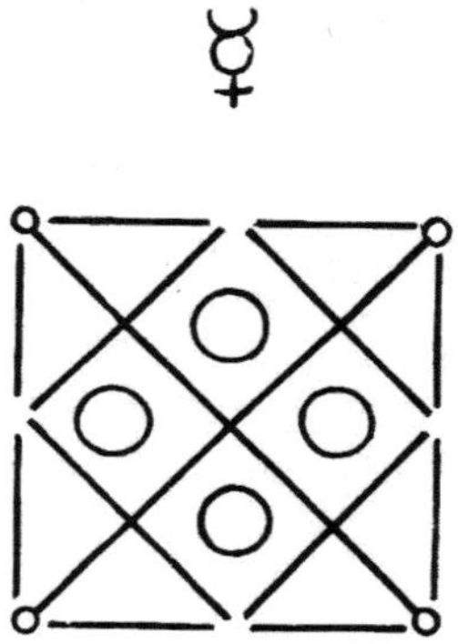

O selo ou caractere de Mercúrio

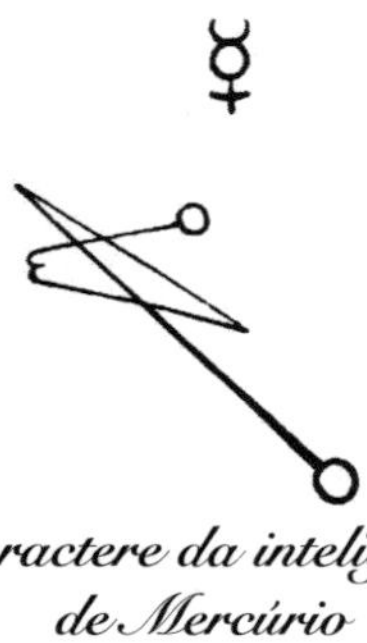

O caractere da inteligência de Mercúrio

O caractere do espírito de Mercúrio

Desenhado por F. Barret — *Publicado por Lackington Allen & Co.* — *Gravado por R. Griffith*

Ilustração 04

As tabelas, selos e caracteres mágicos dos planetas, suas inteligências e seus espíritos

A tabela da Lua em seu compasso

37	78	29	70	21	62	13	54	5
6	38	79	30	71	22	63	14	46
47	7	39	80	31	72	23	55	15
16	48	8	40	81	32	64	24	56
57	17	49	9	41	73	33	65	25
26	58	18	50	1	42	74	34	66
67	27	59	10	51	2	43	75	35
36	68	19	60	11	52	3	44	76
77	28	69	20	61	12	53	4	45

A tabela da ☽ em anotações hebraicas

לז	עח	כט	ע	כא	סב	יג	נד	ה
ו	לח	עט	ל	עא	כב	סג	יד	מו
מז	ז	לט	פ	לא	עב	כג	נה	יה
טז	מח	ח	מ	פא	לב	סד	כד	נו
נז	יז	מט	ט	מא	עג	לג	סה	כה
כו	נח	יח	נ	א	מב	עד	לד	סו
סז	כז	נט	י	נא	ב	מג	עה	לה
לו	סח	יט	ס	יא	נב	ג	מד	עו
עז	כח	סט	כ	סא	יב	נג	ד	מה

O selo ou caractere da Lua

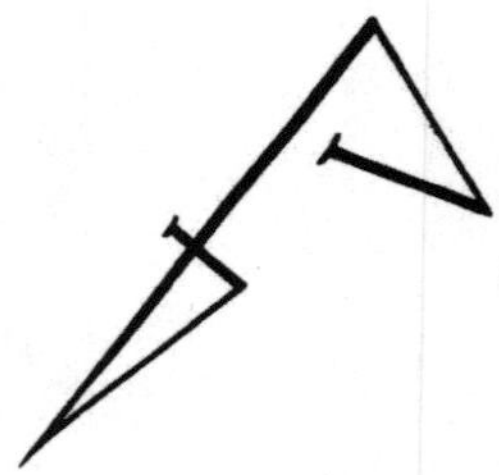

O caractere do espírito da ☽

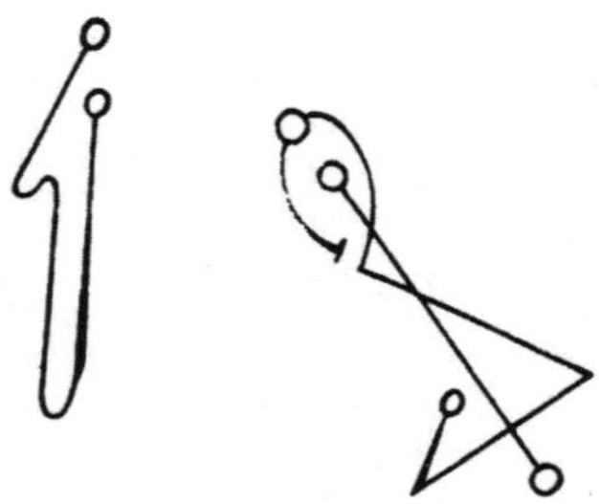

Do espírito dos espíritos da Lua

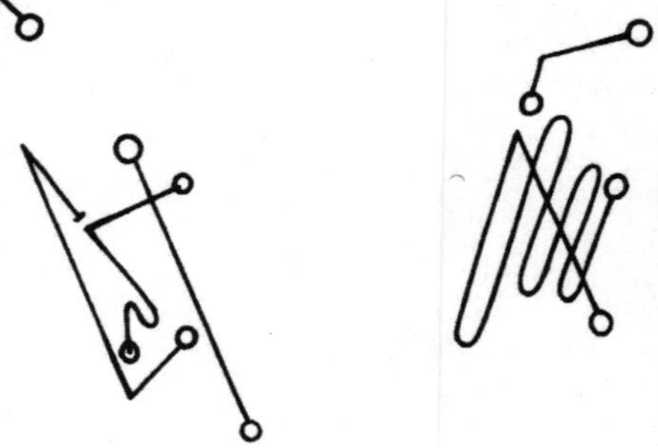

Da inteligência das inteligências da Lua

Desenhado por F. Barret *Publicado por Lackington Allen & Co.* *Gravado por R. Griffith*

No período desfavorável, caso a tabela seja gravada em uma placa de chumbo e enterrada, traz ruína e infortúnio ao seu portador e a todo o entorno. Traz infortúnio para a pessoa contra quem foi realizada a operação, ainda exerce influência negativa no curso das águas (rios, fontes) e no bom funcionamento de moinhos.

É oportuno mencionar que as inteligências a que fazemos referência são os anjos bons que interagem com os planetas. Advertimos tão somente que os espíritos ou demônios, com seus nomes, selos ou caracteres, jamais devem ser inscritos em qualquer talismã, exceto para executar algum feitiço, porém sob constante supervisão das inteligências, ou bons espíritos. Ao empregarmos os espíritos e seus caracteres, certamente, seremos mais bem-sucedidos caso adicionemos algum nome divino apropriado ao efeito desejado.

Assim sendo, essa apresentação pormenorizada sobre os selos e caracteres atribuídos aos sete planetas torna o trabalho do pesquisador sábio muito mais fácil e efetivo.

A seguir, os nomes divinos correspondentes aos números dos planetas, com os nomes das inteligências e demônios, ou espíritos, sujeitos a esses nomes.

Nomes que correspondem aos Números de Saturno

♄

Números	*Nomes Divinos*	*Nomes Divinos em Hebraico*
3	Ab	אב
9	Hod	הד
15	Jaj	יה
15	Hod	הוד
45	Jehovah (por extenso)	יודהאואוהא
45	Agiel, Inteligência de Saturno	אגיאל
45	Zazel, Espírito de Saturno	זאזל

Nomes que correspondem aos Números de Júpiter

♃

Números	*Nomes Divinos*	*Nomes Divinos em Hebraico*
4	Aba	אבא
16		הוה
16		אהי
34	El Ab	אלאב
136	Jofiel, Inteligência de Júpiter	יהפיאל
136	Ismael, Espírito de Júpiter	הסמאל

Nomes que correspondem aos Números de Marte

♂

Números	*Nomes Divinos*	*Nomes Divinos em Hebraico*
5	He, a letra o nome sagrado	ה
25		יהי
65	Adonai	אדני
325	Graphiel, Inteligência de Marte	נראפיאל
325	Barzabel, Espírito de Marte	ברבאל

Nomes que correspondem aos Números do Sol

☉

Números	*Nomes Divinos*	*Nomes Divinos em Hebraico*
6	Vau, a letra o nome sagrado	ו
6	He, expandido, a letra do nome sagrado	הא
36	Eloh	אלה
111	Nachiel, a Inteligência do Sol	נביאל
666	Sorath, o Espírito do Sol	סורת

Nomes que correspondem aos Números de Vênus

♀

Números	*Nomes Divinos*	*Nomes Divinos em Hebraico*
7	Aha	אהא
49	Hagiel, a Inteligência de Vênus	הניאל
175	Kedemel, o Espírito de Vênus	קדמאל
1225	Bne Seraphim, a Inteligência de Vênus	בני שרפים

Nomes que correspondem aos Números de Mercúrio

☿

Números	*Nomes Divinos*	*Nomes Divinos em Hebraico*
8	Asboga, oito expandido	אזבנה
64	Din	דין
64	Doni	דני
260	Tiriel, a Inteligência de Mercúrio	טיריאל
2080	Taplhartharatb, o Espírito de Mercúrio	תפתרתרת

Nomes que correspondem aos Números da Lua

☽

Números	*Nomes Divinos*	*Nomes Divinos em Hebraico*
9	Od	הד
81	Elim	אלים
369	Hasmodai, o Espírito da Lua	השמודאי
3321	Schedbarschemoth Schartatlian, o Espírito do Espíritos da Lua	שדברשמעת שרתתו
3321	Malcha betharsisim hed beruah schehalim, a Inteligência das Inteligências da Lua	מובא בתרשישים ועד ברוה שהקים

CAPÍTULO XXIX

SOBRE A OBSERVAÇÃO DOS SERES CELESTES PARA EFICÁCIA DA MAGIA

Toda virtude natural opera efeitos muito mais prodigiosos quando composta não apenas de proporção natural, mas de observação atenta aos seres celestes, ou quando o poder celestial está em seu auge, ou, melhor dizendo, apropriado ao efeito desejado.

Em cada operação mágica, certos elementos devem ser observados: situação, movimento e efeito dos astros e planetas nos signos e nos graus, latitude e longitude, pois são variadas as qualidades dos ângulos que os raios dos corpos celestes exercem sobre o trabalho mágico à medida que as virtudes celestes são infundidas. Assim, quando for empreender qualquer ação pertinente a determinado planeta, deve ser observada sua regência (virtudes e poder), segundo a hora e o dia específicos, e a configuração dos céus.

A fim de que o significado do trabalho seja profícuo, é preciso atentar ao modo favorável da Lua à realização daquela ação. E caso tenha mais padrões em seu trabalho, observe-os de modo que estejam no auge do poder e de frente um para o outro, com aspecto amistoso; caso não disponha de tais recursos, será conveniente que estejam, ao menos, em quadratura ou oposição.

Deverá, por sua vez, tomar a Lua ou quando ela estiver defronte a ambos ou unida com um deles, com a face para o outro, ou quando ela passar de uma conjunção ou aspecto de um para a conjunção ou aspecto do outro. Por isso, recomendamos, veementemente, não omitir essa conjunção.

Em cada trabalho, examinar Mercúrio é essencial, pois ele é um mensageiro entre os deuses superiores e os infernais. Favorável ao bem, ele amplia os atributos de bondade dos deuses; favorável ao mal, aflora os atributos dos deuses infernais.

Realçamos que um signo ou planeta está desfavorável quando se encontra em oposição ou em quadratura em relação a Saturno ou Marte, especialmente, pois esses se referem a aspectos de inimizade. Contrariamente, uma conjunção, uma tríade (Lua, Sol, Ascendente)[88] e um aspecto sextil[89] referem-se a amizade. Dentre esses, há uma conjunção maior. Todavia, caso esteja observando em uma tríade e o planeta esteja em posição, considera-se uma conjunção. Assim, todos os planetas temem a conjunção do Sol e se congratulam com a tríade e o aspecto sextil.

CAPÍTULO XXX

A INFLUÊNCIA DOS PLANETAS EM SEU PONTO MÁXIMO

Aos planetas é atribuído grande poder quando regem em uma casa ou estão em ascensão, triplicidade,[90] fase ou terno, ou seja, quando estão em ângulos, especialmente de ascensão, ou décima, ou em casas preferencialmente sucessivas, ou descendentes. Devemos, porém, atentar para que não estejam sob o domínio de Saturno ou Marte, em graus críticos.[91] Importa examinar se os ângulos do ascendente, do décimo e do sétimo estão favoráveis; igualmente, o senhor do ascendente, a localização do Sol e da Lua, o correspondente da fortuna e o seu senhor, o senhor da conjunção anterior e o impedimento.

---

88. A Tríade é uma ferramenta da Astrologia Ocidental Moderna oferecida com foco em autoconhecimento [...] São características proporcionadas pelo Sol, pela Lua e pelo Ascendente, os três formam a base. Disponível em: https://guiadaalma.com.br/terapia/a-triade-base-do-mapa-astral/ Acesso em: 26 de março de 2021.

89. O sextil é um aspecto astrológico que ocorre quando dois planetas estão a 60 graus de distância entre si, número que decorre da divisão dos 360 graus do Mapa Astral pelo número 6. Disponível em: https://www.personare.com.br/o-que-e-um-sextil-m7529 Acesso em: 26 de março de 2021.

90. Sobre o conceito de Triplicidade: "Além dos quatro elementos (fogo, terra, ar e água), os signos também podem ser classificados em três categorias, chamadas "triplicidades": signos Cardinais, Fixos e Mutáveis." Disponível em: http://astroclick.com.br/as-tres-energias-triplicidades/#:~:text=Compartilho%20um%20conhecimento%20b%C3%A1sico%20na,4%20signos%20de%20diferentes%20elementos.Acesso em: 26 de março de 2021.

91. Para mais esclarecimento: https://www.astrolink.com.br/forum.php?todo=viewtopic&tid=12658 Acesso em: 26 de março de 2021.

Os ângulos do planeta maléfico, no entanto, devem estar desfavoráveis, a menos que sinalizem coisas boas nos campos profissional e pessoal ou que tenham predominância em sua revolução, ou nascimento.

A Lua, se estiver em sua casa, estará no auge de seu poder, ou em ascensão, triplicidade, fase ou em grau conveniente para o trabalho desejado. E se ela estiver em uma dessas vinte e oito casas, ou melhor, exaltada e apropriada para o trabalho, não permita que seja queimada (Via Combusta);[92] diminua sua marcha, esteja no eclipse, ou queimada pela luz solar, a não ser que esteja em conjunção com o Sol. Que ela não desça na latitude sul ao sair do raio de atuação do Sol, nem que esteja oposta ao Sol, nem privada de luz, e que não seja impedida por Marte ou Saturno.

CAPÍTULO XXXI

OBSERVAÇÕES DOS ASTROS FIXOS, SEUS NOMES E NATUREZA

Em relação aos astros fixos,[93] devemos fazer as mesmas considerações, pois carregam o significado e a natureza concernentes aos sete planetas. Alguns são de natureza de um planeta e outros seguem a natureza de dois planetas. Consequentemente, sempre que um planeta se une a um astro fixo da mesma natureza, o significado desse astro se potencializa e a natureza do planeta se intensifica. Porém, se o astro for de duas naturezas, a natureza mais forte é que vai predominar relativamente ao significado: por exemplo, se o astro for da natureza de Marte e Vênus, se Marte for mais forte, a natureza de Marte vai prevalecer; contrariamente, a natureza de Vênus é que vai dominar.

A natureza dos astros fixos distingue-se por suas cores, que se afinam com certos planetas aos quais são atribuídos. As respectivas cores dos planetas são: Saturno – azul e chumbo, radiante; Júpiter – citrino claro; Marte – vermelho e intenso; Sol – amarelo, e no alvorecer mostra-se em tom vermelho, depois cintilante. Vênus – branco pela

92. É considerada *Via Combusta* uma região do Zodíaco que compreende de 15° Libra até 15° de Escorpião. A justificativa é de que estão em detrimento ou queda, o Sol em Libra e a Lua em Escorpião, pois estes são signos opostos aos seus lugares de exaltação. Disponível em: http://astrologiaeradeaquario.blogspot.com/2010/12/via-combusta.html#:~:text=%C3%89%20considerada%20Via%20Combusta%20uma,aos%20seus%20lugares%20de%20exalta%C3%A7%C3%A3o. Acesso em: 26 de março de 2021.

93. Por "astros fixos" entende-se os astros, de acordo com os conceitos gregos, que "[...] formavam padrões fixos, como se pintados sobre o fundo, enquanto outros se moviam. Os primeiros foram chamados de estrelas fixas, e eram muitas vezes reunidos em grupos arbitrários chamados de constelações. Disponível em: http://revistagalileu.globo.com/Galileu/0,6993,ECT900784-1941-2,00.html Acesso em: 27 de março de 2021.

manhã e avermelhado ao entardecer; Mercúrio – brilhante; Lua – suave. Sabe-se que quanto maior e mais brilhantes são os astros fixos, mais forte é o seu significado. São aqueles denominados pelos astrólogos de primeira e de segunda grandezas.[94]

Assim, segundo esse conceito, são mais potentes o Centurião de Andrômeda, no vigésimo segundo grau de Áries, da natureza de Vênus e Mercúrio, denominados por alguns de jovial e saturnino; a Cabeça de Algol, no décimo oitavo grau de Touro, da natureza de Saturno e Júpiter; as Plêiades também estão no vigésimo segundo grau, são estrelas de natureza lunar e configuração marcial; também Aldebarã, no terceiro grau de Gêmeos, da natureza de Marte e configuração de Vênus (Hermes Trismegisto a coloca no vigésimo quinto grau de Áries); a estrela do Capricórnio, no décimo terceiro grau de Gêmeos, da natureza de Júpiter e Saturno; Grande Cão Maior, estrela que está no sétimo grau de Câncer e Venéreo; Estrela Cão Menor, que está no décimo sétimo grau da mesma, da natureza de Mercúrio e configuração de Marte; a Estrela do Rei, denominada Coração do Leão, no vigésimo primeiro grau de Leão, da natureza de Júpiter e Marte; a Cauda da Ursa Maior, no décimo nono grau de Virgem, é venusina e lunar.

A estrela denominada Asa Direita do Corvo está no décimo quinto grau de Libra; e no décimo terceiro grau de Libra está a Asa Esquerda, ambas da natureza de Saturno e Marte. A estrela chamada Spica está no décimo terceiro grau do mesmo e é venusiana e mercurial. No décimo sétimo grau está Alcameth, é da natureza de Júpiter quando o aspecto do Sol está totalmente direcionado a ela, e de natureza de Marte quando a ordem é inversa. Elefeia estagia no quarto grau de Escorpião, da natureza de Vênus e Marte. O Coração do Escorpião está no terceiro grau de Sagitário, da natureza de Marte e Júpiter. O Abutre descendente está no sétimo grau de Capricórnio, moderado, mercurial e venusiano. A Cauda de Capricórnio está no décimo sexto grau de Aquário, da natureza de Saturno e Mercúrio. A estrela conhecida por Ombro do Cavalo está no terceiro grau de Peixes, da natureza de Júpiter e Marte.

Em geral, aconselha-se aguardar as virtudes dos astros enquanto regem e se prevenir em seu período desfavorável. É preciso destacar que os corpos celestes afetam proporcionalmente nossas vidas e nossas obras: favorável e desfavoravelmente. Ainda que muitos efeitos procedam dos astros fixos, eles são atribuídos aos planetas, que, estando mais próximos de nós, mais conhecidos e visíveis, executam as determinações dos astros superiores.

94. O termo "grandeza" não se encontra mais em uso na Astronomia. Ele foi substituído por "magnitude". Disponível em: https://www.zenite.nu/grandezas-e-magnitudes#:~:text=Em%20seu%20sistema%2C%20um%20grupo,como%20pertencentes%20%C3%A0%202%C2%AA%20grandeza.&text=O%20termo%20%E2%80%9Cgrandeza%E2%80%9D%20n%C3%A3o%20se,mais%20em%20uso%20na%20Astronomia. Acesso em: 27 de março de 2021.

CAPÍTULO XXXII

SOBRE O SOL E A LUA E SUAS CONJUNÇÕES MÁGICAS

A governança dos céus e de todos os corpos sob o céu foi concedida ao Sol e à Lua. O Sol é o senhor de todas as virtudes elementares; a Lua, pela virtude do Sol, é a senhora da reprodução, do crescimento e do decrescimento. Albumsar (astrólogo) ensina que o Sol e a Lua exercem influência sobre a vida e todas as coisas, a que Orfeu[95] chama de "olhos vivificantes do céu".

O Sol expande sua luz em tudo – no céu, no ar, na terra e em suas profundezas. Para Jâmblico (filósofo), tudo o que recebemos de bom é proveniente do Sol. Heráclito nomeia o Sol fonte de luz celeste, e muitos dos platônicos colocavam a alma do mundo principalmente no Sol, como aquele que, repletando o mundo, emite seus raios para todos os lados, levando vida, sentido e movimento para o Universo. Em resultado, o Sol recebeu dos antigos naturalistas a denominação de o próprio coração do Céu; e os caldeus o colocam no centro dos planetas.

Os egípcios compartilhavam da mesma ideia dos caudeus, pois acreditavam que o Sol estava circunscrito ao centro do planeta, entre os dois quintos do mundo, ou seja, acima dele cinco planetas, e abaixo dele a Lua e os quatro elementos (terra, água, fogo e ar). Dentre todos os astros, o Sol assegura a imagem e a estátua do grande Príncipe dos dois mundos – o terrestre e o celeste, a verdadeira luz e a imagem mais exata do próprio Deus, cuja essência se assemelha ao Pai, a luz ao Filho e o calor ao Espírito Santo. Para os platônicos essa imagem é a que mais se equipara à essência divina.[96]

A influência do Sol é sentida tanto no espírito quanto na mente do homem. Homero e Aristóteles eram unânimes quanto à semelhança entre os movimentos da mente e os do Sol, príncipe e moderador dos planetas. Por sua vez, a Lua, mais próxima à Terra, simboliza o receptáculo de todas as influências celestes, e, pela velocidade de seu curso, une-se mensalmente ao Sol, aos outros planetas e aos astros. E ao receber a

---

95. "Orfeu – músico, poeta e profeta lendário na religião grega antiga". Disponível em: https://pt.wikipedia.org/wiki/Orfeu. Acesso em: 27 de março de 2021.

96. Para mais esclarecimento, ver Platão – *A República*. Platão "[...] usa o sol como uma metáfora para a fonte da "iluminação", presumivelmente da iluminação intelectual, que argumentava ser a Forma do Bem, que por vezes é interpretada como a noção de deus." Disponível em: https://pt.wikipedia.org/wiki/Met%C3%A1fora_do_sol#:~:text=Plat%C3%A3o%2C%20no%20seu%20livro%20A,no%C3%A7%C3%A3o%20de%20deus%20para%20Plat%C3%A3o. Acesso em: 27 de março de 2021.

influência do Sol e de outros planetas e astros, ela os reflete no mundo inferior, o mais próximo dela, que a Terra.

Por ser a Lua qualificada como geradora de todas as concepções nesses inferiores, em conformidade com o movimento, a flutuação, a cor e os diferentes aspectos dos planetas e de outros astros, seu movimento deve ser observado antes dos demais. Ainda que receba influência de todos os astros, é na conjunção com o Sol que a Lua recebe virtudes vivificantes.

A partir desse ponto, os corpos celestes começam o seu movimento gravitacional, que Platão denomina *corrente de ouro*, por meio do qual todas as conexões (coisas e causas), hierarquicamente, dependem da superior, até alcançar a causa suprema, a origem de tudo. Logo, sem a intermediação da Lua torna-se inviável a atração das virtudes de qualquer astro.

Para obter êxito em suas operações mágicas, observe o momento da Lua favorável a determinado planeta, tome a pedra e a erva do respectivo planeta e realize seus trabalhos.

CAPÍTULO XXXIII

SOBRE AS VINTE E OITO CASAS DA LUA E SUAS VIRTUDES

A Lua, por percorrer todo o espaço do Zodíaco em vinte e oito dias, recebeu dos sábios hindus e da maioria dos astrólogos antigos vinte e oito casas, as quais, sendo fixadas na oitava esfera, dispõem, segundo Alfaro (astrólogo), de diversos nomes e de propriedades dos vários signos e estrelas nela contidos. Nesse percurso, a Lua granjeia muitos outros poderes e virtudes. Segundo o conceito de Abraão, cada uma das casas continha doze graus e cinquenta e um minutos, e quase vinte seis segundos, cujos nomes e respectivos inícios no Zodíaco, na oitava esfera, são: a primeira denomina-se *Alnath* (os chifres de Áries) e seu início está na cabeça de Áries, na oitava esfera – causa discórdias e revistas.

A segunda é chamada *Allothaim* ou *Albochan* (ventre de Áries), e seu início é a partir do décimo segundo grau do mesmo signo, cinquenta e um minutos, vinte e dois segundos completos: conduz à descoberta de tesouros e à punição.

A terceira recebe o nome de *Achaomazon* ou *Athorai* (Plêiades), com início a partir do vigésimo quinto grau de Áries completo, quarenta e dois minutos e cinquenta e um segundos: favorável para marinheiros, caçadores e alquimistas.

A quarta casa é chamada *Aldebarã* ou *Aldelamen* (olho ou cabeça de Touro), e seu início é do oitavo grau de Touro, trinta e quatro minutos e dezessete segundos, excluindo-se Touro: período propício à destruição e discórdia e ao impedimento de construções, fontes, poços, minas de ouro; igualmente afugenta seres rastejantes.

A quinta casa denomina-se *Albacha*i ou *Alchatai*, com início após o vigésimo primeiro grau de Touro, vinte e cinco minutos, quarenta segundos: favorável a retorno de viagens, à instrução, amizades, saúde e disposição. Período favorável à construção de edifícios.

A sexta casa intitula-se *Athanna* ou *Alchaia*, isto é, pequena estrela de grande luz, com início após o quarto grau de Gêmeos, dezessete minutos e nove segundos: conduz à caça, à guerra e à vingança de poderosos. Causa destruição de colheitas, de frutos, além de impedir o desempenho de médicos.

A sétima casa, *Aldimiach*, ou *Alarzach* (braço de Gêmeos), começa no décimo sétimo grau de Gêmeos, oito minutos e trinta e quatro segundos, e vai até o fim do signo. Assegura ganho e amizade; período favorável aos amantes; vulnerabilidade de justiça.

Essas casas, na mesma ordem e número de graus, minutos e segundos completam um quarto do céu. As demais casas têm seu início em cada quarto, ou melhor, no primeiro signo desse quarto iniciam-se três casas; nos dois outros signos, duas casas em cada. Assim, as sete casas seguintes começam em Câncer.

A oitava casa chama-se *Alnaza* ou *Anatrachya* (enevoada, nublada). Ela favorece o amor, a amizade, o companheirismo em viagem e afugenta ratos e favorece captura de fugitivos.

A nona casa é chamada *Archaam* ou *Arcaf* (olho do Leão). Sinaliza um período desfavorável à colheita e aos viajantes, além de discórdia em sociedades.

A décima casa, *Algelioche* ou *Albgebh* (pescoço ou fronte do Leão): promove o amor, a benevolência, as construções e afasta os inimigos.

A décima primeira é *Azobra* ou *Ardaf* (juba do leão): período favorável a viagens, vendas e captura de fugitivos.

A décima segunda casa, *Aharpha* ou *Azarpha* (cauda de Leão), traz prosperidade nas colheitas, fortalecimento da fé, união, comunhão; é desfavorável a marinheiros.

A décima terceira, *Albaire*, que são as estrelas do Cão Maior e do Cão Menor ou asas de Virgem, promove benevolência, ganho, viagens, colheitas e liberdade de prisioneiros.

A décima quarta é chamada *Achureth* ou *Arimet* ou, ainda, *Azimeth*, *Athumech* ou *Alcheimech* (espiga de Virgem ou espiga voadora): intensifica o amor conjugal e a cura. Período lucrativo a marinheiros, mas desfavorável a viagens por via terrestre. Com isso, o segundo quarto do céu está completo.

Do grupo de sete casas seguintes, a primeira tem início na cabeça de Libra, a saber, a décima quinta casa, e seu nome é *Agrapha* ou *Algrapha*, que significa velado. Período propício à extração de tesouros, escavações; no sentido oposto, traz discórdia, divórcio, destruição de casas, inimigos e atrapalha viajantes.

A décima sexta é chamada *Azubene* ou *Ahubene* (os extremos de Escorpião): interfere em viagens e casamentos, na colheita e no comércio. Período oportuno à captura de fugitivos.

A décima sétima, *Alchil* ou a coroa de Escorpião, traz boa sorte, fortalece os laços amorosos, incentiva as edificações e privilegia os marinheiros.

A décima oitava é denominada *Alchas* ou *Altob*, isto é, o coração de Escorpião. Causa discórdia, rebeliões, conspiração contra príncipes e poderosos e vingança de inimigos. Libertação de cativos, incentivo às edificações.

A décima nona é chamada *Allatha* ou *Adiala*; por outros, *Hicula* ou *Axala* (cauda de Escorpião). Favorável a ações de cerceamento de cidades e expulsão de seus habitantes, destruição de marinheiros e prisão perpétua aos cativos.

A vigésima casa é nomeada *Abnahaia* (raio). Período benéfico ao adestramento de animais selvagens, recrudescimento prisional, perda de riquezas das sociedades. Tendência das pessoas a se identificarem com certas localidades.

A vigésima primeira casa, *Abeda* ou *Albeldach* (aridez, deserto), sinaliza período promissor à colheita, a ganho, edificações e a viajantes. Causa divórcio. E assim o terceiro quarto do céu se completa. Restam as sete casas, completando o último quadrante do céu. A primeira delas corresponde à vigésima segunda e começa na cabeça de Capricórnio. Denominada *Sadahacha, Zodeboluch* ou *Zandeldena*, significa pastor: ciclo favorável à fuga de servos e cativos e à cura de doenças.

A vigésima terceira é chamada *Zabadola* ou *Zobrach* (engolir). Favorece o divórcio, a libertação de detentos e a saúde.

A vigésima quarta, *Sadabath* ou *Chadezoad* (estrela da sorte), é propícia a laços conjugais e à vitória em guerras; gera dificuldades em ações governamentais.

A vigésima quinta, *Sadalabra* ou *Sadalachia* (borboleta ou extensão), é período oportuno a vinganças e assédio; derrota de inimigos, prisões, divórcio; edificações, divulgação de informações. A vigésima quinta casa ainda conduz a encantamentos, mas é desfavorável a cópulas; traz rigidez aos membros físicos, impossibilitando o homem de cumprir suas funções.

A vigésima sexta, *Alpharg* ou *Phragal Mocaden* (que significa primeiro desenho): traz união, destruição de construções e prisões, liberdade de detentos.

A vigésima sétima, *Alchara Alihalgalmoad* (ou segundo desenho), sinaliza aumento de colheitas, ganhos e cura de enfermidades. Desfavorável a edificações; prolonga prisões; causa perigo a marinheiros, além de propiciar fraudes e traições.

A vigésima oitava e última casa é chamada *Albotham* ou *Alchalci*, que significa Peixes. Ciclo oportuno a colheitas e fluxo de mercadorias; protege viajantes em lugares perigosos; estreita os laços conjugais, mas recrudesce as prisões e causa perda de riquezas.

Nessas vinte e oito casas estão muitos segredos de sabedoria antiga, pelos quais feitos extraordinários sob o círculo da Lua eram operados. Os antigos sábios atribuíram a cada casa suas semelhanças, imagens e selos, e as inteligências que as governavam, e, empregando suas virtudes, trabalhavam de diferentes maneiras.

CAPÍTULO XXXIV

DE QUE FORMA IMPREGNAR IMAGENS, SELOS E AFINS COM VIRTUDES DOS CORPOS CELESTES

A eficácia e o alcance dos corpos celestes é tão abrangente, que impregnam tanto as coisas naturais quanto as artificiais, se devidamente expostas a eles. Afirmam os magos que esclarecimentos e feitos prodigiosos advindos dos seres celestes podem ser obtidos pela mistura e aplicação de recursos naturais também em imagens, selos, anéis, vidros e outros instrumentos, adequadamente elaborados sob a influência de certas constelações. Tendo-se em conta o vigor, a sensibilidade e o poder dos raios dos corpos celestes, estes imprimem poderes divinos às imagens, ainda que a matéria-prima destas seja de teor baixo.

Porém, os raios conferem virtudes mais poderosas às imagens representadas, constituídas de matérias de virtude natural e específica e que estejam em consonância com o trabalho, desde que a figura da imagem se assemelhe ao corpo celeste.

A imagem, seja no que diz respeito à matéria naturalmente congruente com a operação e influência celeste, seja pela semelhança de sua forma ao corpo celeste, estará mais bem preparada para receber os poderes dos corpos e das figuras celestes e incorporar a dádiva celeste, embora sempre atue sobre outros elementos e coisas que suscitam subordinação.

CAPÍTULO XXXV

SOBRE AS IMAGENS DO ZODÍACO – VIRTUDES DOS ASTROS

Muitas são as imagens celestes que servem de base para as imagens do zodíaco. Dentre elas, algumas visíveis, outras apenas de caráter imaginário, concebidas e estabelecidas pelos egípcios, indianos e caldeus. As partes estão ordenadas de modo que algumas formas se distinguem de outras. Por isso, foram colocadas no círculo do Zodíaco doze imagens genéricas, consoante o número dos signos. Desses, temos Áries, Leão, Sagitário, a triplicidade oriental e impetuosa, efetiva no combate à paralisia, febres, hidropisia,[97] gota e todas as enfermidades do sistema respiratório. A influência de Áries, Leão e Sagitário leva ao portador simpatia, eloquência, engenhosidade e respeito, porque são as casas de Marte, Sol e Júpiter. E com o intuito de expulsar tais doenças, os sábios faziam imagens de um leão na hora do Sol, no primeiro grau ascendente do signo de Leão, que é a fase e o decanato de Júpiter. A mesma imagem, contudo, feita com o Sol no coração do Leão, no centro do céu, propiciava a cura de doenças renais e a cicatrização de ferimentos causados por animais selvagens.

Gêmeos, Libra e Aquário compõem a triplicidade aérea e ocidental e são as casas de Mercúrio, Vênus e Saturno. Afastam doenças, promovem saúde, amizade e concórdia, evitam melancolia. Segundo antigos sábios, Aquário, particularmente, tem o poder de extinguir a febre quartã.

Câncer, Escorpião e Peixes compõem a triplicidade aquosa e setentrional. Esses signos são eficazes contra febres quentes e secas, contra tuberculose e paixões coléricas. Escorpião, por corresponder à área do pudor, provoca o desejo. Para tal propósito, os antigos o moldavam com a terceira fase ascendente, que pertence a Vênus. Procediam de modo similar para afastar serpentes, escorpiões, venenos e espíritos malignos em virtude da segunda fase estar ascendente, que é a fase do Sol e o decanato de Júpiter. Há relatos de que tal operação torna o usuário sábio e saudável.

A imagem de Câncer é mais eficaz contra serpentes e certos venenos quando Sol e Lua estão em conjunção em Câncer, ascendentes na primeira e na terceira fases, que são as fases de Vênus e o decanato da Lua. A segunda fase da Lua é o decanato de Júpiter. Relata-se, da mesma forma, que as serpentes ficam desorientadas quando o Sol está em Câncer.

---

97. Hidropisia – "Acumulação patológica de líquidos em tecidos celulares, cavidades do organismo ou em qualquer outra parte do corpo." Disponível em: https://www.dicio.com.br/hidropisia/ Acesso em: 28 de março de 2021.

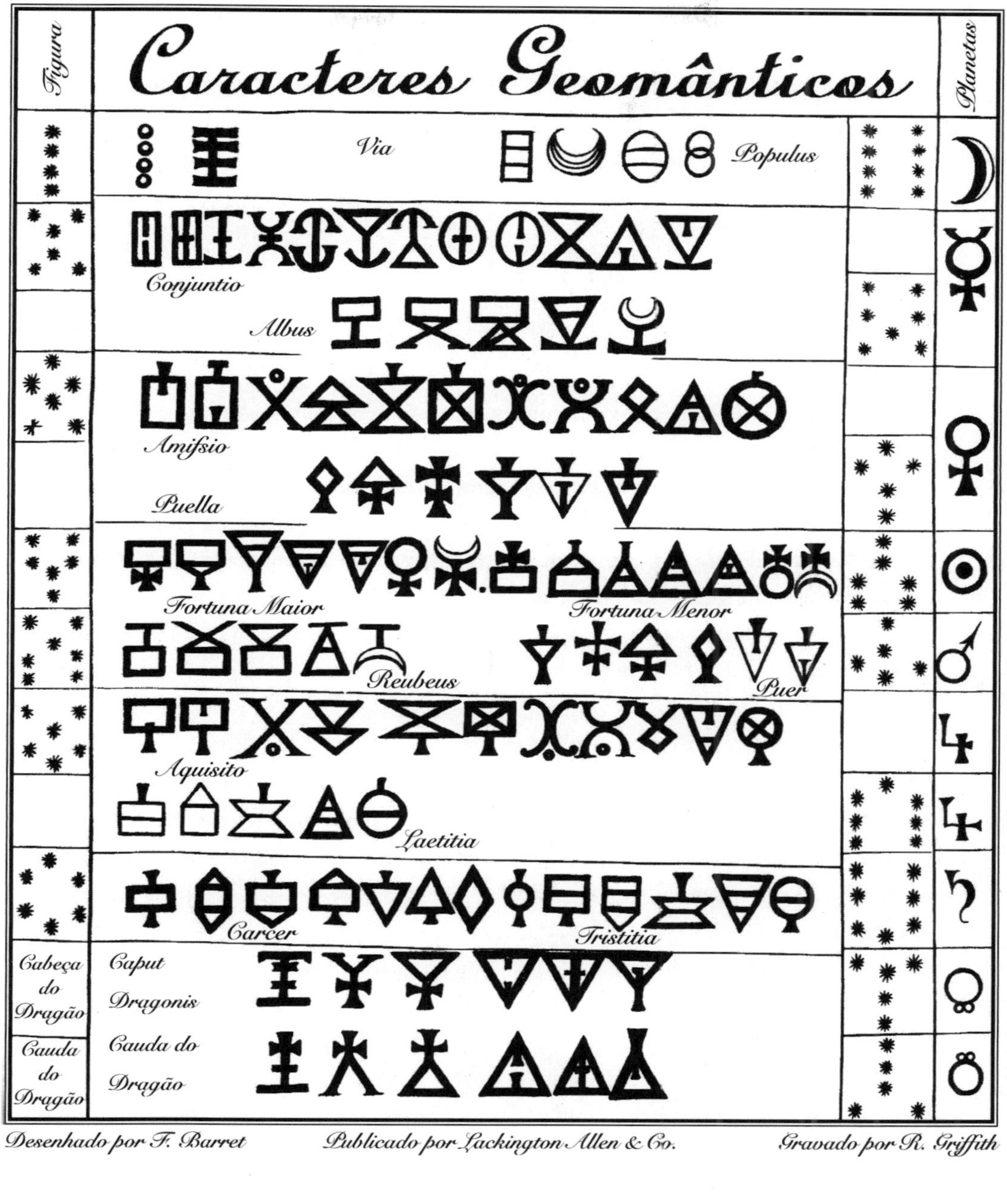

Desenhado por F. Barret *Publicado por Lackington Allen & Co.* *Gravado por R. Griffith*

Touro, Virgem e Capricórnio, por comporem a triplicidade terrestre e meridional, trazem cura a doenças quentes e à febre intermitente. Tornam o usuário eloquente, simpático, espiritualizado. Capricórnio, por estar na casa de Vênus, Marte e Saturno promove a segurança de homens e de locais, porque é a exaltação de Marte.

CAPÍTULO XXXVI

SOBRE AS IMAGENS DE SATURNO

Neste capítulo falaremos das imagens que os sábios da Antiguidade atribuíam aos planetas. Não obstante as informações disponíveis a respeito, acrescentaremos mais alguns dados. Elaborada com base nas operações de Saturno, com Saturno ascendente, os antigos sábios gravaram na magnetita a imagem de um homem com semblante de cervo e pés de camelo, sentado em uma cadeira ou em um dragão, segurando na mão direita uma foice e na esquerda um dardo – imagem que remeteria ao prolongamento da vida. Albumasar, em sua obra, comprova que Saturno traz longevidade, mencionando certas regiões da Índia regidas por Saturno, onde os habitantes têm vida muito longa.

Com o mesmo propósito, outra imagem de Saturno foi elaborada em safira, na hora de Saturno ascendente ou favoravelmente configurado, que consistia na figura de um velho de vestes escuras, de cabeça coberta com um pano preto ou escuro, sentado em uma cadeira alta, com as mãos levantadas acima da cabeça, nelas segurando um peixe ou pequena foice, e sob seus pés um cacho de uvas. Recorria-se à imagem contra doenças renais na hora de Saturno ascendente com a terceira fase de Aquário.

Há informação de uma imagem confeccionada para aumento de poder, com Saturno ascendente em Capricórnio, cuja figura consistia em um velho vestido de preto, apoiado em um cajado, portando nas mãos pequena foice. Curiosamente, há relatos de uma imagem modelada em cobre fundido, com Saturno ascendente no primeiro grau de Áries ou no primeiro grau de Capricórnio, que falaria com voz humana.

Foi ainda modelada uma figura de metal fundido, baseada nas operações de Saturno e Mercúrio, retratando um homem vistoso, que predizia o futuro. Era confeccionada no dia de Mercúrio, na hora terceira de Saturno, com o signo de Gêmeos ascendente na casa de Mercúrio, prenunciando os profetas, com Saturno e Mercúrio em conjunção em Aquário, na nona casa do céu, também chamada de Deus.

Importante atentar para que Saturno e a Lua tenham aspecto tríplice no ascendente, e o Sol tenha aspecto no local da conjunção. Que Vênus esteja em algum ângulo de poder e ocidental. E que Marte esteja em combustão com o Sol, mas que não tenha aspecto em Saturno e Mercúrio, pois acreditavam os sábios que o esplendor de tais astros se difundia sobre a imagem, capacitando-a a falar com os homens, revelando-lhes assim segredos e ou disponibilizando informações oportunas.

CAPÍTULO XXXVII

SOBRE AS IMAGENS DE JÚPITER

Foi desenvolvida pelos antigos sábios uma imagem estampada em uma pedra branca cristalina, na hora de Júpiter, estando Júpiter em sua exaltação, favoravelmente ascendente, cuja figura representativa era um homem coroado, vestido em tom açafrão, montado em uma águia ou dragão, tendo na mão direita um dardo, prestes a golpear a cabeça da águia ou do dragão. Tal figura, sedimentada nas operações de Júpiter, tinha o propósito de prolongar a vida. Ainda no mesmo movimento de Júpiter, outra imagem foi construída em uma pedra branca translúcida, especialmente o cristal. Tratava-se de um homem nu coroado, de mãos unidas, apontando para o alto, indiciando um gesto de súplica, sentado em uma cadeira de quatro pés carregada por quatro meninos alados.

Para os sábios, a imagem promovia felicidade, riquezas, prosperidade, honrarias, libertação de inimigos e benevolência. Há, igualmente, registro de outra figura de Júpiter, destinada a favorecer a vida religiosa e gloriosa e trazer boa sorte: era a figura de um homem com cabeça de leão ou carneiro e pés de águia, vestido também na cor açafrão.

CAPÍTULO XXXVIII

SOBRE AS IMAGENS DE MARTE

A partir das operações de Marte, os antigos sábios confeccionavam uma imagem sobre uma pedra marciana, especialmente diamante, na hora de Marte (com Marte ascendente na segunda fase de Áries). Na representação, a figura de um homem armado, montado em um leão, portando na mão direita uma espada desembainhada apontada para o alto e na mão esquerda a cabeça de um homem. Conforme relatos dos sábios, a imagem dotava o seu portador de poder tanto para o bem quanto para o mal, de modo a ser temido por todos. A figura, igualmente, conferia ao portador poder de encantamento, pois seu olhar, encolerizado, aterrorizava as pessoas.

Outra referência de imagem de Marte para obtenção de valentia, coragem e sorte em guerras e lutas, realizada na hora de Marte, a primeira face de Escorpião ascendente, consistia na figura de um soldado armado e coroado, portando uma espada embainhada e carregando em sua mão direita uma longa lança.

CAPÍTULO XXXIX

SOBRE AS IMAGENS DO SOL

A partir das operações do Sol, os antigos sábios confeccionavam uma imagem em balanita (pedra similar ao topázio) ou rubi, na hora do Sol, quando a primeira fase de Leão está ascendente com o Sol, cuja forma era um rei coroado, vestido em tom açafrão, sentado em uma cadeira, portando um corvo em seu colo e um globo sob seus pés. Dizem que essa imagem torna os homens invencíveis e honrados, proporciona sucesso em negociações e afasta sonhos frívolos, além de proteger contra febres e pragas.

Outra imagem do Sol em um diamante era feita na hora do Sol ascendente em sua exaltação. A figura representativa era uma mulher coroada, sorrindo, apresentando gestos que remetem à dança, em pé em uma carruagem puxada por quatro cavalos. Na mão direita, ela segura um espelho ou broquel;[98] na esquerda, um bastão apoiado no peito e na cabeça, sustenta uma chama de fogo. Segundo os sábios, essa imagem traz riqueza e amabilidades ao seu portador. Confeccionada em pedra cornalina, na hora do Sol ascendente na primeira fase de Leão, a figura era empregada contra paixões lunáticas, que procedem da combustão da Lua.

98. Broquel – "pequeno escudo circular, feito de madeira e guarnecido com ferro ou aço." Disponível em: https://www.dicio.com.br/broquel/ Acesso em: 28 de março de 2021.

CAPÍTULO XL

SOBRE AS IMAGENS DE VÊNUS

Baseados nas operações de Vênus, os antigos sábios criaram uma imagem, em lápis-lazúli, que promovia sorte e benevolência, na hora exata em que o planeta ascende em Peixes. A figura consistia na imagem de uma mulher com um pássaro sobre a cabeça e pés de águia, segurando um dardo. Havia outra imagem de Vênus elaborada com a finalidade de obter o amor das mulheres, na hora de Vênus, com Vênus ascendente em Touro, cuja desenho representava uma donzela nua, com cabelos esvoaçados, segurando um espelho em uma das mãos e uma corrente amarrada ao pescoço. Próximo a ela, um belo jovem segurando parte da corrente com a mão esquerda e, com a direita, ajeitando o cabelo da donzela, e ambos se olhando amorosamente. Ao lado do casal, um menino alado, portando uma espada ou dardo.

Há registros de outra imagem de Vênus, na primeira face de Touro, estando Libra ou Peixes ascendente em Vênus. A figura representativa era composta de uma pequena donzela, com os cabelos igualmente esvoaçados, vestida com roupas longas e brancas, segurando na mão direita uma maçã ou flores, e na mão esquerda um pente. Acreditava-se que a imagem tornava os homens agradáveis, alegres, fortes e atraentes.

CAPÍTULO XLI

SOBRE AS IMAGENS DE MERCÚRIO

A partir das operações de Mercúrio, os sábios da Antiguidade confeccionaram uma imagem de Mercúrio, com o planeta ascendente em Gêmeos, cuja figura representativa compunha-se de um belo jovem barbado, tendo na mão esquerda uma vara, em torno da qual havia uma serpente enrolada; na direita ele carregava um dardo, tendo seus pés alados. Dizem que essa imagem concede conhecimento, eloquência, diligência no comércio e lucro. A imagem ainda simboliza paz, concórdia e combate febres.

Em outra variante da imagem de Mercúrio, com ascendência em Virgem, cuja simbologia remete a boa vontade, inteligência e memória, a figura consistia em um homem de crista, com pés de águia, acomodado em uma cadeira ou montado em um pavão, segurando na mão esquerda um galo de fogo.

CAPÍTULO XLII

SOBRE AS IMAGENS DA LUA

Na Antiguidade, a partir das operações da Lua, na hora da Lua, com a Lua ascendente em sua exaltação, era confeccionada uma imagem para os viajantes que protegia contra cansaço. Na figura, a representação de um homem diante de uma árvore florida, apoiado em um cajado e tendo um pássaro sobre a cabeça.

Em outra versão, a imagem, feita na hora da Lua, sendo esta ascendente na primeira fase de Câncer, trazia o significado de expansão da agricultura, combate a enfermidades infantis e eficácia contra certos venenos.

A figura consistia na representação de uma mulher vestida em tons de branco e verde, portando chifres, com duas serpentes de chifres entrelaçadas em sua cabeça e uma serpente enrolada em cada braço e em cada pé. Acomodada sobre um touro, ou sobre um dragão de sete cabeças, ou sobre um caranguejo, a mulher segurava um dardo na mão direita, e na esquerda um espelho.

Desse modo, acreditamos que essa breve abordagem acerca das figuras dos planetas seja suficiente para o entendimento do leitor.

CAPÍTULO XLIII

SOBRE AS IMAGENS DA CABEÇA E DA CAUDA DO DRAGÃO DA LUA

Os antigos sábios confeccionaram a imagem da cabeça e da cauda do Dragão da Lua, inserindo-a entre um círculo de ar e um círculo de fogo. Formada por uma serpente, com cabeça de falcão, entrelaçada nos círculos, representava a grande letra Teta. Essa representação era feita na ocasião em que a cabeça de Júpiter alcançava o meio do céu. A simbologia da imagem remetia ao sucesso em petições e a períodos de alegria e prosperidade.

Os egípcios e fenícios exaltavam a serpente, mais do que qualquer outra criatura, por considerá-la de natureza divina. Possuidora de espírito mais aguçado e o fogo mais forte das demais criaturas, a serpente é dotada de movimentos rápidos, ainda que desprovida de pés, mãos ou quaisquer outros meios. Salientamos que, ao realizar a muda de pele, a serpente se renova constantemente.

A imagem da cauda, elaborada no período em que a Lua estava eclipsada na cauda ou desfavorecida por Saturno ou Marte, era mensageira de angústia, enfermidade e infortúnio e denominada gênio do mal.

Talismã da cabeça do dragão

CAPÍTULO XLIV

SOBRE AS IMAGENS DAS CASAS DA LUA

Os sábios da Antiguidade faziam imagens que correspondiam a todas as casas da Lua.

Na primeira casa, com o fim de destruir alguém, usando cera negra, eles gravavam, em um anel de ferro, a imagem de um homem negro vestido com uma túnica de pele amarrada à cintura, insinuando, com a mão direita, o movimento de arremesso de uma pequena lança. Em seguida, aromatizavam o anel com estoraque, com pensamentos de maldade e destruição.

Na segunda casa, a imagem de um rei coroado e perfumada com aloés era impressa em cera branca e betume para aplacar a ira do príncipe e possível reconciliação com ele.

Na terceira casa, a imagem de uma mulher, bem-vestida, sentada em uma cadeira, com a mão direita levantada sobre a cabeça era impressa em um anel de prata de cabeça quadrada. A figura era perfumada com cânfora, almíscar e açoro.[99] Simbolicamente, a imagem trazia boa sorte e prosperidade.

Na quarta, para representar vingança, separação, inimizade e má vontade, os sábios gravavam em cera vermelha a imagem de um soldado a cavalo, segurando uma serpente na mão direita, que era aromatizada com mirra vermelha e estoraque.

99. "Açoro (*Acorus calamus*) conhecido como cálamo-aromático, acorina, ácoro-verdadeiro, ácoro-cheiroso, lírio-dos-charcos ou cana-cheirosa é uma planta medicinal pertencente à família das Acoraceae." Disponível em: https://pt.wikipedia.org/wiki/A%C3%A7oro Acesso em: 29 de março de 2021.

Na quinta casa, para se obter favores de reis e funcionários do alto escalão e para bom entretenimento, a cabeça de um homem era gravada em prata e perfumada com sândalo vermelho.

Na sexta casa, para despertar o amor entre duas pessoas, os sábios gravavam, em cera branca, duas imagens que se abraçavam e, posteriormente, a perfumavam com aloés e âmbar.

Na sétima, para se obter alegria e prosperidade, era impressa, em prata, a imagem de um homem bem-vestido, com as mãos postadas em direção ao alto, simbolizando oração e súplica. A imagem era perfumada com diferentes aromas.

Na oitava casa, para obter vitória em guerras, era estampada em estanho a imagem de uma águia com rosto de homem, a qual era perfumada com enxofre.

Na nona casa, com o fim de causar enfermidades, era impressa em chumbo a imagem de um homem sem a genitália, cobrindo os olhos com as mãos. A imagem era perfumada com a resina de pinho.

Na décima casa, para facilitar a gestação e trazer cura para certas doenças, era gravada em ouro a imagem da cabeça de um leão, e posteriormente perfumada com âmbar.

Na décima primeira casa, para provocar medo, reverência e adoração, era estampada em uma placa de ouro a imagem de um homem montado em um leão, segurando com a mão esquerda a orelha do animal, e com a direita uma pulseira de ouro. A imagem era perfumada com aromas agradáveis e açafrão.

Na décima segunda casa, era gravada em chumbo negro a imagem de um dragão lutando com um homem, cujo propósito era a separação de casais. A imagem era esfumeada com pelo de leão e assa-fétida.

Na décima terceira casa, para proporcionar união conjugal, era impressa a imagem de um casal abraçado – a do homem em cera vermelha e a da mulher em cera branca – e posteriormente perfumada com aloés e âmbar.

Na décima quarta casa, para promover divórcio e separações, os sábios imprimiam em cobre vermelho a figura de um cachorro mordendo a própria cauda, que era fumegada com pelo de cachorro preto e de gato preto.

Na décima quinta casa, visando à amizade e à boa vontade, confeccionava-se a imagem de um homem sentado, escrevendo, e posteriormente a perfumava com noz-moscada e incenso.

Na décima sexta casa, para a obtenção de sucesso no comércio, era impressa em prata a figura de um homem, acomodado em uma cadeira, segurando uma balança na mão; posteriormente, a imagem era perfumada com especiarias delicadas.

Na décima sétima casa, para proteção contra roubos e assaltos, era feita em ferro a ilustração de um macaco, a qual era esfumeada com pelo de macaco.

Na décima oitava casa, com o intuito de combater febres e dores abdominais, a imagem de uma cobra com a cauda acima da cabeça era gravada em cobre e envolvida em sal amoníaco. De acordo com a sabedoria antiga, o mesmo selo afugentava serpentes e criaturas tóxicas do local onde for enterrado.

Na décima nona casa, para facilitar o parto e provocar a menstruação, os sábios imprimiam em cobre a figura de uma mulher apoiando as mãos sobre o rosto. Posteriormente, essa imagem era aromatizada com estoraque líquido.

Na vigésima casa, para obtenção de sucesso na caça, era impressa em estanho a imagem de um centauro, fumegada com cabeça de lobo.

Na vigésima primeira casa, visando à destruição de alguém, era estampada a imagem de um homem, com semblante duplo – um rosto na frente e outro atrás –, a qual era fumegada com enxofre e azeviche e colocada dentro de uma lata, juntamente com enxofre, azeviche e cabelos daquele a quem se pretendia prejudicar.

Na vigésima segunda casa, para garantir a segurança dos fugitivos, a imagem de um homem com asas nos pés e um capacete na cabeça era impressa em ferro e aromatizada com mercúrio.

Na vigésima terceira casa, para destruição e desperdícios, a imagem de um gato com cabeça de cão era gravada em ferro, fumegada com pelo de cachorro extraído da cabeça e, depois, enterrada no lugar onde se pretendia causar o mal.

Na vigésima quarta casa, para multiplicação de rebanho bovino, tomava-se o chifre de um carneiro, touro ou bode, ou do gado que se tencionava aumentar, e nele se imprimia com ferro em brasa a figura de uma mulher amamentando, e, assim que possível, pendurava-se esse chifre no pescoço do líder do rebanho.

Na vigésima quinta casa, pela preservação de árvores e colheita, era gravada, na madeira de uma figueira, a imagem de um homem trabalhando no campo. Após ser aromatizada com flores de figueira, a imagem era pendurada na própria árvore.

Na vigésima sexta casa, com o propósito de evocar amor e benevolência, era estampada em cera branca e azeviche a figura de uma mulher lavando e penteando os cabelos e, em seguida, perfumava-se a figura com aromas agradáveis.

Na vigésima sétima casa, com o objetivo de destruir mananciais, fossas, águas medicinais e banhos, era modelada em terra vermelha a imagem de um homem alado, segurando um jarro vazio e perfurado. Em seguida, a imagem era queimada, colocada em um jarro com assa-fétida e estoraque e, depois, esse jarro era enterrado no local onde se pretendia esgotar o fluxo de água.

E, finalmente, na vigésima oitava casa, para aumentar a produção de peixes, era impressa em cobre a figura de um peixe, fumegada com pele de peixe marinho e lançada nas águas onde se pretendia incrementar a pesca.

Ademais, juntamente com as imagens, os antigos sábios ou magos ainda escreviam os nomes dos espíritos e seus caracteres e faziam suas invocações e orações em favor de seus interesses.

CAPÍTULO XLV

OS PODERES SOBRENATURAIS E SUA INFLUÊNCIA SOBRE OS SERES VIVOS. A CONEXÃO DO HOMEM COM O MUNDO INTELIGÍVEL

Os espíritos de luz concedem suas virtudes aos corpos celestes, que os transmitem ao nosso mundo sensível, suscetível de captar tais emanações, o que significa que as virtudes do orbe terreno são de procedência celeste. Por essa razão, o mago, ao tencionar usá-las em suas operações mágicas, deve fazer invocação de forma fervorosa aos superiores, com palavras misteriosas e certo tipo de discurso, atraindo o poder divino da própria natureza (pela atração ou repulsa), por meio de certo pacto entre ele e o mundo celeste ou, às vezes, de forma involuntária.

Aristóteles assevera que ao se evocar o Sol ou outros astros, por exemplo, por meio de encantamento, solicitando ajuda para certa operação, não significa que tais astros serão tocados pelas palavras, mas sim que são movidos por determinada conjunção e conexão com elementos do orbe terreno sobre os quais exercem influência, que permitem ao operador êxito em seu trabalho. A base de toda operação prodigiosa consiste em conhecer tão somente as vias de acesso às virtudes superiores e o seu movimento.

É essencial destacar que um feitiço ou encantamento afeta apenas a alma sensitiva, o aspecto espiritual, causando sofrimento físico, não o raciocínio do homem inteligente, embora pela disposição primitiva e natural do homem, a influência espiritual seja relevante. Quando um mago ou feiticeiro manipula qualquer elemento e/ou energia, a conexão não se faz apenas entre a esfera física e a espiritual, mas é igualmente sentida em cada partícula do orbe, dada a atração mútua existente entre o mundo celeste e o mundo físico.

Logo, o mundo intelectual superior tem hegemonia sobre tudo que está abaixo dele (seres humanos e demais reinos existentes no planeta). Os corpos celestes respondem pelo movimento dos corpos do mundo elementar, sensíveis e reproduzíveis, por meio das essências espirituais, dependentes do raciocínio lógico. Mas o homem somente alcança tais virtudes por meio da palavra de Deus, palavra essa que os sábios caldeus da Babilônia denominavam Causa das Causas, porque todos os seres provêm dessa causa primeira.

O intelecto atuante, considerado a segunda causa, depende da primeira, pela união da palavra com o seu Criador, por meio da qual tudo produz e reproduz. A palavra, então, consiste na imagem de Deus; à imagem da palavra cabe o intelecto atuante, sendo a alma a imagem desse intelecto. A palavra de Deus é, por fim, a retratação da alma, pela qual ela age espontaneamente sobre o mundo natural, porque a Natureza é de origem divina.

A despeito do poder que estiver sendo evocado, o mago deve respeitar a ordem, a hierarquia existente no Universo para que dessa forma possa receber do Criador, o Primeiro, o poder de atuar em cada escala hierárquica. Assim, é imprescindível contemplar as almas dos astros e os seus corpos, o mundo superceleste e o intelectual, depois o corpo celeste e o corpóreo, considerado este último o mais importante, sem o qual a influência do mundo superior não pode ser alcançada. Retomando o exemplo do Sol, o rei dos astros recebe luz do mundo intelectual, acima de todos os demais astros, porque sua essência é mais suscetível ao esplendor inteligível.

Para atrair a influência do Sol, no entanto, não basta apenas a contemplação de sua luz externa, mas se atentar à contemplação de sua luz interna, conectar-se a ela e extrair todo significado que essa luz carrega. Somente assim, gradualmente, o homem absorve a luz do Sol e seus caracteres, compreendendo a engrenagem do mundo divino até receber a luz suprema. Então, em nível de perfeição, o homem se tornará igual aos espíritos do Sol e alcançará as virtudes e a iluminação provenientes do Criador.

Diante do exposto, devemos orar com o coração para que o Criador dote nosso mental de luz e sabedoria, removendo as trevas espirituais causadas pelo nosso corpo físico.

CAPÍTULO XLVI

A PRÁTICA CONSTELATÓRIA OU MAGIA TALISMÂNICA E A CONFECÇÃO DE IMAGENS

Neste capítulo, abordaremos a importância de observar os corpos celestes, determinantes de sucesso em qualquer trabalho mágico de encantamento.

Para trazer sorte a alguém, confeccionamos uma imagem no momento que *o doador da vida*, ou *Hilech*, *os signos dos planetas* estejam favoráveis, em que o ascendente, o meio do céu e seus senhores sejam favoráveis e, do mesmo modo, a localização do Sol e da Lua. A parte da sorte e o regente da conjunção ou impedimento devem ser feitos antes do nascimento deles, enfraquecendo assim os planetas maléficos. Caso a intenção seja a de provocar desgraça, fazemos uma imagem no período favorável aos astros maléficos. O mesmo procedimento deve ser adotado em relação à destruição de regiões, cidades e casas.

Para desfavorecer alguém, confeccionamos uma imagem no ascendente da pessoa, tomamos o regente da casa de sua vida no período desfavorável, o regente do ascendente da Lua, o regente da casa da Lua, o regente da casa do regente ascendente e a décima casa e do regente desta.

Para construção, sucesso ou expansão de uma região, colocamos a fortuna em seu ascendente, tornamos favorável o regente do ascendente e o regente da casa da Lua, na primeira e na décima casas, na segunda e na oitava casas.

Para expulsar certos animais perniciosos e evitar sua procriação, elaboramos uma imagem daquele animal sob a sua ascensão. Vamos tomar o escorpião como exemplo: confeccionamos a imagem com o signo de Escorpião ascendente com a Lua; em seguida, fazemos desfavorável o ascendente, o seu regente e o regente da casa de Marte, e tornamos desfavorável o regente do ascendente na oitava casa. E que tudo esteja coroado pelo aspecto maléfico, negativo, em oposição ou quadratura. Então, escrevemos sobre a imagem o nome do ascendente e de seu regente, e da Lua, e o regente do dia e da hora. O próximo passo é fazer uma cova no local onde os escorpiões aparecem, preenchendo-a com terra retirada dos quatro cantos do lugar, e enterrar a imagem com a cabeça para baixo, dizendo: "Este é o enterro dos Escorpiões, para que sejam obrigados a sair e não mais voltar a este lugar". O mesmo procedimento se aplica aos demais animais.

Com o intuito de granjear prosperidade, devemos confeccionar uma imagem sob o ascendente daquele a quem desejamos direcionar prosperidade, e fazer o regente da segunda casa, que é casa da substância, unir-se ao regente do ascendente, em aspecto tríplice ou sêxtuplo, de modo que haja receptibilidade entre eles. Em seguida, faremos favorável a décima primeira casa e seu regente, assim também a oitava. E se for possível, colocaremos parte do desejo de ascensão e fortuna no ascendente ou na segunda e, finalmente, enterraremos a imagem no lugar onde queremos enviar riqueza e abundância.

Para obtenção de concórdia ou amor, faremos uma imagem no dia de Júpiter, sob o ascendente do dia de nascimento daquele que desejamos que seja amado. Tornamos favorável o ascendente e a décima casa, ocultando o mal do ascendente. Devemos ter os regentes da décima casa e dos planetas da décima primeira favoráveis, unidos com o regente do ascendente, em aspecto tríplice ou sêxtuplo, de modo que haja receptibilidade entre ambos. Em seguida, confeccionamos outra imagem para quem desejamos provocar o amor. Caso a pessoa a se apaixonar for um amigo, mulher, irmão, parente ou companheiro, faremos uma imagem sob a ascensão da décima primeira casa do ascendente da primeira imagem. Mas se a pessoa for a esposa ou o marido, a imagem será configurada sob a ascensão da sétima casa; se for irmão, irmã ou prima, sob a ascensão da terceira casa; se for mãe, da décima casa etc. O próximo passo será unir o indicador do ascendente da segunda imagem ao indicador do ascendente da primeira imagem, de modo que haja reciprocidade entre eles, e a primeira e a segunda imagens sejam favoráveis. Feito isso, unimos as duas imagens em um abraço ou unimos a frente da segunda imagem com as costas da primeira, embrulhamos em seda e descartamos ou destruímos.

Para sucesso em petições, reintegração de posse de algo confiscado ou mesmo negado, a imagem será feita sob o ascendente do solicitador da petição, unindo-se o regente da segunda casa com o regente do ascendente, em aspecto tríplice ou sêxtuplo, de modo que haja reciprocidade entre eles. E, se possível, que o regente da segunda esteja nos signos obedientes e o regente do ascendente, no domínio. Em seguida, faremos ascendente o seu regente, tomando os devidos cuidados para que o regente do ascendente não esteja em recessão ou combustão, nem descendente, ou na casa oposta, ou melhor, na sétima a partir de sua própria casa, e que este não seja impedido pelos planetas malignos, mas que pelo menos seja forte em um ângulo. Devemos fazer favoráveis o ascendente e o regente da segunda e a Lua.

O próximo movimento é a confecção de outra imagem, agora direcionada ao solicitante, iniciando-se sob o ascendente da pessoa. Caso o solicitante seja um rei, príncipe ou outra autoridade, inicia-se a elaboração da imagem sob o ascendente da décima casa a partir do ascendente da primeira imagem; se for um pai, sob a quarta; se for um filho, sob a quinta. Concilia-se, em seguida, o indicador da segunda imagem com o regente do ascendente da primeira imagem em aspecto tríplice ou sêxtuplo, de modo que haja reciprocidade entre eles. Coloca-se ambos, fortes e favoráveis, sem qualquer impedimento, de modo que todo mal se afaste.

Devemos fazer favorável a décima e a quarta casas e, se possível, qualquer uma das casas. De posse da segunda imagem concluída, deve juntá-la à primeira, face a face, envolvendo-as em linho limpo. Enterre-as no meio da casa do solicitador da petição, sob um indicador favorável, quando a sorte estiver florescente.

É fundamental que a parte da frente da primeira imagem esteja voltada para o norte, ou em direção ao lugar onde o objeto da petição permanece. E caso o solicitador seja restituído pessoalmente, aconselha-se que carregue consigo as duas imagens.

Por meio desses poucos exemplos, apresentamos a chave de todas as operações talismânicas, cujos efeitos extraordinários podem ser produzidos por meio de imagens, anéis, espelhos, selos, tabelas, ou de qualquer outro instrumental mágico.

Para conseguir êxito em suas operações e experimentos, recomendamos aprofundar os estudos de Astrologia no que se refere a poder, influências e efeitos entre os corpos celestes. Sugerimos ainda que o artista tenha conhecimento acerca dos movimentos, descidas e ascensões dos sete planetas, de suas naturezas (mista ou ampla), e seja possuidor de raciocínio lógico para conseguir calcular a exata posição de uma figura no céu. Ao se atentar a todo conteúdo que foi até esse momento revelado, certamente, será muito bem-sucedido em seus trabalhos mágicos.

Encerraremos assim a Segunda Parte de nossa obra – Livro da Magia Talismânica.

Selos Mágicos ou Talismãs

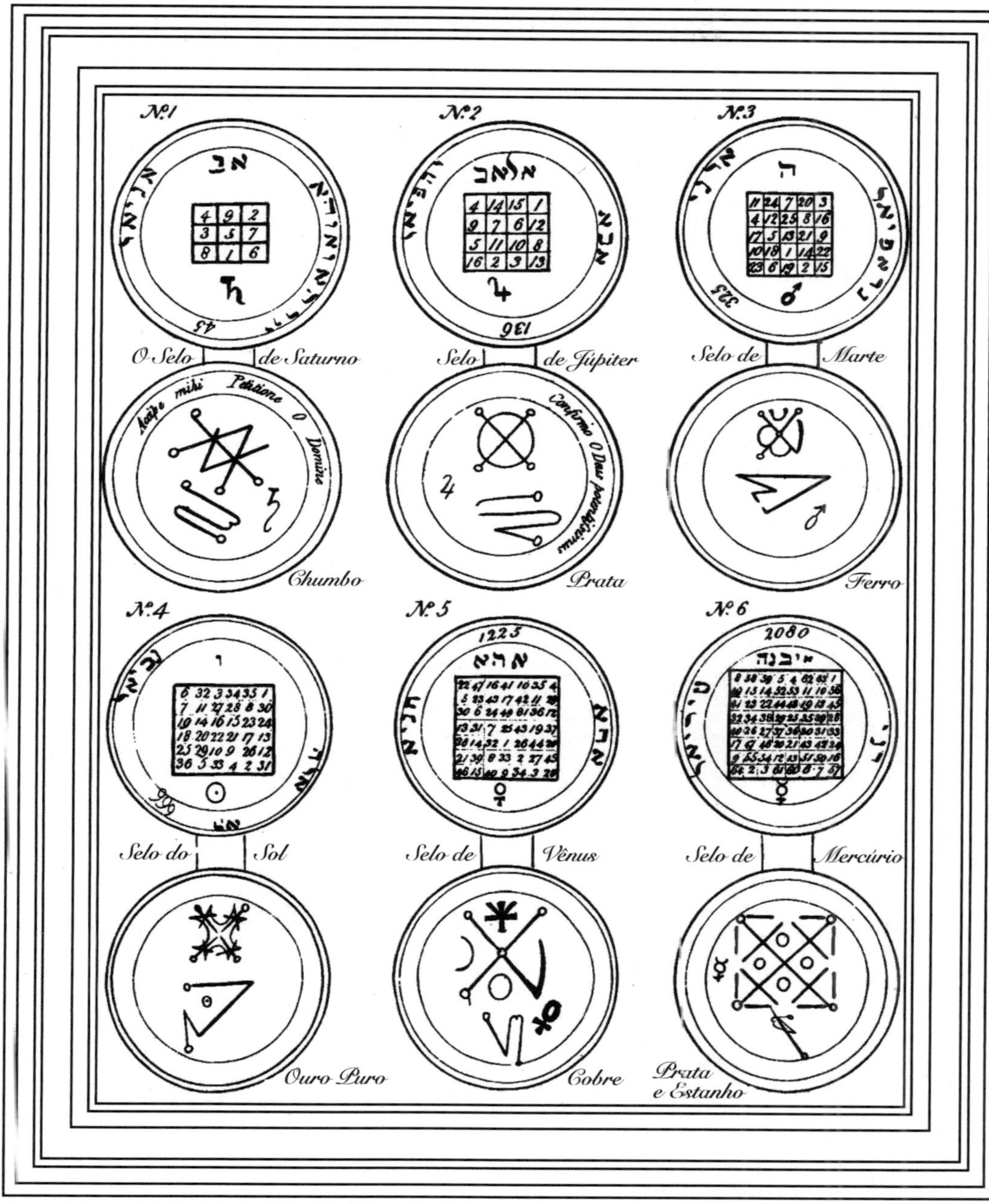

MAGUS

ou

OS MISTÉRIOS SECRETOS

CONTENDO

MAGNETISMO

e

A MAGIA CABALÍSTICA

AO QUE ACRESCENTA UM TRATADO SOBRE PROFECIA, SONHOS PROFÉTICOS E INSPIRAÇÃO

LIVRO II – PRIMEIRA PARTE

MAGNETISMO

Nesta primeira parte do Livro II, nós reunimos e organizamos alguns conhecimentos secretos extraídos dos escritos de Paracelso,[100] erudito e filósofo alemão, uma personalidade respeitada por seu legado não somente na Alemanha, mas em nível mundial. Da mesma forma, da obra de Van Helmont, o célebre filósofo, que, juntamente com Paracelso, trabalhou incansavelmente na difusão de todos os tipos de curas magnéticas e simpáticas, porém condenadas e negligenciadas pela ignorância e descrença de nossa época.

No entanto, por mais sistemáticos e aficionados que sejam os filósofos modernos quanto às próprias opiniões, muitas vezes equivocadas, vimos dois ou três indivíduos que comprovaram a veracidade e a possibilidade do magnetismo por meio de experimentos públicos. De fato, a engenhosa invenção dos Operadores Magnéticos comprova que a ciência jamais deveria ser impedida pela ignorância de alguns ou distorção dos fatos que atestam ser de uso geral.

E não temos dúvidas de que seremos capazes de mostrar, na teoria e na prática, que muitas curas podem ser realizadas por meio da observação atenta aos princípios que fundamentam a simpatia, a antipatia, a atração magnética etc., aspecto que será ilustrado neste segmento do livro.

Iniciaremos nosso estudo abordando os princípios do magnetismo, examinando o poder magnético ou poder de atração.

---

100. Paracelso, pseudônimo de Philippus Aureolus Theophrastus Bombastus von Hohenheim (Einsiedeln, 17 de dezembro de 1493 — Salzburgo, 24 de setembro de 1541), foi um médico, alquimista, físico, astrólogo e ocultista suíço-alemão. A ele também é creditado a criação do nome do elemento zinco, chamando-o de *zincum*. [...] É considerado por muitos um reformador do medicamento. Também é aclamado por suas realizações em Química e como fundador da Bioquímica e da Toxicologia. [...] Por outro lado, sempre possuiu uma aura de místico e até mesmo a obscura reputação de mago. Disponível em: https://pt.wikipedia.org/wiki/Paracelso Acesso em: 31 de março de 2021.

CAPÍTULO I

O PODER MAGNÉTICO OU PODER DE ATRAÇÃO

Em relação à ação local e a distância, os vinhos nos sugerem uma demonstração, pois todo tipo de vinho, embora cultivado em regiões vizinhas ou florindo em outros lugares, perturba-se quando a videira de nosso país floresce. Esse distúrbio não cessa enquanto a flor de nossa videira não cai, o que certamente ocorre devido a uma causa comum da videira e do vinho, ou por uma disposição específica da videira, o que de fato perturba o vinho e o agita para cima e para baixo em certa turbulência: ou porque o vinho se agita por si próprio, ou talvez por causa das flores da videira, ou por certa consonância preestabelecida com a videira. O que prova que tal fenômeno pode ser causado por uma ação a distância, tendo-se em conta que a movimentação do vinho se dá em adegas localizadas em porões, distantes de qualquer videira, sem a interferência de correntes de ar que poderiam transportar a flor da videira ausente. Mas, ao procurarmos uma causa para tal efeito, somos direcionados aos astros, que de forma alguma se submetem à nossa vontade, ou simplesmente aceitamos a ação da distância e não discutimos mais. Todavia, percebemos que a causa propulsora, ou "um espírito ainda desconhecido", rege o vinho ausente e a videira distante e os faz interagir resignadamente.

Quanto ao poder dos astros, não estou apto a lhes conferir mais força ou limitar seu poder de ação para além do que apregoa o texto sagrado. De acordo com as Escrituras Sagradas, os astros assinalam para nós os signos, as estações, os dias e os anos. Contudo, não há registro nas Escrituras Sagradas que apontem a influência dos astros no movimento ou constituição do vinho produzido em solo estrangeiro e trazido até nós, visto que o reino vegetal, que recebeu o poder de crescer e se multiplicar, precede a existência dos astros, de modo que a essência dos vegetais não se harmoniza com a essência dos astros, pois são independentes em sua composição e expansão.

Em alguns lugares, o florescimento da vinha é mais rápido. Nossas vinhas, porém, nos anos chuvosos ou mais frios, florescem mais lentamente. Apesar disso, o período de florescimento assemelha-se ao de qualquer outra videira, o que significa que não sofre interferência dos astros. Ademais, a vinha não obedece ao florescimento de qualquer outra planta que não seja dela própria. Recomenda-se, então, não se procurar uma causa universal que justifique as sucessivas mudanças no mundo, pois certamente iremos nos deparar com absurdos e impossibilidades, em vez da relação de semelhança e unidade, muito embora esse conceito não seja ainda aceito pelas escolas.

O fenômeno verificado com o vinho também acontece em relação à cerveja. Nossos ancestrais, ao constatarem que a cevada fervida de maneiras diferentes apresentava resultados diversos (caldo de cevada ou polpa), descobriram que primeiramente deviam deixar a cevada criar botões, que nominaram de malte, para depois submetê-la ao processo de fervura. Aqui há dois fatores a considerar: em uma primeira fervura, o botão de cevada é estimulado, e em seguida, é seco. Em uma segunda fervura, é transformado em farinha e perde seu potencial de crescimento. A planta, no entanto, graças à fermentação, conserva seu espírito embriagante do álcool, semelhante ao vinho. Enfim, em apenas um grão, único espírito (essência), há diversos poderes, e quando um poder é extraído, outro permanece, cuja manifestação é ainda mais extraordinária. Por conseguinte, como a cerveja de malte agita-se por ocasião da florada, de forma análoga o vinho o faz em relação à vinha.

Verifica-se que nas cidades onde há cultivo de cevada, a interação entre a cerveja e a cevada em florescimento é mais intensa, na mesma proporção que a ausência de seu poder demoveu a esperança de lançar botões e crescer. Assim, o álcool contido na cerveja e encerrado em barris dentro de porões não tem o poder de se transportar para a espiga florida da cevada de modo a agitar a cerveja. Explicar, certamente, o fenômeno considerando-se a lei de atração entre elementos distantes entre si é acertadamente bem mais coerente do que aceitar que o álcool sai da cerveja e alcança a cevada em flor, retornando em seguida para os barris de cerveja.

A marca que o desejo de uma gestante traz ao bebê vem corroborar a existência de certo magnetismo ou atração que age a distância. A mulher grávida que desejar uma cereja, por exemplo, e naquele momento tocar sua testa ou qualquer outro lugar, impregna o bebê com uma marca da imagem, nesse caso, da cereja, que, com o passar dos anos, muda de tonalidade: verde, branca, amarela e finalmente de aspecto vermelho, de acordo com o teor das árvores. Desse modo, confirma-se a *ação a distância*, em conformidade com as essências da cerejeira, em seu tronco lenhoso e viçoso, em cujo cerne podem ser identificadas as marcas do sucessivo curso dos anos. Em outras palavras, a vontade pela cereja confirma a *consanguinidade ou afinidade íntima* com o ser (cerejeira) impresso na parte (criança).

Dessa forma, atribuir tais fenômenos aos espíritos malignos significa reconhecer a própria limitação, a falta de habilidade em enxergar as Dádivas de Deus em abundância por toda a natureza e perceber a demonstração de causa e efeito que há em tudo, tal qual fazia Aristóteles, que ignorava a natureza, e, por isso, era carente das boas dádivas vindas do Pai Celestial.

Por essa exemplificação, pode-se observar o extraordinário poder de atuação do espírito de atração ou espírito universal, que de nenhuma outra forma é tão claramente demonstrado quanto pela afinidade inerente às coisas naturais. E o poder espiritual, que administra a relação entre seres e objetos que apresentam atração magnética, mas distantes entre si, está baseado neste princípio de atração e repulsa. Por meio de experimentos provaremos a ação e a paixão existentes entre espíritos naturais, produzidos por meio de efeitos prodigiosos, que muitos atribuem a superstições, como *Bruxaria, Nigromancia* ou *Magia Negra*.

CAPÍTULO II

SOBRE OS REMÉDIOS SIMPÁTICOS

Em 1639 foi publicada a obra *O Pó Simpático* de *Edricius Mohynus, de Eburo*, a qual propõe a cura de feridas sem aplicação direta do medicamento sobre a parte afetada e sem a interferência de qualquer encantamento. A obra passou pela análise de Galeno e de Aristóteles quanto a provar o que o título prometia, no que realmente provou, descuidando, contudo, da *faculdade diretiva*, ou *virtude*, que o pó simpático, aplicado em toalha ou lenço com vestígios de sangue, de líquido seroso ou de pus pudesse levar à cura. Sobre as substâncias é aplicado o bálsamo de natureza curativa, cujo poder medicinal se baseia na eficácia do ácido sulfúrico. Evidentemente, a virtude recebida do bálsamo não provém dos astros, nem mesmo emite suas propriedades a distância, de modo a alcançar o ferimento. É, antes, pelo pensamento daquele que aplica o remédio simpático, sintonizado nesse meio, que direciona o bálsamo, cuja intenção é a cura do ferimento. Para *Mohynus*, entretanto, o poder da atração depende dos astros, porque imita as influências.

Particularmente, eu acredito mais na intencionalidade do aplicador. Aquele que nutre pensamento de cura e desejo sincero de praticar a caridade é muito mais exitoso em sua empreitada do que outros, limitados a executar o trabalho de forma automática, o que me leva mais a conferir créditos aos astros da mente, quanto aos efeitos dos remédios simpáticos, do que aos astros do céu.

Aqui retomamos a ideia do desejo da mãe que fica impressa no bebê, referida no capítulo anterior. É a mãe a responsável por transmitir, no período gestacional, todas suas ideias e desejos ao feto devido à comunhão divina que se estabelece entre mãe e filho.

Nesse sentido, considerando-se o direcionamento do desejo algo natural, não é de admirar que o espírito maligno não interfira na cura, por falta de virtude, mas que enquanto portador de certo poder, de certa "matéria-prima" de cunho destruidor e operativo, exija que sua influência, seu desejo e ideias sejam impregnados em seus seguidores e disseminadas em seu meio.

Embora Satanás coopere nas injúrias por meios naturais perversos, extraídos de seus escravos, os remédios simpáticos afinam-se aos elementos naturais dotados de virtude divina, o que nos leva a concluir que cada ação será julgada segundo a intenção e a finalidade do operador. "Mas, segundo a tua dureza e teu coração impenitente, entesouras ira para ti no dia da ira e da manifestação do juízo de Deus; [...] O qual recompensará cada um segundo as suas obras" (Romanos 2:5,6).[101]

CAPÍTULO III

SOBRE O PODER DO MAGNETISMO, DA SIMPATIA, DA BRUXARIA

Apresentaremos, neste capítulo, algumas operações admiráveis, efetuadas graças ao magnetismo e baseadas na simpatia e antipatia naturais (atração/aversão), e as curas prodigiosas advindas por esses meios.

A obra da Criação, em sua completude, não admite opiniões e considerações de teólogos ou sacerdotes sobre as virtudes que presentificam todos os seus reinos. Pois, há aqueles que se aventuram a medir a extraordinária obra de Deus por meio de sua inteligência, posicionando-se contra a ideia de que o Criador tenha dotado tudo o que existe de virtude, como se fosse possível à consciência humana, de estreita e limitada capacidade, compreender o verdadeiro sentido de Onisciência.

As mentes que não entendem como se dá esse processo, concluindo erroneamente que não pode ser realizado, nivelam as mentes dos demais com a proporção de seu próprio entendimento. Somente os versados na arte da Cabala, do Fogo e da Magia é que podem desenvolver os mistérios da natureza, porque examinaram as propriedades das coisas, resgatando das sombras *os poderes ocultos do Homem, dos Animais, dos*

101. Disponível em: https://www.bibliaonline.com.br/acf/rm/2/6+?q=segundo+suas+obras Acesso em 1 de abril de 2021.

Vegetais, dos Minerais e das Pedras, porque aprenderam a refinar essa matéria sutil dos teores deletérios (rudezas, elementos tóxicos e heterogêneos) entendidos como aguilhões na natureza virgem. O observador atento da Natureza percebe que, diariamente, a natureza *destila, sublima, calcina, fermenta, dissolve, coagula, fixa* e *se renova.* Por essa razão, nós, que somos os ministros da natureza, separamos, descobrindo as causas e os efeitos de cada fenômeno por ela produzido.

O magnetismo existe para ser empregado pelo homem, visando à obtenção da cura de diversos distúrbios concernentes à natureza humana. Inicialmente, falaremos sobre o magnetismo, conhecido por suas propriedades extraordinárias, e que não estão evidentes aos olhos de todos, mas nos mostram provas suficientes de sua atuação.

A magnetita possui notável faculdade medicinal contra muitos males e doenças de difícil combate. De acordo com Helmont, o uso da parte de trás da magnetita, ao repelir o ferro, remove gota, inchaços, reumatismo etc., uma característica inerente à natureza ou à qualidade do ferro. O poder de atração do ferro, associado à vontade de uma gestante, na eminência de um aborto, faz com que o verso da magnetita, acomodado entre suas coxas e a parte da frente da pedra em seus quadris impeça a interrupção da gestação. No processo inverso, a frente da magnetita aplicada entre as coxas e o verso da pedra aplicado nos quadris da gestante resulta em parto bem-sucedido. Da mesma forma, o uso da pedra alivia e previne cãibras e outros distúrbios e dores.

Em Frankfurt, em 1611, o frade dominicano Uldericus Balk publicou um livro a respeito da lamparina da vida, que, segundo Paracelso, representava a verdadeira cura magnética de muitas doenças (gota, icterícia etc.) e defendia a ideia de que "[...] o poder interior da alma pode se manifestar no exterior do organismo que a anima e age sobre o corpo, a vontade e as representações dos outros."[102]

Exemplificando: Sabe-se que ao se colocar o sangue ainda quente do doente na casca e na clara de um ovo, expondo-o ao calor nutritivo, e depois misturá-lo a um pedaço de carne e entregar a um cão faminto, o distúrbio passará da pessoa para o animal, da mesma forma que a lepra de Naamã passou para Gehazi pela maldição do profeta.[103] Caso uma mulher deseje desmamar o filho, basta derramar seu leite sobre carvão em brasa, que este logo secará. Para evitar incômodos ou brincadeiras ofensivas em sua porta, insira um pedaço de madeira em brasa sobre os excrementos então depositados e, pela ação do magnetismo, as nádegas do gracejador ficarão inflamadas,

---

102. https://pt.wikipedia.org/wiki/Magnetismo_animal#:~:text=As%20principais%20correntes%20de%20magnetismo,- Quando%20Mesmer%20deixou&text=Os%20psicofluidistas%20v%C3%AAem%20a%20vontade,fluido%20como%20um%20ve%C3%ADculo%20curativo. Acesso em: 1 de abril de 2021.

103. Para mais detalhes acessar: https://www.bibliaonline.com.br/acf/2rs/5 Acesso em: 1 de abril de 2021.

causando grande desconforto. Aprendemos com Paracelso que "[...] a imaginação é a força mágica por excelência, que representa o poder de agir sobre os outros."[104]

Em outro experimento, disponha um fragmento de âmbar báltico em uma das extremidades de uma pequena placa de chumbo e, a pequena distância, coloque uma porção de ácido sulfúrico verde, um derivado do chumbo. Em pouco tempo, pela força da atração, a ação corrosiva e desidratante do ácido provocará a perda de cor e acidez da pedra.

E ao colher raiz de cardo carolino fresca e cozinhar junto a um amuleto pertencente ao indivíduo a quem se pretende dominar, o indivíduo, caso esteja em sintonia, afinado com o operador, perderá poder e força vital, que serão transferidos ao agente da ação.

CAPÍTULO IV

SOBRE O UNGUENTO DE ARMADURA OU POMADA DE DEFESA

O ingrediente principal deste preparado é certo musgo encontrado em caveiras, o que Van Helmont denomina *excrescências* ou *superfluidades dos astros.*[105] Esse musgo, pelo fato de ter recebido do céu sua semente e crescer na medula mumificada do crânio humano, ou torre do microcosmo, é possuidor de excelentes poderes astrais e magnéticos, que superam aqueles presentes em certos vegetais e ervas.

O magnetismo desse unguento, conhecido por *unguento de armadura* ou *pomada de defesa*, opera a cicatrização de forma diversa ao processo natural de regeneração regular. Sua propriedade notável permite cura imediata e indolor, o que nos leva a afirmar que a virtude magnética provém do Criador.

Oportuno se faz desvendar a causa do magnetismo presente no unguento. Inicialmente, com a anuência dos teólogos, nós dividimos o homem em homem externo e interno, atribuindo a ambos os poderes de certa mente, ou inteligência. Desse modo, são inerentes ao corpo físico propriedades em discordância com aquelas que perfilam a alma humana, ou mesmo aquelas que se harmonizam com a vontade do

104. Disponível em: https://pt.wikipedia.org/wiki/Magnetismo_animal#:~:text=As%20principais%20correntes%20de%20magnetismo,- Quando%20Mesmer%20deixou&text=Os%20psicofluidistas%20v%C3%AAem%20a%20vontade,fluido%20como%20um%20ve%C3%ADculo%20curativo. Acesso em: 2 de abril de 2021.

105. "Grande defensor da abiogênese (geração espontânea) e da hipótese de Aristóteles, que afirmava a existência de um "princípio ativo" (capacidade de originar seres vivos), Van Helmont acreditava que conseguiria formar um ser vivo por meio da matéria bruta." Disponível em: https://pt.wikipedia.org/wiki/Jan_Baptista_van_Helmont#:~:text=Grande%20defensor%20da%20abiog%C3%AAnese%20(gera%C3%A7%C3%A3o,por%20meio%20da%20mat%C3%A9ria%20bruta. Acesso em 2 de abril de 2021.

Pai Celestial. Nesse sentido, algumas revelações divinas são sentidas na carne e no sangue e outras apenas no homem interno, espiritual. De outro modo, como justificar de um lado os sentimentos, emoções e anseios humanos (em nível mental) e de outro o livre-arbítrio, a faculdade peculiar ao corpo físico, que lhe permite atuar em um campo de múltiplas possibilidades?

Ademais, há êxtases pertencentes ao homem interno e há êxtases pertinentes ao homem físico, devido, indubitavelmente, à sua imaginação fértil.

Martin del Ros, em sua obra *Dificuldades ou Inquirições Mágicas*, faz referência a um jovem, que tomado de forte desejo de rever sua mãe foi arrebatado para o local onde ela se encontrava, a quilômetros de distância. De volta e consciente de tudo o que havia presenciado, apresentou vários indícios, comprovando a veracidade da experiência.

Acertadamente, o desejo surgiu do homem externo (do sangue e dos sentidos) ou da carne; de outro modo, se a alma tivesse operado qualquer deslocamento, soltando-se das amarras do corpo, jamais poderia se conectar ao corpo físico novamente. No sangue do jovem havia, então, poder de êxtase ou potencial intrínseco à natureza corpórea a impulsionar o espírito do homem externo, movido pela vontade, ou forte imaginação, até o objeto de desejo, ausente e distante.

CAPÍTULO V

SOBRE O PODER DA IMAGINAÇÃO E O MAGNETISMO DOS ESPÍRITOS DA NATUREZA

O processo de infecção em um ferimento inicia-se a partir da presença de micro-organismos no sangue (fungos e bactérias). Sem o devido tratamento, a infecção se expande pela corrente sanguínea, podendo levar o organismo a sérias complicações. O sangue contaminado, ao entrar em contato com o unguento, absorve a faculdade magnética ou atrativa nele contida, de modo a fazer um trabalho de assepsia. Esse procedimento medicamentoso, aos poucos, incapacita os agentes externos e promove a cicatrização, trazendo equilíbrio às funções orgânicas. Assim, comprovamos a eficácia do magnetismo natural no unguento, extraído da magia natural, na qual a luz da verdade se assenta: "Pois onde estiver o teu tesouro, ali também estará o teu coração" (Mateus 6:21).[106]

106. Disponível em: https://www.bibliaonline.com.br/nvi/mt/6/21 Acesso em: 2 de abril de 2021.

Se o tesouro está no céu, então o coração, isto é, o espírito do homem interno está em Deus, que é a vida eterna. Mas se o tesouro estiver voltado somente para o mundo material e perecível, tais quais os abutres ao lado de animais em decomposição, também o coração e o espírito do homem externo estarão voltados apenas à transitoriedade. E não nos referimos ao contexto místico, apenas lembramos que o espírito do homem interior está localizado no reino de Deus em nós, que é o próprio Deus, da mesma forma que o coração ou o espírito do homem externo está localizado ao lado de seu tesouro. Caso contrário, que razão haveria para a Necromancia (ou arte da adivinhação pela invocação de espíritos) se ater à suposição de que os espíritos dos homens carnais devam, após seus funerais, vaguear e cuidar de seus tesouros enterrados?

Digo que o homem interno não é apenas um animal ou ser vivente, que faz uso da razão e da vontade do sangue, mas é sobretudo, a imagem de Deus. Contrariamente, a definição acerca do homem, a partir do poder do discurso racional, formulada pelos defensores da lógica, não seria tão deficiente.

Analogamente, poderíamos limitar o magnetismo dos abutres às carcaças, pois nenhuma ave de rapina é dotada de olfato tão aguçado que a faça percorrer grandes distância, atraída por uma carcaça, visto que o odor não tem alcance tão longo. Todavia, qual a necessidade de se reforçar o magnetismo das aves, se o próprio Deus (o início e o fim da filosofia) determina expressamente que o mesmo processo, do coração e do tesouro, seja semelhante entre os dois seres: homem externo e ave de rapina?

Se os abutres fossem levados às carcaças com o mesmo apetite que os animais de quatro patas são trazidos para suas pastagens, obviamente ele (Van Helmont) teria dito, em poucas palavras, que as criaturas vivas são atraídas ao alimento do mesmo modo que o coração do homem ao seu tesouro, o que seria uma inverdade, pois o coração não busca seu tesouro com o propósito de se alimentar, como o fazem os seres vivos em relação à comida. Logo, comparar o coração do homem ao abutre não procede no que concerne ao objeto de seu desejo, mas sim quanto à qualidade da atração, pois ambos são atraídos e conduzidos pelo magnetismo.

Nesse sentido, em relação ao processo de cura do unguento sobre o ferimento, o espírito e a vontade do sangue, extraídos da ferida, introduzidos no unguento, são atraídos para o seu tesouro, isto é, o restante do sangue ainda desfrutando de vida do homem interior. Porém, Helmont afirmou que o abutre é atraído para a carcaça, porque atende ao chamado de um desejo, não pelo odor do animal em decomposição. Nesse caso, o animal, por assimilação, seguramente se apropria apenas desse desejo, então o ditado: "Minha juventude será renovada como a do abutre". Ademais, o rejuvenescimento ocorre não pelo simples fato de se alimentar da carne, mas porque a digestão singular do abutre lhe permite extrair e refinar a essência do espírito da carcaça. Caso contrário, os cães também rejuvenesceriam, o que não é verdade.

Certamente, há quem considere obsoleto esse argumento a favor do magnetismo. Mas nem tudo o que é antigo ou remoto perdeu, em essência, a sua representatividade. Em *Gênesis* consta que no sangue de todas as criaturas vivas existe sua alma, pois há no sangue certos poderes vitais,[107] os quais, como se tivessem sido preenchidos por uma alma e por vida, exigem vingança do Céu e, dos juízes terrenos, a justa sentença ao criminoso. Como não se pode negar que tais poderes estão presentes no sangue, não vejo razão para rejeitar o magnetismo deste, entendido por alguns como obra do demônio.

Acrescento ainda que os sonâmbulos se deslocam com certa facilidade e executam tarefas e tantas outras atividades muitas vezes impossíveis àqueles em estado de vigília guiados pelo espírito do sangue, isto é, pelo homem exterior. Um exemplo é Santo Ambrósio, que pela virtude mágica, natural ao homem externo, embora estivesse fisicamente distante, participou visivelmente das solenidades fúnebres de São Martinho. Nesse episódio, trata-se de uma presença espiritual, do espírito visível do homem externo.

De igual modo, muitos santos, em estado de êxtase do próprio homem interno, presenciaram fatos fora do tempo e espaço, por meio dos poderes superiores da alma, reunidos em unidade, e por uma visão intelectual, mas não por uma presença visível.

Não obstante, é fundamental continuar a pesquisa a respeito desse assunto, pois há muito o que conhecer sobre atração magnética entre objetos inanimados, recorrendo-se a certa percepção ou sentimento, não animal ou sensitivo, mas natural. Investigar mais seriamente a contribuição do demônio e por quais meios coopera nas ações das bruxas, deixando em evidência a causa de cada efeito, é tarefa a se considerar.

Analisaremos, a seguir, de que se trata esse poder espiritual que se deita sobre um objeto remoto ou qual será a ação, a paixão e o conflito entre os espíritos naturais, ou ainda em relação à superioridade do homem no tocante a outras criaturas inferiores. E, consequentemente, por que nosso unguento, sendo composto de desejos humanos, tem a capacidade de trazer a cura a um animal?

107. Essa propriedade singular do sangue, denominada *Poderes Vitais* (Helmont), é tão extraordinária quanto verdadeira, tendo eu mesmo testemunhado a experiência que vou narrar, ocorrida no sul do País de Gales. Essa experiência foi realizada no corpo de um homem assassinado cruelmente durante uma briga em uma cervejaria. Vinte e quatro e horas depois do acontecido, o suspeito foi preso e levado à presença do júri. Após algumas considerações, foi solicitado ao acusado que colocasse sua mão esquerda sobre o ferimento do pescoço e a direita sobre o peito da vítima. Mal ele tocou o corpo com o dedo, escorreram imediatamente seis ou sete gotas de sangue, para o espanto dos presentes. Se alguém duvidar da veracidade da narrativa, eu posso fornecer a sentença do juiz. Francis Barrett.

CAPÍTULO VI

SOBRE BRUXARIA

Entende-se por bruxa alguém que pode perturbar, exercer influência sobre um homem ausente, servindo-se de maldição, encantamento, imagem de cera ou outros meios (não consideramos bruxaria as mortes por envenenamento, visto que qualquer pessoa com conhecimento médico ou de química pode fazê-lo). Não há dúvida de que tais atos sejam diabólicos; contudo, vale refletir em que pesa a contribuição do Satanás e das bruxas para a efetivação de tais ações.

A primeira suposição

É primordial lembrar que Satanás é o inimigo declarado e irreconciliável do homem. A não ser que alguém o eleja como amigo, ele estará sempre pronto a nos causar ou desejar algum dano.

A segunda suposição

Ainda que seja inimigo das bruxas e inimigo astuto da humanidade, Satanás jamais trai seus escravos e os componentes de seu reino, a não ser contra a sua vontade.

Referente à primeira suposição, concluo que se Satanás fosse hábil na arte de matar um homem condenado, o faria sem demora, porém não o faz, porque não pode.

A bruxa, por sua vez, mata muitas vezes, tal qual um assassino comum.

Nesse sentido, ela exerce certa vantagem sobre o demônio, que não pode ser o principal idealizador e executor da ação, pois, de outra forma, não precisaria recorrer à sua ajuda em suas empreitadas. Decerto, seria miserável a condição dos mortais que se sujeitassem às ordens de tal tirano. Mas Deus, sem dúvida, imbuído de bondade suprema, jamais submeteria a sua obra ao domínio arbitrário de um ser despreparado.

É pertinente aqui especificar a natureza, a qualidade e a extensão desse poder do qual as bruxas são portadoras.

Inicialmente, não estamos nos referindo à força física, característica do sexo masculino, pois que as bruxas, em sua maioria, são pessoas fisicamente frágeis, impotentes, porém maldosas. Elas possuem algum outro poder muito superior à força física, instrumento de concretização de suas intenções, poder esse que deve se aproximar da essência de Deus, modificado, porém, quase que totalmente pela vontade do homem.

Correlatamente, Deus age *per nutum*, ou seja, por sua palavra, enquanto o homem age por sua vontade, tal qual o demônio, que move objetos *per nutum*, ou por sua própria iniciativa, pois que não possui compleição física a capacitá-lo a tamanha peripécia. Diante da equivalência, esse privilégio, denominado faculdade mágica ou força espiritual, pertence exclusivamente ao homem interior, porque é um espírito e representa a imagem de Deus, o que significa que o poder ou a faculdade são muito mais relevantes à alma do que ao corpo físico.

CAPÍTULO VII

SOBRE O ESPÍRITO VITAL

O espírito vital "[...] é o princípio da vida material e orgânica, comum a todos os seres vivos, desde as plantas até o homem. É o agente que dá vida à matéria".[108] O princípio da vida material e orgânica que anima a carne e o sangue desempenha as funções da alma. Trata-se do mesmo espírito do homem externo que, por meio da semente, forma a figura inteira, essa estrutura magnífica e perfeita que é o homem. O espírito vital garante a procriação e acompanha o homem por toda sua vida. Ao partir para o mundo astral, quando se trata de morte natural, o espírito carrega consigo o fluido vital. Em caso de morte violenta, pequena parcela desse fluido permanece no cadáver, devido ao vínculo com o corpo.

Por essa razão, os médicos distinguem dois espíritos: aquele que regula a matéria responsável pela formação do organismo, hipoteticamente subdividida em espírito natural, vital e animal; e o espírito adquirido, o qual deixa o corpo em virtude da morte.

Assim, a alma, sendo espírito, jamais poderia interferir no espírito vital (corpóreo), tampouco na carne e nos ossos, a não ser que certo poder natural (mágico e espiritual) se derramasse da alma para o espírito e o corpo.

Dessa forma, poderia o espírito corpóreo obedecer aos comandos dessa faculdade motora mágica caso houvesse um comando desta para mover o espírito e o corpo? Certamente, essa ideia poderá ser rechaçada, argumentando-se que tal poder é limitado ao corpo físico, morada natural da alma.

---

108. Disponível em: https://www.conhecendooespiritismo.com.br/post/o-que-%C3%A9-o-princ%C3%ADpio-vital. Acesso em: 6 de abril de 2021.

Ainda que chamemos essa alma de mágica, trata-se apenas de uma questão de ordem semântica. O que importa mesmo reter é que a magia verdadeira e sublime não se fundamenta na alma, pois que não está apta a operar qualquer movimento no tocante ao corpo físico. Assevero que esse poder, essa magia natural da alma, que não é exercida por ela, mas pela virtude da imagem de Deus, permanece oculta aos homens, adormecidos que estão desde a queda de Adão. Esse poder, intrínseco a todo ser humano, ainda que entorpecido, é suficiente para desempenhar suas funções no corpo físico.

CAPÍTULO VIII

SOBRE O PODER MÁGICO

O conhecimento, o poder mágico e a faculdade do homem, que agem de acordo com a vontade, estão em estado latente desde o pecado original.[109] Enquanto o homem externo (denso) floresce no conhecimento da carne e do sangue (busca pelo bem-estar material), seu lado mágico, sua parte mais nobre está adormecida. Muitas vezes, tal poder mágico aflora nos momentos de sono e nos chegam em forma de sonhos proféticos, demonstrando que Deus está mais próximo do homem durante sonhos, quando a magia interior da alma se expande e consegue adentrar o conhecimento espiritual.

Atesta-se, assim, que há certa virtude mágica inerente à alma, concedida por Deus, o que lhe possibilita agir de modo espiritual sobre um objeto a distância mais efetivamente do que se estivesse sob qualquer impulso físico. A alma é a parte principal do corpo, logo, todo o seu campo de ação é espiritual, mágico e de grande valia. À vista disso, o homem está apto, caso deseje, a ampliar esse poder pela Arte da Cabala e se tornar um iniciado, ou seja, aquele que é governado pelo Espírito de Deus.

O homem predomina sobre as demais criaturas corpóreas; sua faculdade mágica o capacita a subjugar as virtudes mágicas de todos os demais elementos, peculiaridade erroneamente interpretada por ignorantes no assunto, que a categorizam na ordem

109. O pecado original é uma doutrina cristã que pretende explicar a origem da imperfeição humana, do sofrimento e da existência do mal por meio da queda do homem. [...] A questão do pecado aparece no cristianismo, principalmente em Santo Agostinho, que associa o pecado à culpa herdada por todo o gênero humano depois de Adão e Eva sucumbirem à tentação do Diabo e, devido ao seu orgulho e egoísmo, rejeitarem o amor e a obediência devidos a Deus. Disponível em: https://pt.wikipedia.org/wiki/Pecado_original Acesso em: 6 abril de 2021.

de encantamentos, sinais, caracteres, versos ou feitos do demônio. É sabido que, independentemente de quais sejam seus efeitos ou resultados, estes são realizados pela hierarquia ou dominação sagrada.

Elevada e sagrada é a força do espírito microcósmico. No exemplo da mulher grávida, abordado no Capítulo I, vimos que a força imprime no bebê a imagem e as propriedades do objeto desejado (cereja). Mesmo sem o tronco de uma árvore, nasce da carne e do sangue uma verdadeira cereja (a marca), produzida pela imaginação, mas enobrecida com as propriedades e o poder da cereja interior ou real, de onde vêm duas consequências necessárias.

A primeira consequência incide no fato de que todos os espíritos e, por assim dizer, as essências de todas as coisas estão veladas em nós e se desenvolvem e ganham forma apenas pela ação, pelo poder e pela imaginação do microcosmo.

A segunda é que o ser, ao pensar, gera certa ideia do objeto. Ao ser ativada, a imaginação produz uma ideia real, viva, algo como uma substância suspensa entre o corpo e o espírito.

Esse "ser intermediário", vivo, é espiritual, mas intrínseco à condição corpórea, porque as ações da alma são limitadas ao corpo, mas não tão corpóreas a ponto de ser totalmente concretas. Essa entidade ideal, portanto, segundo o exemplo supracitado, quando se destaca dos mundos invisível e intelectual do microcosmo, reveste-se de um corpo (marca da cereja na pele do bebê), tornando-se tangível.

Tendo-se em vista que todo corpo, seja externo ou interno, faz-se segundo a própria imagem, o entendimento não conhece nem discerne; a memória rememora senão por imagens ou semelhanças, o que significa que o entendimento agrega a imagem de seu objeto, e porque a alma é a forma pura e simples do corpo, que se volta e abrange cada partícula corporal.

E Deus, que é a vida total e Criador de todas as coisas, disse que nada que saísse de suas mãos estaria inerte. Em tudo o que vemos está registrada a sua presença, pois dito está que o espírito do Senhor repletou toda a Terra: "Ó Senhor, quão variadas são as tuas obras! Todas as coisas fizeste com sabedoria; cheia está a terra das tuas riquezas"[110] (Salmo 104:24).

Logo, não há ser ou criatura que não possua certa porção de fogo divino e de vida em estado latente, até que estes sejam estimulados pela arte, pelo poder e operação do homem.

---

110. Disponível em: https://bible.knowing-jesus.com/Portuguese/Salmos/104/24 Acesso em: 6 de abril de 2021.

CAPÍTULO IX

SOBRE O DESPERTAR DA VIRTUDE MÁGICA

Toda virtude mágica implica estimulação de certo "vapor espiritual", que por sua vez desperta a imaginação, momento em que se inicia uma ação do espírito corpóreo, um meio que é o Magnetismo.

Pela estimulação do poder da alma, há a geração de efeitos mais intensos. Nesse sentido, podemos afirmar que a natureza é uma maga e age por vontade própria. E quanto mais espiritual for a imaginação, mais poderosa ela será. Em outras palavras, estamos falando de verdadeira magia.

O tipo mais elevado de magia é aquele estimulado a partir de uma concepção intelectual. No homem interior, esse tipo de magia deve ser instigado pelo Espírito Santo e por sua dádiva, a Cabala. No homem externo, é estimulado pela forte imaginação e pela reflexão diária e elevada. E nas bruxas, essa magia é aguçada pelo demônio.

Como foi mencionado, a virtude mágica, ou magnetismo espiritual, exalada pelos espíritos sutis e emanada pelo corpo, é instigada pelo poder mental do operador, ocasião em que ele faz uso do sangue como um meio à concretização da operação, ou pela energia presente na pomada de defesa, sendo que a propriedade estimulante está no sangue. Pode ainda ser estimulada por determinação anterior ou predisposição do sangue para a decomposição, por meio da qual as essências (de cunho perene) e as propriedades, então veladas, emergem para a ação.

A imaginação de qualquer indivíduo, movida pela vontade, consegue pela capacidade de mobilidade (atração, repulsa ou expulsão) para obter o seu propósito. Afirmo, categoricamente, que não há lugar melhor do que a vida corpórea, material, para reconhecermos o magnetismo como uma dádiva mágica natural ofertada por Deus.

Porém, há certa propriedade formal à parte das qualidades compatíveis e não compatíveis, pois que o poder de criação motriz dessas qualidades não circula diretamente para o local do movimento, mas em direção a um movimento periférico, margeando o objeto. Exemplificando: se um indivíduo tiver muitos ferimentos, o sangue de apenas um deles é suficiente para curar as demais lesões, porque o sangue mantém harmonia com o espírito do todo e dele extrai a propriedade adequada à cura integral do corpo.

Em outro exemplo: pegue vestígios de sangue presente em uma arma utilizada para causar uma lesão, incorpore-os ao unguento magnético e as propriedades deste serão estimuladas pela virtude desse. Ao entrar em contato a propriedade balsâmica, o sangue torna-se substancialmente vital, renovado, e é expandido a todo corpo, promovendo, pelo magnetismo espiritual, assepsia, afastando assim qualquer manifestação microbiana. Mas como nenhum efeito pode ser operado por si só, o suporte representado pelos tecidos, sangue, gordura e pela vontade, conjugados ao bálsamo, torna-se medicinal, magnético, logo, um exterminador de toxinas.

Em outras palavras, a atração magnética iniciada no sangue é consumada pela virtude medicinal do unguento. Não que o unguento extraia a enfermidade, mas ao alterar a qualidade do sangue, dota-o de propriedade medicinal, licenciando-o a devolver o aspecto homeostático do organismo.

Por meio dessa explanação, fica evidente que a vontade pode operar desde a cura de um mal até a impressão de um sinal pela força do desejo ou a influência sobre objetos a distância. E, ainda, a relevância do magnetismo em tudo o que é construído na imaginação humana, o que é peculiar de cada coisa, e a superioridade mágica do corpo do homem sobre os demais corpos.

CAPÍTULO X

DA VIRTUDE MÁGICA DA ALMA E SEU MEIO DE ATUAÇÃO

Antes de concluirmos este assunto, proponho analisarmos uma situação. Vamos supor que uma bruxa fira mortalmente um cavalo, apunhalando seu coração – ação que estabelece conexão entre o espírito da bruxa e o espírito do animal, por meio da qual a bruxa será, aos olhos de Deus, reconhecida pelo ato ofensivo, considerada nefasta sob o olhar dos homens, sendo finalmente excluída da sociedade de acordo com a lei de Deus, que apregoa: "Não deixarás viva uma bruxa". Mesmo que, nessa situação hipotética, a ação se limite ao uso de objeto externo, sempre haverá o concurso da alma mágica para a concretização do trabalho. Deus concede ao homem a força, o poder de agir pela vontade, no entanto, cabe a ele decidir de que forma vai usar tal força; se para o bem, colhendo as benesses advindas de sua ação, ou para mal, colhendo as consequências de seu ato.

Apuramos neste estudo que toda faculdade mágica está adormecida e precisa de estímulo para operar qualquer ação, independentemente do gênero (distância do objeto da ação, falta de sintonia do operador com o objeto, na confecção de remédios simpáticos, magnéticos ou atrativos, ou se o paciente apresentar força igual ou superior ao agente da ação). Porém, se o objeto estiver próximo e suscetível a receber o magnetismo, não há necessidade de muito estímulo, bastando o emprego adequado dos instrumentos de encantamento.

É relevante mencionar que um trabalho mágico bem-sucedido é aquele que conta com a virtude mágica da alma do mago, caso contrário, palavras, juramentos, formas não produzem o efeito desejado, tais quais exorcismos, conjurações, encantamentos, fetiches que resultam sem efeito, porque a mente do mago – o espírito do exorcista –, não está devidamente estimulada, sintonizada com aquela operação. Em outras palavras, homem algum pode se tornar um mago notável, a menos que tenha conhecimento ou experiência em como lidar com o magnetismo. E não existe campo magnético mais poderoso do que o sangue humano.

Em conclusão ao nosso estudo acerca do Tratado Magnético, assevero que todo aquele, por ignorância ou obstinação, que defender a não veracidade da ciência magnética, mostra-se indigno do sagrado nome de filósofo, por conjecturar a respeito do que não conhece. Aqueles, entretanto, que se dispuserem a examinar a verdade contida neste estudo, não ficarão desapontados. Já o supersticioso que atribui ao demônio o poder dado ao homem, este rouba a honra devida ao Criador Onipotente, e isso significa idolatria e blasfêmia.

À vista disso, de acordo com as Sagradas Escrituras, há três que dão testemunho no céu: o Pai, a Palavra e o Espírito Santo. E há três que testificam na terra: o *sangue*, o *espírito* e a *água* – e esses três são *um*.[111]

Nós, então, que fazemos parte da humanidade, temos sangue e espírito de uma unidade semelhante, e a ação do sangue é meramente espiritual. Em *Gênesis*, o vocábulo *sangue* é, admiravelmente, denominado *espírito vermelho*.

Diante disso, aqueles cuja intenção seja a aquisição de conhecimento e aperfeiçoamento no assunto, que meditem constantemente e desejem que a Causa Primeira e o Arquétipo de todas as coisas iluminem suas mentes. Sem essa luz, estarão na escuridão e na incerteza, sujeitos às ilusões de espíritos impuros e demônios, os quais somente podem ser enfraquecidos perante as armas de Deus, em quem todos nós *vivemos, nos movemos, respiramos* e *existimos*.

---

111. Para mais informações: https://estudobiblico.org/jesus-veio-por-agua-e-sangue/ Acesso em 7 de abril de 2021.

A CABALA[112]

ou

OS MISTÉRIOS SECRETOS

da

MAGIA CERIMONIAL

ILUSTRADO

MOSTRANDO

A ARTE DO CÁLCULO POR NOMES DIVINOS,

A REGRA, A ORDEM E A REGÊNCIA DE

ANJOS, INTELIGÊNCIAS E ESPÍRITOS ABENÇOADOS

SELOS SAGRADOS, PENTÁCULOS, CONTOS DA CABALA, NÚMEROS DIVINOS, CARACTERES E LETRAS SOBRE MILAGRES, PROFECIAS, SONHOS ETC.

112. Cabala é um método esotérico, disciplina e escola de pensamento no misticismo judaico. Os cabalistas, tradicionalmente, no judaísmo, são chamados de *Mekubalim'* (em hebraico: םילָבוּקְמ) ou *Maskilim* (םיליכשמ *iniciados*). Disponível em: https://pt.wikipedia.org/wiki/Cabala Acesso em 7 de abril de 2021.

MAGIA CABALÍSTICA

CAPÍTULO I

SOBRE A CABALA

Neste capítulo, apresentaremos os segredos pertinentes à Cabala, único meio de conhecermos a verdade. Explicaremos como preparar a mente e o espírito para a contemplação da chamada magia intelectual e divina, pois que tem por objeto Deus e os bons espíritos, e ainda como a arte cabalística desvela segredos e mistérios da magia cerimonial. Naturalmente, nem todo conhecimento referente à Cabala pode ser divulgado, visto que pertence a poucos sábios.

Tornaremos público apenas os segredos pertinentes a essa abordagem. Solicitamos, no entanto, discrição perante certas pessoas indignas, sem a devida preparação para absorver tais revelações. Alertamos que toda virtude, independentemente do trabalho, sofrerá prejuízo ao ser manipulada por mentes frívolas, falantes ou incrédulas e sem comprometimento com a ciência cabalística.

Para se tornar um mago nessa arte e obter bons resultados, seja cauteloso, não mostre a ninguém sua obra, seu lugar, sua ocasião, nem revele seu intento ou sua vontade, exceto para o seu mestre, companheiro ou amigo que se apresente fiel, discreto, silencioso, pois a incredulidade, a dúvida, a falta de reserva e o não merecimento perturbam o curso e o efeito da operação.

CAPÍTULO II

ATRIBUTOS PARA SE TORNAR UM MAGO RESPEITÁVEL

Para aquele que se propõe a alcançar níveis mais elevados de conhecimento, é imperioso renunciar a afetos vãos e carnais e a paixões materiais. Outro aspecto a considerar diz respeito aos meios (puros, legais) de se capacitar e se unir aos poderes celestes, sem os quais jamais ascenderemos satisfatoriamente ao domínio dos mistérios e ao poder de realizar efeitos maravilhosos.

Caso o leitor seja um homem consciente da relevância do conteúdo estudado nesta obra, estará apto a atrair, pela oração, consagração, imploração, invocação etc. dons espirituais e dádivas celestes, imprimindo-os em tudo o que lhe aprouver, vivificando todo trabalho de magia.

CAPÍTULO III

É IMPRESCINDÍVEL A UM MAGO CONHECER O VERDADEIRO DEUS

Depende de Deus, Criador de todas as coisas, a existência e o funcionamento de tudo. Seguindo a hierarquia, vêm todos os demais poderes divinos aos quais é concedido o poder de cocriar e moldar. A primeira causa é o princípio de todas as coisas; o que é produzido pela segunda causa está na ordem da cocriação. É imprescindível, então, que todo mago conheça esse Deus, causa primeira, e os demais poderes divinos (segundas causas), além de saber quais ritos sagrados, cerimônias etc. são de conformidade com eles. Ressaltamos que, acima de tudo, deve o mago adorar a Deus, em espírito e verdade, e se apoiar firmemente naquele que é Pai da bondade, da beleza e da sabedoria; luz sagrada da justiça e absoluta perfeição de toda Natureza – o seu idealizador.

CAPÍTULO IV

SOBRE AS EMANAÇÕES DIVINAS – SEFIROTS E NOMES SAGRADOS DE DEUS

Embora na concepção de Deus se assente na ideia da trindade,[113] Deus é uma essência única que alberga muitos poderes divinos.

113. A doutrina cristã da Trindade (do latim *trinitas* "tríade", de *trinus* "tripla") define Deus como três pessoas consubstanciais, expressões ou hipóstases: o Pai, o Filho (Jesus Cristo) e o Espírito Santo; "um Deus em três pessoas". As três pessoas são distintas, mas são uma "substância, essência ou natureza". Neste contexto, a "natureza" é *o que* se é, enquanto a "pessoa" é *quem* se é. Disponível em: https://pt.wikipedia.org/wiki/Trindade_(cristianismo)#:~:text=A%20doutrina%20crist%C3%A3%20da%20Trindade,subst%C3%A2ncia%2C%20ess%C3%AAncia%20ou%20natureza%22. Acesso em: 7 de abril de 2021.

Os cabalistas mais experientes nos assuntos divinos entenderam os dez principais nomes de Deus como poderes divinos, ou, por assim dizer, membros de Deus. Estes, em número de dez, os quais são denominados Sefirots,[114] são invólucros, instrumentos ou exemplos de arquétipos, que "podem ser lidos tanto microcosmicamente, do ponto de vista do homem, como macrocosmicamente",[115] obedecendo-se a certa ordem: primeiramente, os Sefirots influenciam as nove ordens de anjos e o coro das almas abençoadas, e, por meio destes, as esferas celestes, os planetas e os homens são influenciados. Ou seja, por meio dos Sefirots todas as coisas recebem poder e virtude.

O primeiro Sefirot é *Eheia*, o nome da essência divina. Sua numeração é denominada *Cether*, que representa coroa ou diadema, e indica a essência mais simples da divindade. Igualmente denominado "o que o olho não vê"; é atribuído a Deus Pai e exerce sua influência por meio da ordem dos serafins, ou *Hajoth Hakados*, ou seja, criaturas santas. A influência de *Primum Mobile*, que se estende pelo Universo, incide na concessão do dom da existência a todas as coisas. Sua inteligência particular é chamada *Merattron*, ou príncipe das faces, cujo dever é levar os outros à face do Príncipe, por meio do qual o Senhor falou a Moisés.

O segundo nome é *Yod*, ou Tetragrama unido a Yod; sua numeração é *Hocmah*, isto é, sabedoria, e significa a divindade repleta de ideias e o Primogênito; é atribuído ao Filho e exerce influência por meio da ordem dos querubins, ou, segundo os hebreus, *Orfanim*, que significa formas ou roda. Sua influência incide nos céus estrelados, que molda tanto figuras quanto ideias, e distingue o caos das criaturas, por meio de uma inteligência particular chamada *Raziel*,[116] que foi o guia de Adão.

O terceiro nome é *Tetragrama Elohim*; sua numeração é *Binah*, ou seja, providência ou entendimento, e seu significado é remissão, quietude, jubileu, conversão penitente, grande trombeta, redenção do mundo e a vida do mundo futuro. É atribuído

114. Os Sephiroth, em hebraico, são dez poderes criativos enumerados pela Cabala em sua abordagem mística ao mistério da Criação. Cada Sephira é a emanação de uma energia do Deus Criador. Esses poderes divinos se manifestam na criação do mundo finito, o Poder Supremo do Sof, o Infinito. Os tratados da Cabala apresentam frequentemente os Sephiroth na forma de uma Árvore da Vida. Disponível em: https://educalingo.com/pt/dic-fr/sefirot. Acesso em: 7 de abril de 2021.
A Árvore da Vida é um sistema cabalístico hierárquico em forma de árvore, que é dividida em dez partes, ou dez frutos. Esses frutos têm sentido ambíguo, podendo ser interpretados tanto como estado do todo, do universo, como podem ser lidos como estados de consciência. Disponível em: https://pt.wikipedia.org/wiki/%C3%81rvore_da_Vida_(Cabala)#:~:text=Daath%20se%20situa%20abaixo%20e,depende%20de%20Chokmah%20e%20Binah. Acesso em: 7 de abril de 2021.

115. Idem.

116. Das mãos de Raziel, Adão recebeu seu livro, no qual estão escritos os segredos e as palavras de Deus," [...] para que este pudesse ter conhecimento do mundo e aprendesse a sobreviver nele. Ele guiou Adão na compreensão do conhecimento contido no livro e em como usá-lo para sobreviver." Disponível em: https://www.mensagens-dos-anjos.com/blog-dos-anjos/arcanjo-raziel/?media=BLOG&campaign=arcanjo-raziel. Acesso em: 7 de abril de 2021.

ao Espírito Santo e influencia por meio da ordem dos tronos, ou *Abalim* (denominação hebraica), isto é, anjos poderosos e fortes. E então, por meio da esfera de Saturno, ele esculpe a matéria disforme, cuja inteligência particular é *Zafkiel*, o guia de Noé, e outra inteligência chamada *Jofiel*, o guia de Sem.[117] Essas são as três numerações supremas, por meio das quais todas as coisas são idealizadas. A sua execução, todavia, é labor das outras sete, denominadas numerações modeladoras.

O quarto nome é *El*, cuja numeração é *Hesed*, que significa clemência ou bondade, graça, misericórdia, piedade, magnificência, o cetro e a mão direita. Exerce influência pela ordem de dominações ou *Hasmalim* (denominação hebraica). Por intermédio da esfera de Júpiter, molda as imagens dos corpos, concedendo-lhes clemência e justiça. Sua inteligência particular é *Zadkiel*, o guia de Abraão.[118]

O quinto nome é *Elohim Gibor*, ou seja, o Deus poderoso que pune os pecadores. Sua numeração é *Geburah*, que significa poder, fortuna, severidade, segurança, julgamento, castigo por morte e guerra. É aplicado ao tribunal de Deus, ao cinto, à espada, à mão esquerda de Deus. Recebe igualmente a denominação de *Pachad* (medo). Exerce sua influência por meio da ordem de poderes ou Serafins (denominação hebraica), e destes pela intermediação da esfera de Marte, que abrange a fortaleza, a guerra e a aflição. Ele induz os elementos a expandir; sua inteligência particular é *Camael*, o guia de Sansão.

O sexto nome é *Eloha*, ou um nome de quatro letras unidas a *Vaudahat*. Sua numeração é *Tifereth* (vestimenta, beleza, glória, prazer) e significa a árvore da vida. Influencia através da ordem das virtudes ou *Malachim* (denominação hebraica), isto é, anjos que estão na esfera do sol, conferindo-lhe luminosidade e vida e gerando os metais. Sua inteligência particular é *Rafael*, guia de Isaac e de Tobias, o jovem; e o anjo *Peliel*, guia de Jacó.

O sétimo nome é *Tetragrama Sabaoth* ou *Adonai Sabaoth*, o Deus dos Exércitos. Sua numeração é *Nezah*, isto é, triunfo e vitória, a coluna direita. Representa a justiça e a eternidade de um Deus vingador. Inspira pelas ordens das potestades ou *Elohim* (denominação hebraica), ou seja, Deuses que estão na esfera de Vênus. Responde pelo amor, proteção, retidão e produz vegetais. Sua inteligência é *Hamel*, e o seu anjo é *Cerviel*, guia de Davi.

O oitavo nome é *Elohim Sabaoth*, o Deus dos Exércitos, mas não se refere à guerra e à justiça, e sim à piedade e à anuência, pois esse nome carrega os dois significados e precede seu exército. Sua numeração denomina-se *Hod* (glória, honra, fama e fé). A coluna da esquerda

117. Sem é um personagem bíblico do Antigo Testamento, do livro do Gênesis. Segundo a história bíblica, Sem foi um dos filhos de Noé, irmão de Cam e de Jafé. O texto bíblico informa que Noé, com a idade de quinhentos anos, gerou a Sem, Cam e Jafé. Disponível em: https://pt.wikipedia.org/wiki/Sem Acesso em: 7 de abril de 2021.

118. Na Torá e na Bíblia, Zadkiel é mencionado como "O anjo de Deus". O arcanjo é aquele que aparece ao profeta Abraão quando este prova sua fé a Deus, preparando-se para sacrificar seu próprio filho. Disponível em: https://leituraespiritual.com/arcanjo-zadkiel/ Acesso em: 7 de abril de 2021.

é atribuída a ela. Influencia por meio da ordem dos arcanjos, ou, de acordo com os hebreus, *Ben Elohim* – os filhos de Deus que estão na esfera de Mercúrio. Concede estilo e eloquência e produz criaturas vivas. Sua inteligência é *Michael*, que era guia de Salomão.

O nono nome é *Sadai*, que significa Onipotente, satisfazendo a todos, e *Elhai*, que é o Deus Vivo. Sua numeração é *Yesod* (fundamento) e remete a compreensão, aliança, redenção e repouso. Sua influência se dá por meio da ordem dos anjos, a quem os hebreus chamam *Querubins*, que estão na esfera da Lua, promovendo o equilíbrio pelo aumento ou diminuição de todas as coisas, e zelando pelos gênios e guardiões dos homens, designando-os. Sua inteligência é *Gabriel*, que foi guardião de *José*, *Josué* e *Daniel*.

O décimo nome é *Adonai Melech* – senhor e rei. Sua numeração é *Malchuth* (reino e império) e significa igreja, templo de Deus e portal. Influencia por meio da ordem de *Animastic*, ou seja, *almas abençoadas*, denominadas pelos hebreus de *Issim* (nobres, senhores e príncipes). Estes estão abaixo nas *hierarquias* e têm influência sobre os filhos dos homens, aos quais concedem conhecimento, compreensão, engenhosidade, destreza e profecia. A alma é presidida pelo Messias, ou a inteligência *Sandalfon*, denominada primeira criatura ou alma do mundo, que era guia de Moisés.

CAPÍTULO V

SOBRE O PODER E A VIRTUDE DOS NOMES DIVINOS

Ao próprio Deus, essência única, são atribuídos diversos nomes, ainda que não revelem totalmente suas várias essências ou divindades. Trata-se de certas propriedades que fluem dele, por cujos nomes Ele derrama suas benesses sobre a humanidade e todas as suas criaturas. A seguir, apresentamos, devidamente explicados, dez desses nomes. Os cabalistas, a partir do texto do *Êxodo*, derivam setenta e dois nomes, tanto de anjos quanto de Deus, aos quais chamam nome de setenta e duas letras ou Shemhamphorasch.[119]

119. O Shemhamphorasch é o conjunto dos 72 nomes de Deus, de 3 letras cada, formados a partir do desdobramento do "Tetragrammaton" (YHVH) em 72 partes. Estes nomes são derivados dos versículos 19, 20 e 21 do Capítulo 14 do Êxodo. Em sua original escrita hebraica, cada um destes versículos possui 72 letras. Para obter-se os 72 Nomes, escreve-se estes três versículos um sobre o outro, sendo o versículo 19 da direita para a esquerda, o versículo 20 da esquerda para direita, e o versículo 21 da direita para a esquerda. Cada uma das 3 letras que compõem um nome é retirada de cada um dos versículos. Assim, o Shem Ha-Mephorash também é chamado de o Nome Dividido. Disponível em: https://pt.wikipedia.org/wiki/Shemhamphorasch#:~:text=O%20Shemhamphorasch%20%C3%A9%20o%20conjunto,do%20Cap%C3%ADtulo%2014%20do%20%C3%8Axodo.&text=Assim%2C%20o%20Shem%20Ha%2DMephorash,chamado%20de%20o%20Nome%20Dividido. Acesso em: 8 de abril de 2021.

Dentre estes, além dos então enumerados, está o nome da essência divina, *Eheia*, אהיה, traduzida por Platão, *ὤν*, logo o nome de Deus: *τοὄν*, ou *ὀων*, isto é, o Ser. *Hu*, הוא, é outro nome revelado a Esay, significando o abismo da divindade, que os gregos traduzem como *ταυτὸν*, os latinos como "ele mesmo".

Esch, אש, é outro nome atribuído por Moisés, que representa fogo, e é o nome de Deus. *Na*, נא, deve ser evocado em caso de perturbação ou aflição. Os nomes *Ya*, יה, o nome *Elion*, עליון, o nome *Macom*, מוקם, o nome *Caphu*, בפב, o nome *Innon*, יונן, e o nome *Emeth*, אמה, significam a verdade e representam o selo de Deus. Há ainda dois outros nomes, *Zur*, צור, e *Aben*, אבן, que significam obra sólida, e um deles expressa o Pai com o Filho.

E nós dispusemos muitos nomes na escala de números e muitos nomes de Deus e dos anjos, extraídos das Sagradas Escrituras pela Cabala e pelas artes Simbólica e Simétrica, em que muitas palavras reduzidas em algumas de suas letras, formam um nome,[120] ou um nome expandido em cada uma de suas letras indica ou produz mais letras. Às vezes, os nomes são formados a partir das iniciais das palavras, como o nome *Agla*, אגלא, extraído de um versículo das Sagradas Escrituras: אתהיבר לעולמארבי, isto é, Deus Eternamente Poderoso. Da mesma forma, o nome *Iaia*, יאיא, formulado a partir deste versículo: הוהאלהינו יהוהאהר, ou melhor, "Deus nosso Deus é o único Deus". Igualmente o nome *Yava* יאוא deste verso: יהי אור זיהיאזר, ou seja, que "Haja luz; e houve luz"[121] (Gênesis 1:3).

De igual modo, o nome *Ararita*, אראריתא, é derivado do versículo: תמורהזואהר אהר ראש אהרזתז ראש ייהורו que significa "um princípio de unidade, um início de sua individualidade, sua vicissitude é uma" (de Deus). O nome *Hacaba*, הקבא, é extraído do versículo: יהקרושבברהוא, significa santo e abençoado. O nome *Jesu*, ישו, encontra-se nas iniciais destes dois versículos, יביאשלוהולו, isto é, até "que o Messias venha", e, ינון שמוזית, que significa "seu nome prevalecerá até o fim".

Assim também é o nome *Amen*, אמנ, extraído deste versículo: ארנימלר נאטן, quer dizer, "O Senhor é o Rei fiel". Ocasionalmente, esses nomes são extraídos dos finais das palavras, como o mesmo *Amen* do versículo: לאב והרשעים, ou seja, "os ímpios não fazem". Mas as letras estão transpostas; então, pelas letras finais deste versículo, לימה שמזמח, ou seja, "O que é para mim?" ou "Qual é o Seu nome?", encontra-se o nome Tetragrama. Em todos estes, uma letra substitui e uma letra é extraída de uma palavra, seja do início ou no final, ou de onde se preferir. Estes nomes são, ocasionalmente, extraídos de todas as letras, uma a uma, do mesmo modo que os setenta

120. Consultar nota 84. (N. do T.)

121. Disponível em: https://www.bibliaonline.com.br/acf/gn/1/3-5. Acesso em 8 de abril de 2021.

e dois nomes de Deus são extraídos dos três versículos do *Êxodo*, a começar das três palavras: יומעו יראו יט, o primeiro e os últimos versículos sendo escritos da direita para a esquerda, o do meio, ao contrário, da esquerda para a direita, como veremos a seguir. Assim, às vezes, uma palavra é extraída de uma palavra, ou um nome é extraído de um nome, pela transposição das letras, como *Messia*, משיה, de *Ismah*, ישמה, e *Michael de Malachi*, מלאבי. De vez em quando, porém, se muda o alfabeto, denominado pelos Cabalistas de *Ziruph*, צירוף. Desse modo, do nome *Tetragrama*, יהוה, derivam-se מצפצ, *Maz-Paz*, בוןו, *Kuzu*. Também pela igualdade dos números, mudam-se os nomes, como *Merattron*, מטטרון, *pro Sadai*, שרי, pois ambos somam trezentos e quatorze. Dessa forma, *Yiai*, ייאי, e *El*, אל, são iguais em número, pois ambos resultam trinta e um. Esses são os segredos ocultos, em relação aos quais é muito difícil estabelecer qualquer julgamento ou apresentar uma ciência perfeita. Eles não podem ser ensinados em qualquer outra língua que não seja o hebraico.

Logo, essas palavras sagradas não têm, por si só, poder nas operações de magia, mas os poderes divinos ocultos que operam pela mente daqueles que têm fé.

Apresentaremos, a seguir, um selo sagrado, eficaz no combate a qualquer doença ou preocupação. Em sua parte frontal estão os quatro nomes de Deus, ou selos da divindade, de quatro letras, dispostos em um quadrado, em ordem ascendente, cuja intenção está inscrita na circunferência. Na parte de trás está inscrito o nome *Araritha*, de sete letras, e sua interpretação está escrita ao redor, que corresponde ao versículo de onde foi extraído. A confecção deve ser em ouro puro, ou pergaminho virgem. A tinta utilizada deve ser feita de fumaça de velas consagradas ou incenso e água benta. O operador deve estar purificado e imbuído de esperança, fé e mente elevada ao Deus Altíssimo, caso deseje verdadeiramente obter de Seu poder divino.

Contra assédio de espíritos malignos e contra perigos de forma geral o procedimento segue o mesmo: gravar estes caracteres, בווו, de um lado e estes, עפבה, do outro, correspondendo ao início e ao final dos cinco primeiros versículos do *Gênesis*, representando a criação do mundo. Dizem que de posse desse selo o homem estará livre de todos os males, desde que mantenha firmemente a fé em Deus. Gravando-se a figura estampada na ilustração, onde C corresponde à parte frontal e D corresponde à parte posterior, em uma pequena placa de ouro, obtém-se o mesmo efeito aqui mencionado.

Que não haja, pois, hesitação quanto ao poder das palavras sagradas e dos nomes divinos, que aplicados externamente resultam efeitos extraordinários, visto que o Todo-Poderoso criou os Céus e a Terra por meio deles. Não há nome de Deus entre nós (de acordo com Moisés) que não seja extraído de suas obras, além do nome Tetragrama, que é sagrado e representa a substância do Criador.

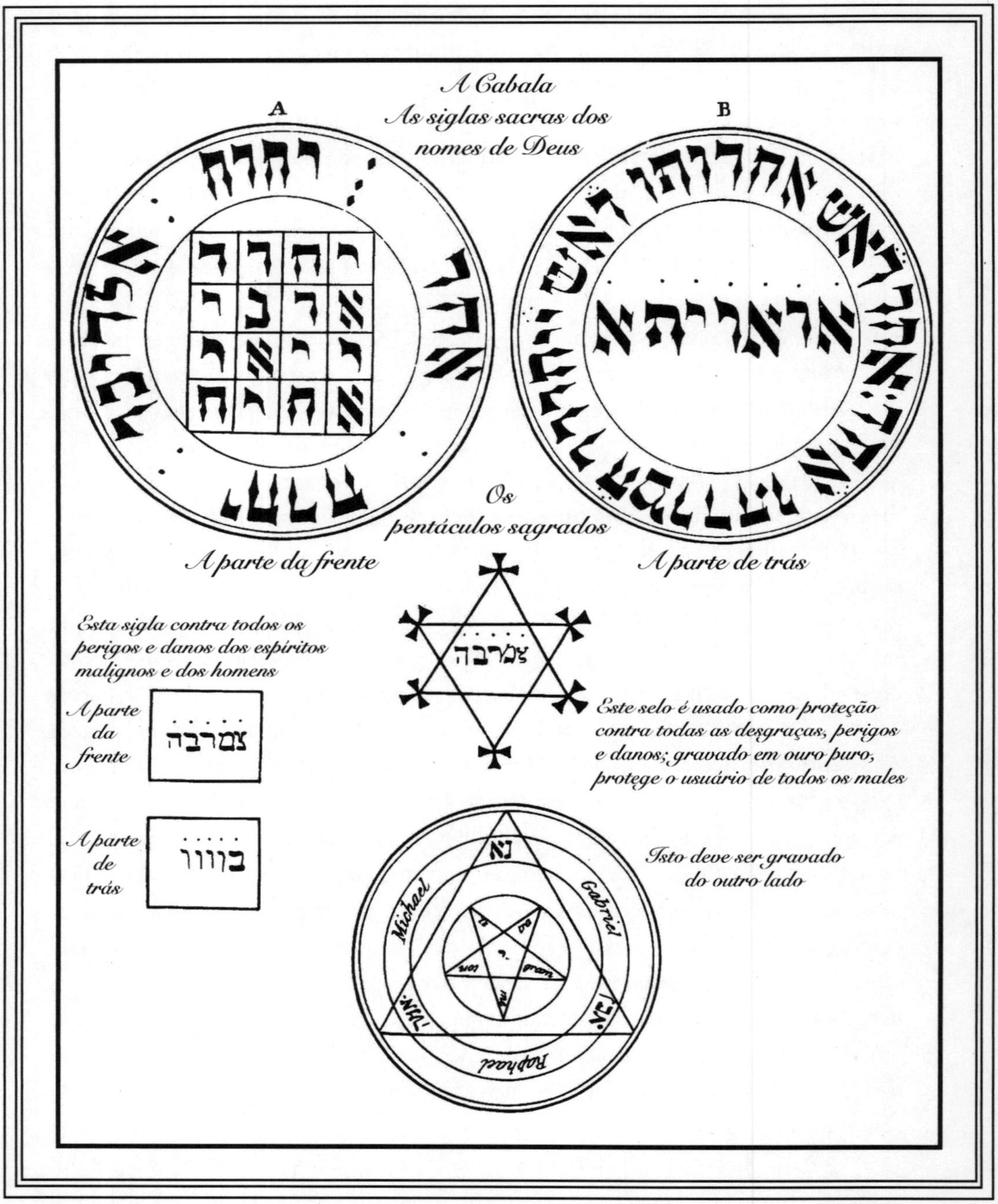

Desenhado por F. Barret — Publicado por Lackington Allen & Co. — Gravado por R. Griffith

CAPÍTULO VI

SOBRE AS INTELIGÊNCIAS E OS ESPÍRITOS – NOMES, CATEGORIAS

Na sequência, vamos falar a respeito de inteligências, espíritos e anjos. Uma inteligência é uma substância inteligível, isenta de massa corpórea. A inteligência é imortal, insensível e exerce influência sobre todas as coisas. Inteligências, espíritos e anjos pertencem a uma mesma natureza. Na minha concepção, anjos não são seres oponentes do demônio, mas sim espíritos portadores de sabedoria, entendimento e conhecimento. Pela tradição dos magos, existem três ordens de anjos. Na primeira ordem encontram-se os supercelestes, cujas mentes são totalmente isentas de corpo. São esferas intelectuais que adoram um único Deus, por assim dizer, e por isso são denominados Deuses, por participarem da Divindade, por estarem em conexão com Deus e próximos à regência de Deus. Não regem os corpos do mundo nem são designados para governar as conjunções pertinentes à esfera material, mas derramam nas ordens inferiores a luz advinda de Deus, distribuindo a cada um a sua tarefa.

À segunda ordem de anjos pertencem as inteligências celestes, ou anjos do mundo, cuja atuação está nas esferas do mundo, além do culto divino e governo de todos os astros existentes nos céus. Essa categoria de anjos divide-se em várias ordens, conforme os céus existentes no mundo. Por exemplo, são chamados *Saturninos* os que governam o céu de Saturno e o próprio Saturno; *Joviais* os que governam o céu de Júpiter e o próprio Júpiter, e assim por diante. Dessa forma, acedendo a ordem formulada pelos antigos astrólogos, que era de cinquenta e cinco movimentos, os magos desenvolveram número equivalente de inteligências ou anjos. Assim, foram colocados no céu estrelado anjos para reger signos, triplicidades,[122] decanatos, quinários, graus e astros.

122. Além dos quatro elementos (fogo, terra, ar e água), os signos também podem ser classificados em três categorias, chamadas "triplicidades": signos Cardinais, Fixos e Mutáveis [...] Basicamente, os signos CARDINAIS são os que estão no início de cada estação. Os FIXOS são os que se encontram no meio da estação e os MUTÁVEIS quando uma estação vai mudar para outra. Disponível em: http://astroclick.com.br/as-tres-energias-triplicidades/#:~:text=Al%C3%A9m%20dos%20quatro%20elementos%20(fogo,4%20signos%20de%20diferentes%20elementos. Acesso em: 8 de abril de 2021.

Anjos Caídos

Nº 1

Desenhado por F. Barret *Gravado por R. Griffith*

Apesar de a escola de peripatetismo atribuir apenas uma inteligência a cada um dos orbes dos astros, e cada astro e cada pequena parte do céu tenham seu próprio poder e influência, é igualmente necessário que se tenha sua inteligência regente para conceder poder e ação. Para tanto, foram estabelecidos doze príncipes dos anjos com o fim de governar os doze signos do zodíaco, trinta e seis para reger o mesmo número de decanatos, setenta e dois para governar o mesmo número de quinários dos céus e as línguas de homens e nações, quatro para reger as triplicidades e os elementos, e sete governadores do mundo, de acordo com os sete planetas. E a todos foram concedidos *nomes* e *selos* denominados *caracteres* e estes foram usados em suas invocações, encantamentos e gravuras inscritas nos instrumentos de suas operações: *imagens, pranchas, anéis, papéis, espelhos, velas* etc. Se a operação era dirigida ao Sol, por exemplo, o nome do Sol e os nomes de Anjos Solares eram evocados, e continuamente em relação aos demais astros.

Em terceiro lugar, os anjos foram eleitos para ministros, cuja função incide na ordem das coisas que estão abaixo, ou seja, na Terra – o que Orígenes[123] nomeou de poderes invisíveis. Tais poderes respondem pelo sucesso de nossas viagens e negócios.

Os anjos são presenças constantes em batalhas e, por meio de ajudas secretas, favorecem seus amigos; no entanto, podem impor adversidades ao seu bel-prazer. Essa categoria de anjos está subdividida conforme sua essência: ígnea, aquática, aérea ou terrestre, o que é calculado segundo os quatro poderes das almas celestes que são: a mente, a razão, a imaginação e a natureza vivificante e movente.

Os ígneos seguem a mente das almas celestes, a vida contemplativa, sublime. Os aéreos obedecem à razão e favorecem a faculdade racional, servindo a uma vida ativa, do mesmo modo que os ígneos servem a vida contemplativa. Os aquáticos acolhem a imaginação, participando de uma vida voluptuosa. Por fim, os terrestres priorizam a natureza, elegendo a natureza vegetal.

Nessa categoria, além dos saturninos e joviais, alguns são orientais, outros ocidentais, outros meridionais e outros setentrionais. Cada um desses anjos reina em um lugar específico, embora todos estejam por toda parte da Terra. Esses seres não se submetem à influência dos astros, embora estejam ligados ao céu acima do mundo, de onde recebem orientações específicas.Esses anjos são nomeados para diversos astros, diversos lugares e épocas; não que se limitem a qualquer lugar ou tempo, nem pelos corpos que governam, mas porque a Divina Sabedoria assim o deliberou. Logo, eles

---

123. Orígenes [...] cognominado Orígenes de Alexandria ou Orígenes de Cesareia ou ainda Orígenes, o Cristão (Alexandria, Egito, c. 185 — Cesareia, ou, mais provavelmente, Tiro, 253), foi um teólogo, filósofo neoplatônico patrístico e é um dos Padres gregos. Disponível em: https://pt.wikipedia.org/wiki/Or%C3%ADgenes. Acesso em 9 de abril de 2021.

favorecem mais esses corpos, lugares, épocas e astros, recebendo o nome de diurnos, noturnos ou meridionais, conforme o caso.

Da mesma maneira que, entre os homens, alguns são chamados homens da floresta, outros montanheses, outros campesinos e outros domésticos, há deuses das florestas, dos campos, faunos, familiares, fadas das fontes e das florestas, ninfas do mar, Náiades, Nereidas, Dríades, Pieridas, Hamadríades, Patumidas, Hinnidas, Agapte, Palas, Parcadas, Dodonas, Fanilas, Levernas, Parcas, Musas, Aonidas, Castalidas, Helicônias, Pegasidas, Meonidas, Hegiadas, Camenas, Graças, Gênios, Duendes etc. Costumam ser denominados superiores, semideuses ou deusas. Alguns deles são tão conhecidos e familiares aos homens, que chegam até a ser afetados pelas preocupações humanas. Para Platão, os homens conseguem feitos extraordinários graças à orientação desses seres, do mesmo modo que sob a orientação de outros homens. Alguns animais, por exemplo (macacos, cães, elefantes), muitas vezes se comportam de modo estranho para sua espécie, o que comprova tal influência. Na cultura popular dinamarquesa e norueguesa, há relatos de vários tipos de espíritos originários dessas regiões que se submetem às ordens dos homens.

Conta-se que alguns deles são concebidos, parecem possuir um corpo e são mortais, segundo a opinião dos egípcios e platônicos, uma ideia especialmente defendida por Proclo, Plutarco,[124] Demétrio[125] (filósofo) e Emiliano (retórico). Desse modo, esses espíritos pertencentes à terceira categoria, segundo os platônicos, compõem tantas legiões quanto há estrelas no céu. Mas, para Santo Atanásio, o verdadeiro número de bons espíritos é em conformidade com o número de homens, noventa e nove partes, segundo a parábola das cem ovelhas.[126] Outros acreditam que sejam nove, de acordo com a parábola das dez cabras.[127] Há ainda os que supõem que o número dos anjos seja igual ao de homens, porque está escrito que o Senhor estabelecera o número de pessoas de acordo com o número dos anjos dos Céus.

Muito se tem escrito e debatido acerca do número de anjos. Os teólogos mais recentes, seguindo *Agostinho* e *Gregório,* concluem que o número de anjos bons transcende a capacidade humana. Proporcionalmente, são inúmeros os espíritos impuros, havendo tantos deles no mundo inferior quantos espíritos puros no superior; e alguns teólogos afirmam que receberam tal informação por meio de revelação.

---

124. Disponível em: https://www.infoescola.com/filosofia/plutarco/ Acesso em: 9 de abril de 2021.

125. Disponível em: https://pt.wikipedia.org/wiki/Dem%C3%A9trio_de_Faleros. Acesso em: 9 de abril de 2021.

126. Disponível em: https://pt.wikipedia.org/wiki/Par%C3%A1bola_da_Ovelha_Perdida#:~:text=De%20acordo%20com%20Mateus%2018,suas%20refei%C3%A7%C3%B5es%20com%20%22pecadores%22. Acesso em: 9 de abril de 2021.

127. Disponível em: https://iepapd.webnode.com/a40-parabola-as-ovelhas-e-as-cabras/ Acesso em: 9 de abril de 2021.

Cabeças de Daimons
Malignos
Nº 2
Instrumentos da Ira
Teuto
Asmodeu
O Incubus
Desenhado por F. Barret
Gravado por R. Griffith

Abaixo desses, há espíritos subterrâneos, nomeados pelos platônicos de anjos caídos, designados pela justiça divina para vingar a iniquidade e a falta de fé. São conhecidos por espíritos malignos e espíritos nefastos, porque frequentemente perturbam e atuam por vontade própria. Formam legiões correspondentes aos nomes dos astros e dos elementos, aos quatro cantos do mundo, regidos por reis, príncipes e soberanos. Quatro reis dos mais nefastos regem de acordo com as quatro partes do mundo. Abaixo deles governam vários príncipes das legiões e muitos oficiais particulares – *Górgones, Statenocte, Fúrias, Tisifone, Alecto, Megera, Cérbero.* Os seres dessa categoria, segundo Porfírio (filósofo), habitam o interior da própria Terra, são de natureza nefasta e articulam e se empenham em atos violentos e repentinos. Em caso de incursões, às vezes, se escondem, ou, dependendo da situação, atacam abertamente, comprazendo-se em todos os feitos perversos.

CAPÍTULO VII

SOBRE A ORDEM DOS ESPÍRITOS MALIGNOS, SUA NATUREZA E QUEDA

Os espíritos malignos estão classificados em nove graus, segundo conceitos teológicos, contrariamente às nove ordens de anjos. Os primeiros são chamados falsos deuses, porque, ao usurpar o nome de Deus, se fazem adorar feito deuses, exigindo sacrifícios e adorações, exatamente como fez o demônio ao dizer a Cristo, mostrando-lhe todos os reinos do mundo: "Tudo isto te darei, se, prostrado, me adorares"[128] (Mateus 4:9). E seu príncipe é aquele que se chama Belzebu, isto é, um deus antigo, e que disse: "Subirei mais alto que as mais altas nuvens; tornar-me-ei semelhante ao Altíssimo!"[129] (Isaias 14:14).

Os espíritos da mentira estão em segundo lugar, semelhantes àquele que foi o espírito da mentira pela boca do profeta Ahab. Seu príncipe é a serpente Píton, e, por extensão, Apolo é chamado *Pítio*,[130] e a mulher Pitonisa, ou bruxa, aquela que tinha

128. Disponível em: https://bibliaportugues.com/matthew/4-9.htm. Acesso em 10 de abril de 2021.

129. Disponível em: https://bibliaportugues.com/isaiah/14-14.htm. Acesso em 10 de abril de 2021.

130. *Pythia* ou pitonisa (*serpente*) era a sacerdotisa do templo de Apolo, em Delfos, Antiga Grécia, situado nas encostas do monte Parnaso. A pítia era amplamente renomada por suas profecias, inspiradas por Apolo, que lhe davam uma importância pouco comum para uma mulher no mundo dominado pelos homens da Grécia Antiga. Disponível em: https://pt.wikipedia.org/wiki/P%C3%ADtia#:~:text=Pyth%C3%ADa)%20ou%20pitonisa%20(serpente),pelos%20homens%20da%20Gr%C3%A9cia%20Antiga.. Acesso em: 10 de abril de 2021.

Píton em seu ventre, citada no evangelho. Desse modo, essa espécie de demônios une-se aos oráculos para iludir, enganar os homens por meio de adivinhações e predições.

Na terceira ordem estão as ferramentas de iniquidade, também denominadas instrumentos da ira, que correspondem aos construtores de perversidade, tal qual o demônio Teuto, citado por Platão, que ensinava o jogo de cartas e de dados, pois que toda maldade, malícia e deformação procedem dos demônios, a respeito de quem, em *Gênesis*, em relação às ações de graças de Simeão e Levi, Jacob dissera que os vasos de iniquidade habitavam suas casas, e que sua alma não compactuava com tal postura. O Salmista a chama de instrumento da morte. Isaías a intitula instrumento de fúria; Jeremias, de instrumento da ira e Ezequiel, de meio de destruição e morte. Seu príncipe é Belial, que significa: desobediente, prevaricador e desertor. Paulo, em carta aos Coríntios, escreveu: " E que concórdia há entre Cristo e Belial? Ou que parte tem o fiel com o infiel?"[131] (2 Coríntios 6:15).

Ocupando o quarto lugar estão os vingadores do mal, cujo príncipe é *Asmodeu* – aquele que incita ao julgamento.

O quinto lugar é ocupado pelos enganadores, os simuladores de milagres, que servem aos conjuradores e às bruxas e seduzem as pessoas pelos seus feitos extraordinários, como a serpente seduziu Eva. Seu príncipe é Satã, referido no *Apocalipse*: "E operava grandes sinais, de maneira que fazia até descer fogo do céu à terra, à vista dos homens"[132] (Apocalipse 13:13).

À sexta ordem correspondem as potências aéreas, que se unem aos trovões e relâmpagos para corromper o ar, causando peste e outros males. Estão nessa categoria os quatro anjos, igualmente mencionados no *Apocalipse,* a quem é concedido ferir a Terra e o Céu, segurando os quatro ventos dos quatro cantos da Terra. Seu príncipe é *Meririm* – demônio meridiano, um espírito furioso, referido por Paulo, na *Epístola ao Efésios*: "[...] príncipe do poder do ar, o espírito que agora está atuando nos que vivem na desobediência"[133] (Efésios 2:2).

A sétima ordem compreende os poderes do mal, as discórdias, a fúria, a guerra e a desvalorização. Sua denominação no *Apocalipse,* em grego, é *Apollyon*, em hebraico é *Abaddon*, o que significa destruição, devastação.

Na oitava posição figuram os acusadores ou inquiridores, cujo príncipe é *Astaroth,* o que rastreia. Em grego, recebe a denominação de *Diabolus.* No *Apocalipse*, é nomeado acusador dos irmãos, aquele que os acusa diuturnamente perante a face de Deus.

---

131. Disponível em: https://www.bibliaonline.com.br/acf/2co/6. Acesso em: 10 de abril de 2021.

132. Disponível em: https://www.bibliaon.com/versiculo/apocalipse_13_13/. Acesso em: 10 de abril de 2021.

133. Disponível em: https://www.bibliaon.com/versiculo/efesios_2_2/. Acesso em: 10 de abril de 2021.

Os tentadores e os ardilosos ocupam o último lugar, e um deles está sempre presente em cada homem. Trata-se do gênio do mal, e seu príncipe é *Mammon*, representado pela cobiça e pela ganância (o terceiro pecado).[134]

Nós, os cabalistas, somos unânimes em afirmar que os espíritos malignos, os quais chamamos demônios, vagueiam neste mundo inferior, contra o qual se enfurecem. Agostinho, em seu primeiro livro acerca da *Encarnação do Verbo*, dirigindo-se a *Januarius*, advoga que os pregadores eclesiásticos ensinaram que existiam os demônios e os anjos contrários às virtudes. A opinião comum entre eles, no entanto, é que tal demônio fora um anjo que, pela deslealdade, teria persuadido outros anjos a cair com ele, os quais até hoje são chamados "seus anjos".

A Grécia, não obstante, não os caracteriza como anjos amaldiçoados ou puramente malignos, ressaltando que a ordem das coisas é assim desde a criação do mundo, e que o tormento de almas pecadoras é entregue a eles.

Teólogos afirmam que os demônios não foram criados para o mal. O seu orgulho os teria expulsado das ordens celestes, aspecto este corroborado por teólogos hebreus, assírios, árabes, egípcios e gregos. *Fericies*, o assírio, descreve a queda dos demônios, atribuindo a *Ofis*, a serpente demoníaca, a liderança daquele exército rebelde. O mesmo fato é mencionado por Trismegisto, em seu *Pimander*, e em Homero, em seus versos, sob o nome de *Ararus*. Plutarco, em seu *Discurso sobre Usura*, assevera que Empédocles sabia que a queda dos demônios havia sido dessa maneira; e os próprios demônios frequentemente confessam sua queda.

Após a expulsão do paraíso, alguns demônios vagueiam próximos a nós; outros habitam lagos, rios e mares. Há os que habitam a terra, aterrorizando, causando abalos nas fundações de montanhas, atacando mineiros e aqueles que trabalham com poços, desestabilizando não somente os homens, mas também outras criaturas.

A elaboração de ciladas e a consequente implicação dos homens constituem o perfil de alguns demônios, que se comprazem no mal. Alguns se elevam ao comprimento do corpo de um gigante, e novamente se reduzem à pequenez dos pigmeus, transformando-se em diferentes formas, somente para amedrontar os homens. Outros se deleitam com mentiras e blasfêmias. No terceiro livro de Reis está escrito: "Sairei e serei espírito mentiroso na boca de todos os seus profetas"[135] (Reis 22:19-23).

---

134. Ver https://pt.wikipedia.org/wiki/Mamon#:~:text=Mamon%20%C3%A9%20um%20termo%2C%20derivado,que%20significa%20literalmente%20%22dinheiro%22. Acesso em: 10 de abril de 2021. (N. do T.)

135. Disponível em: https://biblia.com.br/perguntas-biblicas/espirito-mentiroso-da-parte-de-deus/. Acesso em: 10 de abril de 2021.

Desenhado por F. Barret Publicado por Lackington Allen & Co. Gravado por R. Griffith

A pior categoria de demônios, no entanto, é aquela que se apraz em armar emboscadas para prejudicar viajantes; agrada-lhe de modo igual guerras, derramamento de sangue e torturas. Em Mateus, há um registro que retrata o medo do homem em passar por determinado caminho, temendo a perversidade do demônio.

Ademais, as Escrituras Sagradas elencam demônios noturnos, diurnos e merídios. Outros espíritos malignos recebem denominações diversas. Em Isaías, há menção sobre os sátiros, mochos, sereias, cegonhas e corujas.[136] Em Salmos, há registros de víboras, basiliscos, leões e dragões, e, no Evangelho, lê-se a respeito de escorpiões e de Mammon, o príncipe desse mundo, e sobre os soberanos das trevas, tal qual Belzebu, a quem as Sagradas Escrituras intitulam príncipe da iniquidade.[137]

CAPÍTULO VIII

SOBRE A INFLUÊNCIA DOS ESPÍRITOS MALIGNOS E A PROTEÇÃO DOS BONS ESPÍRITOS

É de senso comum dentre os sacerdotes que todos os espíritos malignos odeiam Deus tanto quanto odeiam os homens. Mas a Providência Divina, em sua sabedoria, designou espíritos bons para governar a humanidade, cuja função é ajudar os homens e afastar de nós os maus espíritos, reprimindo-os quanto ao mal que podem nos fazer. Em Tobias, consta que Rafael capturou o demônio chamado Asmodeus e o aprisionou no deserto do Alto Egito. Hesíodo[138] afirma que há 30 mil espíritos de Júpiter vivendo na Terra, os quais são os guardiões dos homens mortais, e para que possam cumprir a justiça e os atos misericordiosos vestiram-se de ar, permitindo-lhe ir e vir em todos os lugares da Terra. Se não fosse pela proteção dos bons espíritos, nenhum homem ou mulher, neste vale de ignorância, concluiria o seu destino. Desse modo, cabe ao espírito mau reger a carne e os interesses humanos, enquanto ao espírito bom cumpre a tarefa de nos proteger. Entretanto, ao homem que estagia entre as duas polaridades, na vigência de seu livre-arbítrio, compete escolher a quem seguir, a quem destinar a vitória – aos anjos, que trazem o conhecimento do verdadeiro Deus e da verdadeira

136. Para mais informações: https://versiculoscomentados.com.br/index.php/estudo-de-isaias-34-14-comentado-e-explicado/. Acesso em: 10 de abril de 2021. (N. do T.)

137. Ver https://www.a12.com/redacaoa12/igreja/conhecendo-a-biblia-jesus-e-belzebu. Acesso em 10 de abril de 2021. (N. do T.)

138. Ver https://pt.wikipedia.org/wiki/Hes%C3%ADodo. Acesso em 11 de abril de 2021. (N. do T.)

piedade, ou aos espíritos malignos, que induzem ao erro. Está, portanto, nas mãos do homem aderir a quem lhe aprouver.

Aquele que dominar o demônio, torna-o seu servo. O demônio, então, perde poderio do mesmo modo que uma vespa sem o ferrão, ideia esta corroborada por Orígenes em sua obra *Peri Archon*, que assevera que uma vez dominadas pelos bons espíritos, as falanges do mal tornam-se impossibilitadas de exercer sua influência nefasta. A cada homem são concedidos um espírito bom e um espírito diabólico – cada um deles busca unir-se ao nosso espírito e se esforça por atraí-lo, misturando-se com ele, feito água com vinho. Os bons, por suas obras transformadoras, nos elevam à categoria de anjos, unificando-nos. Em Malaquias, acerca de João Batista, está escrito: "Este é aquele a respeito de quem está escrito: 'Eis que Eu enviarei o meu mensageiro à frente da tua face, o qual preparará o teu caminho diante de Ti'"[139] (Mateus 11:10). A respeito dessa transmutação e união é dito que aquele que adere a Deus se faz uno com ele.

Um espírito mau, por meio de suas obras, procura nos conformar de modo a nos unir a ele. Para elucidar a ideia, citamos a declaração de Cristo em relação a Judas: "Não vos escolhi a vós, os doze? Contudo, um de vós é o diabo"[140] (João 6:70). E Hermes arremata dizendo que, ao influenciar a alma do homem, o demônio espalha sementes de seu caráter perverso nessa alma, que, certamente, caso esteja em harmonia com a perversidade, produzirá ações consoante às funções do demônio. Diversamente, sob a influência de um bom espírito, a alma de bons propósitos eleva-se à luz da sabedoria. Segundo Jamblico (filósofo), os espíritos do Bem depuram nossas imperfeições e nos concedem benesses: saúde, virtude, tranquilidade à alma e luz em nossa mente.

Os teólogos, no entanto, diferem em opinião quanto a haver muitos guardiões dos homens ou apenas um. Particularmente, acredito que haja mais de um guardião, como podemos ler em Salmos 91:11; "Porque a seus anjos Ele dará ordens a teu respeito, para que te guardem em todos os teus caminhos".[141] Segundo Jerônimo (teólogo), isso deve ser compreendido em relação a cada homem, bem como em relação a Cristo. Todos os homens são governados pelo ministério de diferentes anjos, e aqueles que não compactuam com o Bem são abandonados e rebaixados a graus de miséria, conforme seus deméritos.

Aqueles que são entregues aos anjos mais sublimes são preferidos a outros homens, pois os anjos que cuidam deles os exaltam, subjugando outros a eles sob certo poder oculto, e, embora não se perceba, o subjugado sente certo jugo de supremacia, do qual não pode se livrar facilmente. Ele teme e reverencia esse poder que os anjos superiores fazem fluir sobre os inferiores.

---

139. Disponível em: https://bibliaportugues.com/malachi/3-1.htm. Acesso em: 11 de abril de 2021.

140. Disponível em: https://www.bibliaon.com/versiculo/joao_6_70/. Acesso em: 11 de abril de 2021.

141. Disponível em: https://bibliaportugues.com/psalms/91-11.htm. Acesso em: 11 de abril de 2021.

Cabeças de Daimons
Malignos
Nº 4
Poderes do Mal
Astaroth
Abaddon
Mammon
Desenhado por F. Barret
Publicado por Lackington Allen & Co.
Gravado por R. Griffith

Homero, no entanto, parece ter captado essa disposição humana ao salientar que as musas geradas de Júpiter sempre ajudaram como companheiras inseparáveis os reis gerados por Júpiter, ou figurativamente falando, os que por elas eram feitos veneráveis e magníficos. Lemos que Marco Antônio e Otávio Augusto costumeiramente jogavam, pois havia certa amizade entre eles. Contudo, O. Augusto sempre saía vencedor. Um mago, porém, aconselhou Marco Antônio a se afastar de O. Augusto, pois ainda que mais velho, mais experiente e mais habilidoso que ele, o seu Gênio temia muito o Gênio do jovem Augusto, e a sua fortuna lisonjeava a fortuna do outro. "A menos que tu o evites, te subordinarás a ele inteiramente".

Um príncipe não é igual a outros homens? Como, a não ser pelo terror divino que o exalta, infundindo medo aos outros homens e reprimindo-os para que o reverenciem como um príncipe, este será temido e respeitado? Portanto, devemos nos esforçar em nos purificar por meio de boas ações e pensamento elevado, de modo que sejamos, uma vez merecedores, agraciados com os cuidados dos anjos mais sublimes e poderosos.

CAPÍTULO IX

OS TRÊS GUARDIÃES DO HOMEM

Todo homem tem três *diamons*[142] bons na forma de seus guardiães ou protetores: um santo, outro do nascimento e o outro da profissão de fé. O *diamon* santo, segundo os egípcios, é designado à alma racional, não pelos astros ou planetas, mas pelo próprio Deus que governa os *diamons*. É ele quem orienta a nossa vida, nos inspirando bons pensamentos, muitas vezes de modo imperceptível. Somente em estado de purificação é que percebemos a fala de Deus, sempre nos encaminhando à perfeição sagrada.

Desse modo, alguns avançam na ciência, na arte ou na profissão em curto espaço de tempo e sem muito esforço, enquanto outros se empenham, mas em vão. Independentemente de sua área de atuação, trabalhe feliz. Conheça seu bom gênio[143]

---

142. A palavra *daímôn* se originou com os gregos na Antiguidade. [...] São deuses de determinadas entidades da natureza humana, como a Loucura, a Ira, a Tristeza etc. [...] Seu temperamento liga-se ao elemento natural ou a vontade divina que o origina. Não se fala em "bem" ou "mal". Um mesmo daemon pode apresentar-se "bom" ou "mau" conforme as circunstâncias do relacionamento que estabelece com aquele ou aquilo que está sujeito à sua influência. Disponível em: https://pt.wikipedia.org/wiki/Daemon. Acesso em: 11 de abril de 2021.

143. Gênio, no texto, significa "[...] uma espécie de espírito guardião ou tutelar, do qual se pensava serem designados para cada pessoa quando do seu nascimento. Portanto, o gênio é concebido como um ente espiritual ou imaterial, muito próximo do ser humano, e que sobre ele exerce uma forte, cotidiana e decisiva influência. Disponível em: https://pt.wikipedia.org/wiki/G%C3%AAnio_(mitologia_%C3%A1rabe). Acesso em: 11 de abril de 2021.

e sua natureza, e as benesses que o Criador disponibiliza. Conheça Deus que distribui a cada um como lhe agrada. Siga os princípios, acolha-os, empenhe-se e faça bom uso dos dons que o Altíssimo lhe oferece. Deus fez *Abraão* destacar-se pela justiça e clemência; *Isaac* destacou-se pelo temor, *Jacó* pela força, *Moisés* pela mansidão e milagres, *Josué* pela guerra, *Fíneas* pelo zelo, *Davi* pela religião e vitória, *Salomão,* pelo conhecimento e fama, *Pedro* pela fé, *João* pela caridade, *Jacó* pela devoção, *Tomé* pela prudência, *Madalena* pela contemplação e *Marta* pelo servir.

Sendo assim, dedique-se a alcançar o máximo na virtude que acredita ser portador, seja proficiente, destaque-se. Se os seus guardiães da natureza e da religião estiverem em harmonia, terá duplo progresso em sua natureza e em sua profissão de fé, mas, em discordância, siga o melhor, pois desse modo poderá perceber, em certo momento, um protetor de profissão de fé melhor que o de nascimento.

CAPÍTULO X

SOBRE A LINGUAGEM DOS ANJOS

Os anjos ou *diamons*, considerados espíritos puros, usam linguagem diferenciada entre eles ou mesmo conosco? Paulo, em algum momento, questionou acerca de se falar a língua dos homens ou a língua dos anjos. Muitos acreditam que, se os anjos usam um idioma, este é certamente o Hebraico, porque foi o primeiro de todos, veio do céu e precede a grande diversidade linguística da Babilônia. Por meio da língua hebraica foi dada a lei por Deus Pai; o Evangelho foi apregoado por Cristo, o Filho, e tantos oráculos foram dados aos profetas pelo Espírito Santo. Todas as línguas passam por várias mutações e transformações, e somente o Hebraico permanece inviolado.

Além disso, um sinal evidente da validade dessa opinião é que, embora esse demônio e essa inteligência recorram à linguagem das nações onde estagiam, é em Hebraico que se comunicam com aqueles que entendem o idioma.

Apesar das conjecturas, são veladas para nós não apenas a linguagem utilizada pelos anjos, mas eles próprios. Para nos comunicar precisamos de outros instrumentos: mandíbulas, palato, lábios, dentes, garganta, pulmões, traqueia, a *aspera arteria* e os músculos do peito, que são acionados pela alma. Ao falarmos a certa distância devemos elevar o tom de voz; porém, próximos, podemos sussurrar, feito as almas recém-libertas do corpo – assim os anjos e os *daimons* o fazem, com a diferença de que não usam a voz sensível, mas imprimem a imagem daquilo que estão falando com mais acuidade.

Os platonistas afirmavam que Sócrates percebia seu *daimon* não pelos sentidos físicos, mas pelos sentidos de seu corpo etérico.[144] Para Avicena (filósofo), seria dessa maneira que os profetas ouviam e viam os anjos. Esse instrumento, independente de sua virtude, por meio do qual um espírito traz conhecimento ao outro, é denominado, segundo o apóstolo Paulo, *língua dos anjos*. Não obstante, eles emitem uma voz audível, como aqueles que clamaram na ascensão do Senhor: "Homens da Galileia, por que estais a olhar para o Céu? Esse Jesus, que do meio de vós foi elevado para o Céu, virá do mesmo modo que O vistes ir para o Céu"[145] (Atos 1, 1-11). E no *Velho Testamento*, narra-se que os anjos falavam com os patriarcas com voz perceptível, mas somente quando assumiam um corpo. Ignoramos, contudo, que sentido esses espíritos e *daimons* usam para ouvir nossas súplicas e comparecer a nossas cerimônias.

Os *daimons* apresentam um corpo espiritual sensível, possibilitando-lhes tocar, ver e ouvir naturalmente, sem qualquer meio. Uma forma de captação diversa à do homem, que se faz em nível mental, sem qualquer impedimento. Todos têm percepção aguçada, assimilando tudo o que seus corpos sensíveis lhes permitem, porém com dinâmica desconhecida para nós. O mesmo processo se dá com certos animais, que, mesmo desprovidos do órgão auditivo, ainda assim percebem o som.

CAPÍTULO XI

SOBRE A ORIGEM DOS NOMES DOS ESPÍRITOS E SUA REGÊNCIA SOBRE ASTROS, SIGNOS E ELEMENTOS

Os bons e os maus espíritos recebem diferentes denominações. Somente Deus conhece seus nomes verdadeiros, assim como os dos astros, razão pela qual nada podemos conhecer, a não ser por revelação divina. Alguns poucos nos são apresentados pelas Sagradas Escrituras.

---

144. O duplo etérico, também conhecido como corpo sutil, energossoma ou corpo vital, seria, de acordo com estudos espiritualistas, religiões e correntes ocidentais (como a teosofia, o ocultismo e a conscienciologia) e orientais (como o hinduísmo), uma duplicata energética do corpo físico que o envolve com a principal função de mantê-lo conectado ao corpo espiritual. Disponível em: https://pt.wikipedia.org/wiki/Corpo_sutil. Acesso em: 12 de abril de 2021.

145. Disponível em: https://www.joaopaiva.net/2019/06/02/homens-da-galileia-porque-estais-a-olhar-para-o-ceu-esse-jesus-que-do-meio-de-vos-foi-elevado-para-o-ceu-vira-do-mesmo-modo-que-o-vistes-ir-para-o-ceu/. Acesso em: 12 de abril de 2021.

Na concepção dos mestres hebreus, Adão nomeara os anjos. A partir desse conceito, os mucubais,[146] magos e cabalistas acreditarem no poder do homem em atribuir nomes aos espíritos, tarefa, restrita apenas ao homem que se tornou digno por algum dom divino ou autoridade sagrada. Partindo-se do pressuposto de que um nome que expresse a natureza da divindade ou toda a virtude das essências angelicais não pode ser pronunciado por qualquer voz humana, então, a maioria dos nomes advém de suas obras. Dessa forma, o nome dotado de eficácia e virtude atrai uma substância espiritual compatível com o nível espiritual do respectivo anjo.

Certa vez, presenciei um homem escrever em um pergaminho virgem o nome e o selo de certo espírito na hora da Lua e dá-lo para ser devorado por uma rã, após pronunciar um verso. Em seguida, a rã foi devolvida à água e, em pouco tempo, houve chuva. Presenciei o mesmo homem escrever o nome de outro espírito e respectivo selo, na hora de Marte, pronunciar um verso, e dá-lo a um corvo, que, uma vez liberto, voou a certa direção do céu de onde surgiram relâmpagos e trovões horríveis, acompanhados de fortes chuvas.

De modo geral, os nomes dos anjos mais conhecidos em suas funções são: *Raziel, Gabriel, Miguel, Rafael, Haniel*, que significam: visão de Deus, virtude de Deus, força de Deus, remédio de Deus, glória de Deus, respectivamente. E os *diamons* malignos são conhecidos por: *um jogador, um enganador, um sonhador*, um *fornicador* e muitos outros. Dessa forma, nós recebemos de nossos patriarcas hebreus os nomes de anjos que governam os planetas e os signos. Para Saturno, *Zaphiel;* para Júpiter, *Zadkiel*; para Marte, *Camael*; para o Sol, *Rafael*; para Vênus, *Haniel*; para Mercúrio, *Miguel* e para a Lua, *Gabriel*. Esses são os sete espíritos sempre diante da face de Deus, a quem é confiada a tarefa da ordenação de todos os reinos celestes e terrenos que estão sob a Lua.

Há teólogos que afirmam que esses astros governam todas as coisas por certa adversidade de horas, dias e anos, e regem os planetas do modo que os astrólogos ensinam. Trismegisto os denomina os sete regentes do mundo, que, ao usar os céus como instrumento, distribuem as influências de todos os astros e signos sobre os seus tutelados. Há outras denominações aos astros, asseverando que Saturno é regido por uma inteligência denominada *Orifael*; Júpiter por *Zachariel*; Marte por *Zamael*; o Sol por *Miguel*; Vênus por *Anael;* Mercúrio por *Rafael* e a Lua por *Gabriel*. E cada um deles governa o mundo por 354 anos e quatro meses, começando com a inteligência de Saturno, seguida pelas inteligências de Vênus, Júpiter, Mercúrio, Marte, Lua e Sol, e após retorna sob a regência do Espírito de Saturno.

146. Disponível em: https://pt.wikipedia.org/wiki/Mucubais. Acesso em: 12 de abril de 2021.

Tritêmio (ocultista) escrevera a Maximiliano César (imperador romano) discorrendo acerca da regência dos astros, que então obedeceriam à seguinte configuração: sobre Áries, *Malahidael*; sobre Touro, *Asmodel*; sobre Gêmeos, *Ambriel*; sobre Câncer, *Muriel*; sobre Leão, *Verchiel*; sobre Virgem, *Hamaliel*; sobre Libra, *Zuriel*; sobre Escorpião, *Barchiel*; sobre Sagitário, *Advachiel*; sobre Capricórnio, *Hanael*; sobre Aquário, *Cambiel* e, finalmente, sobre Peixes, *Barchiel*. Sobre isso, João mencionou no início do *Apocalipse*, e no final do livro menciona os sete espíritos que estão diante da presença de Deus. Particularmente, acredito que estes presidem os sete planetas, ocasião em que ele descreve a plataforma da cidade celestial, dizendo que em seus doze portões estão doze anjos. Há vinte e oito anjos que regem as vinte e oito casas da lua, cujos nomes são: *Geniel, Enediel, Anixiel, Azariel, Gabriel, Dirachiel, Scheliel, Amnediel, Barbiel, Ardefiel, Neciel, Abdizuel, Yazeriel, Ergediel, Atiel, Azeruel, Adriel, Egibiel, Amutiel, Kyriel, Bethnael, Geliel, Requiel, Abrinael, Aziel, Tagriel, Atheniel, Amnixiel.*

São quatro os príncipes dos anjos, que presidem os quatro ventos dos quatro cantos do mundo: *Miguel* está disposto sobre o vento leste, *Rafael* sobre o vento oeste, *Gabriel* sobre o norte, *Nariel*, também chamado *Ariel*, está sobre o vento sul. Para os elementos, os príncipes designados são: *Querubim* para o ar, *Tharsis* para a água, *Ariel* para a terra e *Serafim* para o fogo. Cada um desses espíritos é um príncipe com poder e liberdade sobre seus próprios planetas e signos, no tempo (anos, meses, dias e horas), e em seus elementos, nas partes do mundo e nos ventos, e cada um deles governa muitas legiões.

Dentre os espíritos malignos, há quatro reis que regem os demais, de acordo com as quatro partes do mundo, cujos nomes são: *Urieus*, rei do Leste; *Amaymon*, rei do Sul; *Paymon*, rei do Oeste; *Egin*, rei do Norte, intitulados pelos sábios hebreus de *Samuel, Azazel, Azael* e *Mahazuel*, abaixo dos quais governam príncipes de legiões e governantes. Paralelamente, há inúmeros demônios com funções particulares. Os antigos teólogos gregos enumeraram até seis demônios – os *Telquines* ou *Alastores* que são inimigos do homem, pois, com as próprias mãos, borrifam a Terra com água do rio Estige,[147] espalhando assim calamidades de toda ordem. São eles: *Acteus, Megalezius, Ormenus, Lycus, Nicon, Mimon.*

E para o estudioso que deseja se aprofundar mais acerca dos nomes exatos dos anjos e demônios malignos, suas funções e peculiaridades, aconselha-se a leitura do tratado do Rabino Ishmael a respeito dos Templos.

147. Estige (*Στυξ*, transl. *Styx*), na mitologia grega, é uma ninfa e também um rio infernal no Hades dedicado a ela. Disponível em: https://pt.wikipedia.org/wiki/Estige. Acesso em: 13 de abril de 2021.

CAPÍTULO XII

AS SAGRADAS ESCRITURAS E OS NOMES SAGRADOS DOS ANJOS – TABELAS DE ZURUPH E OS CÁLCULOS DOS NOMES E DOS NÚMEROS

Há, igualmente, outros nomes sagrados de bons e maus espíritos designados para cada função de muito mais eficácia do que os anteriormente apresentados, que os cabalistas extraem das Sagradas Escrituras, assim como extraem certos nomes de Deus e de lugares. Em geral, o nome de Deus pode ser abstraído sempre que a essência divina se expressar nas Escrituras. Então, de acordo com a função ou obra de qualquer espírito descrito nas Sagradas Escrituras, pode-se deduzir o seu nome. Desse modo, dos bons espíritos recebemos os nomes dos bons espíritos, e dos maus espíritos os seus respectivos nomes. E não devemos confundir o preto com o branco, o dia com a noite, a luz com as trevas, o que se expressa no exemplo a seguir:

"Sejam como a palha que o vento carrega, quando o Anjo do SENHOR os espalhar. Tornem-se-lhes os caminhos tenebrosos e escorregadios, quando o Anjo do SENHOR os perseguir...."[148] (Salmos 35:5).

יהיו במוץ ינפל דות ומאלאף יהוהרהה
יהידרבם הטף והלק לקות ומלאף יהוה דרפם

No mesmo Salmo 35 encontramos os nomes dos anjos מידאל *Midael*, מיראל *Miriael*, da ordem dos guerreiros. Do Salmo 109:6, "Designe-se um ímpio para ser seu oponente; à sua direita esteja um acusador".[149]

חפקר עליו רשע ושטן יאמלאל ימינו

deduz-se o nome do espírito maligno *Schii*, שיעי, que significa um espírito cujo encargo relaciona-se à conspiração e armadilha. Há certo texto em *Êxodo* contido em três versículos, em que cada um é escrito com setenta e duas letras, começando assim: o primeiro *Vajisa*, ויסע, o segundo *Vajabo*, ויבא, o terceiro *Vajot*, זיט, que são estendidos em uma linha – a primeira e a terceira, da esquerda para a direita, sendo que a do meio, no sentido contrário (da direita para a esquerda), terminando à esquerda. Em seguida, cada uma das três letras, subordinadas uma a outra, formam um nome,

148. Disponível em: https://bibliaportugues.com/psalms/35-5.htm. Acesso em: 13 de abril de 2021.

149. Disponível em: https://www.bibliaon.com/versiculo/salmos_109_6/. Acesso em: 13 de abril de 2021.

somando-se setenta e dois nomes, que são denominados *Schemhamphoræ*, pelos hebreus, e acrescendo o nome divino *El* אל, ou *Yah* יהה, que produzem setenta e dois nomes trissílabos de anjos, cada um carregando o grande nome de Deus, como está escrito: "Eis que eu envio um anjo diante de ti, para que te guarde pelo caminho, e te leve ao lugar que te tenho preparado. Guarda-te diante dele, e ouve a sua voz, e não o provoques à ira; porque não perdoará a vossa rebeldia; porque o meu nome está nele"[150] (Êxodo 23:20,21).

São esses que regem os cinquentas e dois quinários celestes, as setenta e duas nações e línguas, as articulações do corpo do homem e cooperam com os setenta e dois superiores da sinagoga, bem como com os setenta e dois discípulos de Cristo. Seus nomes estão na **tabela**, de acordo com a dedução dos cabalistas aqui descrita.

Agora, há diversos outros modos de se fazer *Schemhamphoræ* a partir desses versículos, como quando os três são escritos na ordem certa, um após o outro, da direita para a esquerda, além das que são deduzidas pelas tabelas de Ziruph e das de cálculos mencionadas em capítulo anterior. Considerando-se que as tabelas servem a todos os nomes, tanto divinos, quanto angélicos, vamos referenciá-las neste capítulo.

Portanto, esses são os setenta e dois anjos que levam o nome de Deus, *Schemhamphoræ*.

CAPÍTULO XIII

SOBRE OS NOMES DOS ESPÍRITOS E GÊNIOS A PARTIR DA DISPOSIÇÃO DOS CORPOS CELESTES

A arte de descobrir o nome de um espírito, para qualquer efeito desejado, fazia-se por meio da configuração dos céus. Vamos supor a confecção de uma imagem, ou qualquer outro trabalho sob uma constelação. Se o intuito for descobrir o espírito regente desse trabalho, após observada a configuração do céu, retira-se as letras na ordem do grau do ascendente, obedecendo-se à sucessão dos signos através de cada grau, completando o círculo do céu. Em seguida, toma-se as letras que coincidem com as posições dos astros, de conformidade com o número e o poder dos astros posicionados de fora, numerados e ordenados, formando-se o nome de um bom espírito.

Mas ao iniciar no grau que vai em sentido contrário à sequência dos signos, obterá o nome do espírito maligno. Mestres hebreus e caldeus asseveram que por essa

150. Disponível em: https://www.bibliaonline.com.br/acf/ex/23. Acesso em: 13 de abril de 2021.

arte pode-se descobrir a natureza e o nome de qualquer gênio. Por exemplo, conhecendo-se o grau ascendente da data de nascimento de uma pessoa e equilibrando-se os outros cantos do céu, observe, primeiramente, os planetas que tenham a maior dignidade, denominados pelos árabes de *Almutez*. Deve-se proceder da mesma maneira quanto aos segundos, em escala decrescente, colhendo-se as virtudes nos cantos antes mencionados.

Essa mesma ordem poderá ser usada para se conhecer o verdadeiro lugar e grau dos cantos no céu, partindo-se do grau do ascendente, passando-se por cada grau, de acordo com a ordem dos signos, e colocando-se vinte e duas letras do hebraico. As letras que caírem nas casas dos astros acima mencionados, sendo marcadas e dispostas conforme a ordem encontrada nos astros e devidamente unidas segundo as regras da língua hebraica, formam o nome de um gênio, o qual, pela tradição, acrescenta-se um nome monossilábico da Onipotência Divina, ou seja, *El* ou *Yah*. Caso a distribuição das letras seja feita a partir do ângulo descendente, na ordem inversa da sequência dos signos, e as letras que caírem no Nadir (que é o ponto oposto) dos astros mencionados obedecerem a essa mesma ordem, uma vez reunidas, configura-se o nome de um gênio maligno.

Os caldeus, contudo, procedem de maneira diversa, porque não tomam o *Almutez* dos ângulos, mas sim o *Almutez* da décima primeira casa, procedendo-se com o restante conforme o que foi explicado. Assim, eles descobrem um gênio mau do *Almutez* do ângulo da décima segunda casa, que denominam espírito maligno, distribuindo-se as letras a partir do grau de descendente em direção contrária à progressão dos signos.

CAPÍTULO XIV

SOBRE A ARTE DE CALCULAR OS NOMES SEGUNDO A TRADIÇÃO CABALÍSTICA

Podemos ainda discorrer acerca de outra arte para deduzir esse tipo de nomes, que é o cálculo feito por meio das tabelas apresentadas, introduzindo-se um nome sagrado, divino ou angelical na coluna de letras descendentes e tomando-se as letras presentes nos ângulos comuns sob seus astros e seus signos, as quais, ordenadas, formam o nome de um bom espírito da natureza do astro ou signo sob o qual iniciou. Mas ao se entrar na coluna seguinte e tomar os ângulos comuns acima dos astros e dos signos marcados nas linhas de baixo, obtém-se o nome de um espírito mau.

Esses são os nomes dos espíritos bons e maus de qualquer ordem reinante no céu, que, seguindo o mesmo método, o leitor pode multiplicar, obtendo nove nomes de tantas outras. Ao introduzir um nome, pode deduzir dele um nome de espírito bom ou mal de uma ordem superior; contudo, o início desse cálculo depende dos nomes de Deus que formam cada palavra e que, por isso, têm uma virtude na *magia*. É fundamental saber que cada nome angélico deve proceder de algum nome primordial de Deus. É por esse motivo que dizem que os anjos levam o nome de Deus, pois está escrito: "Eis que Eu envio meu Anjo à frente de ti para que te guarde pelo caminho e te conduza ao lugar que tenho preparado para ti. Respeita a sua presença e ouve a sua voz, e não lhe sejas rebelde, porque não perdoará a vossa transgressão, porquanto nele está o meu Nome"[151] (Êxodo 23:21).

Para que os nomes dos anjos bons possam ser diferenciados dos nomes dos anjos maus, muitas vezes é necessário adicionar um nome da Divina Onipotência, como *El* ou *On*, *Yah* ou *Jod* e pronunciá-los juntamente. Considerando-se que *Yah* é nome de bondade e *Jod* é nome de divindade, esses dois nomes são acrescentados apenas aos nomes de anjos. Porém, o nome *El*, por conceder poder e virtude, é somado não apenas aos bons, mas aos maus espíritos, visto que os espíritos maus não conseguem sobreviver ou produzir qualquer feito sem a virtude de *El*, Deus.

É necessário levar sempre em conta que precisamos tomar ângulos comuns ao mesmo astro e signo para que entremos com um nome misto, como são os nomes dos gênios, e aqueles dos quais falamos no capítulo anterior, formados a partir das disposições do céu, segundo a harmonia de diferentes astros. Toda vez que esses nomes forem introduzidos na tabela, deve-se tomar o ângulo comum sob o astro ou signo daquele que está fazendo a introdução.

Ademais, alguns ampliam a tabela, pensando que se entrarem com o nome de um astro ou da função ou do efeito desejado poderão inferir um *daimon* bom ou mau a se encaixar naquela função ou efeito. Com base no mesmo raciocínio, alguns iniciam com o nome próprio de uma pessoa para inferir os nomes dos gênios sob o astro que parece estar sobre a pessoa e, por sua fisionomia, interesses, inclinações mentais, profissão de fé e sorte saber se o perfil da pessoa é *marcial, saturnino* ou *solar*, ou se é da natureza de outro astro.

Não obstante tais nomes primários tenham pouco ou nenhum significado poderoso, os nomes deduzidos e seus derivados apresentam grande eficácia, tais quais os raios do sol, que, concentrados em uma lente, queimam mais intensamente, ainda que seu calor esteja ameno. Essas tabelas contêm uma ordem de letras sob os astros e os

151. Disponível em: https://bibliaportugues.com/exodus/23-21.htm. Acesso em: 14 de abril de 2021.

signos, quase iguais às tabelas do dez, onze e doze dos astrólogos. *Alphonsus Cyprius* escreveu sobre essa arte de cálculo, adaptando-a aos caracteres latinos. Ponderando-se que as letras de cada língua têm um original celeste e divino quanto a número, ordem e figura, concluo que esse cálculo de nomes e espíritos possa ser realizado não apenas com letras hebraicas, mas com letras caldeias, árabes, egípcias, gregas e latinas e tantas outras, desde que as tabelas sejam corretamente elaboradas, seguindo-se o modelo das tabelas hebraicas quanto aos astros regentes. Muitos, entretanto, alegam que homens de diferentes naturezas e sorte, possuidores do mesmo nome, obtêm muitas vezes o mesmo gênio. É perfeitamente possível ao mesmo *daimon* ser designado a mais de uma alma. Além do mais, porque muitos homens têm o mesmo nome, espíritos de diversas funções ou naturezas podem ser marcados por único nome, selo ou caractere, ainda que em circunstâncias diversas. De modo similar à serpente, que às vezes simboliza Cristo outras o demônio, os mesmos nomes e selos podem ser aplicados tanto à ordem de um *daimon* bom quanto à ordem de um *diamon* mau. É importante frisar que a vontade firme do invocador, que une o intelecto a diferentes inteligências, é que determina, no momento da invocação de um nome, se receberá ajuda de um espírito bom ou de um espírito mau.

Seguem as tabelas de cálculo dos nomes dos espíritos bons e maus sob a regência dos sete planetas e sob a ordem dos doze signos.

CAPÍTULO XV

SOBRE OS CARACTERES E OS SELOS DOS ESPÍRITOS

Sucintamente, falaremos neste capítulo sobre os caracteres e selos dos espíritos. Caracteres são representações gráficas (certas letras e escritos desconhecidos), guardiãs dos segredos dos espíritos e seus nomes contra o uso e a leitura profana, aos quais os antigos chamavam de hieróglifos, ou letras sagradas. Estas se destinavam a consagrar os segredos de Deus, uma vez que era ilícito escrever os mistérios de Deus com os mesmos caracteres empregados para nomear coisas profanas. Para Porfírio, as virtudes divinas e o próprio Deus eram velados por meio de figuras sensíveis e visíveis, mas significando o invisível; a intenção era expressar grandes mistérios em letras sagradas e a explicação destes em figuras simbólicas. Assim, os cabalistas remeteram todas formas arredondas ao mundo ao Sol e à Lua, à esperança e à fortuna; o círculo, remeteram ao céu, e partes do círculo, à Lua; pirâmides e obeliscos, ao fogo; o cilindro, ao Sol e à Terra.

A Cabala

Mostrando de uma vez os setenta e dois anjos que levam o nome de Deus, Schemhamphoræ

כ	ל	ה	ה	מ	י	ה	ל	א	ה	כ	א	ל	מ	ע	ס	י	ו
ל	א	ק	ר	ב	ז	ה	א	ל	ז	ה	כ	ל	ה	ל	י	ל	ה
י	ו	מ	י	ה	ל	ע	ו	ד	י	ת	א	ה	ש	מ	ט	י	ו
אל	יה	יה	אל	אל	אל	יה	יה	יה	אל	ל	יה	אל	יה	יה	אל	אל	יה
Caliel	Levviah	Hakamiah	Hariel	Mebahel	Ielael	Hahiah	Lauiah	Aladiah	Haziel	Cahethel	Akhaiah	Lelahel	Mahasiah	Elemiah	Sitael	Ieliel	Vehuiah
מ	כ	ל	י	ו	ל	א	ר	ש	י	ה	נ	ה	מ	י	נ	פ	ל
נ	ו	ה	ה	ש	כ	י	י	א	ר	א	ה	ה	ל	י	ל	ה	ו
ד	ק	ח	ו	ר	ב	מ	י	ה	ת	א	ה	י	ה	י	כ	ל	ו
אל	יה	יה	יה	יה	אל	אל	אל	יה	אל	יה	הי	יה	אל	אל	אל	יה	יה
Monadel	Chavakiah	Lehahiah	Iehuiah	Vasariah	Lecabel	Omael	Reiiel	Seehiah	Ierathel	Haaiah	Nithhaiah	Hahuiah	Nelahel	Ieiaiel	Nelchael	Pahaliah	Leuuiah
נ	נ	ע	ה	ד	ו	מ	ע	ע	ס	י	ו	מ	ה	י	ר	ח	א
י	נ	מ	ה	נ	ה	י	ש	ר	א	ל	י	י	ה	י	ה	ע	נ
ה	א	מ	ש	י	ו	ה	ל	י	ל	ה	ל	ת	ה	ז	ע	ם	י
אל	אל	יה	יה	אנ	אל	אל	יה	אל	יה	יה	יה	אל	אל	אל	אל	יה	אל
Nithael	Nanael	Imamiah	Hahaziah	Daniel	Vehuel	Mihael	Asaliah	Ariel	Saaliah	Ielahiah	Vevaliah	Michael	Hahahel	Ihiazel	Rehael	Haamiah	Aniel
מ	ה	י	ר	ה	א	מ	ד	מ	ע	י	ו	מ	ה	י	נ	פ	מ
ו	י	ב	א	ב	י	נ	מ	ה	נ	ה	מ	צ	ר	י	מ	ו	ב
מ	י	מ	ה	ו	ע	ק	ב	י	ו	ה	ב	ר	ה	ל	מ	י	ה
יה	אל	יה	אל	יה	אל	אל	יה	אל	אל	אל	אל	אל	אל	אל	יה	אל	יה
Nevamaih	Haiaiel	Ibamiah	Rochel	Habuiah	Eiael	Menkl	Damabiah	Mochael	Annauel	Iahhel	Umabel	Mizrael	Harahel	Ieilael	Nemamaih	Poiel	Mebahiah

Ilustração 01 *Tabela 1*

A Cabala

A Tabela de Cálculos da Direita

Tabela 2 *Ilustração 02*

ת	ש	ר	ק	צ	פ	ע	ס	נ	מ	ל	כ	י	ט	ח	ז	ו	ה	ד	ג	ב	א
א	ת	ש	ר	ק	צ	פ	ע	ס	נ	מ	ל	כ	י	ט	ח	ז	ו	ה	ד	ג	ב
ב	א	ת	ש	ר	ק	צ	פ	ע	ס	נ	מ	ל	כ	י	ט	ח	ז	ו	ה	ד	ג
ג	ב	א	ת	ש	ר	ק	צ	פ	ע	ס	נ	מ	ל	כ	י	ט	ח	ז	ו	ה	ד
ד	ג	ב	א	ת	ש	ר	ק	צ	פ	ע	ס	נ	מ	ל	כ	י	ט	ח	ז	ו	ה
ה	ד	ג	ב	א	ת	ש	ר	ק	צ	פ	ע	ס	נ	מ	ל	כ	י	ט	ח	ז	ו
ו	ה	ד	ג	ב	א	ת	ש	ר	ק	צ	פ	ע	ס	נ	מ	ל	כ	י	ט	ח	ז
ז	ו	ה	ד	ג	ב	א	ת	ש	ר	ק	צ	פ	ע	ס	נ	מ	ל	כ	י	ט	ח
ח	ז	ו	ה	ד	ג	ב	א	ת	ש	ר	ק	צ	פ	ע	ס	נ	מ	ל	כ	י	ט
ט	ח	ז	ו	ה	ד	ג	ב	א	ת	ש	ר	ק	צ	פ	ע	ס	נ	מ	ל	כ	י
י	ט	ח	ז	ו	ה	ד	ג	ב	א	ת	ש	ר	ק	צ	פ	ע	ס	נ	מ	ל	כ
כ	י	ט	ח	ז	ו	ה	ד	ג	ב	א	ת	ש	ר	ק	צ	פ	ע	ס	נ	מ	ל
ל	כ	י	ט	ח	ז	ו	ה	ד	ג	ב	א	ת	ש	ר	ק	צ	פ	ע	ס	נ	מ
מ	ל	כ	י	ט	ח	ז	ו	ה	ד	ג	ב	א	ת	ש	ר	ק	צ	פ	ע	ס	נ
נ	מ	ל	כ	י	ט	ח	ז	ו	ה	ד	ג	ב	א	ת	ש	ר	ק	צ	פ	ע	ס
ס	נ	מ	ל	כ	י	ט	ח	ז	ו	ה	ד	ג	ב	א	ת	ש	ר	ק	צ	פ	ע
ע	ס	נ	מ	ל	כ	י	ט	ח	ז	ו	ה	ד	ג	ב	א	ת	ש	ר	ק	צ	פ
פ	ע	ס	נ	מ	ל	כ	י	ט	ח	ז	ו	ה	ד	ג	ב	א	ת	ש	ר	ק	צ
צ	פ	ע	ס	נ	מ	ל	כ	י	ט	ח	ז	ו	ה	ד	ג	ב	א	ת	ש	ר	ק
ק	צ	פ	ע	ס	נ	מ	ל	כ	י	ט	ח	ז	ו	ה	ד	ג	ב	א	ת	ש	ר
ר	ק	צ	פ	ע	ס	נ	מ	ל	כ	י	ט	ח	ז	ו	ה	ד	ג	ב	א	ת	ש
ש	ר	ק	צ	פ	ע	ס	נ	מ	ל	כ	י	ט	ח	ז	ו	ה	ד	ג	ב	א	ת

Desenhado por F. Barret *Publicado por Lackington Allen & Co.* *Gravado por R. Griffith*

A Cabala

A Tabela de Cálculos da Esquerda

Tabela 3 — Ilustração 03

א	ב	ג	ד	ה	ו	ז	ח	ט	י	כ	ל	מ	נ	ס	ע	פ	צ	ק	ר	ש	ת
ת	א	ב	ג	ד	ה	ו	ז	ח	ט	י	כ	ל	מ	נ	ס	ע	פ	צ	ק	ר	ש
ש	ת	א	ב	ג	ד	ה	ו	ז	ח	ט	י	כ	ל	מ	נ	ס	ע	פ	צ	ק	ר
ר	ש	ת	א	ב	ג	ד	ה	ו	ז	ח	ט	י	כ	ל	מ	נ	ס	ע	פ	צ	ק
ק	ר	ש	ת	א	ב	ג	ד	ה	ו	ז	ח	ט	י	כ	ל	מ	נ	ס	ע	פ	צ
צ	ק	ר	ש	ת	א	ב	ג	ד	ה	ו	ז	ח	ט	י	כ	ל	מ	נ	ס	ע	פ
פ	צ	ק	ר	ש	ת	א	ב	ג	ד	ה	ו	ז	ח	ט	י	כ	ל	מ	נ	ס	ע
ע	פ	צ	ק	ר	ש	ת	א	ב	ג	ד	ה	ו	ז	ח	ט	י	כ	ל	מ	נ	ס
ס	ע	פ	צ	ק	ר	ש	ת	א	ב	ג	ד	ה	ו	ז	ח	ט	י	כ	ל	מ	נ
נ	ס	ע	פ	צ	ק	ר	ש	ת	א	ב	ג	ד	ה	ו	ז	ח	ט	י	כ	ל	מ
מ	נ	ס	ע	פ	צ	ק	ר	ש	ת	א	ב	ג	ד	ה	ו	ז	ח	ט	י	כ	ל
ל	מ	נ	ס	ע	פ	צ	ק	ר	ש	ת	א	ב	ג	ד	ה	ו	ז	ח	ט	י	כ
כ	ל	מ	נ	ס	ע	פ	צ	ק	ר	ש	ת	א	ב	ג	ד	ה	ו	ז	ח	ט	י
י	כ	ל	מ	נ	ס	ע	פ	צ	ק	ר	ש	ת	א	ב	ג	ד	ה	ו	ז	ח	ט
ט	י	כ	ל	מ	נ	ס	ע	פ	צ	ק	ר	ש	ת	א	ב	ג	ד	ה	ו	ז	ח
ח	ט	י	כ	ל	מ	נ	ס	ע	פ	צ	ק	ר	ש	ת	א	ב	ג	ד	ה	ו	ז
ז	ח	ט	י	כ	ל	מ	נ	ס	ע	פ	צ	ק	ר	ש	ת	א	ב	ג	ד	ה	ו
ו	ז	ח	ט	י	כ	ל	מ	נ	ס	ע	פ	צ	ק	ר	ש	ת	א	ב	ג	ד	ה
ה	ו	ז	ח	ט	י	כ	ל	מ	נ	ס	ע	פ	צ	ק	ר	ש	ת	א	ב	ג	ד
ד	ה	ו	ז	ח	ט	י	כ	ל	מ	נ	ס	ע	פ	צ	ק	ר	ש	ת	א	ב	ג
ג	ד	ה	ו	ז	ח	ט	י	כ	ל	מ	נ	ס	ע	פ	צ	ק	ר	ש	ת	א	ב
ב	ג	ד	ה	ו	ז	ח	ט	י	כ	ל	מ	נ	ס	ע	פ	צ	ק	ר	ש	ת	א

Desenhado por F. Barret — Publicado por Lackington Allen & Co. — Gravado por R. Griffith

A Cabala

A Tabela das Combinações de Ziruph

Tabela 4

אל	בת	גש	דר	הק	וצ	זפ	חע	טס	ינ	כמ
אב	נת	דש	הר	וק	זצ	חפ	כע	יס	כנ	למ
אג	דת	הש	יר	זק	חצ	טפ	יע	כס	לנ	במ
אד	בנ	הת	יש	זר	חק	טצ	יפ	כע	לס	מנ
אה	בר	ית	וש	חר	טק	יצ	כפ	רע	מס	גג
או	בה	גר	ות	חש	טר	יק	כצ	רפ	מע	נם
אז	כד	גה	הת	טש	יר	כק	רצ	מפ	נע	רס
אח	כז	גו	רה	טת	יש	כר	לק	מצ	נפ	סע
אט	כח	נז	דו	ית	כש	לר	מק	נצ	ספ	הע
אי	כט	גח	דז	הו	כת	לש	מר	נק	סצ	עפ
אכ	בי	גט	דה	הז	לת	מש	נר	סק	עצ	ופ
אל	בכ	גי	רט	הח	וז	מת	נש	סר	עק	פצ
אמ	בל	גכ	די	הט	יח	נה	כש	ער	פק	זצ
אנ	כמ	גל	דכ	הי	וט	זח	סה	עש	פר	צק
אס	בנ	גמ	דל	הכ	וי	זט	עת	פש	צר	הק
אע	בס	גנ	דמ	הל	וכ	זי	הט	פת	צש	קר
אפ	בע	גס	רנ	המ	ול	זכ	הי	טת	קש	צר
אצ	בפ	גע	דס	הנ	ומ	זל	הכ	טי	קת	רש
אק	בצ	גפ	דע	הס	ונ	זמ	הל	טכ	רה	יש
אר	בק	גצ	דפ	הע	וס	זנ	מה	טל	יב	שת
אש	בר	גק	רצ	הפ	וע	זס	הנ	טמ	יר	בת
את	בש	גר	רק	הצ	ופ	זע	הס	טנ	ימ	כל

A Tabela Racional de Ziruph

Tabela 5

אב	גת	דש	הר	יק	זצ	הפ	טע	ים	כנ	למ
אג	רכ	הת	יש	זר	חק	טצ	יפ	כע	רס	מנ
אד	הג	יב	זת	חש	טר	יק	כצ	לפ	מע	נס
אה	ור	זג	חב	טת	יש	כר	לק	מצ	גפ	סע
או	זה	חר	טג	יב	כת	לש	מר	נק	סצ	עפ
אז	חו	טה	יר	כג	לב	מת	נש	סר	עק	פצ
אח	טז	יו	בה	רד	מג	נב	סח	עש	פר	צק
אש	יח	כז	לו	מה	נר	סג	עב	פת	צש	קר
אי	כט	לח	מז	גו	סה	עד	פג	צב	קת	רש
אכ	רי	מט	נח	סז	עו	פה	צר	קג	רב	שת
אר	מכ	ני	סט	עח	פז	צו	קה	רד	שג	תב
אמ	גל	סכ	עי	פט	צח	קז	רו	שה	תר	בג
אנ	סמ	על	פכ	צי	קט	רח	שו	תו	בה	גר
אס	ענ	פמ	צל	קכ	רי	שט	תח	בז	גו	דה
אע	פס	צנ	קמ	רל	שכ	תי	בט	נת	דז	הו
אפ	צע	קס	רנ	שמ	תל	בכ	גי	רם	הח	רז
אצ	קפ	רע	שס	תנ	במ	גל	רכ	הי	וט	זח
אל	רצ	שפ	תע	בם	גנ	רמ	הל	וכ	זי	חט
אר	שק	תצ	בפ	גע	רס	הנ	ימ	זל	חכ	טי
אש	תר	בק	נצ	רפ	הע	וס	זנ	חמ	טל	יכ
את	בש	גר	רק	הצ	יפ	זע	חס	טנ	ימ	כל
אב	גר	הו	זה	טי	כר	מנ	סע	פצ	קר	שת

Desenhado por F. Barret *Publicado por Lackington Allen & Co.* *Gravado por R. Griffith*

Ilustração 04

CAPÍTULO XVI

FORMAÇÃO DOS CARACTERES, SEGUNDO OS CABALISTAS

Dentre as várias formas de caracteres, há uma muito antiga, usada por Moisés e pelos profetas, de pouca divulgação. Essas letras, instituídas por Esdras,[152] são usadas até hoje. Nessa escrita, denominada Celeste, os caracteres são desenhados tendo por base a posição dos astros. Há também uma escrita de nome *Malachim*, ou *Melachim*, dos anjos, ou régio; há outra ainda intitulada travessia de rio, cujos caracteres e figuras estão na ilustração da página 205.

Os cabalistas, no entanto, possuem escrita diversa, muito valiosa na época, mas que hoje em dia se tornou profana. É formada por vinte e sete caracteres do hebraico, divididos em três classes de nove letras. Na primeira classe, אבנרהוזחט, estão os selos ou marcas de números simples e de coisas intelectuais, distribuídas em nove ordens de anjos. Na segunda classe, יבלטנמעפצ, estão as marcas das dezenas e das coisas celestes nos nove orbes dos céus. Na terceira ordem estão as quatro letras, acrescidas das cinco finais, קרשתףםןףץ, que são as marcas das centenas e das coisas ordinárias, como dos quatro elementos simples e dos cinco tipos de compostos perfeitos. Às vezes, essas três classes são divididas em nove câmaras: a primeira correspondendo às unidades (intelectual, celeste e elemental). A segunda do dois, a terceira do três e assim por diante. Essas câmaras são moldadas pela intersecção em ângulo reto de dois pares, como mostra a Ilustração 3, Figura A, na página 207. Desses caracteres, divididos em partes, originam-se nove figuras particulares (ver Ilustração 3, Figura B, p. 207) que pertencem às nove câmaras, caracterizando suas letras pelo Notariacon, que, se for de um ponto, mostra a primeira letra daquela câmara; se for de dois pontos, mostra a segunda; se for de três, a terceira letra. Caso deseje formar o caractere Michael, טיבאל, que surge ampliado com cinco figuras (ver Ilustração 3, Figura C, p. 207), reduza para três figuras, depois para uma, omitindo-se os pontos do Notariacon[153] e obtenha o caractere solicitado (ver Ilustração 3, Figura D, p. 207).

---

152. [...] personagem da tradição judaico-cristã que liderou o segundo grupo de retorno de israelitas que retornaram da Babilônia em 457 a.C. Descendente de Arão, o primeiro Sumo Sacerdote de Israel, Esdras era escriba (copista da lei de Moisés) entendido na lei de Moisés. Disponível em: https://pt.wikipedia.org/wiki/Ficheiro:WP20Symbols_CAKE1.svg. Acesso em: 14 de abril de 2021.

153. "*Notariacon,* Notariqon (נוטריקון ou Notarikon) é um método de derivação de uma palavra, usando cada uma das suas letras iniciais (תובית ישאר) ou finais (תובית יפוס) para dar suporte a outra, para formar uma frase ou ideia ausente na sentença." Disponível em: https://pt.wikipedia.org/wiki/Notariqon#:~:text=Notariqon%20(%D7%A0%D7%95%D7%98%D7%A8%D7%99%D7%A7%D7%95%D7%9F%20ou%20Notarikon)%20%C3%A9,ou%20ideia%20ausente%20na%20senten%C3%A7a. Acesso em: 15 de abril de 2021.

A Cabala

As Tabelas para o cálculo dos nomes dos bons e maus Espíritos sob a presidência dos 7 Planetas e os 12 Signos militantes

Ilustração 01

	☽	☿	♀	☉	♂	♃	♄	A linha do Bem
ת	ז	י	ה	ד	ג	ב	א	א
ש	נ	מ	ל	כ	י	ט	ח	ב
ר	ש	ר	ק	צ	פ	ע	ס	ג
ק	ו	ה	ד	ג	ב	א	ת	ד
צ	מ	ל	כ	י	ט	ח	ו	ה
פ	ר	ק	צ	פ	ע	ס	נ	ו
ע	ה	ר	נ	ב	א	ת	ש	ז
ס	ל	כ	י	ט	ח	ז	י	ח
נ	ק	צ	פ	ע	ס	נ	מ	ט
מ	ד	ג	ב	א	ת	ש	ר	י
ל	כ	י	ט	ח	ז	ו	ה	כ
כ	צ	פ	ע	ס	נ	מ	ל	ל
י	ג	ב	א	ת	ש	ר	ק	מ
ט	י	ט	ח	ז	ו	ה	ר	נ
ח	פ	ע	ס	נ	מ	ל	כ	ס
ז	ב	א	ת	ש	ר	ק	צ	ע
ו	ט	ח	ז	ו	ה	ד	י	פ
ה	פ	ס	נ	מ	ל	כ	י	צ
ד	א	ת	ש	ר	ק	צ	פ	ק
ג	ח	ז	ו	ה	ד	נ	ב	ר
כ	ס	נ	מ	ל	כ	י	ט	ש
א	ת	ש	ר	ק	צ	פ	ע	ת
A linha do Mal	♄	♃	♂	☉	☽	♀	☿	

A entrada dos Anjos Malignos

A entrada dos Anjos Bons

	♓	♒	♑	♐	♏	♎	♍	♌	♋	♊	♉	♈	A linha do Bem
ת	ל	כ	י	ט	ח	ז	ו	ח	ד	ג	ב	א	א
ש	א	ב	ג	ד	ה	ו	ז	ח	ט	י	כ	ל	ב
ר	ב	א	ת	ש	ר	ק	צ	פ	ע	ס	נ	מ	ג
ק	ס	נ	ס	ע	פ	צ	ק	ר	ש	ה	א	ב	ד
צ	נ	מ	ל	כ	י	ט	ח	ז	ו	ה	ד	ג	ה
פ	ג	ד	ה	ו	ז	ח	ט	י	כ	ל	מ	נ	ו
ע	ד	ג	ב	א	ת	ש	ר	ק	צ	פ	ע	ס	ז
ס	ס	ע	פ	צ	ק	ר	ש	ת	א	ב	ג	ד	ח
נ	ע	ס	נ	מ	ל	כ	י	ט	ח	ז	ו	ה	ט
מ	ה	ו	ז	ח	ט	י	כ	ל	מ	נ	ס	ע	י
ל	י	ה	ד	ג	ב	א	ת	ש	ר	ק	צ	פ	כ
כ	פ	צ	ק	ר	ש	ת	א	ב	ג	ד	ה	ו	ל
י	צ	פ	ע	ס	נ	מ	ל	כ	י	ט	ח	ז	מ
ט	ז	ח	ט	י	כ	ל	מ	נ	ס	ע	פ	צ	נ
ח	ח	ז	ו	ה	ד	ג	ב	א	ת	ש	ר	ק	ס
ז	ק	ר	ש	ת	א	ב	ג	ד	ה	ו	ז	ח	ע
ו	ר	ק	צ	פ	ע	ס	נ	מ	ל	כ	י	ט	פ
ה	ט	י	כ	ל	מ	נ	ס	ע	פ	צ	ק	ר	צ
ד	י	ט	ח	ז	ו	ה	ד	ג	ב	א	ת	ש	ק
ג	ש	ת	א	ב	ג	ד	ה	ו	ז	ח	ט	י	ר
ב	ת	ש	ר	ק	צ	פ	ע	ס	נ	מ	ל	כ	ש
א	כ	ל	מ	נ	ס	ע	פ	צ	ק	ר	ש	ת	ת
A linha do Mal	ל	כ	י	ט	ח	ז	ו	ה	ד	ג	ב	א	

A entrada dos Anjos Malignos

A entrada dos Anjos Bons

Ilustração 02

Desenhado por F. Barret *Publicado por Lackington Allen & Co.* *Gravado por R. Griffith*

Existe ainda outro tipo de formação de caractere, comum a quase todas as letras e línguas, que consiste na reunião de letras. No exemplo em questão, os caracteres seriam formados de acordo como a Figura E, Ilustração 3, na página 207.

Devemos sempre ter em vista que os espíritos angelicais são intelectos puros e incorpóreos, desprovidos de marcas, caracteres ou sinais humanos. E nós, não conhecendo sua essência ou qualidade, consagramos a eles figuras e marcas a partir de seus nomes ou de obras pelas quais não podemos conhecê-los, mas sim alcançá-los por meio de nossos sentidos internos e externos.

Em vista disso, a escrita com seus sinais e caracteres nos induzem à veneração religiosa, que nos leva ao êxtase de adoração. Em seguida, fé inabalável, esperança e amor crescente afloram em nossa alma, e, imbuídos do espírito da verdade, evocamos esses seres angelicais pelos nomes e caracteres, obtendo deles a virtude ou o poder que intencionamos.

CAPÍTULO XVII

REVELAÇÃO DE CERTOS CARACTERES

Por meio de revelação, certo tipo de caractere pode ser manifestado. E a virtude correspondente a esse caractere provém da Divindade que o anuncia. Existem algumas obras secretas que expressam a harmonia de alguma divindade, ou são conforme um acordo ou pacto entre nós e elas. O sinal revelado a *Constantino, in hoc vince* ("com este sinal vencerás") era desse tipo. Outro sinal foi revelado a Antíoco na figura do pentágono, representando saúde, pois ao ser transposto para letras forma a palavra *ὑγίεια*, isto é, saúde. A fé nesses sinais e a sua virtude conduziram ambos os reis (Constantino e Antíoco) à vitória sobre seus inimigos.

Do mesmo modo Judas, pela mesma razão, foi posteriormente denominado Macabeu. Prestes a lutar contra Antíoco Eupator, recebeu de um anjo um sinal notável, מכבי, devido ao qual nessa batalha foram eliminados 11 mil homens juntamente com uma grandiosa manada de elefantes e, em seguida, mais 35 mil inimigos foram vencidos. Esse sinal representava o nome de *Yehovah*, considerado um emblema notável do nome de setenta e duas letras pela igualdade de número. Esse sinal é escrito assim טי בטיד באלי םיהית, e significa: "Quem dentre vós é tão forte quanto *Yehovah*?"

A Cabala

Fig. A

Fig. B

Fig. C

Fig. D

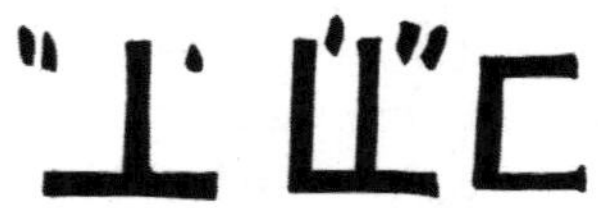

Fig. E

Fig. F - O Caractere Cabalístico do Espírito de Michael composto das tabelas A, B, C

Dezenhado por F. Barret *Publicado por Lackington Allen & Co.* *Gravado por R. Griffith*

Ilustração 03

CAPÍTULO XVIII

SOBRE CONJURAÇÃO, EVOCAÇÃO E EXPULSÃO DOS ESPÍRITOS

Há três tipos de interação com os espíritos: evocação, conjuração e expulsão. Algumas conjurações são extraídas do mundo elemental, por exemplo, quando invocamos um espírito para solicitar algo banal, em consonância ou não com ele. Tanto para invocar quanto para expulsar espíritos podemos usar sufumigações de flores, ervas, animais, neve, gelo, ou podemos fazê-lo por meio do inferno, valendo-nos do fogo e de elementos semelhantes.

Estes elementos são frequentemente combinados com louvores divinos, bênçãos e consagrações, como aparece no cântico dos Três Jovens, no Salmo 148:1: "Louvai ao SENHOR. Louvai ao SENHOR desde os céus, louvai-o nas alturas",[154] e na consagração e bênção do Círio Pascoal.[155] Essa conjuração opera sobre os espíritos por meio da assimilação – por amor ou ódio –, de acordo com a natureza do espírito.

A segunda conjuração é extraída do mundo celeste. Nós evocamos os espíritos pelo céu ao qual pertencem, pelos astros, por seus movimentos, raios, luz, beleza, clareza, excelência, fortaleza, influência e suas maravilhas, e assim por diante. Essa conjuração atua sobre os espíritos pela advertência e pelo exemplo. Exerce comando especialmente sobre os espíritos ministrantes e aqueles que pertencem às ordens inferiores.

A terceira conjuração diz respeito ao mundo intelectual e divino, sendo consumada pela religião por meio dos juramentos (sacramentos, milagres, nomes divinos, selos sagrados[156] e demais mistérios religiosos), o que a torna a mais sublime de todas, porque atua sobre os espíritos por governança e poder. Observe-se o aspecto hierárquico:

---

154. Disponível em: https://www.bibliaonline.com.br/acf/sl/148. Acesso em: 16 de abril de 2021.

155. "O Círio Pascal é uma vela branca que representa a Luz de Cristo. Esta vela é usada nas liturgias de Igrejas Cristãs Ocidentais (Igreja Católica Romana, Comunhão Anglicana, Igrejas Luteranas, dentre outras). Um novo Círio Pascal é aceso a cada ano, na Páscoa, e é usado durante o Tempo Pascal. Ao longo do ano, a vela é acesa em ocasiões especiais, dependendo da tradição, como batismos e funerais." Disponível em: https://pt.wikipedia.org/wiki/C%C3%ADrio_Pascal. Acesso em: 16 de abril de 2021.

156. Os Sete Selos é um conceito da escatologia cristã, que vem do Livro do Apocalipse, da Bíblia cristã. [...] Estudiosos bíblicos associam os sete selos com os sete Espíritos de Deus, e outros termos bíblicos referidos ao número sete. Os selos podem conter símbolos comumente interpretados, como a morte, a fome, as guerras mundiais, o martírio, os terremotos e o Anticristo. O livro também afirma que haverá "sete trombetas" anunciando os aspectos do "Fim dos Tempos." Disponível em: https://pt.wikipedia.org/wiki/Sete_selos#:~:text=Estudiosos%20b%C3%ADblicos%20associam%20os%20sete,mart%C3%ADrio%2C%20terremotos%20e%20o%20Anticristo. Acesso em: 16 de abril de 2021.

a Providência universal precede a providência particular, e a alma universal precede as almas particulares.

Primeiro, devemos evocar pelas conjurações superiores e pelos nomes e poderes que regem as coisas; depois, pelos inferiores e pelas próprias coisas. Devemos saber ainda que tais conjurações não se destinam apenas aos espíritos, mas podem ser empregadas a outras circunstâncias, como tempestades, queimaduras, inundações, pragas, doenças, forças militares e em questões relacionadas a animais. Podemos proferi-las por evocação ou súplica, ou ainda em ação de graça, exatamente como ocorre no encantamento de serpentes.

Além dos elementos naturais e celestes, é possível proferir máximas extraídas dos mistérios e da religião, e, ainda proferir o verso do Salmo 91:13: “Pisarás o leão e a áspide; calcarás aos pés o filho do leão e a serpente”.[157]

CAPÍTULO XIX

MODO DE EVOCAÇÃO DOS MORTOS

Anteriormente, dissemos que as almas, mesmo após a morte, relutam em deixar a matéria. As almas cujos corpos não receberam o devido sepultamento ou as que se desligaram do envoltório físico por morte violenta permanecem em estado de perturbação ao lado de seus despojos, atraídas pela afinidade que têm com o corpo. Conhecendo-se os meios pelos quais estavam ligadas ao corpo, elas podem facilmente ser evocadas, atraídas por aromas, bebidas e sabores, certas luzes artificiais, canções, sons etc. que movem a harmonia imaginativa e espiritual da alma. Não devem ser esquecidas as invocações sagradas e os aspectos pertinentes à religião, devido à parte da alma racional que está acima da natureza.Mas aqui vamos falar de necromancia[158] (atuação nos corpos dos mortos), ritual por meio da qual se obtém respostas por meio de fantasmas e aparições dos mortos e dos espíritos subterrâneos, atraindo-os para os cadáveres por certos amuletos e invocações infernais, sacrifícios mortais e oblações (oferendas) perversas. Há dois tipos de necromancia: pela animação do cadáver,

157. Disponível em: https://www.bibliatodo.com/pt/biblia/biblia-viva/salmos-91-13. Acesso em: 16 de abril de 2021.

158. “Em tese, todo ritual de contato com os mortos, de qualquer religião, pode ser chamado de ‘necromancia’ – a palavra deriva da combinação de dois termos gregos, ‘nekrós’ (cadáver) e ‘manteia’ (profecia, adivinhação).” Disponível em: https://super.abril.com.br/mundo-estranho/como-e-um-ritual-de-necromancia/. Acesso em: 16 de abril de 2021.

o que implica o uso de sangue, e, pela psicomancia,[159] em que a evocação da sombra é suficiente para o trabalho em questão. A despeito do experimento, todos devem ser realizados ou junto ao cadáver, ou utilizando ossos e membros do corpo ou, ainda, algum pertence de valor espiritual para eles. A semelhança e a propriedade do que lhes é familiar atrai facilmente a aproximação de espíritos malignos.[160]

O necromante, ou nigromante, por sua vez, fortalecido pela ajuda, pode interferir nas questões humanas (acalentar paixões ilegítimas, causar sonhos, doenças, desencadear ódio e paixões semelhantes), assim como pode ainda conferir o poder da alma a tais questões, quando esta ainda está sensível e desorientada, vagando em torno do corpo abandonado, ocasião em que ele pode compartilhar da postura dos espíritos malignos, adotando as mesmas práticas que estes.

As bruxas, por sua vez, servindo-se dessa fragilidade da alma, encontram campo para praticar sua feitiçaria. Elas seduzem essas almas infelizes, dispondo de seus corpos ou extraindo parte deles e aterrorizando-as com a imagem de seus cadáveres deformados e dispersos pelos campos, assim como com as sombras errantes daqueles que não foram sepultados, com os fantasmas mandados de volta do Aqueronte[161] e com os convidados do inferno, a quem a morte prematura precipitou pelas intenções dos demônios abomináveis, arrogantes e vingativos.

O mago, entretanto, que sabe como trazer uma alma de volta ao corpo, deve, primeiramente, se inteirar acerca de sua natureza, procedência, grau de evolução em que estagia, inteligência que a fortaleceu e de que maneira se difundiu pelo corpo. Deve analisar e obter conhecimento das condições necessárias para ela ser novamente acomodada ao corpo, que afinidade tem com Deus, com o céu etc., cuja imagem e semelhança afiança. Trata-se, enfim, de quesitos que certamente não competem aos homens, mas apenas a Deus, que decide a quem os comunicar.

---

159. Psicomancia: "adivinhação por meio da comunicação com os espíritos dos mortos". Disponível em: https://www.google.com/search?sxsrf=ALeKk01xLSre6ugTVB-8HsgtUISXFeJuRA:1618595301661&q=psicomancia,&spell=1&sa=X&ved=2ahUKEwjO9vWvqYPwAhW-ELkGHQqwANoQBSgAegQIARA1&biw=1-366&bih=625. Acesso em: 16 de abril de 2021.

160. As almas ímpias e impuras que não se arrependeram, quando violentamente arrancadas de seus corpos e sem o adequado sepultamento, vagam em torno de seus cadáveres, para os quais são atraídas por afinidade. (N. do A.)

161. "O logo após sua morte, a alma era levada de barco pelo Caronte, deixando no Rio Aqueronte todos os seus sonhos, desejos e deveres que não foram realizados em vida". Disponível em: https://pt.wikipedia.org/wiki/Aqueronte. Acesso em: 16 de abril de 2021.

CAPÍTULO XX

SOBRE OS SONHOS PROFÉTICOS

Eu denomino sonho profético aquele que procede do espírito da fantasia unido ao intelecto, ou aquele que ocorre feito uma iluminação do intelecto que atua acima de nossas almas, ou, ainda, por revelação de algum poder divino para uma mente em total harmonia. Durante os sonhos, temos a impressão de fazermos perguntas, tanto quanto de aprendermos a encontrar respostas. Regras, dúvidas, situações desconhecidas ou indesejadas e jamais ousadas por nossas mentes manifestam-se para nós em sonhos. Lugares, imagens de coisas e de homens vivos ou mortos, fatos ocorridos em algum momento ou ainda acontecimentos futuros nos são revelados. Além do que, tais sonhos dispensam qualquer arte de interpretação, iguais àqueles que se caracterizam pela adivinhação, mas não pela premonição, mencionados em capítulo anterior.

De modo geral, a maioria dos que têm sonhos não os compreendem. Ter sonhos depende da força da imaginação; entendê-los, porém, advém da força do entendimento. O intelecto fortemente dominado pela vida material não possui poder que o capacite a receber nem a essência nem e a representação emanada da inteligência suprema. Logo, não é capaz de profetizar por tais meios.

Todo aquele que deseja receber sonhos verdadeiros deve manter o espírito imaginativo puro e imperturbável, de modo a torná-lo digno do conhecimento e governado pela mente racional, pois tal espírito é o mais adequado para profetizar.

Um corpo saudável, isento de toxinas trazidas pela alimentação desregrada e pelo alcoolismo; uma mente em harmonia e um intelecto afeito à resignação, à compreensão, alheio ao orgulho, à leviandade, a tendências não religiosas e profanas permite à alma captar e receber os raios reveladores da Mente Divina, como se estivesse na frente de um espelho, apreendendo tudo com mais clareza e precisão do que pela investigação vulgar do intelecto. Oportunizada pela solidão da noite, a alma é convidada naturalmente a fazer parte dos poderes divinos que a instruem. Em equivalência, no estado de vigília, quando a pessoa é assistida pelo gênio que guia todas suas ações.

Para se aproximar do Divino e conhecer todas as coisas faz-se necessário preservar puro o espírito, seja pela meditação silenciosa e religiosa, seja por uma dieta alimentar saudável. Sem o devido preparo, mesmo perante a visão divina, a falta de razão torna a decodificação da visão confusa e mal interpretada. Fato similar ocorre quando somos vencidos pela embriaguez, pois nosso espírito, oprimido por vapores nocivos, é mistificado e se torna insensível.

Aos que objetivam receber oráculos autênticos por meio de sonhos, aconselho a abstenção de carne por um dia e de vinho ou de quaisquer licores fortes pelo período de três dias. É dessa forma que se estabelece consonância com os espíritos puros. Ainda que os espíritos impuros revelem segredos notáveis àqueles que aparentemente fazem uso de vinho ou licores, tais comunicações devem ser desprezadas e evitadas.

Acrescentamos que são quatro os tipos de sonhos verdadeiros: o primeiro é o *matutino*; o segundo é aquele cuja interpretação refere-se a outra pessoa; o terceiro trata de uma revelação de cunho pessoal; e o quarto é reincidente, ocorre por sucessivas noites.

FIM DA PRIMEIRA PARTE

A PERFEIÇÃO E A CHAVE

da

CABALA

ou

MAGIA CERIMONIAL

LIVRO II – SEGUNDA PARTE

Neste segmento da obra, intitulado Aperfeiçoamento e Chave de tudo o que foi até estudado, disponibilizamos toda prática da Magia Cerimonial, apresentando o que deve ser feito a cada hora do dia, de modo a possibilitar ao estudante aperfeiçoar a sua prática. Nessa Chave poderão ser observadas as funções distintas dos espíritos e os meios de comunicação com eles em todos os lugares, épocas do ano e ocasiões.

Inicialmente, deve o estudioso saber que os nomes das inteligências governantes de cada um dos planetas são constituídos mediante a reunião das letras segundo os números da configuração na ocasião da ascensão do planeta, da passagem dos signos pelos vários graus, e conforme os aspectos do próprio planeta nos diversos graus, elaborando-se os cálculos a partir do grau do ascendente.

De modo similar, são constituídos os nomes dos príncipes dos espíritos malignos. São extraídos sob todos os planetas com os governantes em ordem inversa, fazendo-se a projeção contrariamente à sequência dos signos, a partir da sétima casa. E o nome da inteligência suprema, que muitos admitem ser a alma do mundo, é extraído dos quatro pontos cardeais da configuração do mundo, pela maneira anteriormente descrita. Seguindo-se o caminho oposto e contrário, pelos quatro ângulos decrescentes, encontra-se o nome do grande demônio ou espírito maligno.

Em mesma equivalência, o estudioso entenderá os nomes dos grandes espíritos governantes regentes do ar, dos quatro ângulos das casas sucessivas, para apurar os nomes dos bons Espíritos. O cálculo deve ser feito segundo a sucessão dos signos, começando-se pelo grau do ascendente. Para colher os nomes dos espíritos malignos, deve-se trabalhar no sentido contrário.

Outro aspecto a ser observado refere-se aos nomes dos espíritos malignos que são extraídos tanto dos nomes dos espíritos bons quanto dos maus. Ainda que seja introduzida na tabela o nome de um bom espírito de segunda ordem, o nome do maligno deverá ser extraído da ordem dos *príncipes* e *governadores*. Caso usemos na tabela o nome de um espírito bom de terceira ordem, ou o nome de um espírito maligno governante, independentemente da forma que forem extraídos (por essa tabela ou pela configuração celeste), os nomes obtidos serão nomes de espíritos malignos – os ministros da ordem inferior.

Ademais, sempre que um espírito bom da segunda ordem for introduzido na tabela, os nomes extraídos serão da segunda ordem; mas se extrairmos um espírito maligno sob estes, será da ordem superior de governantes. Ao inserirmos na tabela os nomes dos espíritos da terceira ordem, ou espíritos ministrantes (tanto bons quanto maus), os nomes obtidos serão os nomes dos espíritos ministrantes da ordem inferior.

Muitos magos renomados optam por desenvolver tabelas usando letras latinas. Ao usarem as mesmas tabelas eles podem obter o nome de qualquer espírito (do bem, ou do mal) a partir do nome de uma função ou efeito, procedendo da mesma forma aqui descrita, tomando o nome da função ou do efeito na coluna de letras, em linha própria, sob seu próprio astro. Trismegisto era *expert* na arte de obter nomes dos espíritos, elaborando, porém, os cálculos em letras egípcias. Em verdade, dentre todos os homens que se dedicaram a essa arte, ele é o que mais se destaca. Lembramos que letras de outros idiomas designadas aos signos para esse fim podem, igualmente, ser usadas.

A força, o segredo e o poder são essenciais para a obtenção dos nomes sagrados dos espíritos, dispondo-se as vogais que formam o nome de um espírito e formando desse modo o verdadeiro nome e a palavra certa. Nós realizamos essa arte separando primeiramente as vogais das letras encontradas nos cálculos da configuração celeste para obter os nomes dos espíritos da segunda ordem e de seus governantes, conforme a hierarquia. Para encontrar os espíritos bons, levamos em conta os astros que constituem e fazem as letras, dispondo-as em ordem. Em seguida, subtraímos o grau da décima primeira casa do grau do astro que está em primeiro lugar na ordem e projetamos o resultado a partir do grau do ascendente, ou seja, onde o número termina está a parte da vogal da primeira letra. Calculamos as vogais dessas letras de acordo com seu número e ordem, e a vogal, então, de conformidade com o lugar do primeiro astro será atribuída à primeira letra.

O próximo passo é encontrar a parte da segunda letra. Para isso, subtraímos o grau do astro que vem em segundo lugar e lançamos o resultado a partir do ascendente.

E este é o ponto de onde devemos começar o cálculo das vogais. A vogal que acomodar sobre o segundo astro é a vogal da segunda letra; seguindo assim podemos encontrar as vogais das letras seguintes, subtraindo sempre o grau do astro seguinte do grau do astro imediatamente anterior e precedente. E, da mesma forma, todos os cálculos e numerações nos nomes dos bons Espíritos devem ser feitos conforme a sequência dos signos. Ao calcularmos os nomes dos espíritos malignos, os nomes dos espíritos bons devem ser tomados do grau da décima primeira casa, e os dos malignos deve ser considerado o grau da décima segunda casa. E todas as numerações e cálculos podem ser feitos com a sequência dos signos, a partir do grau da décima casa.

No cálculo de tabelas, contudo, as vogais são dispostas de outra forma. Tomamos as letras necessárias para formar o nome em si, numerando-o do início da coluna da primeira letra, ou de onde o nome foi extraído. Calculamos a distância entre a letra onde esse número acomodar e a primeira letra do nome extraído, de acordo com a ordem do alfabeto. Projetamos o número dessa distância a partir dessa coluna, e onde terminar estará parte da primeira vogal. A partir desse ponto, calculamos as próprias vogais, segundo seu número e ordem, na mesma coluna. Atribuímos ao nome a vogal que acomodar na primeira letra desse nome.

As vogais seguintes são conseguidas tomando-se sucessivamente a distância entre a vogal precedente e a seguinte, obedecendo a ordem alfabética. O número dessa distância, contado a partir do início de sua própria coluna, indica parte da vogal procurada. Desse ponto em diante, deve-se calcular as vogais. As vogais que se encaixarem em suas próprias letras devem ser atribuídas a elas. Mas caso alguma vogal encaixe sobre outra vogal, a primeira deve ceder lugar à segunda – operação que deve ser feita somente em relação aos bons espíritos. Quanto aos espíritos malignos, adota-se o mesmo procedimento, mas com ordem inversa de contagem, contrária à sequência alfabética, e contrária à ordem ascendente das colunas.

Há, no entanto, outra forma de se obter nomes de anjos ou de homens tomando-se as cinco casas de Hyleg[162] na data de seu nascimento. Os caracteres das letras projetados segundo sua ordem e número, começando-se em Áries, e as letras que se acomodam nos graus das referidas casas, dispostas e relacionadas de acordo com sua ordem e seu valor, compõem o nome desejado.

---

162. Hyleg é o planeta que protegerá a saúde e também dará informação sobre as principais doenças, denominado "o dispensador da vida". Hyleg é o ponto do mapa de onde se analisa a força ou a fraqueza geral. Hyleg pertence às técnicas de Astrologia Tradicional (ou medieval), e embora seja utilizado para verificar saúde/doença, era mais utilizado para analisar a estimativa de longevidade. Disponível em: http://veraluciacienciasocultas.blogspot.com/2017/10/astrologia-e-saude-4-hyleg.html. Acesso em: 18 de abril de 2021.

Podemos também tomar por base o cálculo de Almuten Figuris,[163] astro regente governante das cinco casas, fazendo a projeção a partir do grau do ascendente, reunindo as letras que encaixam no Almuten, as quais ordenadas segundo seu valor, compõem o nome de um anjo. Há ainda outra forma muito usada pelos egípcios, em que a base de cálculo é o grau do ascendente; assim, reunindo-se as letras de acordo com o Almuten da décima primeira casa, a que chamamos *diamon* bom, e colocando-as de acordo com seus valores as letras, obtém-se o nome do anjo.

Os nomes dos anjos malignos são encontrados de modo semelhante, com exceção das projeções que devem ser realizadas em sentido e ordem contrários à sucessão dos signos. Para se obter os nomes de espíritos bons, o cálculo deve ser feito a partir do início de Áries, e o dos malignos, a partir do início de Libra. Para espíritos bons, contamos a partir do grau do ascendente, e para os malignos, a contagem é feita a começar do grau da sétima casa.

Para os egípcios, o nome do anjo maligno é constituído em conformidade com o Almuten da décima segunda casa, que para eles é um espírito maligno. Todas essas operações sobre as quais discorremos até o momento podem ser realizadas com caracteres de qualquer idioma. Lembramos que há um número, uma ordem e uma configuração mística e divina em todos os idiomas, cujo resultado é a atribuição de vários nomes ao mesmo espírito. Outros nomes são revelados a partir do próprio nome do espírito, seja do bem ou do mal, pelas tabelas formadas para esse fim.

Tais caracteres celestes são constituídos por linhas e denominadas cabeças das tabelas. São seis as cabeças, como são seis as grandezas dos astros e seis os planetas. A primeira grandeza contém um astro com o Sol ou uma cruz; a segunda, com Júpiter ou um ponto circular; a terceira, com Saturno ou um semicírculo, um triângulo curvilíneo, esférico ou de ângulos agudos; a quarta, com Marte ou pequeno traço adentrando a linha, quadrado, reto ou oblíquo. Compondo a quinta grandeza, com Vênus e Mercúrio, um pequeno traço ou ponto com uma cauda ascendente ou descendente; a sexta, com a Lua, um ponto negro.

As cabeças, uma vez posicionadas conforme o local dos astros na configuração do céu, desenham-se as linhas de acordo com a congruência ou concordância de suas naturezas. É isso que o estudioso deve entender acerca dos astros fixos. Ao construir os

---

163. Na Astrologia clássica ou medieval, o cálculo do Almuten Figuris, que deriva da palavra árabe vitorioso, é um dos mais importantes, senão o mais importante, uma vez que representa a qualidade do Espírito particular que revela os vários aspectos da vida em vários níveis, físico ou emocional. Disponível em: http://astrologiaeradeaquario.blogspot.com/2010/09/almutenfiguris.html#:~:text=Na%20Astrologia%20cl%C3%A1ssica%20ou%20medieval,v%C3%A1rios%20n%C3%ADveis%2C%20f%C3%ADsico%20ou%20emocional. Acesso em: 18 de abril de 2021.

caracteres dos planetas, as linhas são traçadas com as cabeças posicionadas conforme o curso e a natureza entre si. Ver ilustração número 1, na página 218.

Então, quando se deseja encontrar um caractere de uma imagem celeste ascendente em certo grau ou face do signo constituinte de astros de mesma grandeza e natureza, desenha-se a própria imagem de modo detalhado.

Os caracteres calculados conforme o nome de um espírito são compostos pela tabela seguinte, dando-se a cada letra o nome extraído da tabela que combina com esse espírito. Embora possa parecer fácil para aqueles que o compreendem, ainda assim há dificuldade em saber qual figura ou letra deve ser tomada quando a letra de um nome cai na linha de letras ou figuras. Caso uma letra caia sobre a linha de letras, devemos considerar se tal letra é a segunda ou a terceira na ordem do nome e quantas letras esse nome contém. Caso sejam cinco ou sete, multiplicar cada um desses números por ele mesmo e multiplicar o produto por três. Em seguida, lançar o total da soma a partir do início das letras, conforme a ordem alfabética. A letra sobre a qual esse número cair, deve formar o caractere do espírito. Mas se uma letra de um nome cair na linha das figuras, tome o número da posição em que essa letra aparecer na ordem do nome, multiplique pelo número da posição dessa letra segundo a ordem do alfabeto, divida por nove, e o resto mostrará a figura ou o número a ser colocado no caractere, seja um número aritmético ou figura geométrica, desde que não ultrapasse o número nove, ou nove anjos. Ver ilustração número 2, na página 218.

Os caracteres revelados pelos espíritos recebem deles sua virtude, porque são, por assim dizer, selos ocultos a compor a harmonia de alguma divindade. Trata-se de signos de uma aliança, ou de fidelidade prometida ou jurada, ou ainda são signos de obediência, cujos caracteres não podem ser revelados por qualquer outro meio.

Ademais, há certas figuras e imagens familiares de espíritos malignos, sob as quais costumeiramente aparecem e prestam obediência a quem os invoca. E todos esses caracteres ou imagens podem ser facilmente reconhecidos. Caso uma letra contenha mais do que o nome de apenas um espírito, sua imagem deterá a preferência na ordem das letras que constituem os nomes dos próprios espíritos, as outras conforme suas próprias ordens. Àquelas que pertencem à primeira ordem, consoante sua própria figura, atribui-se a cabeça (a parte superior do corpo); às inferiores, as coxas e os pés; as letras do meio recebem as partes que lhes cabem, referentes ao meio do corpo. Em caso de oposição, prevalecerá a letra de maior número; se forem todas iguais, transmitirão coisas iguais. Caso um nome obtenha um caractere eminente ou um instrumento fora da tabela, terá o mesmo caráter na imagem.

Nós podemos, por meio das mesmas tabelas de números e imagens, conhecer as funções dos espíritos malignos. O espírito sobre o qual cair um signo ou instrumento superior da tabela de números possuirá a referida função. Assim, se houver uma coroa, esta representará a função de realeza; se for um penacho ou pluma, de ducado; se for um chifre, de condado; se for um cetro, uma espada ou um instrumento bifurcado, exibirá autoridade e soberania. Nas tabelas de imagens transparecem os que têm a principal função real: a coroa confirma dignidade e os instrumentos, diretriz e autoridade.

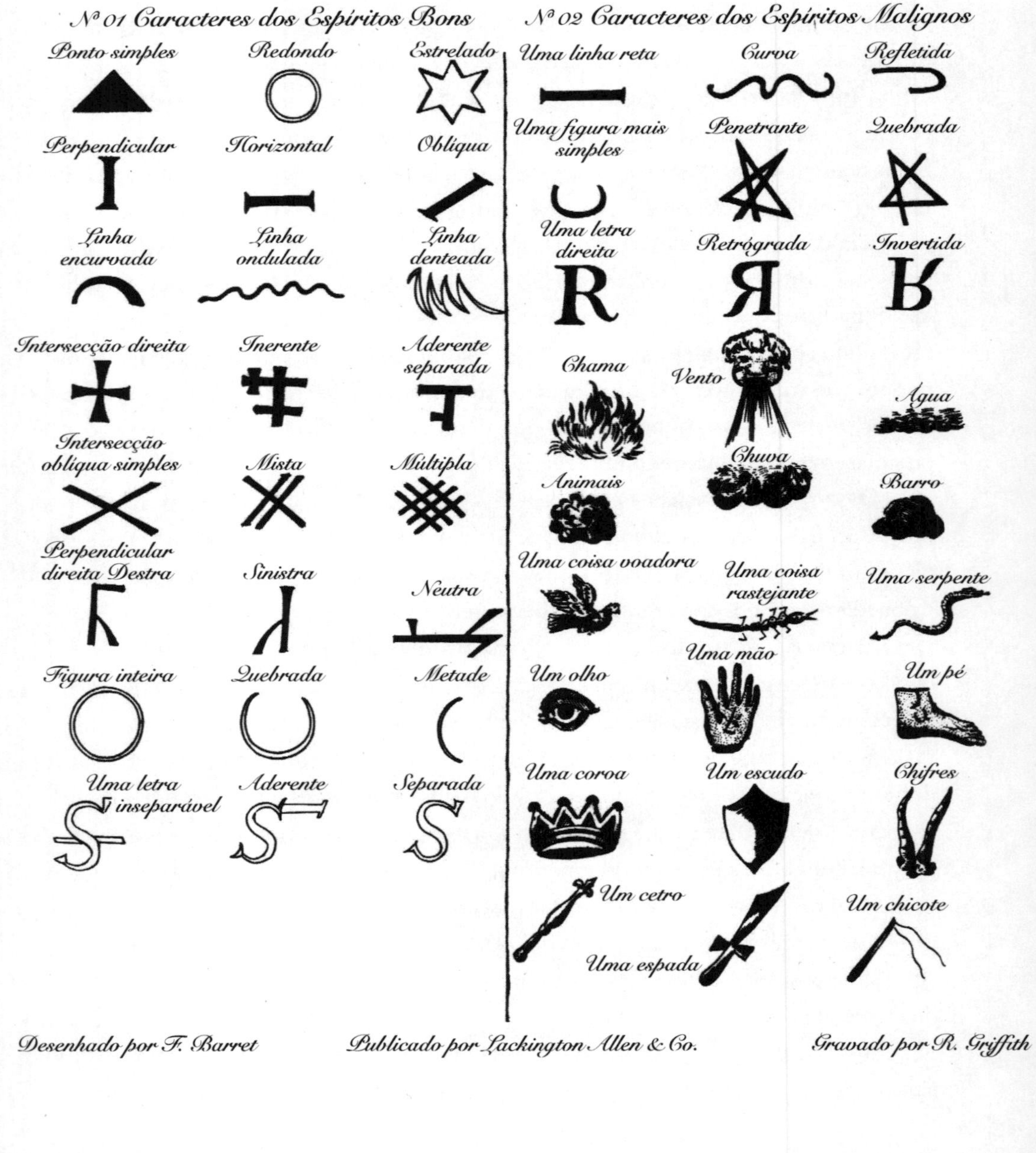

Por último, forma e figura humana são hegemônicas, pois têm função maior do que formas e imagens de animais. Dessa forma, com todas as combinações, o estudioso poderá julgar o grau da função e do valor dos espíritos. Ademais, faz-se oportuno elucidar que os espíritos da ordem inferior, não obstante a sua função, estão sempre sujeitos aos espíritos da ordem superior, do mesmo modo que não é incongruente para os reis e os duques serem súditos e ministros dos governantes da ordem superior.

SOBRE PENTÁCULOS MÁGICOS E SUA COMPOSIÇÃO

Pentáculos são signos e caracteres sagrados, cuja função é nos proteger de efeitos malignos, ajudando-nos a conjurar, exterminar, expulsar os espíritos tenebrosos e a atrair os bons espíritos, de modo que fiquem a nosso favor. Constituem-se em caracteres de espíritos bons da ordem superior, ou de imagens sagradas de letras sacras ou de revelações, com versículos apropriados, representados por figuras geométricas e nomes sagrados de Deus, que podem ser ordenados consoante seu tipo ou compostos de todos eles ou de vários deles. Os caracteres dos bons Espíritos, principalmente dos bons espíritos da primeira e da segunda ordem, e algumas vezes também da terceira (sagrados), são os ideais para configurar os pentáculos.

Na elaboração de um caractere dessa natureza, traçamos ao nosso redor um círculo duplo, onde deve ser escrito o nome do nosso anjo. E caso adicionemos algum nome divino condizente com seu espírito e função, este trará ainda mais eficácia ao efeito desejado. Efeito similar pode ser obtido se desenharmos sobre ele qualquer figura angular, que obedeça às regras dos números dos caracteres. Nas Sagradas Escrituras, tanto no *Antigo* quanto no *Novo Testamento,* imagens sagradas que compõem os pentáculos são encontradas nos escritos dos profetas, como a figura da serpente pendurada na cruz, dentre outras, e, de modo similar, nas visões dos profetas Isaías, Daniel, Esdras e outros.

Se um pentagrama, por exemplo, for confeccionado visando à obtenção de vitória, ou de vingança contra inimigos visíveis e invisíveis, a figura pode ser retirada do *Segundo Livro dos Macabeus*, cuja representação é uma mão segurando uma espada de ouro, cingida pelo versículo que apregoa tomar a espada sagrada e com ela vencer os adversários do povo de Israel. Ou, então, pode-se escrever o versículo (Salmos 79:11) "Venha perante a tua face o gemido dos presos; segundo a grandeza do teu braço preserva aqueles que estão sentenciados à morte"[164] ou outro semelhante. Se, ao redor da figura, escrever um nome divino que represente medo: uma espada, ira, a vingança de Deus, ou um nome que esteja em conformidade com o efeito desejado. E se for escrito

164. Disponível em: https://www.bibliaonline.com.br/acf/sl/79/11. Acesso em: 20 de abril de 2021.

em uma figura angular, que seja feito de acordo com a regra dos números, conforme ensinamos a respeito dos números e de suas operações.

São dois os pentáculos desse tipo que possuem virtude sublime e grande poder, empregados para a consagração de experimentos e de espíritos. A descrição de um deles consta no primeiro capítulo do *Apocalipse*: a sublime figura de Deus sentado em um trono, portando uma espada de dois gumes na boca. Ao redor, deve-se escrever: "Sou o Alfa e o Ômega, o Primeiro e o Derradeiro, o Princípio e o Fim. [...] Eu Sou o primeiro e Eu Sou o último; além de mim não há Deus"[165] (Apocalipse 22:13). Em seguida, serão escritos ao redor estes três verbos: *Munda Deus virtuti tuae* etc. – *Ordena, ó Senhor, por tua força; confirma, ó Deus tua força em nós. Que eles sejam o pó ante a face do vento: e que o anjo do Senhor os espalhe. Que todos os caminhos deles sejam escuros e incertos: e que o anjo do Senhor os persiga*. Escreva também ao redor os dez nomes gerais: *El, Elohim, Elohe, Zebaoth, Elion, Escerchie, Adonai, Yab, Tetragrama, Saday.*

Há outro pentáculo, cuja figura representativa é um cordeiro morto com sete olhos e sete chifres. Sob seus pés há um livro selado com sete selos, segundo consta no quinto capítulo do Apocalipse. Ao redor, escrever este versículo: "Então um dos anciãos me disse: "Não chore! Eis que o Leão da tribo de Judá, a Raiz de Davi, venceu para abrir o livro e os seus sete selos"[166] (Apocalipse 5:5). E também este: "E disse-lhes: Eu via Satanás, como raio, cair do céu. Eis que vos dou poder para pisar serpentes e escorpiões, e toda a força do inimigo, e nada vos fará dano algum"[167] (Lucas 10:18,19). E, para finalizar, que sejam escritos sobre ele os dez nomes gerais supracitados.

Esses pentáculos, confeccionados com figuras e nomes, devem obedecer ao seguinte procedimento: coloca-se uma figura correspondente ao número, para produzir certo efeito ou virtude, escreve-se em todos os seus ângulos um nome divino que carregue a força e a eficácia do objeto de desejo. O nome deve conter o número necessário de letras para que a figura constitua um número. Em vez do nome, pode-se escrever nos ângulos as letras de um nome que, juntas, formem o número de uma figura, ou ainda qualquer número divisível. Esse nome, ou vários nomes, deve ser gravado em todos os ângulos da figura. No meio dela, o nome deve ser disposto inteiro, em forma circular, ou pelo menos sua parte principal.

Podemos ainda confeccionar pentáculos a partir da evolução de algum tipo de nome, em uma tabela quadrada, e ao seu redor traçarmos um círculo único ou duplo e escrever dentro deste algum versículo sagrado em consonância com o nome, ou mesmo o versículo

165. Disponível em: http://bibliaportugues.com/revelation/22-13.htm. Acesso em: 20 de abril de 2021.
166. Disponível em: https://www.bibliaonline.com.br/acf/ap/5/5. Acesso em: 20 de abril de 2021.
167. Disponível em: https://www.bibliaonline.com.br/acf/lc/10/18-21. Acesso em: 20 de abril de 2021.

de onde o nome foi extraído. E poderemos, se quisermos, multiplicá-los ou combiná-los entre si, progressivamente, a fim de conseguir mais eficácia e ampliação de força e virtude.

Em magias para destruir inimigos, devemos nos lembrar de Deus e de como ele destruiu a face da Terra no dilúvio de águas, operou a destruição de Sodoma e Gomorra por meio da chuva de fogo e enxofre e derrubou o Faraó e seu exército no Mar Vermelho e retomar alguma outra maldição encontrada nas Sagradas Escrituras.

Ao orarmos contra os perigos das águas, no entanto, é prudente nos lembrarmos da salvação de Noé no dilúvio, da passagem dos filhos de Israel pelo Mar Vermelho, de como Cristo andou sobre as águas, como ele salvou a embarcação que afundava em meio à tempestade, ordenando aos ventos e às ondas e estas o obedeceram, como livrou Pedro das águas etc. E, finalmente, evocamos alguns nomes sagrados de Deus, imprescindíveis à realização de nosso intento.

Com o fim de derrotar inimigos, os vocábulos ira, vingança, medo, justiça e fortaleza de Deus devem ser evocados. E para livrar de qualquer mal ou perigo, devem-se evocar os vocábulos misericórdia, defesa e salvação, fortaleza, benevolência e outros nomes semelhantes de Deus. Perante as súplicas a Deus pela concessão de nossos intentos, a oração deve ser igualmente entremeada com o nome de um ou vários espíritos bons, cuja função seja atender ao nosso pedido. Em sentido análogo, ao pedirmos que algum espírito maligno interceda para restringir ou obrigar, seu nome também deve ser entremeado, especialmente se a obra for de cunho maligno: vingança, castigo ou destruição.

Se houver algum versículo dos Salmos ou passagem das Sagradas Escrituras em conformidade com o nosso pedido, este deve ser intercalado às nossas orações. É conveniente que, após a oração dirigida a Deus, enderecemos uma oração ao executor (seja um ou mais) ao qual, na prece anterior, solicitamos que fizesse a intermediação (anjo, astro, alma ou qualquer um dos anjos nobres). Salientamos que essa oração deve ser composta segundo as regras apresentadas na primeira parte desse estudo, quando tratamos da composição dos encantamentos.

Destacamos ainda a importância de se conhecer os três tipos de conjuração: o primeiro trata da conjuração por meio de coisas naturais; o segundo refere-se aos mistérios religiosos, sacramentos e milagres, e o terceiro é constituído por nomes divinos e selos sagrados – conjurações que nos possibilitam não apenas conjurar os espíritos, mas também criaturas de qualquer natureza: animais, tempestades, incêndios, inundações, a força e o poder das armas, além de súplicas e ações de graças etc.

Aconselhamos acrescentar alguma passagem das Sagradas Escrituras a fim de reforçar o seu propósito, como a conjuração da serpente, lembrando da maldição do paraíso terrestre e da dominação da serpente no deserto, ou mesmo ritos sacramentais (excomunhão, sepultamentos etc.), se a intenção for conjurar o que desejamos impedir.

SOBRE A CONSAGRAÇÃO DE INSTRUMENTOS E MATERIAIS MÁGICOS

A virtude das consagrações compreende basicamente dois aspectos: o poder do operador que realiza a consagração e a virtude da oração pela qual a consagração é realizada. É exigido do operador firmeza, fidelidade e uma vida pautada pela retidão, além da fé firme e inabalável, na virtude, no poder e no êxito da consagração.

A oração empregada para a consagração pode advir de inspiração divina ou ser composta de várias passagens das Sagradas Escrituras que celebrem milagres de Deus, promessas, fatos, sacramentos e objetos sacramentais, os quais existem em abundância.

Na consagração, deve-se, igualmente, evocar nomes divinos que tenham ligação com o trabalho em questão e proceder à aspersão com água benta, fazendo ação de graças e expiações, à unção com óleo sagrado e a sufumigações aromáticas. Em cada consagração, geralmente, se abençoam e consagram com água, terra, óleo, fogo e sufumigações etc. na presença de lamparinas acesas e velas, pois sem luz consagração alguma pode ser devidamente realizada. Destacamos que o emprego de qualquer objeto impuro (que chamamos profano) implica purificação prévia, por meio de um exorcismo preparado especialmente para esse fim. Uma vez purificados, tais instrumentos estarão aptos a receber as influências do poder divino.

E ao final de qualquer Consagração, após o devido pronunciamento da oração, o operador deve abençoar os objetos consagrados, exaltando alguma máxima com virtude e poder divinos contidos na presente Consagração, celebrando sua virtude e autoridade e, desse modo, encerrar a cerimônia com disposição sincera e respeitosa. Na sequência, alguns exemplos de procedimentos.

Consagração da água

Para a consagração das águas, devemos exaltar o feito de Deus, pois que dispôs o firmamento no meio das águas e estabeleceu as fontes das águas no paraíso terrestre, de onde surgiram os quatro rios sagrados que irrigam toda Terra. Devemos nos lembrar de que, por ocasião do dilúvio, que cobriu a face da Terra, Deus deliberou que as águas fossem um instrumento de sua justiça, destruindo os gigantes, e que aniquilou os exércitos do Faraó no Mar Vermelho, conduzindo o povo de Israel pelo deserto e pelo leito do rio Jordão, e que ainda fez jorrar água das pedras no deserto. E atendendo ao pedido de Sansão, o Criador, uma vez mais, fez brotar água da mandíbula de um asno e, ainda, tornou a água seu instrumento de misericórdia e salvação para a expiação do pecado original, representado pelo batismo de Cristo no rio Jordão. Com esse gesto Ele santificou e purificou as águas.

Certos nomes divinos correspondentes também devem ser evocados, principalmente aqueles que retratam Deus como fonte de vida, água vivificada, fonte da misericórdia etc.

Consagração do fogo

Na consagração do fogo, devemos exaltar o feito de Deus, pois que criou o fogo para ser um instrumento de execução de sua justiça, punição, vingança e expiação dos pecados. Quando Deus vier para julgar o mundo, ordenará que uma conflagração de fogo vá adiante dele.

É oportuno mencionar que Deus apareceu a Moisés em um bosque em chamas e que caminhou diante do povo de Israel em uma coluna de fogo, e que nada pode ser devidamente oferecido, santificado ou sacrificado sem o fogo. Deus instituiu o fogo para permanecer continuamente aceso no Tabernáculo da Aliança;[168] milagrosamente, em outra ocasião, reacendeu esse fogo quando fora apagado e o preservou das águas.

Portanto, os nomes de Deus têm de ser evocados conforme esse significado, pois está escrito na lei dos profetas que Deus é um fogo que tudo consome; outros nomes divinos que significam fogo, tais quais glória de Deus, luz de Deus, esplendor e brilho de Deus, podem ser, conjuntamente, empregados.

Consagração do óleo

De modo similar, na Consagração do óleo e dos perfumes é imprescindível mencionar elementos que estejam em consonância com esse propósito, como o óleo sagrado para unção mencionado em *Êxodo*, e nomes divinos correspondentes. Assim é o nome de Cristo, que significa ungido, e todo o mistério relativo ao óleo presente nas Sagradas Escrituras, como as duas oliveiras destilando óleo sagrado nas lâmpadas que queimam diante da face de Deus, mencionadas no *Apocalipse*.

Sobre as bênçãos de luzes, lamparinas, velas

A bênção trazida por luzes, lâmpadas, velas é extraída do fogo e de tudo o que compreende a substância da chama e de tudo o que há de semelhante nos mistérios, como "os sete castiçais que queimam diante da face de Deus".[169]

Apresentamos aqui a composição das consagrações que devem preceder qualquer tipo de cerimônia, trabalho ou experimento, sem a qual nada pode ser apropriadamente realizado nos ritos de magia.

---

168. "O tabernáculo (em Hebraico, mishkan, que significa 'moradia') ou 'tenda da congregação' era a tenda usada pelos israelitas como lugar de adoração enquanto viajavam pelo deserto". Disponível em: https://www.searaagape.com.br/aarcadaaliancadosenhor.html. Acesso em: 21 de abril de 2021.

169. Para mais informações, consultar *Apocalipse*. (N. do T.)

Consagração de lugares, solo, círculo

Para consagrar um lugar ou um círculo, deve-se tomar a oração de Salomão empregada na dedicação e na consagração do templo. Deve-se, igualmente, abençoar o lugar, aspergindo-o com água benta e fazendo sufumigações e, na ação de graças, celebrar os mistérios sagrados (a santificação do trono de Deus, do Monte Sinai, do Tabernáculo da Aliança, do Santo dos Santos, do templo de Jerusalém, da santificação do Monte Gólgota pela crucificação de Cristo; da santificação do Templo de Cristo, do Monte Tabor pela Transfiguração e ascensão de Cristo etc.). É fundamental invocar todos os nomes divinos que carregam essa simbologia – o lugar de Deus, o trono de Deus, o assento de Deus, o tabernáculo de Deus, o altar de Deus, a morada de Deus, os quais devem ser escritos ao redor do círculo ou do local a ser consagrado.

Procedimento análogo deve ser realizado em relação à consagração de instrumentos e de todos os elementos utilizados nessa arte. Borrifar com água benta, fazer fumigação, ungir com óleo sagrado, selar com selo sagrado, abençoar com oração e celebrar objetos sagrados extraídos das Sagradas Escrituras. Associar nomes divinos consoantes os objetos de consagração; por exemplo, na consagração da espada devemos nos lembrar deste fragmento do Evangelho: "Aquele que tem dois mantos", ou do trecho que consta do *Segundo Livro dos Macabeus* (uma espada foi enviada a Judas Macabeu, por intervenção divina), ou de acordo com os profetas: "Pois a palavra de Deus é viva e eficaz, e mais afiada que qualquer espada de dois gumes; ela penetra até o ponto de dividir alma e espírito, juntas e medulas, e julga os pensamentos e as intenções do coração"[170] (Hebreus 4:12).

Experiências e livros, escritos, imagens e desenhos devem ser consagrados aspergindo, perfumando, ungindo, selando e abençoando junto a celebrações sagradas e trazendo à lembrança a santificação dos mistérios, como a Tábua dos Dez Mandamentos, que Deus entregou a Moisés no Monte Sinai, a santificação do Antigo e do Novo Testamentos, também da lei, dos profetas e das Escrituras, que foram revelados pelo Espírito Santo. Nomes divinos com a mesma simbologia devem ser mencionados: o testamento de Deus, o livro de Deus, o livro da vida, o conhecimento de Deus, a sabedoria de Deus etc. E na consagração pessoal, ritos do mesmo tipo são adotados.

Ademais, há outro rito de consagração de grande poder e eficácia, com base no sobrenatural, que consiste na transferência do rito de consagração ou o resultado de qualquer sacramento da Igreja para o objeto de consagração.

Salientamos ainda que oblações, juramentos e sacrifícios têm poder real e pessoal de consagração. Trata-se de combinações entre os nomes com os quais são feitos e nós

---

170. Disponível em: https://www.bibliaon.com/versiculo/hebreus_4_12/. Acesso em: 21 de abril de 2021.

que os fazemos, fortemente carregadas com a intenção dos efeitos que almejamos, tal qual é feito quando sacrificamos e usamos certos nomes ou fumigações, óleo, anéis, imagens, espelhos e elementos não materiais (caracteres, selos, pentáculos, encantamentos, orações, e as Sagradas Escrituras).

Sobre a invocação de espíritos malignos – conjuração e afastamento

Para conjurar um espírito a fim de obter pronta obediência, ensinaremos como confeccionar um livro por meio do qual o referido espírito pode ser evocado. O livro deve ser consagrado como o livro de Espíritos Malignos, composto em nome e na classe a que pertencem, de modo a conjurar com um juramento sagrado a obediência imediata do espírito. Deve ser confeccionado em papel puro e limpo e conter, do lado esquerdo, a imagem do espírito; do lado direito, seu caractere coroado pelo juramento, contendo o nome do espírito ou dos espíritos, sua hierarquia e posição, sua função e poder. Alguns magos compõem esse livro sem os caracteres e as imagens. Particularmente, é muito mais eficaz não negligenciar qualquer das formas aqui mencionadas.

É fundamental observar as circunstâncias referentes a locais, ocasiões e horários ditados pelos astros, sob os quais esses espíritos estão e com os quais concordam, e ajustar a região, o ritual e a classe.

O livro deve ser encadernado, decorado e protegido por registros e selos para que, após a consagração, não seja aberto em local inapropriado, expondo assim o operador ao perigo. E, acima de tudo, deve ser mantido o mais puro e respeitado possível, caso contrário, perde sua virtude.

Composto de acordo com as instruções apresentadas, o livro sagrado deve ser consagrado de duas maneiras. A primeira é chamar ao círculo todos os espíritos inscritos no livro, um a um, em um ritual mágico que foi ensinado em capítulo anterior, e depositar o livro a ser consagrado em um triângulo, na parte externa do círculo. Em seguida, ler, na presença dos espíritos, todos os juramentos contidos e escritos no livro, e obrigar todos os espíritos a colocar suas mãos sobre os desenhos de suas imagens e de seus caracteres, confirmando-os e consagrando-os com um juramento especial. O passo seguinte é fechar o livro, guardá-lo e, finalmente, dispensar os espíritos, obedecendo-se o ritual adequado e a ordem da magia.

Apresentamos ainda um método mais fácil de consagrar um livro geral de espíritos tão eficaz quanto os outros em produzir qualquer efeito, com a diferença de que, ao abrir o livro, os espíritos nem sempre se fazem visíveis. O método consiste em confeccionar normalmente um livro dos espíritos e, no final, escrever evocações, encantamentos e fortes conjurações, de acordo com a conjuração de cada um dos espíritos. Encadernar o livro entre dois *lamens* ou tabelas e, no lado interno, desenhar ou solicitar o desenho de dois pentáculos sagrados da Majestade Divina, extraídos de *O Apocalipse*, o primeiro sendo aplicado no início do livro, e o segundo, no final.

Em seguida, sob uma noite clara e agradável, depositar o livro em um círculo preparado conforme descrevemos, em uma encruzilhada, abri-lo e consagrá-lo seguindo os ritos e os procedimentos de consagração anteriormente descritos e convocar ao local todos os espíritos inscritos no livro, determinando o prazo de três dias para que confirmem sua obediência ao livro a ser consagrado. Em seguida, embrulhe o livro em um pano de linho limpo e o enterre no meio do círculo, de modo a não ser descoberto. Desfaça o círculo após dispensar os espíritos e parta antes do nascer do sol. No terceiro dia, por volta da meia-noite, retorne ao local, faça um círculo ao redor da cova e, de joelhos, faça uma prece em agradecimento a Deus, acenda um incenso especial, abra a cova e retire o livro, guardando-o fechado. E, novamente, dispense os espíritos, um a um, destrua o círculo e abandone o local antes do nascer do sol. Esse é o último ritual e procedimento de consagração de proveito para quaisquer experiências, utilizando-se dois *lamens* sagrados, ou dois pentáculos.

Lembramos que o livro consagrado deve ser trabalhado em estações do ano claras e agradáveis, exatamente quando os espíritos estão mais calmos. Deve-se voltar para a região dos espíritos, abrir o livro sob um registro apropriado e invocar os espíritos para o objetivo traçado, por meio de seus juramentos inscritos e confirmados, pelo nome dos caracteres e imagens, e, caso haja necessidade, conjurá-los pelas conjurações que constam no final do livro.[171] Uma vez alcançado o intento, liberar os espíritos.

Quanto à evocação de bons e maus espíritos, ambos podem ser evocados de diferentes modos. Apresentam-se a nós em formas visíveis e se comunicam naturalmente com aqueles devidamente sintonizados com eles e, ainda, meio de sonhos e oráculos, nos revelam soluções e/ou informações relacionadas aos nossos propósitos. Ao convocar um espírito bom, que pode se manifestar por meio de um mecanismo sonoro ou se tornar visível, o operador deve atentar a dois aspectos em particular, o primeiro referente à atitude do invocador e o outro, em conformidade com o espírito a ser evocado.

É necessário que o operador se prepare para esse mistério durante vários dias com atitude religiosa e casta, e distante de qualquer assunto frívolo. Deve jejuar o quanto lhe parecer conveniente e, diariamente, entre o nascer e o pôr-do-sol, vestir-se com roupas de linho branco, evocar Deus sete vezes e dirigir uma prece aos anjos, invocando-os conforme as regras ensinadas. O período de jejum e de preparação é geralmente de

171. Dei um exemplo do Livro dos Espíritos que apresenta a disposição dos caracteres, como descrito. (N. do A.) Ver tabela ao final deste capítulo. (N. do T.)

um mês, isto é, um ciclo completo da Lua. Na Cabala, o período de preparação é de, aproximadamente, quarenta dias.

Em relação ao local, deve ser limpo, puro, fechado, silencioso. Inicialmente, o lugar deve ser exorcizado e consagrado. Em seguida, deve-se colocar uma mesa ou um altar adornado, com um pano de linho branco limpo, disposto na direção leste; colocar duas velas consagradas no altar, uma de cada lado, as quais devem ser mantidas acesas durante todos os dias da consagração. No meio do altar, colocar *lamens*, ou o papel sagrado descrito anteriormente, coberto com linho fino, que não deve ser aberto até a conclusão da consagração. Incenso especial e um óleo puro de unção devem ser preparados e mantidos consagrados. Em um incensário na parte da frente do altar, mantenha o fogo sagrado e o incenso todos os dias que orar.

Para esse ritual, o operador deve paramentar-se com uma longa túnica de linho branco, totalmente fechada, cingida por um cinto e coberta por um véu de linho branco, sobre o qual deve estar escrito o nome Tetragrama, em dourado. Todos esses elementos serão consagrados e santificados, cada um a seu turno. Não se recomenda adentrar o lugar santo sem o devido preparo: lavar-se, cobrir-se com pano novo e limpo e estar com os pés descalços. Aspergir o local com água benta, acender um incenso no altar, ajoelhar-se e orar, conforme orientação.

No último dia do prazo estipulado, recomenda-se jejum mais intenso. Ao nascer do sol do dia seguinte, ainda em jejum, o operador deve entrar no lugar sagrado, usando as cerimônias descritas, aspergir-se, acender o incenso, fazer o sinal da cruz na fronte com óleo sagrado, ungir os olhos e orar em todas essas consagrações. Finalmente, abrir o *lamen* e orar de joelhos diante do altar, fazendo a seguinte invocação:

Oração para invocar bons espíritos

Em nome da Bendita Santíssima Trindade, peço a vós, anjos de poder (aqui nomear os espíritos que deseja que se façam presentes), se for da vontade daquele que é chamado *Tetragrama*, o Deus Santo, o Pai, que tomai alguma forma apropriada à vossa natureza celeste e aparecei aqui neste lugar e atendei aos nossos apelos, à medida que não transgredirmos os limites da divina misericórdia e bondade, solicitando o conhecimento que ainda não temos. Mostrai-nos, por vossa divina graça, o que for útil à nossa alma saber e fazer em respeito à glória da Divina Majestade e governador do mundo. Amém.

Senhor, seja feita a Vossa vontade, assim na terra como no céu. Tornai limpos os nossos corações e não tireis de nós o vosso Santo Espírito. Ó, Senhor, chamamo-los em vosso nome, fazei-os atender-nos.

E que todas as coisas operem juntas por vossa honra e glória, a Vós, ao Vosso Filho e ao Espírito Santo, todo o poder e glória para sempre. Amém.

Forma particular do Lamen (ver ilustração na página 253)

Após a invocação, os anjos bons se farão presentes e, então, é possível conversar com eles em posição de humildade, liberando-os em seguida.

O *lamen*, empregado para invocar espírito bom, deve ser confeccionado em metal apropriado ou cera nova misturada a especiarias e cores adequadas, ou pode ainda ser feito de papel branco puro em cores convenientes, e a forma deve ser quadrada, circular ou triangular, de acordo com a regra dos números, onde estarão inscritos os nomes divinos gerais e os especiais. No centro do *lamen,* um hexágono ou um caractere de seis ângulos deve ser desenhado, no meio do qual deve ser escrito o nome e um caractere de um astro ou de seu espírito soberano, a quem é súdito o bom espírito a ser invocado. E sobre esse caractere, adicionam-se os caracteres de cinco ângulos ou pentáculos correspondentes ao número de espíritos que se pretende evocar ao mesmo tempo. Caso se queira invocar apenas um, não obstante, quatro pentágonos deverão ser confeccionados, sobre os quais deverá ser escrito o nome do espírito, ou dos espíritos, com seus respectivos caracteres. Esse *lamen* deve ser composto na lua crescente, nos dias e horários condizentes com o espírito. Se tomarmos um planeta favorável, o efeito será muito mais eficaz.

Por outro lado, confeccionamos tabelas especiais equivalentes a cada espírito, pela regra aqui apresentada, referente aos pentáculos sagrados.

Há outro ritual mais simples de ser realizado. Para receber um oráculo do espírito deve o homem estar casto, puro e abençoado; escolher um lugar puro, limpo e totalmente coberto com linho branco e limpo. No dia do Senhor, na lua nova, adentrar o local vestido adequadamente. Exorcizar o ambiente, abençoá-lo e fazer um círculo com carvão consagrado. Escrever do lado de fora do círculo os nomes dos anjos, e, na parte interna, os nomes poderosos de Deus.

Colocar no interior do círculo, nos quatro cantos do mundo, as vasilhas para o incenso. Após a higiene e em jejum, apenas ingerindo água pura, adentrar o local e recitar, voltado para o Leste, o versículo 1 do Salmo 119: "Como são felizes os que andam em caminhos irrepreensíveis, que vivem conforme a lei do Senhor!"[172] etc. Na sequência, fazer uma fumigação e suplicar aos nomes divinos sua aparição e as possíveis revelações a nós pertinentes. Repetir a operação por seis dias. No sétimo dia, adentrar o local, devidamente higienizado e em jejum, acender incenso, ungir-se com óleo sagrado na testa, nos olhos, nas palmas das mãos e nos pés. Recitar, novamente, de joelhos dobrados, versículo 1 do Salmo 119.

O próximo passo é andar ao redor do círculo no sentido Leste-Oeste, até que sinta certa vertigem e se deixe cair dentro do círculo, onde poderá descansar, pois

172. Disponível em: https://www.bibliaonline.com.br/nvi/sl/119. Acesso em: 23 de abril de 2021.

estará tomado pelo êxtase. Nesse momento, um espírito lhe aparecerá informando o necessário. É fundamental manter no círculo quatro velas sagradas acesas, uma em cada um dos quatro cantos do mundo, pelo período de sete dias.

Obs.: O preparo do incenso e do óleo sagrado da unção estão descritos em *O Êxodo* e outros livros sagrados da *Bíblia*. E, ao adentrar o círculo, carregue sempre na fronte um *lamen* dourado, contendo a inscrição Tetragrama.

Sobre os oráculos recebidos em sonhos

Os elementos naturais e seus compostos também pertencem aos magos, e frequentemente são usados para obter oráculos dos espíritos por meio de sonhos. Podem aparecer na forma de incensos, unções, alimentos, bebidas, selos, anéis etc.

Para receber oráculos em sonho, é essencial confeccionar um anel solar ou saturnino para tal propósito. Há imagens de sonhos que, ao serem colocadas sob a cabeça, ao adormecer, produzem sonhos verdadeiros de acordo com o que a mente determinar. Sua execução consiste em fazer uma imagem do sol, cuja figura, elaborada por ocasião da ascensão de Leão, com o sol na nona casa em Áries, deve representar um homem dormindo no colo de um anjo.

Grafar sobre a figura o objetivo, e, na mão do anjo, o nome da inteligência do Sol. Confeccionar a mesma imagem em Virgem ascendente, com Mercúrio favorável na nona casa de Áries, ou em Gêmeos ascendente, com Mercúrio favorável na nona casa de Aquário, recebendo Saturno em aspecto favorável, e escrever sobre ele o nome do espírito. Proceder do mesmo modo em Libra ascendente, com Vênus sendo recebido de Mercúrio em Gêmeos na nona casa, e escrever sobre ela o anjo de Vênus.

A mesma imagem pode ser feita com Aquário ascendente, Saturno estagiando favoravelmente a nona casa no ápice, que é Libra. Escrever nela o anjo de Saturno. E ainda pode ser confeccionada com Câncer ascendente, a Lua sendo recebida por Júpiter e Vênus em Peixes, favoravelmente posicionada na nona casa, e escrever sobre ela o espírito da Lua.

Existem anéis de sonhos muito eficazes. Há anéis do Sol e de Saturno, e, sua constelação é quando o Sol ou de Saturno ascendem no ápice da nona casa, e quando a Lua se une a Saturno na nona casa e no signo que fora a nona casa do nascimento. Escrever e gravar sobre esses anéis o nome do espírito do Sol ou Saturno. A partir dessas regras, outros anéis poderão ser configurados.

Lembramos que as referidas imagens nada operam (visto que são apenas imagens), a menos que sejam vivificadas por uma virtude espiritual e celeste, e principalmente pelo querer da alma do operador. Quem está apto a conceder uma alma a uma imagem ou vida a uma pedra, metal, argila, madeira etc.? Certamente, nenhum homem o fará, a menos que transcenda o conhecimento dos anjos.

As tabelas de números acusam o recebimento de oráculos, desde que organizadas sob suas próprias constelações. A mesma função têm as tabelas sagradas e os papéis, desde que confeccionados identicamente. Assim são o Almutel de Salomão e a Tabela da Revolução do nome Tetragrama e todos os elementos desse tipo e grafados para produzir esses efeitos, constituídos por várias figuras, números e gravuras, com inscrições dos nomes divinos de Deus e dos nomes de anjos, cuja composição é extraída de diversos trechos das Sagradas Escrituras, Salmos e versículos; e outras promessas extraídas das revelações e profecias divinas.

De efeito similar são as orações sagradas e as súplicas dirigidas tanto a Deus quanto aos anjos abençoados. As súplicas devem ter, de acordo com o modelo apresentado, alguma semelhança religiosa, fazendo menção àquilo que pretendemos fazer. Por exemplo: o sonho de Jacó, de José, do Faraó, de Daniel e de Nabucodonosor, em *O Antigo Testamento*, e o sonho de José em *O Novo Testamento*, o dos três sábios, ou magos, o do evangelista João adormecido no colo de Nosso Senhor e todos os textos desse gênero encontrados na religião, nos milagres e revelações. Elaborada a súplica, deve-se dormir confiante em seu efeito prodigioso. Aconselha-se, então, àquele que deseja receber oráculos verdadeiros por meio de sonhos, abster-se da última refeição do dia e de bebidas, e manter a mente serena. É fundamental conservar o quarto de dormir limpo e bem-arrumado, exorcizado e consagrado. Recomenda-se acender um incenso com aroma apropriado, ungir as têmporas com unguento eficiente para o propósito, colocar um anel de sonhos no dedo, tomar uma das imagens de que falamos, ou tabela sagrada, ou papel e colocar sob a cabeça. Em seguida, preparar-se para dormir, fazer uma oração fervorosa e meditar acerca do assunto que deseja esclarecimento e, certamente, receberá no sonho um oráculo assertivo, precisamente quando a Lua passar pelo signo da nona casa de seu nascimento, e quando estiver no nono signo do signo que consolida o círculo.

Sobre o método de evocação de espíritos malignos, familiares, almas ou sombras dos mortos

Cumpre abordar neste tópico os meios utilizados pelos exorcistas para trazer ao círculo os assim denominados espíritos malignos, e os métodos de intimar fantasmas ou as almas daqueles que morreram por morte violenta ou prematura.

Para chamar ao círculo um espírito maligno, deve-se considerar, inicialmente, sua natureza e a que planetas ele corresponde, e que cargos lhe são distribuídos no planeta. De posse dessa informação, o próximo passo é procurar um lugar adequado e conveniente para sua evocação. Caso seu poder incida no mar, em rios ou enchentes, que o lugar escolhido seja uma praia e assim sucessivamente, a depender das características de cada espírito. Em seguida, escolher uma ocasião propícia à qualidade do ar (calmo, claro e favorável para o espírito assumir um corpo); de modo similar à qualidade e natureza do planeta e do espírito (dia e hora de sua regência), levando-se em conta que a ocasião pode ser favorável em algumas horas do dia ou da noite e desfavorável em outros momentos, conforme o que exigem os astros e os espíritos.

Após essas preliminares, um círculo é feito no local escolhido para a defesa do invocador e a confirmação do espírito. No círculo serão escritos os nomes divinos gerais e todos os elementos que nos fornecem defesa, juntamente com os nomes divinos que governam seu planeta, além das funções do próprio espírito. Devem ser escritos ainda os nomes dos bons espíritos que estiverem governando no momento da realização da operação, a fim de que possam compelir o espírito que se pretende chamar. Com o intuito de fortalecer mais o círculo, recomendamos adicionar caracteres e pentáculos concernentes ao trabalho e, então, formar uma figura angular, dentro ou fora do círculo, com a inscrição dos números convenientes, em correlação entre si e com o trabalho, calculados mediante o modelo descrito em nosso Primeiro Livro.

Nesse ritual, são relevantes luzes, incensos, unguentos e medicamentos compostos segundo a natureza do espírito e do planeta, que concordam com o espírito quanto à virtude natural e celeste.

Em seguida, obter elementos sagrados e consagrados, necessários não apenas à defesa do exorcista e seus companheiros, mas para servir de conjuração e contenção dos espíritos. São eles: papéis sagrados, *lamens*, imagens, pentáculos, espadas, cetros, vestimentas de cores e materiais convenientes à ocasião.

Ato contínuo, o exorcista e seus companheiros adentram o círculo. Inicialmente, deve consagrar o círculo e todos os elementos que for usar, de forma solene e segura, com gestos e expressões convenientes. Na sequência, deve fazer uma prece ou ler um trecho de Salmos ou do Evangelho pedindo proteção. Em voz alta, fazer uma oração a Deus e chamar pelos bons espíritos. E, então, invocar o espírito que deseja, servindo-se de um encantamento suave e amoroso, dirigindo-se para os quatro cantos do mundo, celebrando sua própria autoridade e poder. Aguardar a manifestação de algum espírito. Caso contrário, repetir a invocação por três vezes. Se mesmo assim o espírito insistir em não manifestar, o exorcista deverá conjurá-lo com o poder divino, de modo que todas as conjurações e celebrações concordem com a natureza e função do espírito. Repete-se três vezes, mais intensamente, adicionando injúrias, maldições, castigos, suspensões de seu poder e função, e assim por diante.

Aguardar até que o espírito se faça presente; então, recebê-lo educadamente, perguntando-lhe inicialmente seu nome, que deverá ser escrito no papel sagrado. Em seguida, o exorcista fará suas perguntas livremente. Mas se o espírito parecer obstinado, ambíguo ou mentiroso em relação a algo, o operador deverá conjurá-lo por meio de conjurações apropriadas. Caso algo pareça duvidoso, fazer, fora do círculo, a figura de um triângulo ou pentágono com uma espada consagrada e impelir o espírito a adentrá-lo. Diante de promessa em que deseja confirmar um juramento, estender a espada para fora do círculo e forçar o espírito a jurar colocando sua mão sobre a espada. Depois de obter do espírito o que deseja, esse será gentilmente dispensado, ordenando-lhe que não faça mal algum.

Em caso de resistência, obrigá-lo por meio de conjurações poderosas e, se necessário, expulsá-lo por exorcismos e sufumigações adversas. O operador deve permanecer no círculo mesmo após a sua saída, e fazer uma oração dando graças a Deus e aos anjos bons e por sua defesa e proteção. Logo após, deixar o local.

A ausência do espírito, no entanto, não deve significar desapontamento. Nesse caso, o exorcista deve sair do círculo após dispensar o espírito (jamais se esquecer de fazê-lo, ainda que o espírito não tenha aparecido)[173] e retornar em outra ocasião, atendendo aos mesmos procedimentos. E ao considerar que houve algum erro no ritual, fazer a devida correção e ainda acrescentar as repetições, pois sua constância amplia a autoridade e o poder do mago, infunde terror aos espíritos e os compele a obedecer. Lembramos que muitas vezes os espíritos se fazem presentes, sem, contudo, se tornar visíveis, intencionando causar terror a quem os chama.

Normalmente, a aparição dos espíritos se faz após a evocação, mas, a fim de amedrontar o operador, não se fazem visíveis por meio do elemento que usam, ou na própria operação. Porém, esse tipo de dispensa não deve ser realizada de maneira simples, mas acompanhada de suspensão, até que o espírito decida acatar a ordem do operador.

A evocação pode também ser concretizada sem o círculo, recorrendo-se aos procedimentos então descritos quanto à consagração de um livro. Para trabalhos que não exigem a aparição, procede-se confeccionando e formando aquilo que deverá ser nosso instrumento (imagem, anel, caractere, tabela, escrita, vela, sacrifício, ou outro objeto). O nome e o caractere do espírito deverão ser escritos no objeto, conforme a exigência do experimento, escrevendo-se com sangue ou perfume que seja agradável ao espírito. É apropriado destacar que, antes da evocação de um espírito maligno, deve-se orar ao Senhor da Vida e aos seus anjos, conjurando-o pelo poder divino.

Abordamos em capítulo anterior que as almas desligadas violentamente do corpo físico, ou em casos de não sepultamento do corpo, estas continuam afeitas aos seus corpos, atraídas por certa afinidade com eles (vapores, líquidos e odores). Em razão

173. A não dispensa dos espíritos implica grande risco ou, em alguns casos, a morte súbita do operador. (N. do A.)

disso, as almas dos mortos não devem ser invocadas sem o uso de sangue ou de uma parte do corpo abandonado.

Para despertar essas *sombras*, devemos vivificar os ossos dos mortos com sangue novo, carne, ovos, leite, mel e óleo – elementos que possibilitam à alma recuperar seu corpo. Aqueles que desejam despertar uma alma devem escolher lugares apropriados, afinados com esse tipo de alma, ou fazê-lo por meio de certa conexão que a atraia para seu corpo abandonado ou por meio de algum tipo de afeição a certos ambientes, objetos ou pessoas ou, ainda, pela forte natureza de algum lugar preparado para punir ou purificar essas almas, que se revelam por visões, aparições e incursões noturnas. Pátios de igrejas, lugares destinados à execução de criminosos sentenciados ou onde tenha ocorrido muitos assassinatos são os mais adequados.

Contudo, o lugar mais apropriado é onde houver cadáver vitimado por morte violenta, ainda não sepultado, pois a expiação desses lugares é o verdadeiro rito sagrado a ser realizado por ocasião do sepultamento dos corpos, que muitas vezes impede a alma de retornar ao seu corpo, rechaçando-a para o local de julgamento. É por isso que as almas dos mortos não são facilmente despertas, exceto se forem almas de homens maus ou que pereceram por morte violenta, e cujos corpos não receberam o devido sepultamento.

Ainda que esses lugares não sejam absolutamente agradáveis, necessitam ser visitados visando-se à realização dos rituais apropriados à situação.

Essencial saber que as almas são, em verdade, luzes espirituais, e, para despertá-las, recomenda-se usar luzes artificiais preparadas com elementos compatíveis, com inscrições condizentes com nomes e selos, que as protejam. Porém, nem sempre tais recursos são suficientes para despertar almas, visto que faltam compreensão e razão extranaturais, elementos superiores de conhecimento apenas dos destinos celestes e seus poderes. Resta sugerir, então, que as almas sejam atraídas com base nos poderes sobrenaturais e celestes, devidamente orquestrados aos anseios da alma imaginativa, racional e intelectual: vozes, canções, encantamentos, orações, conjurações, exorcismos e outros ritos sagrados.

FIM DA SEGUNDA PARTE

A tabela mostrando os nomes dos Anjos que governam os 7 dias da semana com seus Selos, Planetas e Signos

Domingo	*Segunda*	*Terça*	*Quarta*	*Quinta*	*Sexta*	*Sábado*
Michaïel	Gabriel	Camael	Raphaël	Sachiel	Anaël	Caffiel
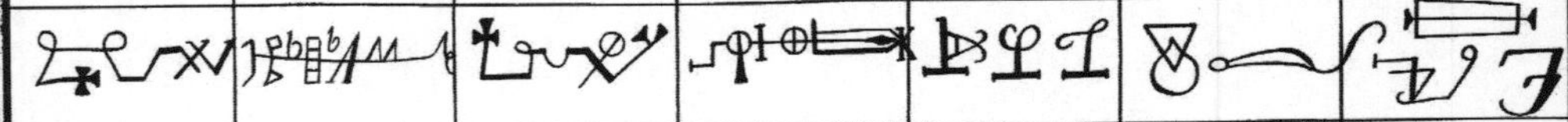						
☉ ♌	☽ ♋	♂ ♈ ♏	☿ ♊ ♍	♃ ♐ ♓	♀ ♉ ♎	♄ ♑ ♒
nome do 4º céu Machen.	*nome do 1º céu* Shamain.	*nome do 5º céu* Machon.	*nome do 2º céu* Raquie.	*nome do 6º céu* Zebul.	*nome do 3º céu* Sagun.	*não há anjo regente acima do 6º céu*

O Livro dos Espíritos

Um exemplo de livro dos Espíritos, que deve ser feito de papel pergaminho virgem

Sobre a

COMPOSIÇÃO ESPECÍFICA

do

CÍRCULO MÁGICO

(EXORCISMOS, BÊNÇÃOS E CONJURAÇÕES PARA CADA DIA DA SEMANA)

DESCRIÇÃO DO PROCESSO DE TRABALHO

SEGUNDO LIVRO – TERCEIRA PARTE

As instruções a seguir referem-se à essência e ao resumo de tudo o que foi abordado até o momento, mas com destaque à experiência e à prática. Nessas instruções, você poderá observar as funções distintas dos espíritos e o processo detalhado das cerimônias mágicas.

Levando-se em conta que os círculos são portadores de poder extraordinário, explicaremos e apresentaremos a composição e o desenho de um círculo.

A Composição de um Círculo *(ver ilustração na página 236)*

As formas dos círculos diferem de acordo com a ordem dos espíritos a serem invocados, seus lugares, ocasiões, dias e horas e horários. Ao elaborar um círculo deve-se pesar época do ano, dia e hora que se deseja fazer o trabalho, que espíritos invocar, a que astro ou região eles pertencem e que funções têm.

Inicialmente, faça três círculos com diâmetro de nove pés, com um palmo de distância um do outro.

O Círculo Mágico

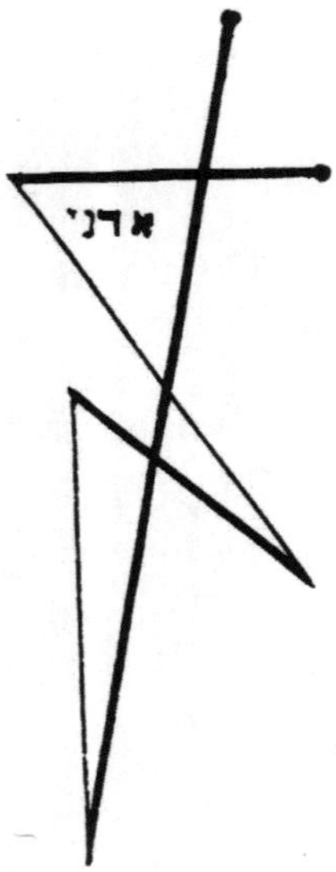

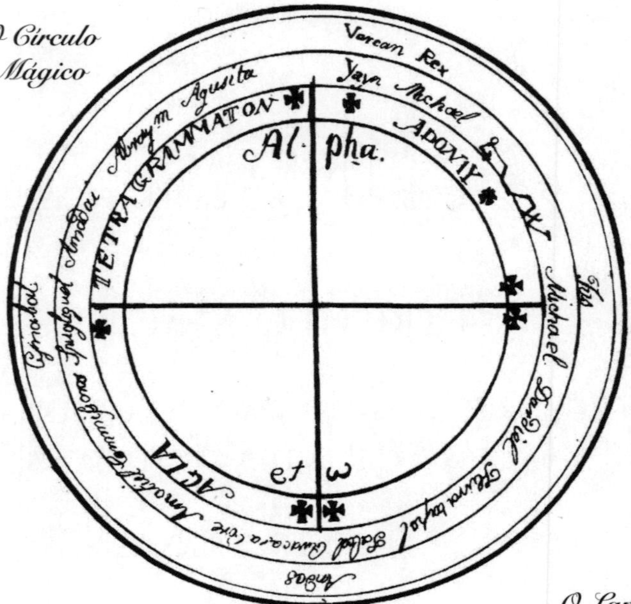

O Lamen

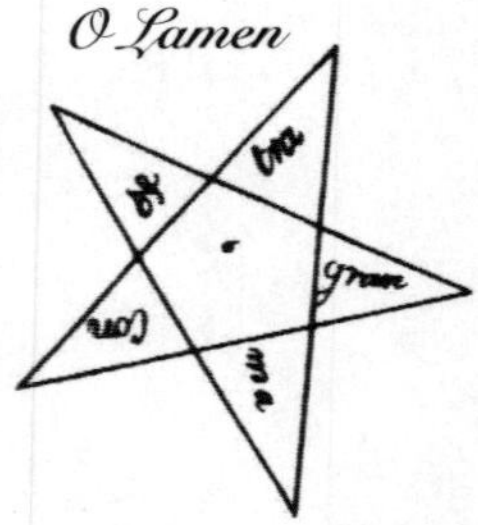

Anel Mágico

O Pentáculo de Salomão

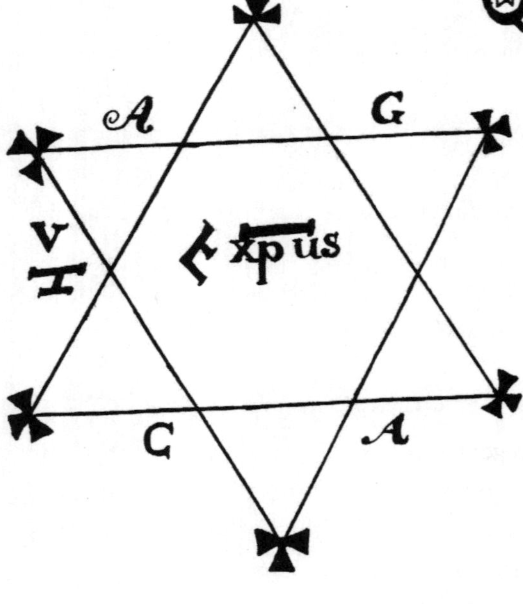

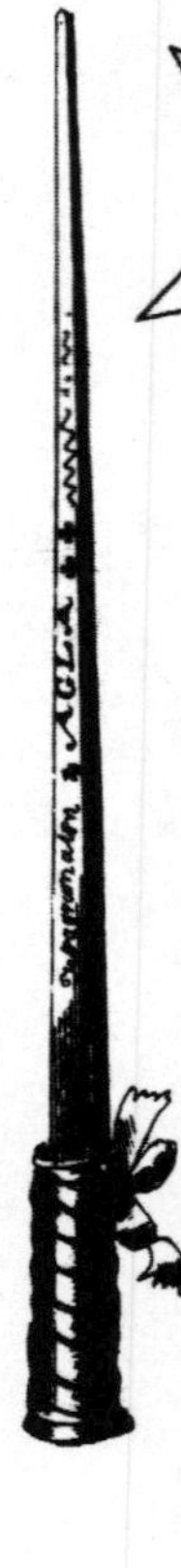

Não há oração para a varinha mágica

Em primeiro lugar, no círculo do meio, escreva o nome da hora que pretende realizar o trabalho; em segundo lugar, escreva o nome do anjo da hora; em terceiro lugar, o selo do anjo da hora; em quarto lugar, o nome do anjo que rege o dia destinado ao trabalho e os nomes de seus ministros; em quinto lugar, o nome da época do ano corrente; em sexto lugar, o nome dos espíritos governantes da época do ano, juntamente com seus presidentes; em sétimo lugar, o nome do líder do signo vigente na época; em oitavo lugar, o nome da Terra; em nono lugar, completando o círculo do meio, escreva o nome do Sol e da Lua, em conformidade com a época da realização do trabalho, uma vez que os nomes mudam segundo a época.

Nos quatro ângulos do círculo externo escreva os nomes dos espíritos do ar que regem o dia determinado para a magia, ou seja, o nome do rei e seus três ministros. Fora do círculo, nos quatro ângulos, desenhe pentágonos. No círculo interno, escreva quatro nomes divinos com quatro cruzes intercaladas. No meio do círculo, ao Leste, escreva Alfa, e ao Oeste, escreva Ômega; uma cruz deverá dividir o círculo.

Ao término, deverá, de acordo com a regra, consagrar e abençoar o círculo proferindo:

> *"Em nome da Santíssima Trindade, empreendemos nosso trabalho nesses mistérios a fim de obter nosso propósito. Em nome do acima mencionado, consagramos este pedaço de chão para nossa proteção, para que nenhum espírito seja capaz de romper os limites desse feitiço nem de ferir ou causar dano a qualquer um de nós aqui reunidos. Que o espírito seja compelido a se postar diante deste círculo e responder verdadeiramente às nossas demandas, enquanto aprouver* Àquele que vive para todo o sempre *e que diz: 'Eu sou o Alfa e o Ômega, o princípio e o fim, diz o Senhor, que é, e que era, e que há de vir, o Todo-Poderoso'.*[174] *'[...] Eu Sou o que vive; estive morto, mas eis que estou vivo por toda a eternidade! E possuo as chaves da morte e do inferno'.*[175] *Abençoai, Ó Senhor, esta criatura da Terra onde estamos, fortalecei-nos, ó Deus, com vossa força, para que nem o adversário nem qualquer adversidade possa nos levar ao erro, pelos méritos de Jesus Cristo. Amém."*

É oportuno salientar que os anjos regem as horas no percurso do céu e dos planetas aos quais são subordinados. Desse modo, o espírito que governa o dia também governa a primeira hora do dia; o segundo desse dia governa a segunda hora, e assim

174. Apocalipse 1:8, disponível em: https://www.bibliaonline.com.br/acf/ap/1/8-11. Acesso em: 27 de abril de 2021.

175. Apocalipse 1:18, disponível em: https://bibliaportugues.com/revelation/1-18.htm. Acesso em: 27 de abril de 2021.

sucessivamente. Uma vez completados os sete planetas e as horas, recomeça-se no primeiro que rege o dia.

Falaremos, inicialmente, dos nomes das horas.

Tabela dos Nomes Mágicos das horas do dia e da noite.

	Nomes das Horas do Dia		Nomes das Horas da Noite
1	Yain	1	Beron
2	Yanor	2	Barol
3	Nasnia	3	Thami
4	Salla	4	Athar
5	Sadedali	5	Methon
6	Thamur	6	Rana
7	Ourer	7	Netos
8	Thamic	8	Tafrac
9	Neron	9	Sassur
10	Yayon	10	Agle
11	Abai	11	Calerva
12	Natalon	12	Salam

Posteriormente, falaremos acerca dos nomes dos anjos e seus selos. Por ora, apresentaremos os nomes das épocas. Sabe-se que o ano se divide em quatros estações: primavera, verão, outono e inverno, cujos nomes são: primavera, Talvi; verão, Casmaran; outono, Adarcel; inverno, Farlas.

OS ANJOS DA PRIMAVERA – Caracasa, Core, Amatiel, Commissoros

A cabeça do signo na primavera é denominada Spugliguel.

O nome da Terra na primavera é Amadai.

Os nomes do Sol e da Lua na primavera: Sol, Abraim; Lua, Agusita.

OS ANJOS DO VERÃO – Gargatel, Tariel, Gaviel

A cabeça do signo no verão é Tubiel.

O nome da Terra no verão é Festativi.

Os nomes do Sol e da Lua no verão: Sol, Athemai; Lua, Armatus.

OS ANJOS DO OUTONO – Tarquam, Guabarel

A cabeça do signo no outono é Torquaret.

O nome da Terra no outono é Rabinnara.

Os nomes do Sol e da Lua no outono: Sol, Abragini; Lua, Matasignais.

OS ANJOS DO INVERNO – Amabael, Cetarari

A cabeça do signo no inverno é Attarib.
O nome da Terra no inverno é Geremiah.
Os nomes do Sol e da Lua no inverno: Sol, Commutoff; Lua, Affaterim.

De posse desse conhecimento, finalizar a consagração do círculo dizendo: "Purificai-me com hissopo,[176] ó Senhor, e serei puro. Lavai-me e serei mais branco do que a neve."

Em seguida, aspergir o círculo com água benta e seguir com a consagração dos aromas.

A BÊNÇÃO DOS AROMAS

O Deus de Abraão, Deus de Isaac, Deus de Jacó, abençoe aqui as criaturas dessas espécies para que repletem o poder e a virtude de seus aromas, de modo que nem inimigo nem qualquer falsa imaginação possa ser capaz de influenciá-los. Por nosso Senhor Jesus Cristo etc. Em seguida, aspergir os elementos com água benta.

O EXORCISMO DE FOGO EM QUE OS AROMAS DEVEM SER COLOCADOS

Eu te exorcizo, ó criatura do fogo, pelo único Deus verdadeiro Jeová, Adonai, Tetragrama, para que imediatamente retires de ti todos os fantasmas, para que não façam mal a ninguém. Nós suplicamos a ti, ó Senhor, que abençoes esta criatura de fogo e a santifiques, de modo que, uma vez abençoada, expresse o louvor e a glória de teu santo nome e que mal nenhum possa alcançar o exorcista e seus expectadores. Por nosso Senhor Jesus Cristo. Amém.

Sobre o PARAMENTO DO EXORCISTA

Deve ser feito, como descrevemos antes, de fino linho branco, bem solto, de modo a contornar o corpo, mas fechado na frente e atrás.

Sobre o PENTÁCULO DE SALOMÃO (ver ilustração na página 236)

É essencial ter esse pentáculo pronto para a conjuração, caso os espíritos se recusem a obedecer, pois eles não têm nenhum poder sobre o exorcista enquanto este estiver protegido pelo pentáculo, uma vez que a virtude dos santos nomes nele escritos exerce influência maravilhosa sobre os espíritos.

---

176. Nomes populares: hissopo-das-farmácias, erva-sagrada, sambaicaitá. Disponível em: https://www.plantamed.com.br/plantaservas/especies/Hyssopus_officinalis.htm. Acesso em: 27 de abril de 2021.

O pentáculo deve ser confeccionado no dia e na hora de Mercúrio em pergaminho de cordeiro ou papel branco virgem, puro e limpo, contendo as figuras e as letras grafadas em ouro puro. E, finalmente, deve ser consagrado e aspergido com água benta.

Após colocar a vestimenta, recomenda-se proferir a seguinte oração:

Oração para quando vestir o hábito

Anoor, Amacor, Amides, Theodonias, Anitor – pelos méritos dos anjos, ó Senhor!, vou trajar a vestimenta da salvação, para que eu possa realizar o meu propósito, através de ti, Santíssimo Adonai, cujo reino dura para todo o sempre. Amém.

ESTRATÉGIA DE TRABALHO

A ocasião mais propícia para a realização da magia é na Lua cheia. Deve-se observar especialmente que ela não esteja em Combustão ou na Via Combusta, o que significa estar entre catorze graus de Libra e catorze graus de Escorpião.

O mago deve proceder à purificação durante os nove dias que antecedem a realização do trabalho. Para a elaboração do ritual, providenciar o aroma apropriado ao dia agendado para a sua realização e obter água benta com um padre ou abençoá-la pela consagração do batismo. Munir-se de um vaso de barro novo, com fogo, a vestimenta e o pentáculo. Todos esses elementos devem ser consagrados e preparados adequadamente. Um de seus companheiros (auxiliares) deve carregar o vaso com o fogo e os aromas, e outro deve levar o livro, a vestimenta e o pentáculo. O mago deve portar a espada, sobre a qual deve proferir uma prece de consagração. No meio da espada, em um dos lados, deve-se gravar a palavra Agla † e no outro lado, † Tetragrama †. Definido o local onde o círculo será constituído, traçar suas linhas, do modo que ensinamos anteriormente, e borrifar com água benta, consagrando-o.

O mago deve estar em jejum e casto pelo período de três dias antes do dia da operação. No dia marcado, deve estar apropriadamente paramentado com a túnica branca, provido de pentáculos, aromas, espada, Bíblia, papel, caneta, tinta consagrada e tudo o que for necessário. Uma vez preparado, deve entrar no círculo e chamar os anjos dos quatro cantos do mundo que regem os sete planetas, os sete dias da semana, as cores, os metais, cujos nomes estarão em seus lugares. De joelhos dobrados, o mago deve proferir a oração Pai-Nosso ou a Oração do Senhor e evocar os anjos mencionados, dizendo:

> *"O angeli! Supradicti estote adjutores mihi petitioni, et in adjutorum mihi, in meis rebus et petitionibus."*

Na sequência, invocar os anjos dos quatro cantos do mundo que regem o ar no dia em que o experimento estiver sendo realizado. Empregar todos os nomes e espíritos dentro do círculo e dizer:

"O vos omnes, adjutore atque contestor, per sedem Adonai, per Hagios, Theos, Ischyros, Athanatos, Paracletos, Alpha et Omega, et per haec tria nomina secreta, Agla, On, Tetragrammaton, quod hodie debeatis adimplere quod cupio."

Feito isso, ler a conjuração indicada para o dia. Caso os espíritos não se rendam à obediência nem à conjuração nem a qualquer uma das orações proferidas, o seguinte exorcismo deve ser empregado:

Exorcismo geral dos espíritos do ar

"Nós, criados à imagem de Deus e segundo a vontade de Deus e dotados de Seu poder, exorcizamo-vos em nome do Senhor, El, forte e esplêndido, (aqui nomeie o espírito a se manifestar) e vos ordenamos por Aquele que pronunciou a palavra e ela se cumpriu, e por todos os nomes de Deus, e pelo nome de Adonai, El, Elohim, Elohe, Zebaoth, Elion, Eserchie, Yah, Tetragrama, Sadai, Senhor Deus Altíssimo. Exorcizamo-vos e vos ordenamos manifestar-se prontamente perante esse círculo em agradável forma humana, sem qualquer deformidade.

Vinde todos, porque vos ordenamos pelo nome de Yaw e Vau que Adão ouvira e pronunciara; e em nome de Deus, Agla, que Lot ouvira e foi salvo junto com sua família; e em nome de Yoth, que Jacó ouvira do anjo que lutara com ele e foi libertado do domínio de seu irmão Esaú; e em nome de Anaphexeton, que Aarão ouviu, pronunciou e se tornou sábio; e em nome de Zebaoth que Moisés enunciara, e todos os rios foram transformados em sangue; e em nome de Eserchie Oriston, que Moisés enunciara, e todos os rios produziram rãs que invadiram as casas dos egípcios, destruindo tudo; e em nome de Elion, que Moisés enunciara, e houve muito granizo, jamais visto desde o início do mundo; e em nome de Adonai, que Moisés enunciara, e surgiram gafanhotos, que apareceram por toda a terra do Egito e devoraram tudo o que o granizo havia deixado; e em nome de Schema Amathia, que Josué evocou, e o Sol interrompeu seu curso; e em nome de Alfa e Ômega, que Daniel enunciara e destruiu Bel e matou o dragão; e em nome de Emmanuel, que as três crianças Sidrach, Misach e Abednego entoaram no meio da fornalha ardente e foram libertadas; e em nome de Hagios e pelo selo de Adonai; e por Ischyros, Athanatos, Paracletos; e por esses três nomes secretos – Agla, On, Tetragrama – eu vos conjuro e desafio; e por todos os nomes do Deus vivo e verdadeiro, nosso Senhor Todo-Poderoso, eu voz exorcizo e ordeno, por aquele que pronunciara a palavra e esta se cumpriu, a quem todas as criaturas são obedientes; e pelo severo julgamento de Deus; e pelo incerto mar de vidro, que está perante a Divina Majestade; pelas quatro bestas diante do trono, com olhos na frente e atrás, pelo fogo ao redor de seu trono e pelos santos anjos do Senhor.

Pela poderosa Sabedoria de Deus, nós vos exorcizamos para que apareças aqui diante deste círculo e cumpras nossa vontade em tudo o que nos parece bom; pelo selo de Baldachia e pelo nome Primeumaton, que Moisés enunciara, e a terra se abriu e engoliu Cora, Datã e Abiram; e pelo poder do nome Primeumaton, que comanda a hoste celestial, nós vos amaldiçoamos e retiramos de vós vossa função, vossa alegria e vosso lugar. Nós vos conjuramos às profundezas do abismo para que ali permaneçais até o dia terrível do juízo final e vos conjuramos ao fogo eterno e ao lago de fogo e enxofre, ao não ser que apareçais imediatamente diante deste círculo para fazer a nossa vontade.

Vinde, então, por estes nomes: Adonai, Zebaoth, Adonai, Amioram; vinde, vinde, ordena Adonai; Sadai, o poderoso Rei dos Reis, cujo poder nenhuma criatura pode contestar, que seja terrível para vós, a não ser que obedeçais e apareçais imediata e amistosamente diante deste círculo, que a ruína e o fogo inextinguível permaneçam convosco. Portanto, vinde em nome de Adonai, Zebaoth, Adonai, Amioram; vinde, vinde, por que demorais? Apressai-vos! Adonai, Sadai, o Rei dos Reis vos ordena: El, Aty, Titcip, Azia, Hin, Yen, Minosel, Achadan, Vay, Vaah, Ey, Exe, A, El, El, El, A, Hy, Hau, Hau, Hau, Vau, Vau, Vau, Vau".

Oração a ser proferida dentro do círculo, nos quatro cantos do mundo

"Amorule, Taneha, Latisten, Rabur, Teneba, Latisten, Escha, Aladia, Alfa e Ômega, Leyste, Orision, Adonai, ó misericordioso Pai Celestial! Tem misericórdia de mim, pecador, e que sua proteção recaia sobre mim neste dia, contra esses espíritos teimosos, para que eu possa, pela Tua Vontade, contemplar Tuas obras divinas e ser iluminado com toda Sabedoria, para a honra e glória de Teu santo nome. Suplico-te humildemente que esses espíritos, ora invocados por Teu julgamento, sejam obrigados a se manifestar e a responder ao meu questionamento. E que não causem mal a mim ou aos meus companheiros nem aterrorizem ninguém; antes, sejam obedientes às minhas exigências".

E, finalmente, em pé no meio do círculo, estenda a mão em direção ao pentáculo e diga: "Pelo pentáculo de Salomão eu vos chamei; dai-me uma resposta verdadeira." Ato contínuo, faça a oração a seguir.

"Beralanensis, Baldachiensis, Paumachia e Apologia Sedes, pelos poderosos reis, príncipes e gênios, Liachidae, ministros do trono Tartareano, príncipe chefe da sede de Apologia na nona legião, eu vos invoco e vos conjuro. E armado com o poder da suprema Majestade, ordeno-vos fortemente, por Aquele que falou e a palavra se cumpriu e a Quem todas as criaturas obedecem; e por esse nome inefável Tetragrama Yehovah, que, ao ser pronunciado, abala os elementos, sacode o ar, faz retroceder o mar, extingue o fogo e faz tremer a terra junto com todas as hostes celestes, terrestres e infernais que ficam perturbadas e extasiadas. Portanto, vinde sem demora de todas as partes do mundo e forneças respostas para tudo o que for perguntado. Vinde pacificamente, em forma visível e amistosa, manifestando o que desejamos, pois estais conjurados pelo nome do Deus vivo e verdadeiro Helioren. E atendei ao nosso chamado, segundo nossas intenções, falando-nos de forma clara e inteligível".

Sobre a aparição dos espíritos

Após a devida execução de todo o procedimento, infinitas visões surgirão: aparições, fantasmas e a manifestação de sons de tambores e de todos os tipos de instrumentos musicais, provocados pelos espíritos, cujo objetivo é aterrorizar e forçar alguns dos companheiros a sair fora do círculo, uma vez que nada podem fazer contra o próprio exorcista. Em seguida, inúmeros arqueiros, acompanhados de animais abomináveis, se farão presentes, insinuando devorar os companheiros. No entanto, não há razão para temor.

O exorcista, então, de posse do Pentáculo, dirá: "Sumi daqui iniquidades, pela virtude do estandarte de Deus". Desse modo, os espíritos serão compelidos a acatar ao comando do exorcista e se retirar.

Na sequência, o exorcista, estendendo sua mão que segura o pentáculo, dirá: "Eis o Pentáculo de Salomão, que trouxe à vossa presença, eis a pessoa do exorcista no meio do exorcismo, que está armado por Deus, sem medo e bem provido, que vos invocou energicamente e vos clamou pelo exorcismo. Vinde e vos apressai pela virtude destes nomes: Aye Saraye, Aye Saraye. Não vos deixeis de vir pelos nomes eternos do Deus vivo e verdadeiro, Eloy, Archima, Rabur e pelo pentáculo de Salomão aqui presente, que reina poderosamente sobre vós e pela virtude dos espíritos celestes, vossos senhores; e pela pessoa do exorcista em meio à operação. Fostes conjurados, portanto, apressai-vos e vinde, prestai obediência ao vosso senhor Octinomos".

Ao término da oração, haverá pelos quatro cantos do mundo grande movimento; ao percebê-lo, o exorcista dirá: "Por que não vindes? Por que demorais? O que fazeis? Preparai-vos para obedecer ao vosso senhor, em nome do Senhor, Batahat ou Vachat, precipitando-se sobre Abrac, Abeor chegando a Aberer."

E prontamente eles surgirão em suas formas próprias. Ao vê-los diante do círculo, o exorcista lhes mostrará o pentáculo até então coberto com linho fino, que será em seguida retirado, e pronunciará: "Espera-vos a ruína se vos recusardes a obedecer". E subitamente eles aparecerão calmamente e dirão: "Pedi o que quiserdes, pois estamos prontos para cumprir todos os vossos desígnios, sob os domínios do Senhor."

Ato contínuo, o exorcista acrescentará: "Bem-vindos, espíritos, ou príncipes nobres, pois eu vos chamei em nome daquele a quem os joelhos se dobram, tanto os que estão no céu quanto os que estão sobre e sob a Terra; em cujas mãos estão todos os reinos dos reis, e não há quem contradiga Sua Majestade. Eu vos conjuro a permanecer afáveis e visíveis pelo tempo que estiverdes perante este círculo, e não vos ausenteis sem a minha permissão, até que tenhais cumprido o meu propósito, sem qualquer logro, pelo poder daquele que delimitou o mar, e que o mar não pode transgredir seus limites nem ir além da lei de Sua providência, do Deus Supremo, Senhor e Rei, Criador de todas as coisas. Amém." (o operador menciona seu pedido).

E, para concluir, o exorcista pronunciará: "Em nome do Pai, do Filho e do Espírito Santo, ide em paz. E que haja paz entre nós e estejais prontos para vir quando fordes chamados." (ver ilustração da página 236 com as imagens do círculo, do pentáculo e dos demais instrumentos, tendo o círculo sido desenhado para a primeira hora do Dia do Senhor, na primavera).

VALORES E CONJURAÇÕES PARA CADA DIA DA SEMANA

Domingo – Valores

(Para a figura dos *selos*, *planetas*, *signos*, nomes dos anjos de vários dias, e nomes do quarto céu, com os caracteres e o livro mágico, ver ilustração da página 234.)

Os anjos do dia do Senhor: Michael, Dardiel, Huratapel.

Os anjos do ar, regentes no dia do Senhor: Varcan, rei; seus ministros: Tu, Andas, Cynabal.

O vento que os anjos do ar regem é o vento do Norte.

Os anjos do quarto céu que regem no dia do Senhor, que devem ser chamados dos cantos do mundo, são: do Leste – Samael, Baciel, Abel, Gabriel Vionatraba; do Oeste – Anael, Pabel, Ustael, Burchat, Suceratos, Capabili; do Norte – Aiel, Ariel, vel Aquiel, Masgabriel, Saphiel, Matuyel; do Sul – Haludiel, Machasiel, Charsiel Uriel, Naromiel.

O perfume correspondente ao Domingo é Sândalo Vermelho.

Domingo – Conjuração

Eu conjuro e me fortaleço em vós, fortes e santos anjos do Senhor, em nome de Adonai, Eye Eye Eya, Aquele que foi, é e será, Eye, Abray. E em nome de Saday, Cados, Cados, sentado nas alturas sobre os querubins, e pelo grande nome de Deus, forte e poderoso, glorificado acima de todos os céus. Eye, Saraye, que no primeiro dia criou o mundo, os céus, a terra, o mar e tudo o que neles há, e os selou com seu santo nome Phaa; e em nome dos anjos governam o quarto Céu e servem diante do poderoso Salamia, um anjo grandioso e honroso; e em nome de seu astro, que é o Sol, e por seu signo, e pelo imenso nome do Deus vivo e por todos os nomes supracitados, eu te invoco, Michael, ó grande anjo, principal soberano deste dia; e em nome de Adonai, o Deus de Israel, eu te conjuro, ó Michael, para que trabalhes para mim e cumpra todas as minhas petições segundo a minha vontade e os meus interesses.

Os espíritos do ar do dia do Senhor estão subordinados ao vento Norte. Sua natureza é providenciar ouro, pedras preciosas, carbúnculos (granada oriental), diamantes e rubis, e prover ao solicitante graças e benevolência. Os espíritos do ar ajudam a dissolver inimizades entre os homens, angariar honras e erradicar enfermidades. Geralmente, se fazem presente de corpo inteiro; são de estatura grande, sanguíneos e corpulentos, de cor dourada, com matizes de vermelho intenso. Seus movimentos assemelham-se à velocidade do relâmpago no céu. O sinal de sua presença é sentido por meio do suor provocado no operador que os invocou. Suas formas específicas são:

Um rei portando um cetro, montado em um leão.

Um rei coroado, uma rainha com um cetro.

Um pássaro, um leão, um galo.

Um traje amarelo.

Um cetro.

Segunda-feira – Valores

(Ver ilustração da página 234 para o anjo de Segunda-feira, seu símbolo, planeta, signo do planeta e nome do primeiro céu.)

Os anjos da segunda-feira: Gabriel, Michael, Samael.

Os anjos do ar, regentes da segunda-feira: Arcan, rei; seus ministros, Bilet, Missabu, Abuhaza. O vento a que eles são sujeitos é o vento Oeste.

Os anjos do primeiro céu, regentes na segunda-feira, a serem chamados dos quatro cantos do mundo: Leste – Gabriel, Madiel, Deaniel, Yanaq; do Oeste – Sachiel, Zaniel, Habiel, Bachanae, Corobael; do Norte – Mael, Uvael, Valnum, Baliel, Balay, Humastraw; do Sul – Curaniel, Dabreil, Darquiel, Hanun, Vetuel.

O perfume correspondente à segunda-feira é Aloes.

Segunda-feira – Conjuração

Eu conjuro e me fortaleço em vós, anjos fortes e bons, em nome de Adonai, Adonai, Adonai, Adonai, Eye, Eye, Eye; Cados, Cados, Cados, Achim, Achim, Ya,

Ya, forte Ya que apareceu no Monte Sinai com a glorificação do Rei Adonai, Sadai, Zebaoth, Anathai, Ya, Ya, Ya, Maranta, Abim, Yeia, que no segundo dia criou o mar e todos os lagos e todas as águas, que estão acima dos céus e na terra, e selou o mar em seu nome sublime e lhe definiu os limites além dos quais não pode passar. E em nome dos anjos que regem a primeira legião e que servem a Orphaniel, um grande anjo, valoroso e honrado, e pelo nome de seu astro, Luna, e por todos os nomes acima mencionados, eu te conjuro, Gabriel, principal governante da Segunda-feira, o segundo dia, para que trabalhes para mim e cumpra o que estiver determinado.

Os espíritos do ar da segunda-feira estão subordinados ao vento Oeste, que é o vento da Lua. Sua natureza é prover prata, operar transportes de elementos de um lugar para outro, tornar velozes os cavalos e revelar segredos de pessoas.

Quanto à forma, são geralmente de estatura grande, delicada e serena, de cor semelhante a uma nuvem negra, obscura. Possuem semblante avolumado, olhos vermelhos e lacrimais, cabeça calva e dentes que se assemelham aos de um javali. Seus movimentos remetem à fúria de enorme ciclone. Chuva abundante é o sinal de sua presença. Suas formas específicas são:

Um rei, semelhante a um arqueiro, montado sobre uma corça.

Um menino pequeno.

Uma caçadora com arco e flechas.

Uma vaca, uma pequena corça, uma gansa.

Um traje verde ou prateado.

Uma flecha, uma criatura com muitos pés.

Terça-feira – Valores

(Ver ilustração da página 234 para o anjo de Terça-feira, seu símbolo, planeta, signo regente do planeta e nome do quinto céu.)

O anjo do ar na terça-feira: Samael, Satael, Amabiel.

Os anjos do ar regentes na terça-feira: Samax, rei; seus ministros, Carmax, Ismoli, Paffran. O vento ao qual os anjos estão subordinados é o vento Leste.

Os anjos do quinto céu regentes na terça-feira: no Leste, Friagne, Guel, Damael, Calzas, Arragon; no Oeste, Lama, Astagna, Lobquin Soneas, Yazel, Isiael, Irel; no Norte, Rhaumel, Hyniel, Rayel, Seraphiel, Fraciel, Mathiel; no Sul, Sacriel, Yaniel, Galdel, Osael, Vianuel, Zaliel.

O perfume correspondente à terça-feira é Pimenta.

Terça-feira – Conjuração

Eu conjuro e evoco, ó anjos fortes e bons, pelos nomes Ya, Ya, Ya; He He He; Va, Hy, Hy, Ha, Ha, Há; Va, Va, Va; Na, Na, Na; Aia, Aia, Aia; Eh, Ay, Elibra, Elohim, Elohim. E pelos nomes do Deus Altíssimo, que fez o mar e o solo seco e por sua palavra fez a terra e as árvores e colocou seu selo sobre os planetas, com seu honrado, reverenciado e santo nome. E pelo nome dos anjos que regem a quinta casa, subordinados ao grande anjo Acimoy, que é poderoso e honrado, e pelo nome de seu astro Marte, eu te evoco, Samael, pelos nomes acima citados, tu, grande anjo, que presides no dia de Marte, e pelo nome Adonai, o Deus vivo e verdadeiro, para que me ajudes a executar meus trabalhos (como foi feito na conjuração de Domingo).

Os espíritos do ar da terça-feira estão subordinados ao vento Leste. Sua natureza se ocupa em suscitar guerra, destruição, trazer a morte, a doença ou a saúde.

As formas comuns dos Espíritos de Marte

São de estatura grande, coléricos, de aparência suja, de cor marrom-escura, ou tom avermelhado, com chifres de veados, garras de grifo; mugem feito touros selvagens. Movimentam-se feito labaredas de fogo. Trovões e relâmpagos em volta do círculo são os sinais de sua presença. Suas formas específicas são:

Um rei armado, montado sobre um lobo; um homem armado.

Uma mulher com um broquel na coxa.

Uma cabra, um cavalo, um veado.

Um traje vermelho, um pedaço de lã, uma prímula.

Quarta-feira – Valores

(Ver ilustração da página 234 para o anjo da Quarta-feira, seu símbolo, planeta, signo regente do planeta etc.).

Os anjos da quarta-feira: Rafael, Meil, Serafiel.

Os anjos do ar regentes na quarta-feira: Mediat, rei; ministros, Suquinos, Sallales. Os anjos do ar estão subordinados ao vento Sudoeste.

Os anjos do segundo céu, regentes de quarta-feira, devem ser chamados etc. No Leste Mathlai, Tarmiel, Baraborat; no Oeste Yeruscue, Merattron; no Norte Thiel, Rael, Yarihael, Venahel, Velel, Abuiori, Ucirmiel; no Sul Milliel, Nelapa, Calvel, vel Laquel.

O perfume correspondente à quarta-feira é Lentisco.

Quarta-feira – Conjuração

Eu conjuro e invoco, ó anjos fortes e bons, pelo nome forte de temor e louvor de Ya, Adonai, Elohim, Saday, Saday, Saday; Eie, Eie, Eie; Asamie, Asamie; e em nome de Adonai, o Deus de Israel, que fez os dois grandes luzeiros e diferenciou o dia da noite em prol de suas criaturas. E pelos nomes de todos os anjos diferenciadores, regentes designados da segunda casa diante do grande anjo Tetra, forte e poderoso; e pelo nome de seu astro, Mercúrio; e pelo nome de seu selo, o do Deus poderoso e honrado; e eu te chamo Rafael, e pelos nomes acima mencionados, tu, grande anjo que presides o quarto dia; e pelo nome santo escrito na fronte de Aarão, o supremo sacerdote criado, e pelos nomes de todos os anjos féis na graça de Cristo, e pelo nome e lugar de Ammaluim, para que tu me ajudes em meus trabalhos etc.

Os espíritos do ar da quarta-feira estão subordinados ao vento Sudoeste. Sua natureza é prover todo tipo de metal, fazer revelações terrenas do passado, do presente e do futuro, pacificar juízes, trazer vitória na guerra, ensinar experiências e todas as ciências em desuso; sob certas condições, transmutar um no outro os corpos compostos de elementos, conceder saúde ou doença, elevar os pobres e rebaixar os ricos, conjurar ou liberar os espíritos, abrir fechaduras ou cadeados.

Esses espíritos assumem funções de outros espíritos, mas não plenamente; apenas no que se refere à virtude ou ao conhecimento.

As formas comuns dos Espíritos de Mercúrio

Os espíritos de Mercúrio são de estatura mediana, frios, líquidos, úmidos e bonitos. Apresentam fala amável e sua forma humana é a de um cavaleiro armado, de tonalidade clara e brilhante. Movimentam-se feito nuvens prateadas. O sinal de sua presença é o medo que despertam a quem os evoca. Suas formas específicas são:

Um rei montado em um urso.

Um belo jovem, uma mulher segurando um fuso.

Um cão, uma ursa, uma pega (ave).

Um bastão, uma pequena vara.

Quinta-feira – Valores

(Ver ilustração da página 234 para o anjo da Quinta-feira, seu símbolo, planeta, signo regente do planeta etc.).

Os anjos da quinta-feira: Sachiel, Cassiel, Asasiel.

Os anjos do ar regentes de quinta-feira: Suth, rei; ministros, Maguth, Gutrix.

Os anjos do ar, na quinta-feira, estão subordinados ao vento Sul. Por não haver anjos do ar acima do quinto céu, deverão ser feitas na quinta-feira as orações seguintes, nos quatro cantos do mundo:

No Leste – *O Deus magne et excelse et honorate, per infinita secula*; ou, "Ó grande e altíssimo Deus, honrado seja o teu nome, pelos séculos sem fim. Amém."

No Oeste – Ó Deus da divina misericórdia, sábio e justo, eu vos peço, que hoje eu possa realizar meu pedido e meu trabalho, para a honra e a glória de Vosso Santo Nome, para todo o sempre. Amém.

No Norte – Ó Deus forte e poderoso, concedei-me realizar o meu objetivo através de vossa misericórdia. Amém.

No Sul – Ó Deus poderoso e misericordioso, ouvi minhas preces e concedei a minha rogativa.

O perfume correspondente à quinta-feira é Açafrão.

Quinta-feira – Conjuração

Ó anjos fortes, e santos, nomeados Cados, Cados, Cados, Eschereie, Escherei, Eschereie, Hatim, Ya, poderoso fundador dos mundos; Cantine, Yaim, Yanic, Anic, Calbot, Sabbac, Berisay, Alnaym, eu vos conjuro e me fortaleço em vós. E pelo nome Adonai, que no quinto dia criou os peixes e os seres rastejantes nas águas, e as aves da Terra. E pelos nomes dos anjos que servem na sexta hoste diante do Senhor, um anjo santo e poderoso, por Júpiter, o nome de seu astro, pelo nome do selo e pelo nome de Adonai, o grande Deus, Criador de todas as coisas. E pelo nome de todos os astros e por seu poder e virtude, e por todos os nomes supracitados, eu vos conjuro, Sachiel, grande Anjo, soberano da quinta-feira, trabalhai para mim etc.

Os espíritos do ar da quinta-feira estão subordinados ao vento Sul. Está em sua natureza o despertar do amor das mulheres, trazer alegria aos homens, apaziguar conflitos e inimigos, curar enfermos e reaver objetos perdidos.

As formas comuns dos Espíritos de Júpiter

De estatura mediana, eles geralmente se apresentam em um corpo sanguíneo e colérico, em tom ferroso. Seus movimentos são ameaçadores – equiparam-se ao relampejar e a trovões. Contudo, apresentam semblante ameno e fala suave. Seu sinal é a aparição, ao redor do círculo, de homens sendo devorados por leões. Suas formas específicas são:

Um rei com uma espada desembainhada, montado em um veado.

Um homem de traje longo, usando uma mitra.

Uma jovem usando uma coroa de louros, adornada de flores.

Um touro, um veado, um pavão.

Um traje azulado, uma espada, um bruxo (árvore).

Sexta-feira – Valores

(Ver ilustração da página 234 para o selo do planeta e o signo que rege o planeta e o nome do terceiro céu)

Os anjos da sexta-feira são: Anael, Rachiel, Sachiel.

Os anjos do ar, regentes na sexta-feira, Sarabotes, rei; ministros, Amahiel, Aba, Abalidoth, Blaef. Os anjos do ar estão subordinados ao vento Oeste.

Os anjos do terceiro céu, que devem ser chamados dos quatro cantos do mundo, são:

No Leste – Setchiel, Chedusitaniel, Corat, Tamuel, Tenaciel.

No Oeste – Turiel, Coniel, Babiel, Kadie, Maltiel, Huphaltiel.

No Norte – Peniel, Penael, Penat, Ranie, Rapael, Doremiel.

No Sul – Sachiel, Porosa, Chermiel, Samael, Santanael, Famiel.

O perfume correspondente à sexta-feira é Mastruço-ordinário.

Sexta-feira – Conjuração

Eu conjuro e me fortaleço em vós, anjos fortes e santos, pelos nomes Om, Hey, Heya, Ya, Ye, Saday, Adonai e, em nome de Sadai que no sexto dia criou os animais quadrúpedes, os seres rastejantes e o homem, e deu a Adão o poder sobre todas as criaturas. Abençoado seja o nome do Criador e os Anjos que servem na terceira hoste diante de Dagiel, grande anjo e príncipe poderoso. E por Vênus, o nome de seu astro, pelo selo sagrado e por todos os nomes supracitados, eu te conjuro, Anael, principal soberano deste dia, para que trabalheis para mim.

Os espíritos do ar na Sexta-feira estão subordinados ao vento Oeste. É de sua natureza prover prata, incitar os homens à luxúria, promover o amor entre homens e mulheres, casamentos, causar ou erradicar enfermidades e operar em tudo onde haja movimento.

Suas formas comuns

São de estatura média, corpo harmonioso e semblante agradável. Manifestam-se em cor branca ou verde, com as partes superiores douradas. Seus movimentos assemelham-se a uma estrela clara. Seus sinais consistem na aparição de virgens nuas ao redor do círculo, cujo objetivo é atrair o invocador aos seus encantos. Suas formas específicas são:

Um rei com um cetro, montado em um camelo.
Uma jovem nua, uma cabra.
Um camelo, uma pomba.
Um traje branco ou verde.
Flores; a erva sabina.

Sábado – Valores

(Ver ilustração da página 234 para o selo do planeta e o signo que rege o planeta etc.).

Os anjos do sábado são: Cassiel, Machatan, Uriel.

Os anjos do ar que regem nesse dia: Maymon, rei; ministros, Abumalith, Assaibi, Balidet. Eles são subordinados ao vento Sul.

A fumigação do sábado é Enxofre.

Não há anjos regentes do ar no sábado acima do quinto céu; portanto, deve-se usar nos quatro cantos do mundo, no círculo, as orações que se aplicam à Quinta-feira.

Sábado – Conjuração

Eu conjuro e me fortaleço em vós, Caphriel, ou Cassiel, Machator e Seraquiel, anjos fortes e poderosos; e pelo nome Adonai, Adonai, Adonai; Eie, Eie, Eie; Acim, Acim, Acim; Cados, Cados; Ima, Ima, Ima; Salay, Ya, Sar, Criador do mundo, que descansou no sétimo dia. E por Aquele a quem agradou dar aos filhos de Israel o Sábado para que o guardassem e santificassem através das gerações e angariassem com isso um futuro promissor. E pelos nomes dos anjos que servem na sétima hoste diante de Booel, grande anjo e poderoso príncipe. E pelo nome de seu astro Saturno, por seu selo sagrado e pelos nomes supracitados, eu te conjuro, Caphriel, soberano do sétimo dia, que é o Sábado, que para mim trabalhes.

Os espíritos do ar no Sábado estão sujeitos ao vento Sudoeste. É característico de sua natureza semear discórdia, desencadear ódio e pensamentos nefastos. Pertencem ainda à sua natureza instigar a matar e a mutilar.

Suas formas comuns

Esses espíritos costumam se manifestar em um corpo alto, esguio, com semblante irado, de quatro faces: uma atrás da cabeça, uma na frente, e uma em cada lado, providas de nariz ou de bico. E uma face em cada joelho, de cor negra radiante. Seu movimento assemelha-se a um deslocamento de ar violento, que remete a um ciclone. Terra branca é o seu sinal. Suas formas específicas são:

Um rei[177] barbado montado em um dragão.

Um velho homem barbado.

Uma idosa apoiada em uma bengala.

Um porco, um dragão, uma coruja.

Um traje negro, um gancho ou uma foice.

Um zimbro.[178]

Essas são as aparências mais comuns dos espíritos. De poder limitado, não implicam qualquer risco ao operador, desde que este esteja devidamente fortalecido pelo uso dos elementos de defesa e, acima de tudo, imbuído de fé na sabedoria e bondade de Deus.

FIM DA TERCEIRA PARTE E DA MAGIA CABALÍSTICA E CERIMONIAL

177. Os espíritos que assumem forma real têm cargo muito superior aos que assumem uma forma inferior. Os que se apresentam em forma humana exercem mais autoridade e poder em relação àqueles que se manifestam em forma animal. E esses últimos são superiores àqueles que se mostram em forma de árvores ou instrumentos, e assim por diante. É o operador, no entanto, quem deve julgar o poder, o governo e a autoridade dos espíritos pela emanação mais nobre e digna que assumem. (N. do A.)

178. "Zimbro é uma planta medicinal da espécie *Juniperus communis*, conhecida como cedro." Disponível em: https://www.tuasaude.com/zimbro/. Acesso em: 1º de maio de 2021.

Duas Velas Sagradas usadas na invocação por meio do cristal
Fig. 1
O tamanho e a forma real do Cristal que deve ser incrustado em ouro puro, com os mesmos nomes e caracteres mostrados no modelo
Michael
Gabriel
Raphael
Uriel
Fig. 4 - A Vara Mágica usada na invocação pelo cristal
Agla
On
Tetragrammaton
Escrever ou gravar do outro lado Ego Alfa et Ômega
O Círculo Mágico de construção simples no qual o operador deve ficar em pé ou se sentar quando usa o cristal
Fig. 2
Tetragrammaton
Elohim
ADONAI
Fig. 3
O tripé no qual os perfumes são colocados, que pode ser segurado na mão ou fincado na terra
El, Elohim, Elohe, Zebaoth, Elion, Escerchie, Adonai, Jah, Jehovah, Tetragrammaton, Saday, Jod, Ehevi
מיכאל
Michael
Fig. 5
O Lamen, ou tabela sagrada do arcanjo Michael
Desenhado por F. Barret
Publicado por Lackington Allen & Co.
Gravado por R. Griffith

A

MAGIA E A FILOSOFIA

de

TRITHEMIUS DE SPANHEIM

CONTENDO SEU LIVRO DE

COISAS SAGRADAS

e

A DOUTRINA DOS ESPÍRITOS

(COM MUITOS SEGREDOS AINDA VELADOS À MAIORIA)

A ARTE DE ATRAIR ESPÍRITOS PARA
DENTRO DOS CRISTAIS ETC.

QUARTA PARTE

A MAGIA E A FILOSOFIA – TRITHEMIUS DE SPANHEIM

Carta do Tradutor a seu Amigo – um jovem estudante de ciências ocultas

Meu Amigo,

Conhecendo tua qualidade de pesquisador interessado nas ciências ocultas (arte de predizer eventos, magia, talismãs etc.), sou espiritualmente movido a te comunicar meu parecer a respeito e escrever aqui minhas considerações, com o fim de abrir teus olhos espirituais quanto à informação necessária a que sejas conduzido pelo fascinante campo da Natureza e dar-te as diretrizes para que, guiado pela Sabedoria do mais Alto, tu possas revigorar tua alma com um saboroso gole de conhecimento. E após comprazer o teu espírito usando os dons valiosos, entregar-te à contemplação da sabedoria do sublime Ser que te concedeu a vida.

Como tu és um homem, feito à imagem e semelhança de Deus, reflete primeiro por que desejas buscar esses mistérios! Será pela riqueza, honra, poder, fama? Talvez o teu coração responda que desejaria tudo de bom grado! Se assim for, eu te aconselho a primeiramente conhecer-te a ti mesmo, purificar teu coração de todos os desejos vãos e gananciosos. Se pensas em alcançar o poder para satisfazer tua luxúria, enriquecer teus cofres, construir casas, ser razão de admiração humana, tens motivos para lamentar por teres nascido, pois tais intentos são provenientes do demônio, quem continuamente semeia prazeres e luxúria nas mentes e nos corações de homens depravados, cujo propósito é neutralizar as ações e inspirações dos espíritos abençoados, instrumentos de Deus, nosso Pai Maior.

Ó, homem, tema a Deus, seja sincero e ame o próximo, eis o grande segredo, o verdadeiro talismã da felicidade humana. Ao te elevares a esse patamar, nada te será impossível, de acordo com a vontade de Deus.

Apressa-te na busca por conhecimento e sabedoria, e humildemente dependa de Deus somente, Criador Supremo.

Conhecer a si mesmo é conhecer a Deus, pois essa é uma dádiva espiritual que Deus concede ao homem. E vemos que são poucos os portadores dessa dádiva. Quantos estão envolvidos no perigoso mar das paixões, desorientados, sem rumo. Quantos preferindo a devassidão e a luxúria! Observa suas ações e inclinações. O seu fatalismo mágico e ignorância os ofuscam a ponto de julgarem equivocados aqueles que tentam lhes demover da futilidade e da miséria em que se encontram. São os denominados homens modernos, que, afeitos ao mundo material, pouco valorizam o espiritual. Mas não me refiro a ti, meu amigo, nem cogites que eu esteja lhe repreendendo por tais vícios, pois que ainda és muito jovem para tanto. Antes, tu estás designado a receber instrução mais elevada e gloriosa. Apresento-te, portanto, esta tradução que ansiavas receber de mim.

Aconselho-te a resguardar-te do egoísmo, da bajulação e da avareza, e assim terás sucesso. Sê laborioso em teu trabalho e terás em abundância, pois o trabalho engrandece, e seus frutos adoçarão o teu coração e preencherão de gratidão àquele que te abençoa com o suficiente. Lembra-te, o ócio não concilia com o Divino. Contudo, não busques mais do que o necessário, pois te levará à destruição. Pede somente o essencial para alimentar e vestir teu corpo.

É importantíssimo saber que, se pelo teu estudo ou arte vieres a comandar um milhão de espíritos, não desejes enriquecimento repentino, pois a Sabedoria Eterna, que jamais fala em vão, apregoou: "O homem ganhará seu pão com o suor de seu rosto". Não faça dos meios sobrenaturais motivo de enriquecimento de bens terrenos, não olhes com ganância o que deveria ser olhado com desprezo, atraindo sobre ti a ira de Deus. Mas, antes, rendamo-nos às palavras do Apóstolo e a sigamos na ação, no espírito e na verdade: "Mas buscai primeiro o Reino de Deus, e a sua justiça, e todas essas coisas vos serão acrescentadas"[179] (Mateus 6:33).

E desse modo, por concessão de Deus, tua casa será uma árvore florida, e tua esposa uma videira repleta de frutos. Adeus, e lembra-te do meu singelo conselho e sê feliz. De teu verdadeiro amigo, F. B.

N.B. Para maior compreensão deste Livro, elaborei diversas figuras, as quais eu menciono nesta obra (ver página 253), para que possa analisar detalhadamente o método exato de trabalho e as imagens dos selos, dos espíritos e demais instrumentos exóticos, necessários para não incorrer em riscos no momento de construção.

1. A forma do cristal para evocar espíritos, com a placa de ouro puro onde o cristal deve ser incrustado, com os caracteres divinos ao redor.

179. Disponível em: https://www.bibliaon.com/versiculo/mateus_6_33/. Acesso em: 4 de maio de 2021.

2. Um círculo mágico de composição simples, dentro do qual ficará o operador, em pé ou sentado, no momento que evocar os espíritos.
3. Os cristais, dois castiçais de prata ou de outro material com velas acesas, e o tripé ou vaso para sufumigação aromática.
4. Uma vara de ébano escuro com caracteres dourados. Os caracteres são devidamente explicados.

ADVERTÊNCIA AOS INEXPERIENTES E UM CONSELHO AOS INICIANTES

Irmão

É imprescindível informar-te que as intenções que te fazem enveredar nessa arte, que denominamos Magia, indicam qual será a tua conexão e a resposta. Caso o propósito seja vingança, é essencial saberes que em qualquer um desses experimentos aqui descritos atrairás para ti um demônio vingativo ou um espírito furioso, marcado pelos princípios da ira de Deus. Se o propósito for a obtenção de riquezas e engrandecimento material, terás um espírito terrestre ou ígneo disposto a te enganar com as riquezas do mundo. Se for por fama ou destaque, então os espíritos a ti designados serão os do orgulho, que irão satisfazer teu desejo desenfreado.

Para todas essas funções há espíritos designados e prontos a se fundir ao teu espírito, à tua própria natureza e atender aos teus propósitos, até onde Deus permitir. Mas se o teu interesse for honrar, glorificar Deus e praticar o bem, então terás a teu lado, designado por Deus, um espírito puro que atenderá, conforme a permissão do Senhor, aos teus anseios. Portanto, busca o que é bom; afasta os maus pensamentos, cuida das palavras e das ações. Ora a Deus rogando Sabedoria, e terás colheita em abundância.

Lembra-te, existem dois caminhos mágicos diante de ti – aquele que escolheres trará indubitavelmente a recompensa correspondente. Adeus.

Londres, 1800. F. B.

PREPARAÇÃO DO CRISTAL PARA O FENÔMENO DA APARIÇÃO

Tome um cristal de boa qualidade, redondo, claro e translúcido, com diâmetro de cerca de uma polegada e meia. Em seguida, incruste-o em uma pequena placa de ouro puro, deixando metade da parte arredondada para fora. Encaixe-o em um pedestal de marfim ou ébano, como descreve a Figura 1 da ilustração da página 253.

Em um círculo ao redor do cristal grave os seguintes caracteres:

No círculo seguinte, grave o nome *Tetragrama*. Do outro lado da placa, grave *Miguel, Gabriel, Uriel e Rafael*, que são os quatro anjos principais regentes do *Sol, da Lua*, de *Vênus* e de *Mercúrio*. Na placa onde está o cristal, desenhe os nomes, caracteres etc. obedecendo à sequência: os nomes dos sete planetas e seus anjos regentes, com seus selos ou caracteres. Os nomes dos quatro reis dos quatro cantos da Terra. Todos os nomes devem ser escritos dentro de um círculo duplo, com um triângulo inscrito. Sobre a placa coloque o cristal sobre seu pedestal. Desse modo, está pronta sua placa para evocar os espíritos. Feito isso, prossiga com a experiência.

No momento que quiser tratar com os espíritos, por meio da placa e do cristal, observe a hora planetária; porém, antes de chamar o planeta regente dessa hora, e o anjo governante do planeta, faça a seguinte oração:

"Oh, Deus, autor de toda Criação, suplico-Te, fortalece teu pobre servo, para que ele permaneça firme durante todo esse trabalho. Ó, Senhor, imploro-Te, ilumina a mente de tua criatura, para que seu olho espiritual se abra de modo a ver e a conhecer teus espíritos angelicais descendo aqui neste cristal (impor a mão sobre o cristal e dizer): E tu, ó criatura inanimada de Deus, santificada, consagrada e abençoada, sejas para esse propósito e que fantasia maligna alguma possa aparecer em ti. Mas caso elas consigam entrar nessa criatura, que se façam entender de modo claro e verdadeiro, sem equívocos. Por Jesus Cristo. Amém."

"E que eu, Senhor, teu servo, aqui diante de Ti, sem a pretensão de obter riqueza ilícita, prejudicar o meu próximo ou ferir qualquer criatura viva, seja digno de reconhecer os espíritos ou as inteligências celestes que possam se manifestar neste cristal, também os dons de curar enfermidades, obter sabedoria, descobrir qualquer mal prestes a acontecer ou outro dom benéfico que Te agrade me conceder, por tua Sabedoria e Misericórdia. Torna-me capaz de receber para a honra de teu Santo Nome. Conceda-me isso por Teu filho, Jesus Cristo. Amém."

Em seguida, de posse de seu anel e seu pentáculo, coloque o anel no dedo mínimo de sua mão direita e pendure o pentáculo no pescoço; (o pentáculo pode ser escrito sobre um pergaminho virgem ou gravado sobre uma placa quadrada de prata e pendurado ao pescoço, chegando até o peito). Na sequência, tome sua vara de ébano escuro com os caracteres em dourado e risque o círculo (ver página 255), dizendo: "Em nome da Santíssima Trindade, eu consagro esse pedaço de chão para nossa defesa; para que nenhum espírito maligno tenha o poder de ultrapassar os limites aqui demarcados, por Jesus Cristo, Nosso Senhor, Amém."

Então, coloque o vaso para os perfumes entre o seu círculo e sua placa sagrada sobre a qual repousa o cristal e, acendendo o fogo, coloque os seus perfumes, dizendo: "Eu te conjuro, ó criatura de fogo, por Aquele que criou todas as coisas no céu, na terra e no mar, e em todos os lugares, seja qual for, que imediatamente expulse de ti todos os fantasmas, para que dano algum possa ser feito. Abençoa, ó Senhor, esta criatura de fogo e santifique-a, e que o poder e a virtude dos aromas se intensifiquem de modo a impedir a entrada do inimigo e de imagens duvidosas. Por nosso Senhor Jesus Cristo. Amém."

Ato contínuo, tome seu pequeno livro, com cerca de sete polegadas de comprimento, confeccionado em papel ou pergaminho virgem branco e puro, caneta e tinta para escrever o nome, o caractere e a função, da mesma forma o selo ou a imagem de qualquer espírito que se manifestar, pois nem sempre o espírito evocado é o que se faz presente. Então, teste o espírito, se é um espírito puro ou impuro – tarefa fácil de descobrir para quem tem fé inabalável em Deus.

A forma mais pura e simples de evocar um espírito é por meio de uma prece; este método é mais eficaz do que compor uma tabela de letras. Quanto mais puras forem as operações celestes, mais agradáveis serão aos espíritos celestes. Assim, após desenhar o círculo, de posse do livro, dos perfumes, da vara etc. proceda como segue. Após observar a hora exata do dia e o seu anjo regente, diga: "Em nome da Abençoada e Santíssima Trindade, se for da vontade divina Daquele que se chama Tetragrama etc., ó Deus Santo, ó Pai, desejo que tu, Miguel (ou qualquer outro anjo ou espírito), anjo poderoso, assumas a forma mais apropriada à tua natureza celeste e se manifeste aqui neste cristal para responder às nossas demandas enquanto não transgredirmos os limites da misericórdia e bondade divinas. Mostra-nos gentilmente tudo o que for proveitoso sabermos e fazermos, para a glória e honra de sua Divina Majestade, que vive e reina para sempre. Amém."

"Senhor, seja feita a tua vontade, assim na terra como no céu. Purifica o nosso coração, e não retira de nós o teu Espírito Santo.

Ó, Senhor, atenda à nossa rogativa. E para que todas as coisas possam trabalhar para tua honra e que sejam atribuídas a Ti, a Teu Filho e ao Espírito Santo todo poder e glória para sempre. Amém."

Nota: Nestes procedimentos, aconselha-se a presença de duas pessoas, pois um espírito que se manifesta no cristal pode estar visível para uma, mas não para outra pessoa. Assim, quando um espírito se manifestar, para uma pessoa ou para ambas, diga:

"Ó, Senhor! Nossos sinceros agradecimentos por atender ao nosso pedido e permitir que Teu espírito aparecesse para nós, o qual será interrogado, por Tua misericórdia, para nos instruir, por Jesus Cristo. Amém."

A seguir, modelos de abordagens mais comuns:

1. Em nome do Pai, do Filho e do Espírito Santo, diga seu verdadeiro nome. Se o espírito responder Michael, prossiga.

2. Qual é a sua função?

3. Qual é o seu verdadeiro signo ou caractere?

4. Que ocasiões mais correspondem à tua natureza para conversares conosco?

Juras pelo sangue de nosso Senhor Jesus Cristo, que és Michael?

Faça-o jurar e tome nota em seu livro. Anote seu selo ou caractere e, ao lado, sua função e ocasiões em que deve ser evocado, em nome de Deus. Igualmente, registre tudo o que for dito: as respostas às suas perguntas relacionadas à vida, à morte, às artes ou às ciências, ou a qualquer outro assunto, e então diga:

"Oh Tu, grande e poderoso espírito, uma vez que vieste em paz e em nome da sempre Santíssima Trindade, parta em seu nome e volta para nós quando te chamarmos em nome Daquele perante a quem todo o joelho se dobra. Adeus, Michael, a paz esteja entre nós, por nosso Senhor Jesus Cristo. Amém."

Após a partida do espírito, diga: "Deus Pai, fonte de luz eterna, Filho e Espírito Santo, toda honra e glória, para todo o sempre. Amém."

Apresento aqui a tabela dos nomes dos Espíritos e dos Planetas que governam as horas do dia e da noite:

Horas Dia	Anjos e Planetas regentes DOMINGO	Anjos e Planetas regentes SEGUNDA	Anjos e Planetas regentes TERÇA	Anjos e Planetas regentes QUARTA	Anjos e Planetas regentes QUINTA	Anjos e Planetas regentes SEXTA	Anjos e Planetas regentes SÁBADO
	Dia	*Dia*	*Dia*	*Dia*	*Dia*	*Dia*	*Dia*
1	☉ Michael	☽ Gabriel	♂ Samael	☿ Raphael	♃ Sachiel	♀ Anael	♄ Caffiel
2	♀ Anael	♄ Caffiel	☉ Michael	☽ Gabriel	♂ Samael	☿ Raphael	♃ Sachiel
3	☿ Raphael	♃ Sachiel	♀ Anael	♄ Caffiel	☉ Michael	☽ Gabriel	♂ Samael
4	☽ Gabriel	♂ Samael	☿ Raphael	♃ Sachiel	♀ Anael	♄ Caffiel	☉ Michael
5	♄ Caffiel	☉ Michael	☽ Gabriel	♂ Samael	☿ Raphael	♃ Sachiel	♀ Anael
6	♃ Sachiel	♀ Anael	♄ Caffiel	☉ Michael	☽ Gabriel	♂ Samael	☿ Raphael
7	♂ Samael	☿ Raphael	♃ Sachiel	♀ Anael	♄ Caffiel	☉ Michael	☽ Gabriel
8	☉ Michael	☽ Gabriel	♂ Samael	☿ Raphael	♃ Sachiel	♀ Anael	♄ Caffiel
9	♀ Anael	♄ Caffiel	☉ Michael	☽ Gabriel	♂ Samael	☿ Raphael	♃ Sachiel
10	☿ Raphael	♃ Sachiel	♀ Anael	♄ Caffiel	☉ Michael	☽ Gabriel	♂ Samael
11	☽ Gabriel	♂ Samael	☿ Raphael	♃ Sachiel	♀ Anael	♄ Caffiel	☉ Michael
12	♄ Caffiel	☉ Michael	☽ Gabriel	♂ Samael	☿ Raphael	♃ Sachiel	♀ Anael

Horas Noite	Anjos e Planetas regentes DOMINGO	Anjos e Planetas regentes SEGUNDA	Anjos e Planetas regentes TERÇA	Anjos e Planetas regentes QUARTA	Anjos e Planetas regentes QUINTA	Anjos e Planetas regentes SEXTA	Anjos e Planetas regentes SÁBADO
	Noite	*Noite*	*Noite*	*Noite*	*Noite*	*Noite*	*Noite*
1	♃ Sachael	♀ Anael	♄ Caffiel	☉ Michael	☽ Gabriel	♂ Samael	☿ Raphael
2	♂ Samiel	☿ Raphael	♃ Sachiel	♀ Anael	♄ Caffiel	☉ Michael	☽ Gabriel
3	☉ Michael	☽ Gabriel	♂ Samael	☿ Raphael	♃ Sachiel	♀ Anael	♄ Caffiel
4	♀ Anael	♄ Caffiel	☉ Michael	☽ Gabriel	♂ Samael	☿ Raphael	♃ Sachiel
5	☿ Raphael	♃ Sachiel	♀ Anael	♄ Caffiel	☉ Michael	☽ Gabriel	♂ Samael
6	☽ Gabriel	♂ Samael	☿ Raphael	♃ Sachiel	♀ Anael	♄ Caffiel	☉ Michael
7	♄ Caffiel	☉ Michael	☽ Gabriel	♂ Samael	☿ Raphael	♃ Sachiel	♀ Anael
8	♃ Sachiel	♀ Anael	♄ Caffiel	☉ Michael	☽ Gabriel	♂ Samael	☿ Raphael
9	♂ Samael	☿ Raphael	♃ Sachiel	♀ Anael	♄ Caffiel	☉ Michael	☽ Gabriel
10	☉ Michael	☽ Gabriel	♂ Samael	☿ Raphael	♃ Sachiel	♀ Anael	♄ Caffiel
11	♀ Anael	♄ Caffiel	☉ Michael	☽ Gabriel	♂ Samael	☿ Raphael	♃ Sachiel
12	☿ Raphael	♃ Sachiel	♀ Anael	♄ Caffiel	☉ Michael	☽ Gabriel	♂ Samael

Nota: O dia é dividido em doze partes iguais, denominadas horas planetárias, a contar do nascer ao pôr-do-sol e em sentido inverso. Para localizar a hora planetária, você precisa apenas dividir as horas naturais por doze, cujo quociente dá a duração das horas e minutos planetários, o que mostra o tempo de soberania do espírito nesse dia – como Michael governa a primeira e a oitava hora de Domingo, assim como o ☉. Tendo a duração da primeira hora, basta conferir na Tabela a quarta hora de Domingo, e constatar que a regem ☽ e Gabriel, e assim por diante.

A CONCLUSÃO DE O MAGUS

LIVRO 3

BIOGRAFIA

de

MAGOS, CABALISTAS E FILÓSOFOS ANTIGOS E MODERNOS,

DESVENDANDO OS PRINCÍPIOS E DOUTRINAS DOS FUNDADORES DAS

CIÊNCIAS MÁGICAS E OCULTAS

OS MISTÉRIOS DOS PITAGÓRICOS, GIMNOSOFISTAS, EGÍPCIOS, BRAGMANNI, BABILÔNIOS, PERSAS, ETÍOPES, CALDEUS

RELATO ESPECIAL SOBRE

ZOROASTRO, FILHO DE OROMASIUS

HERMES TRISMEGISTO, O EGÍPCIO

E OUTROS FILÓSOFOS FAMOSOS

Em acréscimo:

PEQUENO ENSAIO SOBRE OS PRIMEIROS CRISTÃOS – MAGOS QUE RECONHECIAM E ADORAVAM

O SALVADOR DO MUNDO

e

FUNDADOR DA RELIGIÃO CRISTÃ

BIOGRAFIA ANTIGA

ZOROASTRO, FILHO DE OROMASIUS – O PRIMEIRO A INSTITUIR A FILOSOFIA POR FOGO E MAGIA

Zoroastro, filho de Oromasius, viveu durante o reinado de Dario, o sucessor de Cambises. Há divergências entre os autores quanto à história de vida de Zoroastro. Optamos por apresentar o que colhemos de fontes que consideramos fidedignas, sem omitir a história tradicional corrente entre os magos, passível de ser comparada a diversas versões dos biógrafos. Zoroastro, rei dos Bactrianos, foi derrotado por Nino, e passou por criador da magia.[180] Eusébio (bispo de Cesaria) mencionou essa vitória de Nino no sétimo ano de Abraão. Conta-se que Zoroastro riu no seu primeiro dia de vida, e que as pulsações de seu cérebro eram tão intensas que podiam ser sentidas pela mão que tocasse sua cabeça, prenúncio de sua inteligência e sabedoria futuras.

Conta-se também que ele passara vinte anos nos desertos, alimentando-se de certo tipo de queijo. E que o amor, a sabedoria e a justiça obrigaram-no a se isolar do mundo, passando a viver solitariamente em uma montanha. Ao descer da montanha, porém, certo fogo celestial a cobriu, queimando perpetuamente, fato que levou o rei da Pérsia, acompanhado dos maiores senhores de sua corte, a se aproximar da chama com o propósito de proferir orações a Deus. Conta-se que Zoroastro, em contato com

---

180. *Passou por criador da magia* – Deve-se observar que ele foi o criador da magia e o primeiro dos magos. Justino nos informa que essa vitória foi a última de Nino; que Zoroastro filosofou mais jucidialmente sobre a natureza e a influência das estrelas e sobre os princípios do universo. Thomas Stanley, em História Philosophiae Orientalis, liv. 1, cap. III nos informa que Zoroastro, de acordo com Eusébio, foi contemporâneo de Semíramis (esposa de lídio); mas é certo, de acordo com Eusébio, que foi vencido por Nino. Arnóbio (apologético da fase inicial do cristianismo), liv. 1 pag. m. 5 diz: "Antigamente, os Assírios e o Bactrianos, o primeiro sob os mandamentos de Nino, e o segundo sob os de Zoroastro, lutaram um contra o outro, não apenas com homens e armas, mas também pela ajuda da magia, e pela secreta disciplina dos Caldeus". Hermipo (filósofo), que escreveu cuidadosamente tudo relativo a magia e explicou vinte mil versos compostos por Zoroastro, relata, um tal de Azonaces o iniciou nesta arte, e que ele viveu cinco mil anos antes da Guerra de Tróia. Santo Agostinho e Orósio (historiador e teólogo) seguiram a tradição mencionada por Justino. Apuleio (escritor e filósofo médio platônico romano), em seu catálogo de todos os mais famosos Magos da Antiguidade, justamente coloca Zoroastro na primeira posição, e comprova ser o mais antigo de todos: "*Magicarum artium suisse perhibeter inventor Zoroasters.*" Agustin, De Civitate Dei, liv. 21 cap. Xiv. Eudoxo (filósofo), que estimava a arte da magia como o mais nobre e mais útil de todos os conhecimentos, relata que Zoroastro viveu seis mil anos antes da morte de Platão. A mesma afirmação foi proferida por Aristóteles.

as chamas saíra ileso; ele ainda confortou e encorajou os Persas e em nome deles, ofereceu sacrifícios a Deus.

Após o episódio, Zoroastro viveu mais reclusamente, convivendo apenas com aqueles afeitos somente à verdade, comprometidos com a sabedoria Divina, ou seja, os denominados Magos. O último desejo de Zoroastro foi ser atingido por um raio e ser consumido pelo fogo celestial. Solicitou aos Persas que coletassem suas cinzas e a preservassem, em homenagem à sua monarquia. Por certo tempo, seu pedido foi atendido. Por fim, suas relíquias foram negligenciadas e, consequentemente, sua monarquia caiu em decadência.[181]

Em *Crônicas de Alexandria* está relatado o momento em que Zoroastro invoca Órion e é consumido pelo fogo celestial. Muitos dizem que Cam (filho de Noé) era o Zoroastro das nações orientais e o criador da magia. Mr. Bochart (protestante francês) refuta essa mentira. Cedreno (historiador bizantino) observa que Zoroastro, que se tornou tão famoso pela sabedoria entre os Persas, era descendente de Belus (rei da Babilônia), o que significa que era descendente de Ninrode (bisneto de Noé). Alguns autores o chamam Ninrode, outros Assur ou Jafé. O Persas antigos acreditam que Zoroastro vivera antes de Moisés.[182]

Alguns sustentam que Zoroastro seria o profeta Ezequiel, e que não se pode negar que suas opiniões estão baseadas na correspondência de numerosos aspectos pertinentes a um e relacionados a outro. Georgius Hornius (teólogo), ingenuamente, imagina que Zoroastro seria o falso profeta Balaão. Huet (religioso e estudioso francês) afirma ser Zoroastro o Moisés dos Judeus e menciona inúmeros detalhes que correspondem aos relatos que temos a respeito de Moisés. Aqueles, porém, que acreditam que Zoroastro professou e ensinou uma magia diabólica[183] estão certamente errados; a magia que ele ensinou era apenas o estudo da natureza divina e da adoração religiosa.

---

181. De acordo com a tradição dos Magos, devemos explicar essa descrição fabulosa e figurativa do fim de Zoroastro. A verdade é que ele impôs aos Persas a perseverança às leis por ele criadas e à doutrina que ele trabalhou para estabelecer, o que significava viver na virtude moral, evitar qualquer espécie de luxo, promover as ciências liberais, governar todas suas ações com prudência e integridade e enfrentar os infortúnios com resolução, e a encontrar através da filosofia, e suportar as calamidades inevitáveis da vida com força.

182. Alguns magos afirmavam que ele era Abraão, denominado frequentemente Ibrahim Zerdascht, que significa Abraão, o amigo do fogo. (N. do A.)

183. Aqueles que desejam ver diversas passagens que testemunham que a magia dos Persas, instituída por Zoroastro, era o estudo da religião, da virtude e sabedoria, recorra ao *Brissonius Regno Perfarum*, liv. ii. p. 178 seq. edit. Commel. 1595; assim como jul. Cesar, Bullengerus Eclog. ad Arnobium, p. 346 e seq. Também não ignoramos que Gabriel Naudé (escritor político) defendeu e justificou solidamente nosso Zoroastro contra as imputações ignorantes da necromancia, arte negra etc.

Alguns presumiram que Zoroastro fora o defensor de uma doutrina de dois princípios, ou duas causas coeternas, uma direcionada à esfera do bem e outra à esfera do mal.[184]

Plutarco (filósofo) assevera que Zoroastro, o mago, teria vivido cinco mil anos antes da Guerra de Troia, e denominava Deus bom, Oromasis, e o mal, Arimanius.

Dr. Hyde, em dissertação acerca da religião dos persas antigos, cita alguns autores que corroboram suas convicções. Ele afirma que Zoroastro não era um idólatra, tanto em respeito à adoração ao fogo, quanto a adorar Mitra.[185]

---

184. Tem sido muito argumentado pelos filósofos se Zoroastro teria sido o primeiro a sugerir essa doutrina de dois princípios: um deles nomeado pelos Magos, Oromasis, o bem, e o outro nomeado Arimanius, o mal princípio. É certo que Zoroastro teria afirmado um deles, o princípio do bem, ou o princípio essencial autoexistente não criado, a causa de todo o bem, chamado por ele de Oromasis, significando um bom Deus etc. Em respeito ao outro princípio, Arimanius, devemos, antes de tomar partido a favor ou contra Zoroastro, considerar a natureza da coisa de modo imparcial. Aqueles que já leram o Diário de Mr. Bernard (*Nouvelles de la Republique des Lettres, Feb. 1701, e março 1701, Art. Iii. L. i.)* precisam ser informados que a *Historia Religionis veterum Perfarum*, publicado por Dr. Hyde (professor das línguas orientais na universidade de Oxford) em Oxford, em 1700, 4to, é uma das mais excelentes obras a respeito do assunto. A ideia a qual o instruído jornalista deu dessa performance é suficiente para nos convencer de que contém uma erudição muito curiosa, e discussões profundas, que revelam detalhes raros de um país do qual nada sabíamos a respeito. Dr. Hyde afirma que os persas antigos tinham conhecimento de não mais do que um dos princípios não criado, que era o princípio bom, ou, em apenas uma palavra, Deus: e então eles olhavam para o princípio mal como um ser então criado. Um dos nomes atribuídos a Deus era Hormizda; e chamavam o princípio mal de Ahariman, e essa é a origem das duas palavras gregas Ὠρομάσδης and Αρειμάνιος; uma era o nome do bem, e a outra do mal princípio, como vimos acima (em uma passagem de Plutarco, historiador). Os Persas afirmaram que Abraão foi o primeiro fundador da sua religião. Posteriormente, Zoroastro teria feito algumas alterações. Contudo, é dito que ele não fez mudanças em relação à doutrina de qualquer dos princípios; a única inovação foi atribuir o nome Luz ao bom princípio, e Escuridão ao mal princípio.

185. Os Magos persas antigos jamais declinaram honras divinas ao Sol ou aos astros. Eles sustentavam que não adoravam o sol, mas se direcionavam a ele quando rezavam a Deus. Foi encontrada a recomendação, entre os preceitos secretos de Zoroastro, de que devemos saudar o Sol, mas não o adorar religiosamente. Ele prova que suas cerimônias possam passar por honras civis, e a esse propósito faz algumas observações extremamente curiosas. Ele aplica ao fogo o mesmo que aplica ao Sol. As reverências e prostrações dos persas ante o fogo sagrado não eram uma observação religiosa, mas sim pública. O mesmo deve ser atribuído à sua adoração ao fogo, a qual, como dissera antes, eles mantiveram em Pyrea (templos em que o fogo sagrado era preservado), imitando os Judeus. Apesar de prestar certa reverência ao fogo, isso não era uma religião, apenas uma adoração pública; assim como é força do hábito que os orientais se curvem diante de qualquer grande homem; (então talvez digam com mais propriedade que o adoram ou o veneram.) Acredite, devemos ser os últimos a censurar os orientais sobre tamanha idolatria como foi representado. Os persas, os quais sempre foram devotos aos mais altos estudos da sabedoria, executavam suas tarefas na vida em honra a Deus; e, ignorantes e bárbaros, viveram feito homens, não como criaturas irracionais; enquanto nós, que sabemos tão bem a nossa tarefa, a praticamos tão mal: a isso devo verdadeiramente dizer, não obstante os grandes benefícios que obtemos dos preceitos divinos da Cristandade. Outro aspecto interessante diz respeito à reverência aos anjos pelos antigos, por serem considerados os mensageiros e representantes de Deus. Além disso, há diversos exemplos desse tipo de adoração, não apenas no *Antigo Testamento*, mas também no *Novo Testamento*, em que as mulheres convertidas à verdadeira fé, ao ver os anjos no sepulcro de Cristo, caíram com suas faces no chão e o adoraram, ainda que tivessem ciência de que se tratava de anjos. Portanto, os povos antigos são erroneamente denominados *idólatras* e adoradores do fogo, que para Zoroastro era o instrumento para a sua continuação na verdade fé. Zoroastro foi um homem que tinha a sabedoria do verdadeiro Deus, a quem ele peculiarmente adorou em uma caverna, onde desenhara diversos símbolos representando o mundo: Mithra, representando o Sol, preencheu o lugar do mestre. Mas não era Mithra, mas sim o verdadeiro Deus, que ele adorava: e, finalmente, como

O que parece menos duvidoso, dentre tantos aspectos relacionados a Zoroastro, é que ele foi o introdutor de nova religião na Pérsia, sendo ainda muito venerado entre os persas que não pertencem à religião maometana, mas mantêm a antiga adoração ao seu país. Eles o chamam Zardhust, e, muitos acreditam que ele viera da China e realizado diversos feitos prodigiosos.

Diversos autores são unânimes em afirmar, que todos os livros publicados até agora acerca do nome de Zoroastro não são fidedignos. Os Suídas afirmam que havia quatro livros existentes de Zoroastro: o primeiro, "Da natureza", que aborda as virtudes das pedras preciosas, chamadas *Gemmis*; e cinco livros sobre Astrologia e Astronomia, "Praedictiones ex Inspectione Stellarum."

É muito provável que os relatos de Plínio acerca de Zoroastro tenham sido extraídos dessas obras (*Plínio*. liv. xviii, cap. 24).

Eusébio recita uma passagem contendo uma descrição magnífica de Deus que as concede como as próprias palavras de Zoroastro em seu "comentário sagrado dos rituais dos persas". Clemente de Alexandria (escritor) diz que os seguidores de Pródico (filósofo grego) orgulhavam-se por terem o livro ou livros secretos de Zoroastro. Mas, é muito provável que se orgulhassem por terem os livros secretos de Pitágoras. Foram impressos, juntos com os versos das sibilas de Amsterdã, no ano de 1689, de acordo com a edição de Opsopaeus, Oracula Magica Zoroastris, cum Scholiis Plethonis & Pselli.

---

ele era um verdadeiro filósofo, um alquimista profundo, amplamente informado em todas as artes da matemática, rígido e austero em sua religião, ele atingiu os persas com uma adoração a ele, e com isso chamou atenção dos persas para a sua doutrina. Durante o tempo em que viveu na caverna, dedicou-se ao serviço de Deus, e ao estudo às sabedorias naturais e sobrenaturais. Ele era divinamente iluminado, conhecia o curso das estrelas e as propriedades ocultas e comuns de todas as coisas compostas e mundanas; que pelo fogo e pela Geometria (isso é pela Química e Matemática) ele investigou, provou e demonstrou a verdade e a pureza, ou senão a fugacidade e a vilania de todas as coisas conhecidas nesse estado mortal da humanidade. Então a fama, a sagacidade, a sabedoria e a virtude de Zoroastro induziram alguns homens mal-intencionados a atribuir falsos oráculos mágicos e invenções diabólicas, escritas em grego e latim, como trabalhos genuínos do divino e ilustre Zoroastro.

HERMES TRISMEGISTO

ou

O SÁBIO TRÊS VEZES GRANDE

Hermes Trismegisto, autor de *Pimander Divino*, dentre outras obras, é predecessor de Moisés. Ele recebeu o sobrenome Trismegisto, ou Mercurius, isto é, sábio três vezes grande, pois foi o primeiro a transmitir a sabedoria celestial e divina à raça humana, por meio da escrita.

Há relatos de ter sido ele rei do Egito, ou até mesmo o Moisés dos Judeus.[186] Há justificativas a esse favor, inicialmente porque Trismegisto possuía amplo conhecimento na área de Química, ou melhor, o primeiro a transmitir essa arte aos filhos dos homens. Em segundo lugar, pelo seu *trabalho filosófico*, ou seja, a descoberta das propriedades medicinais do ouro, ou, a arte de fazer *aurum potabile*, e, por último, o ensinamento da Cabala, que, segundo contam, fora revelado a ele por Deus no Monte Sinai. Afirma-se que os escritos são originalmente em hebraico, o que confirma a origem de Trismegisto. Mas, independentemente de ter sido ou não egípcio, ele fora iniciado nos mistérios do sacerdócio e preparado para ser um dirigente supremo ou um rei.

Foi denominado Ter Maximus, por ter a perfeita sabedoria de todas as coisas contidas no mundo (o que está demonstrado em suas obras: *Aureus*, ou *Tratado Áureo*, e *Pimander Divino* – acima citado), classificando-os em três reinos, nomeadamente, animal, vegetal e mineral. E ao aperfeiçoar sua sabedoria e compreensão desses três reinos, Trismegisto sobressaiu-se e transmitiu à posteridade, em forma de *enigmas* e *símbolos*, os profundos segredos da natureza; a descrição verdadeira da *Quintessência do Filósofo*, ou *Elixir Universal*, que tratou como o receptáculo de todas as virtudes terrenas e celestiais. Discorreu acerca do *Grande Segredo* dos filósofos, que foi gravado em uma placa de esmeralda, encontrada posteriormente no vale de Ebron.

---

186. Os cabalistas dos hebreus afirmam que Moisés era esse Hermes. E apesar de ser um homem dócil, era portador de grande conhecimento em química e magia divina. Segundo relatos, Trismesgisto, pela inspiração divina no monte, conheceu todos os processos naturais e secretos da natureza, o que lhe permitiu ensinar aos judeus a transmutação dos metais pela Cabala, isto é, pela tradição oral. (N. do A.)

Johannes Functius (autor), em sua *Cronologia*, diz que ele viveu no tempo de Moisés, vinte e um anos antes das leis serem concedidas no deserto. Suidas parece compartilhar da opinião de Johannes Functious: "Credo Mercurium Trismegistum sapientem Egyptium floruisse ante Pharaonem". A afirmação de Suidas, no entanto, pode ser aplicada a diversas épocas, considerando-se que o nome Faraó era conferido a todos os reis do Egito.

Não há dúvida, entretanto, de que Trismegisto possuía o grande segredo do trabalho filosófico; e se Deus tivesse aparecido na forma de homem, ele certamente o teria feito no corpo de Trismegisto, como atestam seus livros. Nessas obras, Hermes Trismegisto transmitiu para a posteridade o número do abismo e a sabedoria divina, o que demonstra que ele não recebera inspiração somente pela Divindade, mas pelo seu caráter de filósofo profundo e dedicado ao estudo.

APOLÔNIO DE TIANA

PROFECIAS, VISÕES, FEITOS PRODIGIOSOS

Apolônio de Tiana foi uma das personalidades mais ilustres que passaram por este mundo. Nasceu em Tiana, na Capadócia, no século I. Aos dezesseis anos tornou-se austero discípulo de Pitágoras, renunciando ao vinho, à carne e às mulheres. Abdicou de certos confortos: o uso de sapatos e de certas vestimentas, trajando-se apenas de linho, deixou o cabelo e a barba crescerem. Posteriormente, adotou os postulados da teoria reformista e mudou-se para o templo de Esculápio, onde se dedicou a curar doentes. Ao alcançar a maioridade, doou parte de seus bens ao seu irmão mais velho e distribuiu outra parte aos pobres, mantendo para si apenas pequena parcela. Embora tenha vivido em absoluto silêncio durante seis anos, conseguiu apaziguar diversas rebeliões na Sicília e Panfília; dessas, a de Aspenda foi a mais difícil de ser controlada, cujo intuito era acalmar as pessoas revoltadas devido à fome. Apolônio, no entanto, aplacou a comoção popular sem proferir uma só palavra. Ele não sentia necessidade de palavras, pois o seu silêncio pitagórico dizia muito mais que qualquer oratória.

Apolônio de Tiana viajou pelo mundo, declarou-se um legislador. Ele compreendia todas as línguas sem jamais as ter estudado. Possuía a surpreendente faculdade de captar o que acontecia a distância. Quando o Imperador Domiciano foi esfaqueado, Apolônio, encontrando-se muito distante, no mercado da cidade, exclamou: "Sucesso! Sucesso! – está feito, o tirano não o é mais."

Ele entendia a língua dos pássaros, condenava a dança e outras diversões semelhantes. Recomendava caridade e piedade. Sua vida foi completamente relatada por Filostrato (escritor grego) com muitos feitos fabulosos. Há muitos que prontamente compararam os milagres operados por Apolônio de Tiana àqueles realizados por Cristo, estabelecendo-se um paralelo entre eles. É inegável que esse filósofo recebeu grandes honrarias, tanto em vida quanto após sua morte, e que sua reputação permaneceu por muito tempo após o paganismo. Ele escreveu quatro livros sobre *Astrologia Judicial* e um *Tratado sobre Sacrifícios*, revelando o que deveria ser oferecido à Divindade.

Segundo relatos, em certa ocasião, Aurélio (imperador romano), publicamente declarara suas intenções em demolir a cidade de Tiana. Mas um velho filósofo,

Apolônio de Tiana, muito honrado, teria aparecido a ele em sua forma comum enquanto se retirava para a sua tenda, endereçando-lhe as seguintes palavras: "Aureliano, se desejas ser vitorioso, não penses mais na destruição dos meus caros conterrâneos! Se desejas governar, abstém-te do sangue dos inocentes! Aureliano, se o desejas conquistar, sê misericordioso!".

Aureliano, reconhecendo o filósofo antigo por ter visto sua imagem em diversos templos, prometeu erguer um templo e estátuas em sua homenagem e, então, mudou de opinião quanto a destruir Tiana. Esse relato nos chegou de fontes confiáveis e o encontramos em livros da biblioteca de Olpi. A dignidade e a nobreza de Apolônio não nos deixa dúvidas quanto à veracidade desse relato. Discorria-se que Apolônio ressuscitava os mortos e falava sobre assuntos além da compreensão humana. Trata-se de relatos que podem ser encontrados na história grega sobre sua vida. Ver *Vopiscus in Aurelian,* cap. 24.

Finalmente, os habitantes de Tiana construíram um templo a Apolônio após sua morte. Sua estátua foi erigida em diversos templos. O Imperador Adriano reuniu muitos textos dele e os manteve bem guardados, em seu palácio em Âncio, juntamente com um pequeno livro raro desse filósofo, sobre o *Oráculo de Trophonius*. Esta obra foi vista em Âncio durante a vida de Filostrato, um fato que trouxe fama à cidade – a de ser portadora do raro e extraordinário livro de Apolônio.

É dito que um sábio príncipe das Índias, habilidoso em magia, fez sete anéis representando os sete planetas, os quais ele concedeu a Apolônio, que os usava um a cada dia da semana, o que lhe proporcionara boas condições físicas e vigor até idade avançada.

Sua vida foi traduzida do grego Filostrato para o francês, por *Blaise de Vignere,* com amplo comentário de *Artus Thomas,* Lorde de Embry, um parisiense. Tempos depois, a obra foi traduzida para a língua inglesa, sendo, contudo, rechaçada e proibida sem razão aparente.

PEDRO DE APONA

DOUTOR EM FILOSOFIA E FÍSICA

Pietro Aponensis, ou Aponus, ou Pedro de Apona, um dos filósofos e médicos mais famosos de seu tempo, nasceu em 1250 d.C., em uma vila localizada a quatro milhas de Pádua. Estudou por muito tempo em Paris, onde granjeou o título de Doutor em filosofia e física. Ele foi muito bem-sucedido profissionalmente, mas cobrando honorários muito elevados. Segundo Gabriel Naudé, em *Antiquidate Schola Medica Parisiensis*, Pedro de Apona, ou Pietro de Abano, chamado reconciliador, alcançou fama devido ao livro que publicara durante sua residência na universidade. É certo que a física permanecia ignorada na Itália, até seu gênio tutelar, destinado a libertar a Itália da sua barbárie e ignorância, da mesma forma que Camilo (político) libertou Roma do assédio dos gauleses, investigar em que região se cultivava a literatura culta, a filosofia e a física era lecionada com fundamento e solidez. E ao se certificar de que Paris reivindicava a honra, mudou-se para a França.

Nesse período, Pedro de Apona dedicou-se completamente à investigação dos mistérios da filosofia e da medicina. Ao conquistar a graduação com louvor em ambas as áreas, passou a lecioná-las com grande aprovação. Muitos anos depois, portador de considerável fortuna e diplomado em astrologia e matemática, Pedro de Apona retornou para sua terra natal, onde, na opinião do sensato Scadeon (historiador italiano), foi o primeiro restaurador da verdadeira filosofia e física.

Outro dado relevante diz respeito às suspeitas de envolvimento de Pietro de Abano com magia, suspeitas essas que o levaram a ser perseguido pela Inquisição. É provável que, se ele tivesse vivido até o fim de seu julgamento, teria sofrido pessoalmente o que sua imagem sofreu após sua morte.[187]

187. Naudé, em *Desculpa ao Grande Homem Acusado de Praticar Magia*, diz "A opinião geral de quase todos os autores é que ele foi o maior mago de seu tempo; que por meio de sete espíritos comuns, os quais manteve presos em um cristal, ele adquiriu a sabedoria das sete artes liberais, e teria o poder de fazer com que o dinheiro que usava retornasse ao seu bolso. Foi acusado de praticar magia aos 80 anos, e então morreu no ano de 1305; antes de seu julgamento terminar, foi condenado (como o Castelão reporta) ao fogo; e então um feixe de palha, ou vimo, representando a sua pessoa, foi publicamente queimado em Pádua.

Seus defensores mencionam que seu corpo, retirado secretamente da cova por seus amigos, escapou à vigilância dos Inquisidores, que o teriam condenado à fogueira. O corpo foi transportado de um lugar para outro para, finalmente, ser sepultado na Igreja de Santo Agostinho, contudo sem epitáfio nem qualquer honraria.

APULEIO

O FILÓSOFO PLATÔNICO

Lúcio Apuleio, filósofo Platônico, autor de *O Asno de Ouro*, viveu no século II, durante a dinastia Antonina. Era nativo de Madaura, uma colônia Romana na África. Sua origem nobre lhe permitiu receber boa educação. Apuleio era bem-apessoado, inteligente e culto, mas suspeito de praticar magia. Inicialmente, estudou em Cartago, depois em Atenas e mais tarde em Roma, onde aprendeu o latim facilmente. A curiosidade insaciável em saber todas as coisas o levou a fazer diversas viagens e a ingressar em diversas fraternidades religiosas. Dispendeu quase todos os seus bens em viagens. Retornou a Roma desejando se dedicar ao serviço de Osíris. Sem condições de custear a cerimônia de sua recepção, vendeu suas roupas para completar a soma necessária.

Apuleio sustentava-se praticando advocacia, e por ser eloquente não lhe faltavam causas, algumas até bem proeminentes. Todavia, sua fortuna aumentou graças a um casamento bem-sucedido com uma viúva de nome Pudentilla, de meia-idade, que o julgou merecedor de suas atenções. Apuleo casou-se e viveu comodamente em uma casa no campo em Oëa, uma cidade litorânea na África. O casamento, no entanto, lhe rendeu um processo judicial problemático, pois os dois filhos de sua esposa o acusaram de uso de magia para se apoderar do dinheiro de sua mãe. Acusado de bruxaria perante Claudius Maximus, procônsul da África, Apuleio se defendeu com grande vigor.[188] Diante dos juízes, ele se defendeu proferindo sua *Apologia*, que nos forneceu exemplos dos artifícios mais vergonhosos que a infâmia de um caluniador é capaz de engendrar.[189]

---

188. Apesar da acusação de prática de magia, eles o censuraram por sua beleza, seu cabelo bonito, seus dentes e seu espelho. Em relação aos dois primeiros aspectos, ele respondeu sentir muito por tais acusações serem falsas – "Como gostaria" respondeu ele, "que essas acusações de beleza, cabelo bonito etc. fossem justas! Deveria, sem dificuldade, responder, assim como Paris de Homero respondeu a Heitor,
...Não desprezes os encantos
Com os quais o amante adorna a dourada Vênus.
Fala doce e comovente, uma aparência agradável,
Nenhum desejo pode ganhá-los, é Deus quem os dá.
Pope

189. Devo dar um exemplo para mostrar que em todas as idades o espírito da calúnia colocou os homens em provas forjadas por meio de falsos extratos do que uma pessoa teria dito ou escrito. Para condenar Apuleio de praticar magia, seus acusadores alegaram uma carta que sua mulher escrevera no tempo em que ele

Apuleio era dedicado ao trabalho e escreveu diversos livros, alguns em verso e outros em prosa, dos quais apenas pequena parcela resistiu às injúrias do tempo. Para ele era prazeroso proferir discursos públicos, os quais lhe rendiam aplausos de todos os ouvintes. Quando ouvido em Oëa, a plateia clamou em uníssono a homenageá-lo com o título de cidadão honorário. E os cartaginenses erigiram uma estátua em sua homenagem. Várias outras cidades aderiram à mesma iniciativa.

É dito que sua esposa segurava uma vela para ele enquanto estudava, sentido figurado da eloquência gálica de Sidônio Apolinário, *Legentibus meditantibusque candelas & candelabra tenuerunt*. Diversos críticos publicaram notas acerca de Apuleio, como comprova Phillipus Beraldus, que publicou considerações sobre *O Asno de Ouro*, em Veneza, in-fólio, em 1504. Godescalk Stewichius, Peter Colvius, John Wiewer, dentre outros escreveram sobre todos os trabalhos de Apuleio. Precius publicou o *Asno de Ouro* e a *Apologia*, separadamente, com várias observações. As anotações de Casaubon (erudito protestante), e as de Scipio Gentili (professor) sobre a *Apologia* são raras e muito valiosas. A primeira foi em 1594 e a última em 1607.

De acordo com Bayle (filósofo francês), *O Asno de Ouro* revela-se uma sátira contínua das desordens causadas pelos pseudomagos, sacerdotes, padres e ladrões da época. Essa observação pode ser apurada nas anotações de Fleuri (oficial da marinha francesa). Na obra constam algumas passagens bem obscenas. Comumente se acredita que tais episódios curiosos fossem produto da criação de Apuleio, e dentre outros, o recorte relacionado à Psiquê. *Horum certe noster ita imitator fuit, ut è suo penu enumerabilia protulerit, atque inter catera venustissimum illud Psyches, 'Επεισόδιον.* Esse episódio forneceu a Molière (dramaturgo francês) material para excelente peça dramática, e a J. de la Fontaine material para um romance excelente.

---

a cortejava, e afirmaram que ela confessara, na carta, que Apuleio era um bruxo, e que tinha de fato a enfeitiçado. Não era uma tarefa difícil fazer com que a corte acreditasse que ela tinha escrito aquilo, pois leram apenas algumas palavras da carta dela, tiraram o que se precedeu e ninguém pediu para que lessem a carta inteira. Finalmente, Apuleio os cobriu em confusão recitando a passagem inteira da carta de sua mulher. Aparentemente, em vez de reclamar de Apuleio, ela o justificava e artisticamente ridicularizava seus acusadores. Essas são suas palavras (você encontrará que precisamente os mesmos termos podem condenar ou justificar Apuleio, se forem lidos de acordo com o que as precede): "Estando predisposta a casar pelas razões as quais mencionei, você mesmo me persuadiu a fazer a escolha por esse homem, estando apaixonada, e desejando, por meus meios, torná-lo da família. Mas agora, na instigação de homens perversos, Apuleio deve ser delatado como um mago (ou bruxo), e eu, com certeza, estou encantada por ele. Eu certamente o amo: venha a mim antes que eu perca a cabeça". Ele agrava esse tipo de fraude como merece. Suas palavras merecem ser gravadas em letras de ouro, para deter (se possível) todos os caluniadores de praticar trapaças do tipo. Ele diz: "Há muitas coisas as quais, produzidas sozinhas, possam parecer passível de calunia. Qualquer discurso deve fornecer a matéria de acusação, se o que está conectado às palavras precedentes for roubado de sua introdução; se algumas coisas sejam suprimidas ao bel-prazer, e se o que é dito como forma de reprovar os outros, por inventar uma calúnia, for pronunciado pelo leitor como uma declaração da verdade'.

ARISTÓTELES,

O PERIPATÉTICO

Aristóteles, denominado príncipe dos filósofos, ou simplesmente O Filósofo, devido ao seu alto nível de conhecimento, foi o fundador de Nova Filosofia, que abalou a estrutura das demais seitas, o que incomodou tanto teólogos católicos quanto protestantes.

De posse de vasto material sobre o Padre Rapin, Mr. Moreri conseguiu escrever um artigo amplo sobre Aristóteles. Não é minha intenção me estender no assunto; contudo, devo apontar algumas discrepâncias que apurei a respeito do filósofo. Não é correto afirmar que Aristóteles praticava farmacêutica em Atenas enquanto era discípulo de Platão nem que pretendia se converter ao judaísmo. Logo, aqueles que dizem ter ele nascido judeu estão equivocados, assim como os que asseveram ter sido Aristóteles discípulo de Sócrates por três anos, considerando-se que este morreu 15 anos antes do nascimento de Aristóteles.

A posição de Aristóteles no que diz respeito ao seu mestre Platão está relatado de diversas maneiras. Conta-se que, por vaidade e ingratidão, ele construíra um altar em oposição ao seu mestre, isto é, uma escola em Atenas durante a vida de Platão. Outros afirmam que ele se tornou professor somente após a morte de seu mestre. Quanto às suas aventuras amorosas, pouco ilibadas, levaram-no a se retirar de Atenas, sob ameaça de processo por irreligiosidade, cujas consequências poderiam atingir Sócrates.

Apesar de Aristóteles ser digno de grandes louvores, há certo exagero nos elogios. Por exemplo, não é totalmente falso dizer que, "se Aristóteles falava em sua filosofia natural como um homem, ele igualmente falava em sua filosofia moral como Deus". O Cardeal Pallavicini não hesitou em afirmar que, se não fosse por Aristóteles, faltariam à igreja alguns de seus artigos de fé. Os cristãos não foram os únicos que reconheceram sua filosofia. Os maometanos nutrem menos preconceito em relação à sua filosofia. Até hoje, há escolas que apregoam os princípios aristotélicos.

Para pessoas que realmente conhecem o conceito de filosofia, saber que durante vários anos a autoridade de Aristóteles foi altamente respeitada nas escolas é motivo de surpresa. É dessa forma que tratamos as Escrituras Sagradas nas escolas de teologia. Os parlamentos que proscreveram toda a filosofia que não fosse a aristotélica são mais dignos de perdão que os doutores, pois se os membros do parlamento foram realmente persuadidos de que essa filosofia era a melhor de todas, em prol do bem público poderiam proibir novas opiniões, visando a não ampliação das divisões acadêmicas, a ponto de trazer perturbação à tranquilidade do Estado. E o que mais surpreendia os sábios era o fato de os professores estarem tão inclinados à filosofia de Aristóteles. Se esse preconceito se limitasse à sua poesia e retórica seria menos surpreendente. Estamos nos referindo à parte mais frágil de toda a sua obra – sua *Lógica e Filosofia Natural.*[190] Todavia, justiça deve ser feita aos seus seguidores mais céticos, que o abandonaram quando Ele divergiu do cristianismo em alguns pontos, como defender a eternidade do mundo e não acreditar que a providência abarcasse os seres que estariam entre a Terra e a Lua. Sobre a imortalidade da alma, não se sabe ao certo se ele a reconhecia ou não.[191]

Em 1647, o famoso capuchinho Valerianus Magnus publicou uma obra a respeito do ateísmo de Aristóteles. Cerca de centro e trinta anos antes, Marco Antonio Venerius publicara um sistema de filosofia em que apurou diversas inconsistências entre a doutrina de Aristóteles e as verdades da religião. Campanella (filósofo) sustentava isso em seu livro de *Reductione ad Regilionem*, aprovado em Roma em 1630. Pouco tempo depois, afirmava-se na Holanda, no campo literário, que a doutrina desse filósofo pouco se diferenciava da doutrina de Spinoza.

Aristóteles cumpriu sua tarefa e hoje desfruta da felicidade eterna. Produziu uma obra extensa e grande parte desse acervo chegou até nós.

Extremamente respeitado em sua cidade, não havia um só herege que não adorasse sua imagem igual a de Cristo. Alguns livros mencionam que, antes da Reforma, havia igrejas na Alemanha nas quais as Éticas de Aristóteles eram lidas todo domingo pela manhã em lugar do Evangelho. Há poucos exemplos de zelo pela religião que se equiparem com o desvelo à filosofia peripatética.

Curiosamente, Paul de Foix (diplomata francês), famoso por suas missões e estudos, negou-se a encontrar Franciscus Patricius em Ferrera, porque fora informado de que aquele erudito ensinava uma filosofia diversa à Peripatética. Essa atitude equivalia

---

190. A fim de confirmarmos a fragilidade dessas obras, sugerimos a leitura de Gassendi (filósofo francês), em seu *Exercitationes Paradoxica adversos Aristoteleos*. Nesta obra, ele fala genericamente acerca da filosofia Aristotélica, com o intuito de convencer todo leitor imparcial de que se trata de um trabalho deficiente. Gassendi preparava, igualmente, uma crítica à Filosofia Natural, Metafísica e Ética Aristotélicas, quando, incomodado perante a indignação do partido peripatético contra ele, optou por desistir de seu trabalho, em vez de se expor a perseguições vexatórias. Na *Filosofia Natural* e na *Lógica* de Aristóteles, há diversos aspectos que comprovam a elevação e profundidade de seu talento. (N. do A.)

191. Pomponazzi e Niphus (filósofos) tiveram grande desavença a respeito disso. O primeiro mantinha que a imortalidade da alma era inconsistente com os princípios de Aristóteles, enquanto o outro empenhou-se em defender o contrário. Consulte o discurso de *la Mothe le Vayer* na Imortalidade da Alma, e Bodin (teórico político), pág. 15 do Pref. de *Daemonomania*. (N. do A.)

tratar os inimigos de Aristóteles do mesmo modo que os zelotes tratam os hereges. Afinal, não surpreende que a filosofia peripatética, da forma que foi ensinada durante séculos, encontrasse tantos protetores ou que seus interesses fossem inseparáveis da teologia, uma vez que disciplina a mente a acatar sem deliberar. Ademais, é fundamental ressaltar que há algumas doutrinas de Aristóteles refutadas pelos modernos e que devem, com o tempo, ser novamente aceitas. Conta-se que os teólogos protestantes teriam alterado muito sua conduta em relação à filosofia peripatética.

A causa da morte de Aristóteles, em alguns aspectos, remete à honra de sua memória. Segundo alguns relatos, seu desapontamento por não ter descoberto a causa do fluxo e refluxo de *Euripo* desencadeou certa doença que o teria levado à morte. Há informações de que, uma vez aposentado na ilha de Eubeia em razão de um processo de acusação de irreligiosidade, ele teria se envenenado. Mas que razão o levaria a livrar-se da perseguição dessa forma, deixando Atenas? Contudo, não há comprovação desse fato.

Inúmeros são os autores, antigos e modernos, que escreveram sobre Aristóteles, seja por meio de comentários, seja por meio de traduções da sua obra. Em algumas edições de suas obras pode-se encontrar uma relação deles, mas não completamente. Recomendo o trabalho de Padre Labbé, intitulado *Aristotelis et Platonis Graecorum Interpretum, typis hactenus editorum brevis conspectus* – compêndio dos intérpretes gregos de Aristóteles e Platão publicados até o momento, impresso em Paris, em 1657, in-quatro. Mr. Teissier atribui a autoria da biografia de Aristóteles a quatro autores: Ammonius, Guarini de Verona, John James Beurerus e Leonard Aretes. Ele, porém, omitiu Jerome Gemusaus, médico e professor de filosofia em Basileia, autor da obra *De Vita Aristotelis et ejus Operum Censura – A vida de Aristóteles, e uma crítica de seus trabalhos.*

Peter Bayle

ARTEMIDORUS DE ÉFESO

O SONÂMBULO OU SONHADOR

Artemidoro (que produziu vários escritos sobre sonhos) era natural de Éfeso. Viveu no tempo de Antonino Pio e relata que conheceu um atleta que, tendo sonhado que perdera a visão, conquistou o prêmio nos jogos celebrados por ordem do Imperador. Artemidoro dedicou-se muito a estudar um assunto de tamanha utilidade. Além de pesquisar tudo acerca de sonhos, passou muitos anos viajando, a fim de coletar dados para sua pesquisa e o parecer de diferentes sábios na Grécia, na Itália e nas ilhas mais populosas. Nessa sua busca, Artemidoro reuniu os mais inusitados sonhos. Ele dispensava as críticas daqueles que equiparavam os aspirantes às previsões de vigaristas ou impostores, e chegou mesmo a frequentar adivinhos por muitos anos.

Em síntese, Artemidoro devotou todo seu tempo e pensamentos à ciência dos sonhos. Admitia que seu esforço em coletar tanto material o capacitava a garantir suas interpretações tanto pela razão, quanto pela experiência, ainda que em assuntos triviais e frívolos.

Todas as interpretações de Artemidoro não se distanciavam do padrão de apreciação de demais intérpretes. Não me refiro às injúrias endereçadas às hostes celestes, às quais carecemos atribuir a orientação de nossos sonhos se realmente almejamos encontrar neles qualquer previsão do futuro.[192]

---

192. Encontramos na obra de Artemidoro alguns dos sonhos mais triviais observados por ele. Por exemplo, sonhos com o próprio nariz ou dente trazem referência apenas a fatos particulares, o que significa que devemos atribuir sonhos verdadeiros e significativos somente à inteligência celestial ou a um ser demoníaco, ou mesmo à alma propriamente dita (que possui virtude profética inerente, de acordo com o que foi estudado em nosso Segundo Livro de Magia). Na minha opinião, se não admitirmos que essas causas sejam capazes de transmitir melhor e mais simplesmente as informações a respeito de qualquer calamidade ou mudança de sorte ou circunstância, devemos atribuir a sonhos como o nariz coçando ou um dente caindo apenas uma pequena e deficiente parcela do conhecimento, que não deve ser rejeitada, pois que "o sonho vem através de múltiplos assuntos", e frequentemente de várias formas. Porém, os sonhos que devem atrair nossa atenção e dos quais podemos extrair previsões de acidentes e eventos futuros são aqueles em que o sonho é totalmente consistente, não dependendo de qualquer raciocínio, acidente prévio ou circunstância. De modo similar, a pessoa que deseja ter sonhos reais deve se dispor a se tornar o beneficiário dos poderes celestes, cultivar uma dieta adequada, manter a mente em contemplações sublimes, desejar ser informado de qualquer infortúnio, acidente ou evento, somente em que possa incitar à miséria, à pobreza ou à distração da mente. Assim, ao saber, deve dirigir preces à divina sabedoria para que o mal

Particularmente, Artemidoro empenhou-se muito na instrução de seu filho na mesma ciência, aspecto demonstrado em duas obras a ele dedicadas. Ávido por novas descobertas em sua área de estudo, Artemidoro acreditava estar sob a inspiração de Apolo. Seus três primeiros livros, que foram impressos em grego, na cidade de Veneza em 1518, foram dedicados a Cassius Maximus (filósofo). Em 1603, o bibliotecário Rigaultius publicou essas obras em Paris, nos idiomas grego e latim, contendo notas. Para a tradução em latim ele usou a publicação feita por John Cornarius (filósofo), na Basileia, em 1539.

Artemidoro escreveu um tratado de arte divinatória e outro sobre quiromancia, que se perderam no tempo. Tertuliano não o mencionou naquela passagem em que cita diversos autores oníricos críticos, mas Lucian o menciona, ainda que tivesse nomeado dois escritores nessa categoria.

---

seja desviado ou a divina sabedoria o capacite a encarar com sucesso e suportar com paciência a prova até que a vontade de Deus seja alcançada. Essas são as verdadeiras razões para receber informações sobre em sonhos e visões.

OS BABILÔNIOS

Dos babilônios, a humanidade herdou um considerável conhecimento difundido pelos caldeus da Babilônia, famosos por suas especulações em astrologia. Segundo Diodoro Sículo (historiador), os habitantes da Babilônia afirmavam que sua cidade era muito antiga, pois calculavam em quatrocentos e setenta e três mil anos o tempo decorrido desde a primeira observação de seus astrólogos até a chegada de Alexandre. Outros dizem que os babilônios se orgulhavam por ter preservado em seus arquivos as observações apuradas por seus astrólogos acerca de nascimentos durante quatrocentos e setenta e três mil anos.

Aristóteles, indubitavelmente, sabia que os babilônios possuíam observações astronômicas compreendendo número prodigioso de séculos. Todavia, ele desejava confirmar a veracidade da informação por meio de Calístenes (historiador), que fazia parte da comitiva de Alexandre. Supostamente, as observações astronômicas apuradas pelo historiador, na Babilônia, não compreendiam mais do que 1903 anos. Simplício (filósofo e matemático) compartilha do mesmo relato, tomando-o emprestado de Porfírio. Se considerarmos corretos os cálculos de Calístenes, devemos então concordar que, após o dilúvio, os homens se apressaram em se tornar astrólogos, pois, de acordo com a Bíblia Hebraica, são mais de dois mil anos[193] entre e dilúvio e a morte de Alexandre.

A análise de Simplício, entretanto, pede averiguação, pois os autores da Antiguidade que creditam a construção de Babilônia a Semírais o fizeram recorrendo à autoridade de Ctesias (historiador e médico), cujas histórias são repletas de fábulas. E vemos, ainda, que Berosius responsabilizara os escritores gregos por afirmarem que Semíramis construíra Babilônia e a adornara com as estruturas mais belas.

---

193. Epigenus (poeta) nos diz que, entre os babilônios, as observações celestiais eram praticadas desde quatrocentos e setenta mil anos, inscritos em pilares ou mesas de ladrilho. Beroso (sacerdote) e Critodemus (astrólogo) asseveram por volta de quatrocentos e noventa anos.

E, para concluir, referimos Moreri (padre), que cita Quinto Cúrcio (senador e historiador romano), em relação à falta de pudor das mulheres babilônias,[194] que se davam à prostituição sob a alegação de cumprir as devoções exigidas por Vênus. Observemos que, posteriormente, tais somas em dinheiro foram destinadas a usos religiosos.

194. Trata-se de cerimônia muito antiga. A carta de Jeremias inserida no livro de Baruq faz menção a essa prática, mas de forma obscura, e requer um comentário extraído do livro de Heródoto (geógrafo e historiador grego). O texto de Jeremias diz: "As mulheres, presas a cordões, sentavam-se no caminho – mas se qualquer uma delas, atraídas por um homem que passava, se deitasse com ele, era repreendida por sua companheira, que dizia não fora julgada tão digna quanto ela nem tivera cordão rompido." – Heródoto nos informa que havia uma lei na Babilônia que obrigava todas as mulheres do país a se sentar próximas ao templo de Vênus, e lá esperar a oportunidade de ter relações com um estranho. (N. do A.)

HEINRICH CORNELIUS AGRIPPA, CAVALEIRO

Heinrich Cornelius Agrippa, sábio e mago,[195] descendente de família nobre de Nettefheim (Bélgica), nasceu em Colônia, na Alemanha, em 14 de setembro de 1486. Agrippa, desejando seguir os passos de seus ancestrais, que por muitas gerações foram empregados dos príncipes da casa de Áustria, ingressou muito cedo a serviço do imperador Maximiliano. Inicialmente, trabalhava na função de secretário, porém, devido à sua habilidade tanto com a espada quanto com a caneta, tornou-se soldado e serviu o imperador durante sete anos em seu exército da Itália. Destacou-se em várias ocasiões e, como recompensa de suas corajosas atitudes, foi nomeado *cavaleiro* no campo de batalha. Por desejar adicionar as honras acadêmicas às militares, diplomou-se em direito e medicina. De inteligência singular, Agrippa aplicava-se aos estudos, e por meio de seus talentos naturais adquiriu grande conhecimento em quase todas as artes e ciências. Tornou-se um pesquisador aplicado dos mistérios da natureza e passou a buscar o caminho que levasse à pedra filosofal. Aparentemente, foi recomendado a alguns príncipes como mestre na arte da alquimia.[196]

Agrippa era profundo conhecedor de idiomas. Foi pupilo de Trithemius, que escreveu sobre a natureza, o ministério e as funções das inteligências e dos espíritos. De temperamento instável, constantemente ele se mudava, e, em razão do conteúdo de suas obras, teve a infelicidade de atrair para si a indignação do clero papista.

Por meio de suas cartas apuramos que esteve na França anteriormente a 1507, que viajou pela Espanha em 1508, e visitou Dole (França) em 1509, onde ministrou palestras públicas, que o levaram a uma disputa com o Cordelier Catilinet. Os monges daqueles

---

195. Como ele mesmo afirma no prefácio de seus três livros sobre Filosofia e Magia Ocultas: "que sou de fato um mago", aplicando a palavra magia a ciências sublimes e do bem, não às artes profanas e diabólicas. Paolo Giovio (médico, historiador e biógrafo italiano), Thévet (frade franciscano francês) e Martin Del Rio (teólogo jesuíta) acusavam-nos não apenas de praticar magia (porque não podemos aplicá-la às artes de necromancia), mas sim de praticar magia negra. A seguir, em algumas das notas, falaremos a respeito do fundamento dessa acusação sobre Agrippa e examinaremos quanto esse pesquisador foi caluniado.

196. Não há elementos que comprovem a posse do grande segredo de transmutação, a não ser a afirmação do próprio Agrippa em sua *Filosofia Oculta*, 'que teria feito ouro, mas nada além daquele de onde a alma foi extraída'. (N. do A.)

tempos classificavam de heresia tudo que fugisse ao seu entendimento. Como, então, poderiam deixar Agrippa impune ao explicar os misteriosos trabalhos de Reuchlinus *De Verbo Mirífico*? Esse era o assunto das palestras em Dole, de grande reputação.

E para chamar atenção de Margarida da Áustria, regente dos Países Baixos austríacos, Agrippa escreveu um tratado sobre a excelência das mulheres; contudo, a perseguição que sofria por parte dos monges o impediu de publicá-lo. Desistiu então da causa e viajou para a Inglaterra, onde escreveu as *Epístolas de São Paulo*, ainda que tivesse outros interesses em vista. Ao retornar a Colônia, passou a ministrar palestras públicas sobre questões da divindade, denominadas *Quodlibetales*.

Posteriormente, desvinculado do exército na Itália, mudou-se para Pisa, por determinação do cardeal de Sainte Croix, onde demonstraria suas habilidades na qualidade de teólogo do conselho, caso aquela assembleia tivesse continuado. Constata-se que essa não teria sido a forma de agradar a Corte de Roma ou de receber a prestativa carta que recebera de Papa Leão X, que o levaria a mudar de opinião. Desde então, ensinou teologia publicamente em Pavia e Turim. Em 1515, ministrou palestras sobre Hermes Trismegisto em Pavia.

Agrippa casou-se com uma bela jovem e com ela teve um filho; perdeu-a em 1521. Casou-se novamente em Genebra, no ano de 1522, com uma afetuosa mulher, com quem teve três filhos: dois meninos e uma menina, que faleceu.

De acordo com o segundo livro de suas cartas, seus amigos se esforçaram em lhe conseguir alguma colocação honrosa, tanto em Grenoble, Genebra, quanto em Avignon, ou Metz. Ele optou pelo posto oferecido em Metz, e em 1518 foi escolhido pelos lordes de Metz como seu defensor, síndico e orador.

As perseguições iniciadas pelos monges (por ele ter recusado a opinião comum sobre os três maridos de Santa Ana, e por ter protegido uma camponesa que foi acusada de bruxaria) o fez deixar Metz.

Resumidamente, uma camponesa foi acusada de bruxaria e sentenciada pelo dominicano Nicolas Savini, Inquisidor da Fé em Metz, a sofrer tortura, pelo fato de ser ela filha de bruxa, condenada anteriormente à fogueira. Agrippa, por sua vez, tomou a defesa da moça, a fim de evitar tamanha injustiça. Não conseguiu, entretanto, impedir que a mulher fosse interrogada. Na condição de instrumento para provar a inocência dela, compeliu seus acusadores a pagarem uma multa. Tratava-se de penalidade leve, distante de uma retaliação.

A camponesa era de Vapey, uma cidade situada perto dos portões de Metz, pertencente à paróquia da catedral. Messin, o principal acusador dessa mulher, alimentava paixões tão sórdidas e ignorância da literatura e filosofia, que levou Agrippa, em sua carta de 2 de junho de 1519, a denominar a cidade de Metz "A madrasta da cultura e da virtude". Essa reflexão satírica de Agrippa talvez tenha dado origem ao provérbio: "Metz, a ambiciosa e madrasta das artes e ciências". Acredita-se que o sábio decidiu tratar da monogamia de Sant'Ana por ter presenciado James Faber Stapulensis, seu amigo, ser fortemente criticado pelos pregadores de Metz por concordar com tal opinião.

Agrippa retirou-se para Colônia, sua cidade natal, em 1520, abandonando voluntariamente uma cidade que os inquisidores sediciosos tinham transformado em uma inimiga do aprendizado e do mérito verdadeiro. É de fato esse o destino de todas as cidades onde tais pessoas se tornam poderosas, a despeito da religião que professam. Em 1521, ele novamente deixou sua cidade e foi para Genebra, sem, contudo, obter muito êxito financeiro. Em 1523, viajou para Friburgo, na Suíça, para exercer a medicina, como havia feito em Genebra.

No ano seguinte foi a Lyon e obteve uma pensão de Francis I. Embora estivesse a serviço da mãe daquele príncipe na qualidade de médico, o fato não alterou sua situação financeira, tampouco seguiu a princesa quando esta partiu de Lyon em agosto de 1525 para conduzir sua filha às fronteiras da Espanha. Ficou em Lyon por algum tempo aguardando o pagamento de sua pensão, que não chegou a receber, pois havia sido excluído da lista.

O motivo que o levou ao desprestígio perante aquela corte refere-se à ordem de sua princesa para investigar, pelas regras da astrologia, os rumos que os negócios da França tomariam. Contrariado com a determinação, Agrippa expressara publicamente sua desaprovação, argumentando que a princesa o teria usado para curiosidade vã, em lugar de fazer uso de suas habilidades para questões mais importantes. A atitude de Agrippa contrariou a princesa, mas não tanto quanto saber que o mago havia previsto, pela Astrologia ou pela Cabala, novos triunfos ao Escudeiro-mor de Bourbon.[197]

---

197. Consultar as palavras de Agrippa em sua 29ª edição de Epist. Liv. iv. p. 854: "Escrevi ao Senescal, solicitando que a aconselhasse a não mais aplicar minhas habilidades em uma arte tão desprezível; que eu possa no futuro evitar essas tolices, uma vez que tenho habilidades para servi-la em funções muito mais adequadas". Todavia, foi "essa arte desprezível" e "essas tolices" que previram o sucesso do oponente. Segundo as próprias palavras de Agrippa: "Me lembro de ter contado ao Senescal em uma carta, quando tracei a constante do nascimento do condestável de Bourbon e, claramente, vi que ele teria vitória sobre seu exército este ano". Aqueles que têm conhecimento com a história pertinente ao século XVII devem perceber que Agrippa prestou um desserviço a Francisco I ao prometer sucesso ao condestável. A partir daquele momento, Agrippa passou a ser visto como um bourbonista. Para silenciar essa censura ele prestou o mesmo serviço que fez na França, dissuadindo quatro mil soldados de infantaria de seguir o lado do Imperador, e os empreendendo aos serviços de Francisco I. Agrippa afirmou rejeitar as grandes vantagens ofertadas a ele quando deixou Friburgo, caso ingressasse a serviço do condestável. De acordo com a quarta e sexta cartas do livro V, ele manteve estreita correspondência com aquele príncipe em 1527. Aconselhou-o, ainda que tivesse se recusado a se juntar a ele, prometendo-lhe vitória. Ele assegurou que os muros de Roma cairiam ao primeiro ataque, mas omitiu o fato de que o condestável seria morto naquela ocasião. (N. do A.)

Considerando-se então desrespeitado, Agrippa serviu-se da escrita para levar a público toda sua indignação. Decidido a deixar a cidade, elegeu a Alemanha para se estabelecer. Em julho de 1528 chegou à Antuérpia. Em 1529, o Rei da Inglaterra enviou-lhe um gentil convite para visitar seu país, ao mesmo tempo que Agrippa era convidado pelo chanceler do imperador, por um marquês italiano e por Margarida da Áustria, regente dos Países Baixos. Ele se tornou historiógrafo do Imperador, um posto conseguido pelo intermédio de Margarida da Áustria.

Em forma de prelúdio, Agrippa publicou *A História do Governo de Carlos V.* e logo em seguida foi obrigado a compor o discurso do funeral de Margarida da Áustria.

Seu tratado sobre *A Vaidade das Ciências*, que conseguiu imprimir em 1530, muito desagradou seus inimigos. Posteriormente, em Antuérpia, publicou a *Filosofia Oculta*, o que lhe rendeu ainda mais motivos de retaliação. O Cardeal Campeggio, núncio do Papa, e o Cardeal De La Marck, bispo de Liège, felizmente vieram em sua defesa. A influência de ambos, no entanto, não lhe garantiu a pensão na qualidade de historiógrafo, tampouco sua liberação da prisão em Bruxelas, em 1531. Somente mais tarde, em liberdade, Agrippa visitou o Arcebispo de Colônia, a quem dedicou seu livro *Filosofia Oculta*, e de quem recebeu uma carta de agradecimento. Mas o assédio de seus credores, em razão da interrupção de seu salário, obrigou-o a permanecer mais tempo em Colônia do que realmente desejava. Nessa época, combateu vigorosamente seus inquisidores, que impediram a impressão de sua obra *Filosofia Oculta*, nova edição corrigida e ampliada, em Colônia – consultar a XXVI edição e as cartas seguintes do livro VII. Apesar disso, a impressão foi finalizada em 1533. Ele permaneceu em Bonn até 1535 e, então, retornou a Lyon, ocasião em que foi preso, acusado de calúnia contra a mãe de Francisco I. Liberado a pedido de certas pessoas, Agrippa foi para Grenoble, onde morreu no mesmo ano, em casa do Procurador Geral na província de Dauphiny, cujo filho foi o primeiro presidente de Genoble, Mr. Allard. Na página 4 da *Bibliotheque of Dauphine* consta que Agrippa morreu em Genoble, na casa pertencente à família Ferrand na rua Clerk, ocupada na época pelo presidente Vachon, e que foi enterrado no convento dos Dominicanos. Ele sempre viveu na comunhão Romana, logo, não se deve dizer que era luterano.[198]

Burnet, em sua história sobre a Reforma, afirma que Agrippa escreveu em favor do divórcio do Rei Henrique VIII. Mas ao verificarmos nas cartas de Agrippa constatamos que ele era contra o divórcio, o que afirma em sua declamação sobre a *Futilidade das Ciências*: "Fui informado de que há um certo rei, neste exato momento,

198. Agrippa, em seu Apologia cap. 19, fala de Lutero em termos imponentes e com tamanho desprezo acerca dos adversários daquele reformador, que põe em evidência que, a partir dali, Sixtus Sienensis afirmou que Agrippa era luterano.

que acredita ser lícito se divorciar de uma mulher com quem está casado faz vinte anos, e se casar com uma meretriz".

A respeito da acusação de magia diabólica proferida contra ele por Martin Del Rio e outros, que seguramente afirmaram que Agrippa pagava suas estadas em pousadas com moedas feitas de chifres, enfeitiçando os que as recebiam, juntamente com a história do pensionista em Louvain, que, na ausência de Agrippa, invocara o diabo em seu estúdio e, deste modo, perdeu a vida. E da vez que Agrippa, ao chegar em casa, se deparou com um espírito dançando no telhado – trata-se de acusações inadmissíveis a um homem de senso e da ciência, como Agrippa.

Em relação à magia, no sentido que nós conhecemos, não há dúvidas de que Agrippa foi um mestre, como comprovam seus três livros sobre Filosofia Oculta; sem mencionarmos aqui o quarto livro, que com bastante autoridade afirmamos não ser de autoria de Agrippa, como mostraremos oportunamente, quando tratarmos da história de seu livro *Filosofia Oculta*.

Resumidamente, Agrippa, apesar do temperamento impetuoso, pelo qual angariou algumas inimizades, foi um homem de reflexões religiosas e afeito à prática da cristandade, um aspecto atestado pelas cartas endereçadas aos seus amigos mais íntimos, sem qualquer intenção de as publicar. Era bem versado nas ciências da magia natural e celestial, mas, com certeza, produziu "coisas" estranhas (de acordo com olhar do leigo) pela aplicação dos ativos aos passivos. Era um excelente astrólogo, médico, matemático e mago, e, certamente, previu diversos acontecimentos incomuns e realizou muitas operações admiráveis.

John Wierus, seu assistente, revelou diversas curiosidades que corroboram o conceito de caráter misterioso de Agrippa, material este que contribuiu para libertá-lo da acusação de ser um professor de magia negra. O mago permanecia durante semanas em seu estúdio, o que não o impedia de estar atualizado acerca dos principais acontecimentos em diversos países do mundo. Pessoas da comunidade local atribuíam ao cachorro preto de Agrippa um espírito mal, por meio do qual ele obtinha todas as informações que comunicava ao seu mestre (postos, números, projetos dos inimigos).

Imaginamos que Gabriel Naudé não teve a precaução de contestar os acusadores de Agrippa, dado o número expressivo de histórias mentirosas que eles acreditavam ser verdadeiras. Naudé supunha que os monges e outros da ordem eclesiástica não pensaram em depreciar a *Filosofia Oculta*. Ele afirma que a oposição àquele trabalho se dava por vingança pelas injúrias que acreditavam ter recebido na obra *Futilidade das Ciências*. De fato, a obra retratou de maneira não virtuosa os monges, os membros das universidades, os pregadores e os teólogos.

Agrippa era muito acolhedor. "Uma rápida olhada em seu livro (*Futilidade das Ciências*) bastou para convencer-me de que ele era um autor de gênio inflamado, leitura extensa e grande memória, mas, às vezes, mais exagerado que escrupuloso em escolher seu assunto, preferindo um estilo mais agitado que reservado." Ele condenava o vício e recomendava a virtude em qualquer lugar; contudo, há alguns que não aceitavam, alegando não passar de mero discurso. Consultar *Erasmi Epist.* liv. xxvii. p. 1083.

Em conclusão a este tópico, algumas considerações a respeito da história da *Filosofia Oculta*. Agrippa havia composto esse trabalho na juventude e apresentado ao abade Trithemius, de quem fora pupilo. Trithemius ficou encantado com aqueles escritos, aspecto demonstrado na carta endereçada a ele em 8 de abril de 1510, aconselhando-o, contudo, a tornar público o trabalho apenas àqueles de confiança. Naturalmente, diversas cópias manuscritas espalharam-se por quase toda a Europa, nem todas elas fiéis ao original. Mas ao constatar que uma dessas cópias incorretas estava próximo a sair do prelo, Agrippa resolveu publicá-la com os acréscimos e alterações, após ser submetida à apreciação do abade Trithemius. Embora tivesse refutado sua *Filosofia Oculta* em sua *Futilidade das Ciências*, Agrippa ainda a publicou para impedir que outros o fizessem em uma edição errônea e fragmentada. Obteve aprovação dos doutores de teologia e de algumas outras pessoas, designadas pelo conselho do imperador para examinar sua obra.

"Este livro foi mais tarde examinado e aprovado por determinados abades da igreja e doutores, completamente, versados nas literaturas sagrada e profana, e por comissários particularmente designados para aquele propósito pelo conselho de César. Após, a obra foi aceita por todo o conselho e licenciada pelo diploma autêntico de sua Majestade Imperial com selo da Águia de César em cera vermelha. Em seguida, foi impressa e vendida em Antuérpia, depois em Paris, sem qualquer oposição."

Após a morte de Agrippa, um quarto livro lhe foi acrescentado, escrito por *J. Wierus de Magis*, cap. 5. p. 108, onde se lê: "A estes (livros de magia) pode-se acrescentar corretamente uma obra publicada recentemente e atribuída ao meu falecido anfitrião e professor honrado, Heinrich Cornelius Agrippa, falecido há mais de quarenta anos. Por isso, concluo que é injustamente atribuído ao seu repertório, sob o título de *O Quarto Livro da Filosofia Oculta, ou de Cerimônias Mágicas*, que aparenta, da mesma forma, ser uma chave para os três livros anteriores da *Filosofia Oculta*, e todos os tipos de Operações Mágicas". Assim J. Wierus se expressou. Há uma edição in-fólio da *Filosofia Oculta*, feita em 1533, sem a devida especificação de local da publicação. No prefácio consta a sanção de Carlos V., datado de 12 de janeiro de 1529, em Mechlin.

Cumpre adicionar, depois da menção aos principais trabalhos de Agrippa, que ele escreveu *Um Comentário sobre a Arte de Raimundus Lullius*, e *Uma Dissertação sobre o Original do Pecado*, em que assevera que a queda de nossos primeiros pais foi causada pelo seu amor impuro. Prometeu ainda um trabalho contra os Dominicanos, que teria agradado a muitos, tanto dentro quanto fora do âmbito da igreja de Roma.[199]

Agrippa expressava certas opiniões pouco populares, e jamais um protestante falou tão forçosamente contra a imprudência das coleções quanto ele. Não devemos nos esquecer, porém, da Chave de sua *Filosofia Oculta*, reservada apenas a seus amigos mais íntimos e explicada de uma forma que pouco difere das reflexões de nossos quietistas.[200] Muitos supõem que o quarto livro da *Filosofia Oculta* é a chave que, em suas cartas, Agrippa diz ter reservado para si. Somos inclinados a considerar que ele entretinha o mundo com essa Chave para ser cortejado pelos curiosos.

James Gohory e Vihenere ressaltam que ele fingia ser mestre na Prática do Espelho de Pitágoras e no segredo de extrair o espírito do ouro do corpo do espelho, na intenção de converter prata e cobre em ouro fino. Na *Epist. 19* liv. V, Agrippa explica o sentido de Chave: "Esta é a verdadeira e oculta filosofia das maravilhas da natureza. A chave disso é o entendimento, pois quanto mais alto levarmos nosso conhecimento, mais sublimes serão nossas conquistas em relação à virtude, e realizaremos as coisas grandiosas com mais facilidade e efeito".

Agrippa menciona essa Chave em duas cartas endereçadas a um religioso dedicado ao estudo das Ciências Ocultas, ou melhor, frei Aurélio de Aquapendente Austin: "Que surpreendentes relatos encontramos e quantas grandiosas composições foram feitas do poder invisível da Arte da Magia, de prodigiosas imagens dos astrólogos, das maravilhosas transmutações dos alquimistas e por essa pedra abençoada pela qual, à maneira de Midas, todos os metais são transmutados em ouro. E tudo isso é em vão, fictício e falso quando praticado literalmente". Ele ainda diz que tais coisas são entregues e escritas por grandes e notáveis filósofos, de quais tradições ninguém ousa dizer serem falsas. Mais que isso, seria abominável pensar que mentem. Afirma apenas que há outro significado além do literal. Em acréscimo, Agrippa afiança que não devemos procurar fora de nós pelo princípio dessas grandes operações, pois há um

199. "No tratado, escrevo sobre os vícios e as opiniões errôneas dos Dominicanos, que inclusive exponho ao mundo suas práticas perversas, tais quais: o sacramento frequentemente infectado com veneno, inumeráveis milagres falsos, reis e príncipes envenenados, cidades e estados traídos, a população seduzida, heresias aprovadas e o resto dos atos desses heróis e de seus crimes gigantescos." Consultear Agrippa, *Opera*, T. ii. p. 1037. (N. do A.)

200. O quietismo é uma doutrina e prática espiritual cujas origens remontam ao século XVII e à figura mais representativa dessa controvertida corrente da mística cristã, o sacerdote espanhol Miguel de Molinos. O quietismo se difundiu na Europa, especialmente na França, na Itália e na Espanha. Segundo a doutrina quietista, o fiel alcançaria a Deus mediante a oração contemplativa e a passividade da alma. No estado de quietude, a mente humana se torna inativa, já não apresenta vontade própria, mas permanece passiva, sendo Deus mesmo quem opera nela. Disponível em: https://pt.wikipedia.org/wiki/Quietismo Acesso em: 11 de junho de 2021.

espírito dentro de nós que pode executar tudo o que notáveis matemáticos, mágicos prodigiosos, alquimistas e necromantes encantadores podem fazer.

> *Nos habitat, non tartata, fed nec fidera coeli,*
> *Spiritus in nobis qui viget, illa facit.*

Consulte Agrippa *Epist. dat.* Lyon, 24 de set. de 1727.

Nota: Os três livros de Agrippa sobre Magia, juntamente com o quarto livro, foram traduzidos para o inglês e publicados em Londres, em 1651.

ALBERTO MAGNO

Alberto Magno nasceu em Lauingen, em Danúbio, Suábia, em 1193 ou 1205. Bispo de Ratisbona, dominicano e um dos doutores mais famosos do século XIII. No dicionário de Moreri há relatos das várias funções a ele concedidas e o sucesso de suas palestras em diversas cidades. Narra-se que praticava obstetrícia, e, semelhantemente a muitos, buscava a *Pedra Filosofal*.

Conta-se que Magno era um mago famoso e que teria criado uma máquina de forma humana que servia de oráculo e o orientava em todas as dificuldades. Presume-se que, por entender matemática, tenha confeccionado uma cabeça, com a ajuda de alguns espíritos, que articulava determinados sons. Apesar de qualificado para tal invento, não há razão para crer em tamanho contrassenso.

De suposta capacidade intelectual limitada, Magno estava disposto a deixar o mosteiro, pois não acreditava que pudesse alcançar o que seu hábito de frade exigia dele, mas que a Virgem Santa lhe teria aparecido e perguntado no que, de fato, ele gostaria de se destacar: em filosofia ou em teologia. Ele optou por filosofia, e a Virgem Santa, por sua vez, asseverou que ele superaria todos os homens de seu tempo nessa ciência, mas, como castigo por não ter escolhido a teologia, recobraria, antes de morrer, sua antiga estupidez. Acrescenta-se que, após a aparição, Magno demonstrou prodigiosa inteligência, ultrapassando rapidamente seus instrutores. Mas que, três anos antes de sua morte, esquecera em um instante tudo o que sabia, e que, estando em meio a uma palestra sobre teologia em Colônia, na tentativa de relembrar suas ideias, percebeu que a profecia se cumpria. A partir desse episódio teria surgido o ditado de que Magno fora milagrosamente convertido de asno a filósofo e, mais tarde, de filósofo a asno. Alberto Magno era um homem de estatura pequena,[201] e, após viver oitenta e sete anos, morreu no ano de nossa redenção, em Colônia, no dia 15 de novembro de 1280. Seu corpo foi sepultado no coro do meio do convento dos dominicanos e suas entranhas levadas até Ratisbona. Seu corpo

201. Quando em presença do Papa, após permanecer em pé por certo tempo, sua Santidade ordenou-lhe que se levantasse, pensando que Magno estivesse ajoelhado.

permanecia intacto ainda no tempo do imperador Carlos V., que ordenou fosse transladado e devolvido ao primeiro monumento.

A obra de Alberto Magno é extensa. Soma vinte e um volumes in-fólio, na edição de Lyon, em 1651.

ROGER BACON

ou simplesmente
FRADE BACON

Roger Bacon, de nacionalidade inglesa, frade franciscano, viveu no século XIII. Era astrólogo, químico, matemático e mago. A História registra que teria confeccionado uma cabeça de bronze, sob Saturno ascendente, que falava com voz humana e respondia a todas as suas perguntas. Francis Picus relata ter lido em um dos livros de Bacon acerca de certas previsões feitas por um homem através do espelho de *almuchesi*, composto de acordo com as regras de perspectiva, contanto que fosse utilizado sob uma boa constelação e antes levasse seu corpo a um estado equilibrado por meio da química. Uma declaração que vai ao encontro do que John Picus afirmava, diz que Bacon se dedicava apenas ao estudo da Magia Natural. Bacon enviou diversos instrumentos de sua própria invenção ao papa Clemente IV. Certamente, suas realizações não contavam com qualquer pacto com diabos, mas apenas atribuía às coisas eficácia surpreendente que, naturalmente, não poderiam possuir.

Bacon publicou algumas obras, dentre elas: *Specula Mathematica et Perspectiva, Speculum Alchymiae, De Mirabili Potestate Artis et Naturae, Espistolae, cum Notis* etc. Era bem versado em astrologia judiciária. *Speculum Astrologiae* foi uma obra condenada por Gerson e Agrippa. Francis Picus e muitos outros a condenaram devido à afirmação do autor: "Submetidos a melhores julgamentos, os livros de magia deveriam ser cuidadosamente preservados, porque se aproxima o tempo em que, por causas não especificadas, eles deverão ser necessariamente usados em algumas ocasiões". Naudé adiciona, "que Bacon era tão dedicado à astrologia judiciária, que Henry de Hassia, William de Paris e Nicholas Oresmius foram obrigados a investir incisivamente contra seus escritos".

Em 1226, em Oxford, Bacon foi membro do Brazen-nose college. Seu conhecimento singular o colocava em destaque dentro da sociedade da época. Seu empenho em se aprofundar tanto nos assuntos era notável. Seus tratados eram compostos com tal consistência, que no âmbito da química não se conhece alguém que possa se equiparar a ele. A reputação de sua erudição ainda sobrevive na Inglaterra, e diz a tradição que será superada tão somente quando um homem melhor que Bacon a compuser.

Bacon é autor de diversos tratados; os que ainda existem são de grandeza suficiente para nos fazer lamentar a perda do restante. Os tratados referentes à química são compostos de duas pequenas peças, escritas em Oxford, disponíveis à consulta, e os manuscritos que estão na biblioteca pública de Leiden, levados da Inglaterra à biblioteca, juntamente com os manuscritos de Vossius. Nesses tratados está claramente demonstrado como os metais imperfeitos podem ser transformados em perfeitos. Bacon adotara completamente a noção de Geber (alquimista muçulmano), sendo o mercúrio a base comum de todos os metais, e o enxofre a cimentação. E mostrou que é pela gradual depuração da matéria mercurial por sublimação, e pela adesão de um enxofre mais sutil pelo fogo que se obtém o ouro. Porém, durante o processo, caso qualquer outra terceira matéria intervier, além do mercúrio e do enxofre, algum metal inferior surge. Dessa forma, se aprimorarmos o chumbo, imitando as operações da natureza, facilmente poderemos transformá-lo em ouro de boa qualidade.

Diversas operações de Bacon foram comparadas aos experimentos de Monsieur Homberg, o que significa que ambos obtiveram conclusões similares em suas próprias descobertas. Por exemplo, Bacon ensinou que a fusão entre enxofre puro e mercúrio resulta ouro, o mesmo princípio sobre o qual Monsieur Homberg fundamentou suas experiências, descritas em *Memorial da Academia Real das Ciências*. Seus escritos sobre física igualmente mostravam sua genialidade e força mental. No tratado *Dos Trabalhos Secretos da Natureza*,[202] aprendemos que um conhecedor profundo dos processos naturais não apenas seria capaz de competir com a Natureza, mas ainda de ultrapassá-la.

Os trabalhos de Bacon foram impressos in-oitavo e in-duodécimo sob o título de *Frates Rogerius Baco de Secretis Artis et Naturae*, porém os exemplares se tornaram muito raros. Uma leitura pormenorizada dessa produção aponta que Bacon possuía familiaridade com muitas das principais descobertas do presente e do passado. Ele conhecia a pólvora; tinha conhecimento de que raios e trovões poderiam ser produzidos artificialmente; que enxofre, salitre e carvão, separadamente, não produzem efeito relevante, mas misturados na devida proporção e embrulhados juntos produzem estampido horrível. Bacon ainda faz referência a uma fortaleza de fogo inextinguível, preparada artificialmente, o que indica que

202. De Secretis Naturae Operibus. (N. do A.)

conhecia um pouco a respeito de fósforo. Sem dúvida alguma, Bacon era também competente em aerostática (rarefação do ar e da estrutura das bombas de ar). De acordo com o autor, uma carruagem construída sob os princípios da mecânica e sustentada por globos grandes, mais leves que o ar, carregaria um homem suspenso na atmosfera.

Há, contudo, muito o que dizer a respeito desse sábio notável, que indubitavelmente elevaria a admiração do leitor. Porém, nada causaria mais indignação quanto ver uma pessoa de excelência ser vitimada pelo rompante de cegos fanáticos. Consultar Boerhaave, *Química*, p. 18.

RAMON LLULL

UM ALQUIMISTA FAMOSO

Raymond Lully, ou Ramon Llull, descendente de família conceituada, nasceu na ilha de Maiorca, em 1225. Revelou aptidão para química somente na fase adulta.

Logo que iniciou seus estudos de química, passou a apregoar outro tipo de doutrina, asseverando que a arte da química somente poderia ser adquirida mediante experimento e prática, jamais transmitida por palavras e sons ineficazes. Llull é o primeiro autor que apurei a inserir a alquimia no contexto da medicina universal. Depois dele, esse conceito tornou-se uma busca popular, de modo que a produção literária se intensificou.

Além da produção nos moldes acadêmicos, Llull apresenta uma obra fecunda, baseada nessa linha de pensamento. É difícil calcular exatamente quantas obras, pois naquela época era prática comum entre discípulos e seguidores abrir seus trabalhos sob o nome de seu mestre. "Eu analisei (*diz Boerhaave*) a maioria de seus trabalhos e os julguei, além das expectativas, excelentes. Tanto que fui tentado a duvidar se seriam obras daquela época. Elas contêm tantos experimentos e observações encontrados nos escritores posteriores que, ou os livros são suspeitos, ou então os químicos antigos deveriam estar familiarizados certos conteúdos que passam por descobertas da prática de nossa época. Ele dá explicações muito claras acerca do fósforo, o qual denomina *Fogo Vestal*, o *Offa Helmontii* etc.; no entanto, sem dúvida alguma escreveu duzentos anos antes de Helmont (alquimista) ou de meu Lorde Bacon."

Llull viajou à Mauritânia, onde supostamente tivera seu primeiro contato com a química e absorvido de Geber os princípios de sua arte. Esta opinião está em conformidade entre os dois.

Os autores espanhóis, porém, atribuem a ocasião de sua viagem a uma aventura amorosa. Llull teria se apaixonado por uma jovem daquele país, que lhe recusara atenções. Ao lhe perguntar a razão, a jovem teria mostrado a Llull o seio canceroso, o que causou seu imediato regresso à Mauritânia, onde vivia Geber, a fim de buscar algum alívio para a jovem.

Llull viveu seus últimos dias de vida na África, na qualidade de missionário, pregando o evangelho aos infiéis. Foi apedrejado até a morte.[203]

203. A história desse adepto é muito confusa. Mutius, escritor, afirma Llull, totalmente voltado à religião, jamais se dedicou à química ou à pedra filosofal. Entretanto, há vários relatos de seus feitos prodigiosos. Dentre respeitáveis autores, Gregory de Thoulouse afirma que "Llull ofereceu a Eduardo III., rei da Inglaterra, um suprimento de seis milhões para guerrear contra os infiéis". Além dos manuscritos, as seguintes versões impressas levam o nome de Ramon Llull: *A Teoria da Pedra Filosofal, A Prática, A Transmutação dos Metais, O Codicílio, O Vade-Mecum, O Livro das Experiências, A Explicação de seu Testamento; As Reduções, ou Acusações* e *O Poder das Riquezas.* (N. do A.)

GEORGE RIPLEY

De nacionalidade inglesa, George Ripley era cônego ou monge de Bridlington. Seus escritos, bastante consideráveis, comparavam-se ao estilo baconiano, apenas mais alegóricos. Por não ser do campo médico, Ripley não interferia nessa área, mas se dedicava a tratar metais, a promover sua purificação e maturação.

Ele seguia rigorosamente os princípios de Geber e Bacon e se sustentava em novas evidências de que o mercúrio é a matéria universal de todos os metais. Segundo Ripley, o mercúrio em contato com o fogo juntamente com o enxofre puro se transforma em ouro. Todavia, se o operador estiver doente ou infectado por qualquer impureza, em vez de ouro, outro metal será produzido. Ripley asseverava que se o mercúrio e o enxofre fossem suficientes para a fabricação de todos os metais, a partir deles se poderia produzir um remédio universal, ou metal, para a cura de todos as doenças. A declaração, contudo, provocou equívocos por parte de alguns, que entenderam se tratar de um metal universal capaz de erradicar todos os males do corpo humano.

JOHN E ISAAC HOLLANDUS

Dois irmãos de grande engenhosidade que escreveram a respeito dos áridos tópicos da química. Teriam vivido no século XIII, informação não comprovada. Dedicaram-se à arte da esmaltagem e à coloração de vidros e pedras preciosas por meio da aplicação de finas placas de metal.

Seus escritos seguiam certa padronização – a descrição pormenorizada das operações. O tratado sobre a *esmaltagem* é considerado a maior e mais bem elaborada parte de sua obra, contendo processos de fusão, separação e preparação do metal. Os autores também discorreram, com propriedade, sobre destilação, fermentação, putrefação e seus efeitos. Apresentaram grande variedade de experimentos com sangue humano, que Van Helmont e Mr. Boyle utilizaram em outras operações.

Particularmente, possuo uma obra muito extensa, in-fólio, assinada por eles, sobre a construção de fornalhas e instrumentos químicos, obra esta que merece especial análise, dados os valiosos segredos nela contidos, que representam o caminho para grandes descobertas. (Ver Boerhaave, p. 21)

PHILIPPUS AUREOLUS THEOPHRASTUS PARACELSO BOMBASTUS VON HOHENHEIM

Vivendo agora em seu túmulo, para onde se retirou desapontado com os vícios e tolices humanos, sustentando-se com sua própria QUINTESSENTIA VITAE

Paracelso nasceu no ano de 1494 em Hohenheim (que significa "no lar alto"), uma vila suíça distante duas milhas de Zurique. Seu pai, descendente de um grande mestre da Ordem Teutônica, era médico e exercia a profissão na pequena vila onde morava, destacando-se por possuir uma vasta biblioteca. Paracelso nutria grande respeito pelo pai, chamando-o *laudatissimus medicus in eo vico.* Do pai, Paracelso recebeu sua primeira instrução. Após breve período de estudos em casa, foi entregue aos cuidados de Trithemius, insigne abade de Spanheim, mago renomado, que escreveu sobre a Cabala. Com Trithemius, Paracelso aprendeu línguas e letras; posteriormente, foi encaminhado a Sigismund Fugger para estudar medicina, cirurgia e química. Paracelso tinha especial veneração por Sigismund Fugger, ressaltando seu caráter de homem bem-educado, contrariamente ao que se pensava a seu respeito. Suas obras nos oferecem essa informação e outras mais, principalmente o prefácio de seu livro *Cirurgia Menor*, por meio do qual ele se defende de seus acusadores.

Aos vinte anos de idade, Paracelso decidiu viajar pela Alemanha e Hungria e nesse período visitou todas as principais minas, ampliando seu conhecimento pelo contato com mineiros e trabalhadores, e aprendeu tudo o que foi possível relativamente a metais e sua arte. Nessa pesquisa a campo aberto, ele demonstrou assiduidade e determinação incomuns. Foram inúmeros os perigos enfrentados por Paracelso – desde terremotos, quedas de pedras, enchentes, cataratas, exalações, umidade, calor, fome e sede. E a cada dificuldade, a oportunidade para insistir no valor de uma arte adquirida em condições tão difíceis.

Essa mesma obstinação em buscar minas o levou a Moscóvia, onde foi aprisionado por aquele povo e levado diante do grande Cã. Durante o cativeiro, ele aprendeu diversos segredos, até o Cã ordenar uma representação ao Grande Senhor, (o sultão da Turquia), tendo seu próprio filho como líder. E Paracelso seguiu ao lado, na qualidade de companhia. Quando a representação alcançou Constantinopla, Paracelso tinha 28 anos. Nessa região, foi-lhe desvendado o segredo da pedra filosofal por um generoso árabe, que lhe ofereceu o nobre presente, *Azoth*, como ele mesmo chamava. Esse relato nos chegou por Helmont, pois Paracelso jamais fez qualquer menção a respeito.

Ao voltar da Turquia, exerceu a medicina no exército Imperial, promovendo curas excepcionais. Ele era, realmente, mestre nessa arte, da qual sua obra *Cirurgia Avançada*, impressa in-fólio, seria um referencial.

De retorno à sua terra natal, Paracelso assumiu o título de *utriusque medicinae doctor*, ou melhor, doutor em medicina interna e externa, tornando-se famoso pela maestria de seu trabalho, uma vez que a medicina se apresentava em condições lamentáveis. A prática e a terminologia margeavam a esfera galênica e árabe. Pouco se conhecia de Hippocrates, nem edições de suas obras havia. O conhecimento fundamentava-se na sabedoria dos quatro graus, os temperamentos e toda sua prática restringia-se a sangria, purgação, vômitos, aplicação de clister etc.

Nessa época de pouco esclarecimento, surgiu uma nova doença na Europa – a doença venérea –, o que obrigou a comunidade médica a repensar os tratamentos em voga, completamente ineficazes, tais como sangrias, purgações e remédios depurativos. Jac Carpus, famoso anatomista e cirurgião de Bolonha, foi o único a obter a cura pela administração de mercúrio, o que aumentava a salivação. O cirurgião havia descoberto esse segredo em suas viagens pela Espanha e Itália, durante por alguns anos, angariando grande fortuna. Capitães, comerciantes, governadores, comandantes etc., que haviam trazido a doença imoral da América, dariam qualquer soma em dinheiro para se livrar daquele incômodo.

Paracelso, na ocasião, conhecia as propriedades do mercúrio, provavelmente de Carpus, que adotava o mesmo tratamento. Mas enquanto Carpus obtinha a cura pelo processo de salivação, ele elaborava sua preparação em pílulas, atingindo assim a sua finalidade de maneira menos agressiva. Dessa forma, Paracelso conseguiu curar sarna, lepra, úlcera, sífilis e até mesmo gota, doenças incuráveis pela ótica da prática popular. Essa foi a base para toda a sua fama e fortuna.

Mensageiro de tamanho conhecimento e habilidade, Paracelso foi convidado pelos curadores da Universidade de Basileia à cadeira de professor de medicina e filosofia. A arte da impressão era algo novo, o interesse pelo conhecimento e pelas artes florescia,[204] e os magistrados da Basileia empenhavam-se em trazer para aquela conceituada universidade professores renomados de todas as partes do mundo.

A Universidade havia inicialmente contratado Desidério Erasmo, professor de teologia, e Johannes Oporinus, professor da língua grega, e, em 1527, Paracelso passou a fazer parte do corpo docente, aos 33 anos de idade. Em sua estreia naquela província, em seu primeiro discurso público perante a universidade, ele afixou um aviso muito elegante acima da entrada, convidando a todos para suas aulas. Em sua primeira palestra, pediu para que um vaso de bronze fosse trazido para o meio da escola, onde, depois de ter derramado enxofre e salitre, ele, de maneira solene, queimou os livros de Galeno e Avicena (filósofo), alegando ter discutido com eles às portas do inferno e tendo, ao final, derrotado os dois estudiosos. E assim proclamou que todos os médicos deveriam segui-lo e que não mais se autodenominassem galenistas, mas sim paracelcistas. "Sabei, médicos", disse ele, "meu barrete doutoral contém mais conhecimento do que todas as vossas cabeças; minha barba tem mais experiência que todas as vossas academias: gregos, latinos, franceses, alemães, italianos. Eu serei o vosso rei."

Na função de professor, frequentemente lia os livros *De Tartaro, de Gradibus* e *De Compositionibus* em palestras públicas, ao que adicionou um comentário ao livro *De Gradibus*. Mais tarde, todas essas obras foram impressas na Basileia, para uso de seus discípulos. Na mesma época, ele escreveu *De Calculo*, cujo resultado Helmont aborda com grande aprovação.

Paracelso, contudo, apesar de ocupar cadeira de professor em universidade tão ilustre, não era fluente na língua latina. Suas longas viagens e atividades de negócios e o inabitual uso da língua o desqualificaram à escrita e à leitura. Ademais, sua impetuosidade tornou-o inadequado à arte de lecionar. Seus ouvintes e discípulos, a princípio numerosos, paulatinamente, desinteressavam-se pelo curso, abandonando-o completamente. Pelos relatos de Oporinus, quem estava sempre muito próximo, Paracelso apresentava raros momentos de sobriedade. Por fim, cansado da carreira docente, exercida por três anos, abandonou-a, alegando que somente pela língua alemã os segredos da química poderiam ser revelados.

De volta à vida de muitas viagens, regadas a bebida, Paracelso vivia em pousadas e tavernas, mas mesmo assim concedeu muitas curas em seu caminho.

---

204. O gosto pelo aprendizado e pelas artes jamais fora tão prevalente como atualmente. O ano de 1801 inicia uma época do desabrochar da ciência, e até mesmo as mulheres desejam tomar parte. Por exemplo, uma dama de alta posição foi em sua carruagem a Forter Lane, Cheapside, e comprou uma forja de ferreiro portátil para uso particular. Trata-se de pessoa forte, de porte atlético, apta para o trabalho manual com ferro e demais experiências com metal. (N. do A.)

Foram quatro anos de sua vida sem residência fixa: dos 43 aos 47 anos. Paracelso morreu em uma pousada em Salzburgo, denominada Cavalo Branco, em um banco no canto da chaminé. Em acréscimo, apesar dos excessos em relação à bebida, não era afeito a imoralidades. A justificativa remonta à sua infância, ocasião em que fora atacado por uma fêmea de porco selvagem, que o feriu na confluência dos três membros, tornando-o um eunuco. Um fato marcante em suas obras são as sucessivas oportunidades de criticar as mulheres.

Sua produção literária se resume a apenas três ou quatro livros; porém, após a sua morte muitos trabalhos foram publicados, fruto de achados em paredes, tetos etc. Todas as obras publicadas em seu nome foram impressas em Strasburgo, em 1603, em três volumes in-fólio, e novamente em 1616.

J. Oporinus, que trabalhou com Paracelso durante três anos com o intuito de aprender algum de seus segredos, que publicou as obras de Vesálio e que supostamente as colocou na linguagem elegante em que agora aparecem, declarou, em uma epístola a Monavius, tratando da vida de Paracelso, que estava surpreso em encontrar tantas obras de seu mestre, pois, durante todo o tempo em que estivera com Paracelso, este jamais escrevera uma palavra sequer, delegando a ele a tarefa de escrever o que a ditava, e ressaltou sua admiração pela forma como Paracelso harmonizava palavras e discursos pautados pela coerência, próprios de pessoas mais sábias, com momentos de atípica sobriedade. Sua obra *Archidoxa Medicinae* contém os princípios e máximas da arte, da qual nove livros foram publicados. No prefácio, o autor salienta: "Pretendia ter publicado meus dez livros sobre Archidoxa, mas julgando a raça humana indigna de tamanho tesouro como o décimo, o mantive recluso em minha cabeça, e resolvido com firmeza em jamais o tirar de lá, até que todos tenham renunciado completamente a Aristóteles, Avicena e Galeno e ter jurado fidelidade somente a Paracelso".

A obra, no entanto, veio a público por caminhos pouco convencionais. É indiscutivelmente uma excelente obra, que pode ser classificada dentre as principais produções no campo da química. Se os escritos são ou não de Paracelso, não se pode afirmar; contudo, há um fato favorável ao autor – as inúmeras cópias de seu trabalho indevidamente encontradas em grandes obras. *Lithonthriptic* e *Alcabest*, de Van Helmont, foram provavelmente inspiradas nas obras de Paracelso. Entre as obras genuínas de Paracelso, figuram *De Ortu Rerum Naturalium, De Transformatione Rerum Naturalium* e *De Vita Rerum Naturalium*. O restante é conteúdo fictício ou controverso, principalmente no que diz respeito à sua produção de caráter teológico.

A aclamada fama e sucesso de Paracelso, atribuída por muitos pela posse da medicina universal, pode-se justificar por outros fatores. Ele conhecia as propriedades do ópio, que os galênicos rejeitavam. Conforme o relato de Oporinus, o mestre fizera certas pílulas de cor, forma e tamanho de excremento de rato, que denominou *laudanum*, cujo significado é remédio louvável, mas que, em verdade, era ópio. Ele sempre carregava consigo tais pílulas e as prescrevia em casos de disenterias e em todos os quadros de dor intensa, ansiedades, delírios e vigília doentia. Portanto, possuir o uso de tão nobre medicamento, como o ópio, era razão suficiente para torná-lo famoso. Outro remédio desenvolvido por Paracelso foi o *turbith mineral*, primeiramente mencionado em seu *Clein Spital Boeck*, ou *Chirurgia Minor*, ocasião em que revelou a sua preparação.

Em declaração de Oporinus, acerca da pedra filosofal, ora o mestre estava desprovido de reservas, ora tinha muito dinheiro, mas que não levava consigo em viagens fora do país. E frequentemente pedia dinheiro emprestado a seus companheiros, cocheiros e porteiros, e os pagava dentro de vinte e quatro horas com juros elevados, sem que ninguém soubesse a procedência de tanto dinheiro. Em *Theatrum Alchemiae* há menção de um suposto tesouro escondido embaixo de certa árvore, o que nos leva a conjecturar sobre sua versatilidade na arte de produzir ouro, arte esta, porém, que dificilmente lhe daria subsistência sem o *lapis philosophorum*.

Paracelso, grande mago e homem imortal, seguramente, em algum "canto" do universo, sustenta-se com sua própria *Quintessência da Vida*.

JOHANN RUDOLPH GLAUBER

Johann R. Glauber, célebre químico alemão, tido como o Paracelso de seu tempo, em suas inúmeras viagens desvendou muitos segredos. Ele escreveu mais de trinta tratados sob diferentes pseudônimos (médico, iniciado, conhecedor de metais). Destacou-se principalmente na arte de metais e na alquimia.

Glauber era educado, gentil e de trato fácil, e, sem dúvida, um excelente conhecedor de química. Ele é o autor do sal, o chamado Sal de Glauber, e de todos os sais, ácido sulfúrico etc. É conhecido por exaltar seus elixires e preparados, e há relatos de que fazia negócios escusos com seus segredos, vendendo-os a preços exorbitantes a químicos, para, em seguida, vendê-los a preços populares, com o intuito de aumentar sua fama.

Suas principais obras são *De Furnis* e *De Metallis*, originalmente escritas em alemão, mas posteriormente traduzidas ao latim e ao inglês.

Foi Glauber quem demonstrou à Holanda, país onde viveu até a morte, que areia continha ouro. Esse experimento, ainda que trouxesse satisfação, exigia grande quantidade de matéria-prima: chumbo, fogo e trabalho árduo até se obter, finalmente, o ouro.[205]

Glauber também demonstrou que não há terra, areia, sal, enxofre ou qualquer outro material que não contenha ouro em maior ou menor quantidade. Certamente, ele guardava muitos segredos, que devem estar em poder de alguns químicos modernos.

---

205. Químicos renomados afirmaram que o processo poderia ser realizado mais facilmente com o emprego de prata, areia e protoxido de chumbo. (N. A.)

DOUTOR DEE E SIR EDWARD KELLY

Doutor John Dee e Sir Edward Kelly – o primeiro era químico e profundo conhecedor da matemática (geometria e astrologia), e o segundo, *expert* em alquimia, ambos famosos por terem descoberto a pedra filosofal.

Em algumas das obras de Dee há breves anotações acerca de seus experimentos, por exemplo, em *Donum Dei*. E seguem outras anotações: "Hoje Edward Kelly revelou-me o grande segredo *sit nomen Domini benedictum*". Ashmole basicamente afirmou que eles dominavam o segredo do pó de projeção e, com uma simples pitada, do tamanho de um grão da terra, transformaram uma onça (aproximadamente 28 g) e um quarto de mercúrio em ouro puro. Contudo, apesar de possuírem o pó de projeção, há indícios de que não tinham conhecimento do segredo para produzi-lo. Conta-se que eles teriam encontrado quantidade considerável desse pó nas ruínas da Abadia de Glastonbury, com o qual realizaram diversas transmutações notáveis.

Segundo a história, Kelly teria dado de presente de casamento à sua empregada anéis de fio de ouro no valor de 4.000 libras. Conta-se que uma panela de bronze, confeccionada por ordem da Rainha Elizabeth e enviada aos alquimistas no exterior, fora devolvida transformada em ouro puro. Da mesma forma, Dee presenteara o duque de Hesse com doze cavalos húngaros, o que jamais se poderia esperar de um homem da sua posição que não tivesse algum recurso extraordinário.

No ano de 1591, Doutor Dee e Sir Edward Kelly viajaram para Alemanha e se estabeleceram em Trebona, na Boêmia. O propósito da viagem era algo misterioso. Há relatos de que a intenção era visitar alquimistas daquela região para discutir a respeito da arte de produzir o pó. Posteriormente, viajaram para a Polônia, onde supostamente foram bem-sucedidos. Outros ainda relatam que foram enviados pela rainha na condição de espiões, e que a alquimia era apenas um pretexto, ou meio para obter a confiança do povo.

É, porém, a obra escrita por Dee, intitulada *As Conferências de Dee com Espíritos*, que esclarecerá esse assunto, trabalho este que alguns consideram mera criptografia de Trithemius, opinião sustentada pelo Doutor Hook.

A obra é interessante no que concerne às diversas operações mágicas apresentadas, escritas de próprio punho pelo Doutor Dee, na forma de diário, em que relata as circunstâncias das consultas que mantivera com alguns espíritos (bons e maus) em companhia de Sir Edward Kelly.

Logo após a partida dos dois químicos da Inglaterra, a biblioteca de Dee foi aberta por ordem da rainha, e 4.000 livros e 700 manuscritos raros foram apreendidos sob a alegação de conjuração. Mais tarde, em 1596, a rainha tentou convencer Dee a voltar, o que causou certo desentendimento com Kelly. Por fim, Dee voltou à Inglaterra, e em 1598 foi nomeado diretor da Universidade de Manchester. Dee faleceu na Inglaterra.[206]

Alguns manuscritos, juntamente com o cristal para dentro do qual Dee invocava os espíritos, estão expostos no Museu Britânico.[207]

Quanto a Sir Edward Kelly, supondo que possuísse o segredo dos Filósofos, o Imperador o levara à prisão, na esperança de lucrar com a transmutação, mas logo Kelly frustrou suas intenções.

Detido pela segunda vez, Kelly tentou escapar por meio de dois lençóis amarrados, que não sustentaram seu peso. As fraturas ocasionadas pela queda (de um braço e uma perna), o levaram a óbito.

---

206. Não há consenso a respeito do local da morte de Dee. Alguns historiadores asseveram que o Doutor Dee faleceu nas dependências da Universidade e Manchester, outros afirmam que teria sido em sua própria casa, em Mortlake (N. do A.)

207. Embora os manuscritos de Dee e seu cristal mágico estejam disponíveis à visitação, certos indivíduos residentes em Londres afirmam ter a posse da pedra, na tentativa de negociá-la por um preço exorbitante.

CONCLUSÃO

E, desse modo, chegamos à conclusão de nosso trabalho, apresentando os relatos mais inusitados da vida desses grandes homens, famosos por suas teorias e conhecimento filosófico. Nosso objetivo – desvelar nesse esboço biográfico a autenticidade de *Nossa Arte* –, o cumprimos com fidelidade e imparcialidade. Ademais, explicamos pormenorizadamente o significado da palavra *Magia* de modo a desvincular o vocábulo de qualquer associação diabólica etc.

Nos artigos de Zoroastro, remetemos o leitor à reflexão quando falamos a respeito dos *Magos*, ou sábios, provando que os primeiros, que adoraram o Cristo, eram realmente magos. Falamos, igualmente, das principais personalidades que se destacaram em diferentes épocas por sua diligente pesquisa pelos labirintos da filosofia oculta e natural.

Há menção de outros Filósofos na história antiga e moderna. Contudo, uma relação biográfica extensa não coaduna com os limites desta obra. Deliberamos, então, abordar algumas personalidades de mais destaque na área do conhecimento oculto.

As razões que me levaram a dedicar grande parte de minha vida a esse tipo de ciência, por influência das configurações planetárias, que pode ter orientado e estimulado minha mente e meu intelecto à observação e ao estudo da Natureza e suas operações simples e ocultas, deixo a critério dos astrólogos. Em publicação futura, será disponibilizado um cálculo de meu nascimento, anexado ao esboço de minha própria história, incluindo grande número de experimentos no tocante às operações ocultas e químicas, alguns resultados de minha própria observação, outros transmitidos por terceiros.

Os experimentos talismânicos estão em perfeita conexão com a astrologia, pois não há êxito total em qualquer trabalho sem o devido conhecimento e observação das qualidades e efeitos das constelações (o que nos permite lhe atribuir o título de *Arte Constelatória*.)

Correlativa é a familiaridade do homem com a natureza, com as qualidades e os efeitos dos quatro elementos e dos reinos animal, vegetal e mineral –

conhecimento adquirido tão somente pelas experiências químicas, responsáveis por desbloquear os veios secretos da Natureza e introduzir o estudioso ao mundo do conhecimento, da aprendizagem sustentada por experimentos, em que corpos mistos são decompostos e reduzidos à sua natureza simples, levando-nos a conhecer com profundidade os poderosos princípios ativos que resultam nas transmutações prodigiosas de um corpo composto em outro, de diferente espécie, amplamente apresentado pelos exemplos de nossas operações com sais e metais, o que nos conferiu a ideia dos princípios de vida ou reprodução e putrefação ou morte.

Em conclusão, é essencial, antes de qualquer ação, a reflexão sobre o propósito a ser alcançado como a base para sua realização. Conceder à grande *Causa Primeira* – a *Sabedoria Eterna* – a tarefa da concessão, de acordo com Sua misericórdia e vontade divina, consiste em decisão inteligente para o sucesso de qualquer operação. Nesse aspecto reside o grande segredo dos Filósofos e a chave-mestra de todas as ciências humanas e divinas, sem os quais estaríamos à deriva em um labirinto de perplexidade, erros e ignorância.

Viver em plena harmonia com a perfeição é viver na glória de Deus, no amor e na caridade com todos os homens.

Outras publicações

Compre este título escaneando o QR code abaixo

UMBANDA ASTROLÓGICA – OS SENHORES DO DESTINO E A COROA ASTROLÓGICA DE ORUMILÁ

Carlinhos Lima

Este livro trata-se de uma visão do horóscopo zodiacal sobre o prisma da Umbanda, da mesma forma que é uma visão do orixá por meio do saber astrológico. Mas, além dessa interação Umbanda--Astrologia, o livro também foca e revela outros oráculos, especialmente os mais sagrados para os cultos afrobrasileiros que são o Ifá e Búzios. Nesse contexto oráculo, trazemos capítulos que falam de duas técnicas inéditas de como adentrar o mundo dos odus, utilizando o zodíaco: a primeira é a Ifástrologia que utiliza-se das casas astrológicas do Horóscopo para alinhar os odus e chegarmos a odus que são responsáveis por nossa existência. E a outra é a soma dos odus utilizando a data de nascimento.

Formato: 16 x 23 cm – 256 páginas

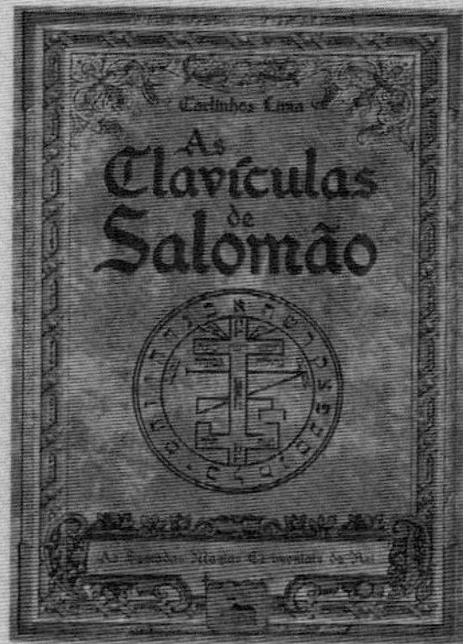

Compre este título escaneando o QR code abaixo

AS CLAVÍCULAS DE SALOMÃO – AS SAGRADAS MAGIAS CERIMONIAIS DO REI

Carlinhos Lima

Fonte primordial, celeiro da Magia Cabalística e origem de muitas das magias cerimoniais dos tempos medievais, as *Clavículas* sempre foram estimadas e valorizadas pelos escritores ocultistas, como uma obra da maior autoridade; e notáveis ocultistas mais próximos de nosso tempo, como o grande Eliphas Levi, Aleister Crowley e outros, tomaram como modelo para seus celebrados trabalhos. Um bom exemplo é a excepcional obra *"Dogmas e Rituais da Alta Magia"* de Eliphas Levi, que se baseou profundamente nas Clavículas.

Na verdade, o buscador vai perceber facilmente que não só Levi se baseou nas *Clavículas de Salomão*, mas, foram muitos os que o tomaram como seu livro de estudo.

Formato: 16 x 23 cm – 288 páginas

Outras publicações

Compre este título escaneando o QR code abaixo

UMBANDA – UM CAMINHO PARA A ESPIRITUALIDADE

Ademir Barbosa Júnior (Dermes)

Este livro traz algumas reflexões sobre a Espiritualidade das Religiões de Matriz Africana, notadamente da Umbanda e do Candomblé. São pequenos artigos disponibilizados em sítios na internet, notas de palestras e bate-papos, trechos de alguns de meus livros.

Como o tema é amplo e toca a alma humana, independentemente de segmento religioso, acrescentei dois textos que não se referem especificamente às Religiões de Matriz Africana, porém complementam os demais: "Materialização: fenômeno do algodão" e "Espiritualidade e ego sutil".

Espero que, ao ler o livro, o leitor se sinta tão à vontade como se pisasse num terreiro acolhedor.

Formato: 16 x 23 cm – 144 páginas

Compre este título escaneando o QR code abaixo

MITOLOGIA DOS ORIXÁS – LIÇÕES E APRENDIZADOS

Ademir Barbosa Júnior (Dermes)

O objetivo principal deste livro não é o estudo sociológico da mitologia iorubá, mas a apresentação da rica mitologia dos Orixás, que, aliás, possui inúmeras e variadas versões.

Não se trata também de um estudo do Candomblé ou da Umbanda, embora, evidentemente, reverbere valores dessas religiões, ditas de matriz africana.

Foram escolhidos alguns dos Orixás mais conhecidos no Brasil, mesmo que nem todos sejam direta e explicitamente cultuados, além de entidades como Olorum (Deus Supremo iorubá) e as Iya Mi Oxorongá (Mães Ancestrais), que aparecem em alguns relatos.

Formato: 16 x 23 cm – 144 páginas

ANÚBIS

Compre este título escaneando o QR code abaixo

RITUAIS DE UMBANDA

Evandro Mendonça

Este livro é uma junção de antigos rituais, bem simples e fáceis de fazer, e que só vem a somar àqueles médiuns ou terreiros iniciantes.

Mas, poucos sabem que esses rituais foram, são e sempre serão, regidos por uma lei que sempre se chamou, que a chamamos e sempre chamaremos Umbanda com amor e respeito.

Portanto, dentro da religião de Umbanda, ter conhecimento dessas leis, forças, rituais e etc., significa poder.

Formato: 16 x 23 cm – 192 páginas

Compre este título escaneando o QR code abaixo

RITUAIS DE QUIMBANDA – LINHA DE ESQUERDA

Evandro Mendonça

Essa obra é mais um trabalho dedicado aos que querem e buscam um pouco mais de conhecimento sobre como trabalhar com os exus e pombas-gira.

São rituais simples, mas muito eficazes, que podem ajudar muito o dia a dia de um médium e de um terreiro de Umbanda.

Espero que façam um bom uso desses rituais, e nunca esqueçam a lei do livre arbítrio, ação e reação e do merecimento de cada um. Somos livres para plantarmos o que quisermos, mas somos escravos para colhermos o que plantamos.

Formato: 16 x 23 cm – 224 páginas

Outras publicações

Compre este título escaneando o QR code abaixo

TARÔ DA MARIA PADILHA – A Guardiã do Resgate

Karol Souza

Este é um instrumento poderoso de interpretação do oculto sob a proteção da falange desta Pombogira (vibrações energéticas do Sagrado Feminino de transmutação, defesa, harmonização e quebra de demandas) e seus elementos energéticos, por isso deve ser manipulado com preceito e responsabilidade, interpretado através da mediunidade, respeitando a disposição das cartas bem como a individualidade da consulta, sempre com o objetivo de ensinar ao consulente mais sobre si, através da correta interpretação das lâminas. Deste modo, é fácil de compreender que esta ferramenta espiritual é utilizada única e magnificamente para o autoconhecimento e interpretação de situações cotidianas, como todos os tarôs.

Acompanha um baralho com 36 cartas coloridas.

Formato: 14 x 21 cm – 128 páginas

Compre este título escaneando o QR code abaixo

TARÔ CIGANO

Karol Souza

O Tarô dos Guardiões é o resultado de profundos estudos e busca desmistificar a irradiação de Exus e Pombogiras dentro da religião de Umbanda. Tem sua leitura baseada na atuação (ponto de força), classificação (falange) e hierarquia (irradiação do Orixá) destes Agentes de Luz em comunhão com conhecimentos sacerdotais milenares descritos simbolicamente pelos 56 Arcanos Menores, para que mediante eles, possamos obter mais conhecimento sobre nossa jornada terrena.

Este tarô foi desenvolvido com carinho e seriedade e não desmerece outros baralhos/tarôs conhecidos no meio oracular, mas expõe a riqueza de métodos divinatórios. Que nossa caminhada seja de compreensão e aprendizagem mútua.

Acompanha um baralho com 56 cartas coloridas, dos Arcanos Menores.

Formato: 14 x 21 cm – 128 páginas

Distribuição exclusiva

AQUAROLIBOOKS®